本書由香港青松觀資助出版

全真道研究

任法融題

第四輯

趙衛東 主編

齊魯書社

《全真道研究》編委會

編者的話

2014年8月16日至19日,由山東師範大學齊魯文化研究院、香港青松觀全真道研究中心、山東省棲霞市人民政府主辦,由山東師範大學齊魯文化研究院全真道研究所、山東省棲霞市旅遊局承辦的“多元信仰下的全真道國際學術研討會”在山東棲霞召開。這次會議的主題是“多元信仰下的全真道”,來自美國、法國、韓國、日本和中國香港、中國臺灣,以及中國社科院、陝西省社科院、北京大學、中國人民大學、北京師範大學、南京大學、四川大學、中山大學、山東大學、武漢大學、深圳大學、華東師範大學、華中師範大學、山東師範大學、中國道教協會等高校、科研院所和宗教團體的近50位專家學者,就“多元信仰下的全真道”這一主題展開了深入而熱烈的討論。這次會議仍然採取了命題作文的形式,共有十三位學者撰寫了文章,會後經過精心挑選,最終選出十一篇編入《全真道研究》第四輯。

本輯所收十一篇文章,大部分以全真道與其他信仰之間的關係爲主題,只有少數幾篇例外。下面對它們簡單做一下介紹。

四川大學張澤洪的《元明清時期全真道在西南地區的傳播》一文,主要探討了元、明、清三代全真道在西南少數民族地區的傳播與發展,以及西南少數民族信仰與全真道之間的關係。該文通過對元代陳致虛傳道思州,明代張三丰傳道貴州平越,西南地區吕仙傳説及遺跡所見全真道的影響,西南地區全真道的傳播及全真道士的修持,西南全真道龍門派的發展及其時代特點等考察,認爲全真道在西南地區的迅速傳播,與全真道在全國傳播的歷史大勢是一致的。然而,全真道在西南地區的傳播,獲得了該地區地方行政官員與少數民族大姓、土司的信奉與支持,具有西南地域的歷史文化特點。

美國羅格斯大學劉迅的《詩、書、琴、園:清末南陽全真道主領的精英藝術》一文，主要以南陽玄妙觀爲個案，探討了晚清至民國初年全真道與詩歌、書法、音樂等高雅藝術之間的關係。他認爲，南陽這則全真教主領、眷顧精英或者説高雅藝術的案例表明，立足於帝制晚期甚至是民國初期的特殊環境，一些道教宫觀往往能夠實實在在地繼續支持和主領着精英藝術及高雅藝術。還表明，無論將道教宫觀看作是僅爲社區儀式和個人崇拜保留的宗教場所，還是將其視爲與宋元以來的文化和藝術内容、傳統都絶無瓜葛的空間，這兩種觀點都同樣是錯誤的。真實的情況可能正處於兩者中間。

日本皇學館大學松下道信的《淺談道教對於吉田神道的影響——以〈北斗經〉與内丹學説的關係爲中心的考察》一文，主要探討了全真道對信仰日本神道教的吉田家族的影響。松下教授認爲，由吉田兼俱創始，在江户時期盛極一時的吉田神道，不僅對《北斗經》十分重視，而且吉田家也藏有與陳朴著《陳先生内丹訣》密切相關的内丹書《修真九轉丹道圖》。通過對吉田家對道教和内丹説的攝取狀況的分析證明，吉田神道對全真道内丹説的吸收以南宗爲主，也曾接觸過元初自稱全真教徒的李道純等人的教説。

武漢大學吴光正、王一帆的《鍾吕傳説與金代全真教的譜系建構》一文，通過對宋金時代鍾吕傳説的清理，以及對金代全真教譜系建構的考察，論證了自王重陽開始即有意識地借助鍾吕傳説來構建全真教譜系，而這一建構主要是通過詩文創作與傳播來實現的。王重陽如此做的目的，一是自神其教，二是自我神話，從而爲本教之存在與發展尋出神聖性與合法性依據。這就糾正了學界長期以來關於全真教鍾吕神話譜系出自全真道三代弟子假託的誤解。

臺灣真理大學蕭進銘的《身患、無身、真身及等觀一切——王重陽對於老子"身體"説的體證及發展》一文，主要對老子對王重陽的影響進行了深入探討。他認爲，老子的有身及無身之説，對於後世的道教、内丹及王重陽影響極爲深遠，甚至可如佛教的無明説及基督教的原罪論一般，被看作道教神學最爲核心的問題之一。王重陽的凡軀與真身之論，正是老子有身、無身之説的深刻發展。無論是凡軀、真身的具體内涵、由來、本質、關係及轉化之道，王重陽立基在自身内丹修證的根本基礎之上，除了承繼老子的有身、無身説外，更融入佛教等其他思想，而進一步拓深老子及道教的身體説，並對後世産生相當深遠的影響。

中國社科院李志鴻的《"十二老母朝無生"神話初探——以開封、南陽的宫觀爲中心》一文，主要以河南開封、南陽的宫觀爲例，探討了明清民間宗教中的無生老母信仰與全真道之間的關係。最後他指出：在歷史與現實中，無生老母以及衆多老母神話已經成爲道教全真派和民間宗教共用的宗教資源。無論是"十二老母朝無生”神話的敘述,還是“無生老母”在道教與民間宗教丹道實踐中的重要位置都告訴我們:就宗教意義而言,民間宗教與正統宗教之間没有隔著不可逾越的壕溝。

中國社科院聶清的《全真道與禪宗心性思想比較》一文,主要從心性論的角度入手,探討了全真道與佛教禪宗的關係。他認爲,在禪宗與全真道兩個體系中,心性論的差異既是其本體論差異的必然結果,也決定了其解脱路綫的不同,是理解其特質的關鍵所在。瞭解他們根本理論架構的差異,有助於更爲準確地理解具體觀點細節的意義。

中國社科院林巧薇的《全真道與玄教在元代中後期發展之比較研究》一文,主要對全真道和玄教在元代中後期的發展狀況進行了比較。她認爲,元代全真教與玄教都是曾在元朝皇室的支持下而獲得了空前發展的道派,因受佛道之争的影響,元代中後期,全真道與元朝皇室的關係不如玄教親密,在政治地位上全真掌教也不如玄教宗師的地位。與全真道鼎盛時期相比,全真道在元代中後期的發展略有式微。但是與新興的玄教相比,全真道經過前期百餘年的發展,其教派勢力、宫觀數量和規模以及在民間社會的影響力也遠遠大於玄教。

齊魯工業大學秦國帥的《明清嶗山全真教的神明信仰及宗教身份》一文,通過對明清時期嶗山太清宫和馬山玉皇宫的考察,得出如下結論:金元時期全真教所形成的信仰系統,明清時期在地方社會及道衆中遭到有意無意的忽視。相反,祖師崇拜、内丹修煉以及命名系統這三種制度性因素却仍舊在維持著嶗山全真道士的宗教身份。儘管地方民衆會因自身需求及所處的社會環境而將不同的社會身份加諸全真道士之上,然而,由制度性因素構成的宗教身份却並未發生根本性的改變,而仍舊與金元時期的全真教有很强的連續性。

陝西省社科院張方的《全真道士周玄貞與萬曆皇室》一文,對明代全真道道士周玄貞與明萬曆皇室的關係進行了探討。明萬曆時期,全真道士周玄貞深受皇室重視,其主持皇家的齋醮儀式,立道場講《道德經》,並爲皇室督工修建了保國隆壽宫、泰山金殿等道教宫觀。萬曆皇室對全真道士的重用,説明了此時全真道的政治地位較之明初已有了較大提高。

湖北汽車工業學院王闖的《論劉一明〈道德經會義〉的詮釋特點》一文,主要對全真道龍門派第十一代傳人劉一明著《道德經會義》一書的詮釋特點進行了研究。最後得出結論:劉一明對《道德經》的詮釋主要具有以下兩方面特點:第一,受宋元以來道教徒解釋傳統的影響,仍然以“内丹心性學”解老。第二,没有受到清代乾嘉考據學風的影響。

目 録

元明清時期全真道在西南地區的傳播

□張澤洪

摘要:元明清時期全真道向西南地區傳播發展,爲西南地區的多元宗教增加了全真道的元素。論文通過元代陳致虛傳道思州,明代張三丰傳道貴州平越,西南地區吕仙傳説及遺跡所見全真道的影響,西南地區全真道的傳播及全真道士的修持,西南全真道龍門派的發展及其時代特點的考察,認爲全真道在西南地區的迅速傳播,與全真道在全國傳播的歷史大勢是一致的。而全真道獲得西南地方行政官員的大力支持,獲得西南少數民族大姓、土司的信奉和支持,則具有西南地域的歷史文化特點。

關鍵詞:全真道　西南地區　陳致虛　張三丰　吕仙傳説

作者簡介:張澤洪,1955 年生,四川三臺人。先後獲武漢大學歷史學碩士、四川大學哲學博士學位。現爲國家“985 工程”四川大學宗教·哲學與社會研究創新基地學術帶頭人、四川大學道教與宗教文化研究所教授、博士生導師,《宗教學研究》常務副主編。主要研究領域爲西南少數民族宗教、道教。學術著作有《文化傳播與儀式象徵——中國西南少數民族宗教與道教祭祀儀式比較研究》《道教齋醮符咒儀式》《道教唱道情與中國民間文化研究》《道教禮儀學》等。

元明清時期,是全真道興盛發展時期,作爲金元時期崛起於北方的新道教,在此時期已遍佈於南方各地。道教正一派早已深入滲透西南民族地區,全真道在西南地區的傳播也取得很大進展。中國西南是少數民族分佈之地,也是漢族人與少數民族雜居之地,西南歷史上就是多元族群與多元宗教並存的地區,全真道在西南民族地區的傳播,實現了道教祖師將大道推廣至四夷之地的宏願。

中國西南的滇、黔、桂、蜀、渝、藏、湘西、鄂西、粤北,歷史上是多民族聚居的地區,20 世紀三四十年代因其戰略後方的地位而稱爲西南邊疆。西南地區現有阿昌、白、布朗、布依、傣、德昂、侗、獨龍、仫佬、哈尼、回、基諾、京、景頗、拉祜、傈僳、珞巴、滿、毛南、門巴、蒙古、苗、仡佬、納西、怒、普米、羌、水、土家、佤、瑶、彝、藏、壯等34個世居的少數民族，以及一些有待識别的族群。在西南34個世居少數民族中，受道教影響較深的族群，主要是瑶、壯、苗、白、土家、納西、彝、羌、侗、水、布依、仡佬、仫佬、毛南、京、阿昌等少數民族。

從自然人文地理來説，“西南”有狹義和廣義之分。狹義的西南、西南地區和西南少數民族，是歷史上傳承至今的一個文化概念。漢司馬遷《史記》卷一百十六《西南夷列傳》所論巴蜀西南外的衆多族群，即今滇、黔兩省及川西南的一部分，此爲狹義的西南。而廣義的西南泛指川、滇、黔、渝四省市爲主，其外延可及廣西、西藏甚至湘西、鄂西、粤北的地理區域。湘西、鄂西、粤北，雖然不屬於西南的地理範圍，但從歷史文化的角度審視，它是遍佈西南的瑶、苗、土家、侗等民族延伸居住之地。因此，廣義的、文化意義上的西南地區，在西南地理範圍内向外輻射，就形成西南少數民族地區的文化概念。

一、元代陳致虚傳道思州

元代全真道士陳致虚，是最早深入西南少數民族地區傳道者。明嘉靖《貴州通志》卷十一亦説：“後世上陽子之流，蓋方外技術之士。”[1]上陽子陳致虚是融合南、北二宗丹法理論的全真道士，他在貴州思南地區傳道之事，在貴州地方史籍中有較多記載。明嘉靖《思南府志》卷七《拾遺志》載：

> 河東萬勝山，恐當作萬仞，勝字蓋俗訛也。山形勢最峻，巍然壁立，不止萬仞者。紅巾之亂，宣慰使與郡人避其上，就其處建東嶽廟，宣慰弟田琦曾與道士陳致虚煉丹其上，後皆仙去。今存一石井，體制甚工，廟模可以想見。[2]

河東指烏江東岸，在思南府城之東。萬勝山方志中又載萬聖山、萬仞山。此山爲思南郡城屏障，下臨德江，層崖陡絶，有霧斂雲收之勝境。明郭子章《黔記》卷五十四《方外列傳》載陳致虚傳道思州事説：

> 陳致虚，號觀吾，一號紫霄上陽子。嘗從緣督真人趙友卿學受金丹妙

---

① （明）謝東山修，張道等纂：（嘉靖）《貴州通志》卷十一，明嘉靖三十四年（1555）刻本。

② （明）鍾添纂次，田秋删定，洪價校正：（嘉靖）《思南府志》卷七，高國祥主編：《中國西南文獻叢書》第一輯第40册，蘭州：蘭州大學出版社，2003年，第266～267頁。

道，遍遊夜郎。至思唐，與宣慰弟至陽子田琦煉丹於萬聖山巖壁中，後皆仙去。編注有《金丹正理大全》數十卷。山頂石泉，至今存焉。[1]

陳致虛，號紫霄絳宫上陽子，所撰經書自稱：上陽子陳致虛、上陽子陳觀吾、金螺山北紫霄絳宫上陽子陳觀吾、紫霄絳宫上陽子觀吾陳致虛。陳致虛《參同契分章注》三卷，題名稱"廬陵上陽子"，陳致虛《與心陽子余觀古》自稱"吾乃江右之廬陵"[2]，則陳致虛爲江西廬陵人。趙友欽，字緣督，史稱緣督真人。他得紫瓊真人張模傳授金丹大道，倡行三教一家之説，撰寫《仙佛同源》《金丹問難》等書行世，寓衡陽以金丹妙道授陳致虛。清陳銘珪《長春道教源流》卷四載："黄房公得丹陽金丹之道，授之太虛真人李玨，玨授之紫瓊真人張模，模授之緣督真人趙友欽，友欽於己巳秋寓衡陽，以金丹妙道授上陽子。己巳，元明宗天曆二年。上陽子，致虛號也。"[3]元陳致虛《上陽子金丹大要》卷二説："我師緣督真人，授鍾吕王馬之的旨。南嶽一面，悉拜其授。致虛年甫四十，雖居林下，癖嗜詩書。嘗謂寂滅虛無，其説杳冥涔詸，蒙師一指，芒刺脱然，眼下便見。"[4]據此，可知元明宗天曆二年(1329)，陳致虛40歲時在衡陽得道。

明萬曆《貴州通志》卷十六，亦載陳致虛在思唐煉丹之事：

> 陳致虛，號觀吾，道號紫霄上陽子。嘗從真人趙友卿學金丹妙道，遍遊夜郎至思唐，與宣慰弟至陽子田琦煉丹於萬勝山崖壁中，後皆不知所往。編注有《金丹正理大全》數十卷。[5]

至陽子田琦爲元代思南宣慰使田氏之弟。思州宣撫使在元至元時期(1264—1294)分爲思南宣慰使和思州宣撫司，思州田氏亦分離爲思南、思州兩部，成爲貴州四大土司中的兩大土司。思唐爲思州的古鎮，思唐即明代思南府治所，因思南府城東四里的思唐山而得名，今貴州思南縣城所在地亦爲思唐鎮。思南府城東的萬勝山，還有上陽子丹臺遺跡。清乾隆《貴州通志》卷七載思南府：

---

① 北京圖書館古籍出版編輯組編：《北京圖書館古籍珍本叢刊》第43册，北京：書目文獻出版社，1996年，第929頁。

② (元)陳致虛撰：《上陽子金丹大要》卷十二，《道藏》第24册，北京：文物出版社、上海：上海書店、天津：天津古籍出版社，第48頁。

③ 《藏外道書》第31册，成都：巴蜀書社，1994年，第65頁。

④ (元)陳致虛撰：《上陽子金丹大要》，《道藏》第24册，第8頁。

⑤ (明)沈思充修，許一德、陳尚象纂：(萬曆)《貴州通志》，萬曆二十五年(1597)刻本。

上陽子丹臺，在府城東萬勝山。後傳有道人陳致虛，號上陽子，自入籠中，浮於江，遇宣慰拽籠出之，煉丹於此，爐錘至今皆存。①

清乾隆《貴州通志》卷三十二，載陳致虛傳道思南事與《黔記》相同，並説“金丹鼎壚竈遺跡尚在山頂”。②

陳致虛《上陽子注〈悟真篇〉序》云：“僕承師授，寢食若驚，首授田侯至陽子。遍遊夜郎、邛水、沅芷、辰陽、荆南、二鄂、長沙、廬阜、江之東西，凡授百餘人。”③陳致虛西南傳道之旅，所遊歷的夜郎，即指貴州思南所在的黔東北地區，包括銅仁、思南、鳳岡、餘慶、德江、沿河、印江、石阡、江口、松桃、萬山、玉屏、岑鞏、遵義、金沙、仁懷、習水、赤水、桐梓、綏陽、正安、道真、務川、湄潭等地。邛水即邛水河，該河發源於鎮遠縣京堡鄉，横貫邛水縣（今貴州三穗縣），至錦屏縣城匯入清水江，最後匯入湖南的沅水。沅水，又稱沅江，沅水源於貴州，流經湖南入洞庭湖。辰陽，即湖南懷化的辰溪縣。荆南，指五代後梁高季興任荆南節度使所轄地域，荆南轄荆、歸（今湖北秭歸）、峽（今湖北宜昌）三州。二鄂，泛指湖北。廬阜，指江西廬山。陳致虛西南傳道之行，先後遊歷長江、邛水、沅水流域，在貴州、湖北、湖南、江西等地傳授百餘人。

據明弘治《貴州圖經新志》記載：宋大觀元年（1107），始置邛水縣，而宋代邛水、務川、安夷三縣屬思州管轄。陳致虛遊夜郎、邛水傳道的成就，是思州大姓田氏的信奉道教。關於陳致虛向思州大姓田氏傳道之事，陳致虛《上陽子金丹大要》卷十一《與至陽子田至齋》説：

僕以西行，旅寓思國。宣貳至齋田侯，叩首再三，欲聞至道，經年不倦，乃授之。大道者，至人之所秘，聖師之叮嚀也。……至齋言下猛悟，期以勤行，易其號曰至陽子。④

元至元十八年（1281）閏八月，授思州大姓田氏爲思州宣慰使兼安撫使。田琦是思州宣慰使之弟，奉道之後取道號至陽子，此至陽子田琦是思州土家族大姓，位列陳致虛弟子之首。明郭子章《黔記》卷五十七《故宣尉列傳》載思南田氏，“自

---

① 《景印文淵閣四庫全書》第 571 册，臺北：臺灣商務印書館，1986 年，第 187 頁。
② 《景印文淵閣四庫全書》第 572 册，第 163 頁。
③ （元）陳致虛撰：《紫陽真人〈悟真篇〉三注》，《道藏》第 2 册，第 972 頁。
④ 《道藏》第 24 册，第 40～41 頁。

宋元以來,世有思州,宗族繁衍"[①]。田氏世襲思州八百餘年,其轄地有川東半壁、湖南一隅、夜郎全幅。明田汝成《炎徼紀聞》卷三載:

> 田琛者,故思州宣慰使也。自宋元來,世有思州,宗族蕃衍。自敘出自關中,蓋漢高帝徙齊諸田關中,而巴蜀關中近地,遂蔓延於此。今婺川縣有齊地圖,猶稱齊田云。諺曰:"思播田楊,兩廣岑黄。"言大姓也。[②]

田琛是明永樂年間的思州宣慰使,明永樂十一年(1413),明朝廷乘思州田氏内部矛盾,將田琛抓捕至京師正法,並宣佈廢除田氏土司,在思州實行改土歸流,建立貴州布政使司。明諸葛元聲《滇史》卷八亦説:

> 思州之田與播州之楊在蠻中獨稱貴族。故諺云"思播田楊,兩廣岑黄",言大姓也。[③]

無論如何,陳致虚在元代接納思州大姓田氏入道,這可謂是道教傳播土家族社會的典型事例。

清陳銘珪《長春道教源流》卷六載陳致虚門人有:

> 至陽子田至齋、初陽子王冰田、廬山太平宫主一陽子潘太初、九宫山碧陽子車蘭谷、九宫山宗陽子明素蟾、廬山玄陽子歐陽玉淵、于湖谷陽子周允中、廬山復陽子歐陽玉田、廬山全陽子周草窗、江右武寧心陽子余觀古、潯陽西陽子張性初、九宫山南陽子徐仁壽、南陽子張彦文、來陽子李天來、回陽子張毅夫、錦城得陽子夏彦文、濮州朝城扶陽子趙仁卿、古洪南陽子鄧養浩、濮州朝城致陽子趙伯庸、汴義陽子韓國儀、真陽子真息、江東東筦東陽子陶唐佐。[④]

明王圻《續文獻通考》卷二百四十三《仙釋考》亦詳載陳致虚門人,其中一陽子潘

① 北京圖書館古籍出版編輯組編:《北京圖書館古籍珍本叢刊》第43册,第962頁。

② 《景印文淵閣四庫全書》第352册,第636頁。

③ (明)諸葛元聲撰,劉亞朝校點:《滇史》,第227~228頁。明謝肇淛《滇略》卷八著録諸葛元聲《滇事紀略》十四卷,倪蜕《滇小記》之《滇雲記載》説:"明諸葛元聲著《滇史》二卷。"(方國瑜主編,徐文德、木芹、鄭志惠纂録校訂:《雲南史料叢刊》第11卷,昆明:雲南大學出版社,2001年,第135頁。)《滇事紀略》《滇史》應爲同一書,今點校本取名爲《滇史》。

④ 《藏外道書》第31册,第103~104頁。

太初爲廬山太平宫主，玄陽子歐陽玉淵、復陽子歐陽玉田、全陽子周草窗都是廬山道士，而碧陽子車蘭谷、宗陽子明素蟾、心陽子余觀古、南陽子徐仁壽都是九宫山道士。[①] 據陳致虚《上陽子金丹大要》卷十一至十二，載録陳致虚與弟子論道之文，分别與至陽子田至齋、初陽子王冰田、一陽子潘太初、九宫碧陽子車蘭谷、宗陽子明素蟾、玄陽子歐陽玉淵、復陽子歐陽玉田、全陽子周草窗、心陽子余觀古等討論道學。陳致虚《上陽子金丹大要》卷十一《與一陽子潘太初》説：

每過名山及諸城邑，隨方作緣，低首下心，開導世人，誘進此道，四三年來，求者紛紛，卒未見有大力量而精進者。比謁廬山太平宫，揖當代主人太初潘一陽，塵襟一見，歡如平生。[②]

陳致虚《上陽子金丹大要》卷十一《與九宫碧陽子車蘭谷》説：

九宫山碧陽子車蘭谷，爲玄門棟樑者四十餘年矣。其功業設施，表表在人耳目也。卓然道眼識人，不似他人之忌才者。[③]

陳致虚遍遊夜郎、邛水、沅芷、辰陽、荆南、二鄂、長沙、廬阜、江之東西傳道，上述諸人可謂是傳授弟子中之知名者。清道光《遵義府志》卷四載："紫霞山，在城北三十里。孫志：上陽子修煉處。"[④]則遵義亦有陳致虚傳道遺跡。

二、明代張三丰傳道貴州平越

明代是全真道傳入西南地區的重要時期，明代張三丰傳道貴州平越的神異事跡，折射反映出全真道傳播貴州的歷史真實。在明代弘治（1488—1505）、嘉靖（1522—1566）、萬曆（1573—1620）各時期的貴州方志中，都有明洪武年間張三丰在平越高真觀修道的記載。明弘治《貴州圖經新志》卷十二《平越衛·仙釋》載張三丰：

張仙人，不知何許人。以洪武間來寓高真觀，與指揮張信善，教信以葬

① （明）王圻撰：《續文獻通考》，明萬曆三十年（1602）松江府刻本。
② 《道藏》第24册，第42頁。
③ 《道藏》第24册，第43頁。
④ （清）平翰等修，鄭珍、莫友芝纂：（道光）《遵義府志》，清道光二十一年（1841）刻本。

地曰:“遠遠長龍自北來,脈流成右建僧臺。前峰凹處堪爲塚,若葬真泉步玉階。”已而别信曰:“武當山再會。”信懇留,閉之室中,未久寂然,不知所往。後信以功封隆平侯,監修武當宫觀,果再會其人焉。①

明弘治《貴州圖經新志》卷十二《平越衛・寺觀》載:“高真觀,在衛城西南福泉山上,洪武二十二年指揮張信建。”②平越衛指揮張信仰慕張三丰高道風範,特在福泉山興建高真觀,作爲張三丰修道之宫觀。明嘉靖《貴州通志》卷十載:

張三丰,不知何許人。以洪武間來寓高真觀,與指揮張信善,卜以吉地於城南月山寺右,曰此地葬,後必有封侯之貴,世禄之榮。後信果以奇功封隆平侯,奉命修武當山。偶逢三丰,頃爾莫知所往。③

明嘉靖《貴州通志》卷八載平越衛:

禮斗亭,在高真觀内,乃仙人張三丰禮斗處也。知府魏文相詩:“仙真勝跡古城隈,禮斗臺空罩碧苔。雲散玉泉龍已化,風清松谷鶴重來。大還歲月渾無恙,淪謝乾坤任劫灰。我欲志機學蟬蜕,丹厓倚檻獨徘徊。”兵備副使趙之屏詩:“飛湍正抱遊仙臺,松秋閑雲日日來。老我百年還海嶽,夢君幾夜到蓬萊。鐘聲初斷僧歸竹,酒興半狂月上梅。忽送子規新舌軟,邊城歲暮起人哀。”④

明萬曆《貴州通志》卷十二《仙釋》載:

張三丰,不知何許人,洪武間寓高真觀,與指揮張信善。指城南月山寺右地曰:葬此後必封侯世禄。張信從之。後果以功封隆平侯,奉命修武當山,偶遇三丰,接談少頃,忽然不知所往。常自敘曰:“幼年慕道,長歲求玄,識至人之奥旨,悟義理之深玄。識取夢中之夢,鈎探玄上之玄。自從見了娘生面,笑指蓬萊在目前。”又詩云:“少年立志道心堅,跳出樊籠出水蓮。散盡錦雲空似洗,一輪明月掛長天。”⑤

---

① (明)沈庠修,趙瓚纂:(弘治)《貴州圖經新志》,明弘治間刻本。
② (明)沈庠修,趙瓚纂:(弘治)《貴州圖經新志》。
③ (明)謝東山修,張道等纂:(嘉靖)《貴州通志》。
④ (明)謝東山修,張道等纂:(嘉靖)《貴州通志》。
⑤ (明)沈思充修,許一德、陳尚象纂:(萬曆)《貴州通志》。

關於張三丰何以到平越，民間有各種不同的說法。明郭子章（1542—1618）萬曆間所撰《黔記》卷五十四《方外列傳》說張三丰，“因劫獄連坐，編戍夜郎之平越。……師囊居平越高真觀，今有禮斗亭、浴池、石棋局。……張仙三丰嘗構亭禮斗，遺址猶存”①。

陳鼎於清康熙時遊歷貴州，所撰《滇黔紀遊》卷上《貴州》，記載遊平越郡城所見張三丰遺跡：

> 平越郡城内有張邋遢修道故跡。邋遢，名三丰，閩人，洪武間以軍籍戍郡。蓬頭赤足丐於市，人呼爲邋遢翁。於高真觀後，結茅爲亭，閉户静坐。……今亭前一池，冬夏不涸，旁有一桂，亦其手植。府南五里，即武勝關，隔溪絶壁，有三丰遺照，戴華陽巾，側身，攜杖西行，儼然圖畫。旁有明撫軍郭青螺書“神留宇宙”四大字。下有夜滴金橋，雖晴夜，亦雨灑數點；又有晚霞斜照，不計晴雨，俱有斜暉。②

清謝聖綸《滇黔志略》卷二十五《張三丰故跡》所載相同。

明代是全真道傳入西南少數民族地區的重要時期，明代全真道士張三丰在貴州、雲南、四川留下傳道的蹤跡，在地方史籍中頗多神異記載，而全真道士則以上陽子、張三丰名聲最著。③ 清乾隆《貴州通志》卷三十二載張三丰在平越府活動事說：

> 洪武間寓平越高貞觀。自於觀後隙地，結茅爲亭，晝則閉户静坐，夜則禮斗。與指揮張信善，嘗與弈，後指城南月山寺右地曰：葬此必封侯。信因葬其母，後果以功封隆平侯。永樂間，遣官徵聘，竟莫知所之。嘗有《了道歌》《無根樹》詞二十四首。四季止一破衲，草履科頭，時人呼爲邋遢仙，今禮斗亭，即其故址。手書亭聯、碑詞尚存。④

田雯（1635—1704）於康熙二十六年（1687）至康熙三十年（1691）任貴州巡撫。田雯在貴州四年的巡撫任内，注意考察貴州山川地理、社會風俗，撰寫《黔

---

① 北京圖書館古籍出版編輯組編：《北京圖書館古籍珍本叢刊》第 43 册，第 930 ~ 931 頁。

② 羅書勤、賈肇華、翁仲康、楊漢輝點校：《黔書・續黔書・黔記・黔語》，貴陽：貴州人民出版社，1992 年，第 421 頁。

③ 明郭子章《黔記》卷五十四《方外列傳》序稱：“而方外者幾二十人，如上陽子、張三丰，其名頗著。”北京圖書館古籍出版編輯組編：《北京圖書館古籍珍本叢刊》第 43 册，第 926 頁。

④ 《景印文淵閣四庫全書》第 572 册，第 161 頁。

書》二卷,所載張三丰貴州修道事最詳。《黔書》卷下《張三丰》載:

> 明洪武間以軍籍戍平越衛。蓬頭草履,四時惟一破衲,行丐市上,人呼爲挈蹋仙。自於高真觀後隙地結茅亭,晝則閉户静坐,夜則禮斗。與指揮張信善,嘗與弈,後指城南月山寺右地曰:葬此必封侯。信從之,後果以戰功封隆平。嘗自敘云:幼年慕道,長歲求元,識至人之奥旨,悟義理之深詮,所著大類《參同契》《内景》《黄庭》諸説。其人果道家者流乎?抑時之隱君子有所託以逃耶?如世所云浮丘、洪厓、安期生、王方平輩,固未可知矣。亭前一池似石盂,泉出地中,澄泓不涸,旁有桂一株,挈蹋手植,三百年故物。永樂間,曾遣官徵聘,竟莫知所之。説者謂金川之役,蓋假訪三丰之名,以偵遜國者之逸蹤也。……然傳信傳疑,皆不可考。最可異者,平越城西山曰倒馬坡,坡半見隔山石壁如屏,懸崖千仞,上有三丰遺影,首戴華陽冠,側身杖策西行,儼然畫圖,極可觀。旁刊"神留宇宙"四字。余過而慕之,作歌紀其事。①

洪武十五年(1382)二月設平越衛,高真觀建於洪武二十二年(1389)。高真觀的禮斗亭,傳爲張三丰禮斗之處,是歷代文士津津樂道的張三丰遺跡。明陸燦(1494—1551)撰《禮斗亭碑記》説:"昔仙人三丰張先生,棲遁於兹,作亭以禮斗焉。"②清乾隆《貴州通志》卷十載平越府:"高真觀在府城内福泉山,明洪武初建,張三丰禮斗亭在其後。"③明吴國倫《夜過高真觀訪暗齋不值》詩曰:

> 爲覓遊仙侣,重過禮斗壇。
> 松雲開閬寂,蘿月護高寒。
> 葉落疑捐佩,泉鳴憶洗丹。
> 盈庭霞似雪,益作剡溪看。④

貴州平越衛倒馬坡懸崖上,史籍記載有石刻張三丰像,也是傳説中張三丰的遺跡。清乾隆《貴州通志》卷七《地理古跡》平越府仙影巖:"在府城西五里,巖上

---

① (清)田雯撰:《古歡堂集》卷三十九,《景印文淵閣四庫全書》第1324册,第447～448頁。

② 福泉山有陸燦《禮斗亭碑記》,亭建於明洪武年間,僅存碑文。黔南布依族苗族自治州史志編纂委員會編:《黔南布依族苗族自治州志》第十七卷《文化藝術志》,貴陽:貴州民族出版社,1999年,第246頁。

③ 《景印文淵閣四庫全書》第571册,第241頁。

④ (乾隆)《貴州通志》卷四十五《藝文》,《景印文淵閣四庫全書》第572册,第527頁。

有仙人張三丰遺影,明巡撫郭子章題‘神留宇宙’四字,鐫最高處。”[1]清檀萃《黔囊》載張三丰平越遺跡説:

> 平越城西倒馬坡,上坡之半,見隔山石壁千仞,上有張三丰遺影,戴華陽巾,側身西行。旁刊“神留宇宙”四字,筆勢飛動,不似人間書。……三丰在平越,每好歌《無根樹詞》,音如鸞鳳,上徹雲霄。[2]

清田雯《三丰道人壁影歌》曰:

> 神仙之説果有無?幾見員嶠兼方壺。
> ……
> 異哉三丰偓佺侶,挈蹋道士群相呼。
> 永樂初載來黔地,黎峨城市吹都盧。
> 石鉢流泉清且旨,廟砌老桂榮不枯。
> 郭外層巒立千仞,忽於巔頂傳形軀。
> 勾展顧吴作小照,儼然一幅行仙圖。
> 華陽笠子兩芒屩,手拖藤杖西方趨。
> 飛瀑直沖入袍袖,松花下落黏髭鬚。
> 憑虚御風將焉往,何不爲我停須臾。
> 神留宇宙四大字,筆法倒薤非模糊。[3]

田雯於康熙二十六年(1687)至康熙三十年(1691)巡撫貴州,所撰《古歡堂集》卷七亦收録此歌。

清潘馴《平越道中望三丰影》詩曰:

> 仙在山之後,焉能預寫真。
> 定知無色處,先有不亡身。
> 羽化亦已久,兹形何尚新。
> 始知惟肖者,反是再來人。[4]

---

① 《景印文淵閣四庫全書》第571册,第186頁。

② 高國祥主編:《中國西南文獻叢書》第一輯第64册,第220頁。

③ (乾隆)《貴州通志》卷四十四,《景印文淵閣四庫全書》第572册,第516頁。

④ (乾隆)《貴州通志》卷四十五,《景印文淵閣四庫全書》第572册,第532頁。

此詩反映時人已認識到：此所謂的三丰道人壁影，是後人刻意展示張三丰修道形象之作。明代有人刻意在巖上鐫刻張三丰遺影，這在一定程度上反映後世道門和社會對張三丰的敬仰。除平越府有張三丰修道的仙影巖、對弈石、禮斗亭、浴仙池、回生樹遺跡外，張三丰在貴州許多地方，都有修道的遺跡。都匀有仙人張三丰觀瀾處，有張三丰留題的寫字巖，有張三丰影像的張仙巖，有張三丰遊釣神仙夢遇山。思州府玉屏縣有張三丰修煉的石蓮峰，遵義府有張三丰棲居修道的長磏寺，有張三丰所題仙人洞。沿河縣有張三丰遊歷的石筍山，湄潭縣有張三丰詠湄詩，鎮甯縣有張三丰之塚，有張三丰採靈芝的傳説。史稱三丰煉形神寄黎峨，湖北、貴州有關張三丰修道的傳説甚多，這裏僅列舉施南、都匀兩地的遺跡。清同治《增修施南府志》卷二十七載：

張三丰，火龍真人高弟也。嘉靖時，混俗和光，雲遊川湖，將有所度。一日過邑之石，穿册題詩於壁曰："混沌何年石鑿穿，回不返照一輪圓。人從月窟閑来往，焐得空空便是負。"至今字跡依稀尚存。①

清張澍《續黔書》卷五《石刻》載：

都匀之夢遇山，有碑，鐫"仙人張三丰觀瀾處"八字也。②

民國《都匀縣志稿》卷四《古跡》載：

寫字巖，在城北十八里橋頭，明道士張三丰書"萬壑松聲"四字，筆法蒼勁。又馬路哨巖間，亦有三丰留題，惜苔蘚侵蝕漶漫，不能辨，俗亦稱寫字巖。又城北十八里，滴水哨懸巖，有三丰影像，俗稱張仙巖。③

民國《都匀縣志稿》卷十一載：

水府廟，一作水滸廟。在城北神仙夢遇山，爲明道士張三丰遊釣之所。④

西南的雲南、四川、湖南等地，也有張三丰神異事跡的記載。明張繼白《葉榆

① (清)松林等修，何遠鑒等纂：(同治)《增修施南府志》，清同治十年(1871)刻本。
② 高國祥主編：《中國西南文獻叢書》第一輯第87册，第87頁。
③ 竇全曾修，陳矩纂：(民國)《都匀縣志稿》，民國十四年(1925)刻本。
④ 竇全曾修，陳矩纂：(民國)《都匀縣志稿》。

稗史·張三丰入滇記略》載:“張三丰道成入滇,爲段氏座上食客。……靖難,建文流滇,胡濙暗追,馬三保父暗捕。三丰、大雲、達果、楊黼、段姐助之而化險。”①民國《新纂雲南通志·釋道傳》載張三丰於明洪武二十五年(1392)秋從武當山來到雲南,開始在滇中的弘道活動。他混跡民間,屢顯神異,深得雲南百姓的崇敬。史稱張三丰從武當山經四川入滇傳道。② 清乾隆《雲南通志》卷二十五載張三丰在姚安府修道:“寓郡之文昌宫年餘。後去之平越,以只鞋留掛壁間,長二尺,題曰‘三丰鞋’。”③

四川亦有張三丰活動的傳説。四川有張三丰至成都寓青羊宫月餘,又入鶴鳴山修煉的傳説。雙流縣有張三丰遊四川見蜀獻王,在雙流毗盧寺書“毗盧佛”三字的傳説。蒼溪縣有張三丰朝夕居一磐石上修煉的傳説。清乾隆《四川通志》卷三十八之三《仙釋傳》載張三丰洪武中入蜀後:

> 僑寓環衛姜指揮家,寒暑惟一箬笠,笠甚大,雖小户出入不礙,繫鐵綫條極工致,朝夕居一磐石上。嘗取梅枝,插土即生,花皆下垂,故成都昔年猶遺照水梅種焉。永樂中,游内江,寓明玉道人家,詭云龐姓,微示以異,嘗履極險不墜,涉水無少濡。明玉善符咒,多奇驗,欲授三丰。三丰笑曰:我以道奉公,公乃以法授我耶?乃作《道法會同疏》一通畀之。居歲餘,胡潆(濙)物色之,遂同玉見胡,後又往來峨眉山中。④

此外,南充縣南明樓、屏山縣三丰石、大邑縣迎仙閣,相傳屬張三丰仙道遺跡,銅梁巴嶽山則有張三丰所遺扇、硯、竹杖。清同治《大邑縣志》收録明宣德二年(1427)蔣夔撰《張神仙祠堂記》云:“大明永樂十五年丁酉春正月,上清道士臣吴伯理,欽奉太宗文皇帝玉音,齎香暨御書入蜀之鶴鳴山天谷洞,結壇誦經,祈告山靈,迎請真仙張三丰先生,所冀惠然降臨,以副拳拳仰慕之懷云。是年夏四月,始至兹山。”⑤

甚至在湖南的桂東,也有張三丰的傳説。清同治《桂東縣志》卷十八《藝文》,有清周爲東詠《丫髻山》詩曰:“言訪張三丰,遥指丫髻嶺。美人胡不歸,白

---

① (明)李浩、玉笛山人、張繼白撰,大理州文聯編:《大理古佚書鈔》,昆明:雲南人民出版社,2002年,第463頁。

② (明)李浩、玉笛山人、張繼白撰,大理州文聯編:《大理古佚書鈔》,第463頁。

③ 《景印文淵閣四庫全書》第570册,第257頁。

④ 《景印文淵閣四庫全書》第561册,第216頁。

⑤ (清)趙霦等纂修:(同治)《大邑縣志》,清同治六年(1867)刻本。

雲間秋影。飛紛憑虚空,何處修容靚。引手摘曉霞,風吹衣袖冷。仙人非有求,焉用姓名炳。石上字不滅(有手書三丰二字,入石寸許),摩挲發深省。"①西南各地有關張三丰修道的傳説,折射反映出明代全真道在西南民間的影響。

三、西南地區吕仙傳説及遺跡所見全真道的影響

元明清時期,全真道逐漸深入西南少數民族地區。道教全真派祖師吕純陽,甚至在廣西、貴州、雲南都有修道遺跡。清乾隆《廣西通志》卷八十七《仙釋傳》載:

> 吕仙,即吕純陽。嘗憇梧山郡,人因構吕仙亭。元天曆間,疫大作,有張彦才者,夢一道士入其家,求庭前樟樹爲吕仙像,彦才許之。明旦,風拔樹置亭下,疫遂息。②

廣西有吕仙山、遇仙橋、吕仙亭、會仙巖、散花嶺等勝跡,都與民間吕仙傳説有關。梧山郡吕仙亭成爲靈境,後人於此瞻仰緬懷吕仙遺蹤。元梁遺《吕公巖》詩曰:

> 松涵雲景竹生煙,松竹深藏小洞天。
> 讀罷黄庭觀鶴舞,更於何處覓神仙。③

清乾隆《廣西通志》卷十五《山川》載養利州的散花嶺,"昔傳土官追吕仙至此,見白馬騰空,天花落墜,因名"④。廣西土官遇吕仙的傳説,折射反映吕祖信仰影響少數民族的歷史真實。

清代貴州貴陽城南雪崖洞,修建有祭祀吕真人的來仙閣。清檀萃《黔囊》載:

> 來仙者,吕仙頻來。其額云"萬神來朝",又云"天上人間",皆吕仙所署。鸞騰鳳翥,大似閣貼中李太白書,真仙筆也。⑤

---

① (清)劉華邦修,郭岐勳纂:《桂東縣志》,清同治五年(1866)刻本。
② 《景印文淵閣四庫全書》第567册,第463頁。
③ (乾隆)《廣西通志》卷一百二十四,《景印文淵閣四庫全書》第568册,第648頁。
④ 《景印文淵閣四庫全書》第565册,第403頁。
⑤ 高國祥主編:《中國西南文獻叢書》第一輯第64册,第223~224頁。

清杜詮《題來仙閣四首並序》説:"雪厓洞溪山,秀朗稱黔中勝地。洞左舊建吕真人神宇三楹,昔年降鸞處也。歲久傾圮,方伯陳公因其址以修殿,又於洞右甃石爲臺,建來仙閣。"《題來仙閣》第二首曰:

清都流慸意遲遲,每憶王喬不可期。
鶴去幾曾聞客駕,雲深何處覓仙居。
欲尋卜肆重談易,難借樵風一看棋。
忽睹星河槎泛落,崆峒問道好相隨。①

雲南楚雄府有吕仙橋、吕合驛,民間相傳是吕仙傳道所在。明謝肇淛《滇略》卷三《産略》載:"仙人骨,出楚雄之吕合驛。相傳南詔時,張王二生遇吕仙於此,王得度上昇,張不能從,憤而死,埋骨山中,化爲石瑩,徹如水晶。傅一切瘡瘍,立愈。"②《僰古通紀淺述》則著録爲《楚雄吕合仙跡》。明代以來,此民間故事在白族中廣爲流傳。明代雲南府城東北二十里鳴鳳山的環翠宫,主祀道教神仙吕真人。明劉文徵天啓《滇志》卷十七《方外志》載,萬曆十四年巡撫都御史陳用賓建環翠宫,祀吕真人。陳用賓《環翠宫記》説:"余撫滇之二年,命官於鳴鳳山建環翠宫,其中爲閣,祀吕師。殿有二,王、陶天君,何、柳二仙並祀閣上。"③明代雲南府的圓通寺,甚至有郡人朱思明建的吕仙閣。明劉文徵天啓《滇志》卷十七《方外志》載雲南府:"圓通寺,在螺山下盤谷間。……好事者於懸崖石上建玄天閣,郡人朱思明又建吕仙閣。"④明劉文徵天啓《滇志》卷二十九載辛紹勤《題吕仙閣》詩曰:

道人占斷螺峰景,傑閣憑虛絶壁開。
夜誦蕊珠清境寂,恍聞鐵笛洞庭來。⑤

相傳吕純陽曾到雲南巍山傳教,開闢道教全真天仙派道場,巍山民間流傳著純陽祖師傳教的仙話。他開創了純陽派和吕祖天仙派,巍山早期即爲吕祖天仙派。現巍山縣文化館内,還保存《棲鶴樓記》《金闕選仙吕大真人降筆》,相傳兩

---

① (乾隆)《貴州通志》卷四十五,《景印文淵閣四庫全書》第572册,第551頁。
② 《景印文淵閣四庫全書》第494册,第130頁。
③ (明)劉文徵撰:(天啓)《滇志》卷二十一《藝文志》,《續修四庫全書》第682册,上海:上海古籍出版社,1996年,第210頁。
④ 《續修四庫全書》第682册,第53頁。
⑤ 《續修四庫全書》第682册,第459頁。

塊碑文爲借吕純陽之筆撰寫，是研究吕祖天仙派傳入巍山的重要資料。雲南全真道以天仙派、龍門派影響較大，清代巍寶山的全真道，就以天仙派和龍門派爲主。天仙派以吕洞賓爲道祖，傳説吕洞賓曾到巍山傳道佈教，開立此派並有四十字的吕祖天仙派道譜：

妙玄合道法，陰陽在乾坤，志心皈命禮，萬古永長春。
清静無爲宗，臨通大洞金，暫狀師得位，輝騰謁太空。①

巍寶山吕祖天仙派道譜，是按照内地道教天仙派道譜傳承。《白雲觀志》卷三《諸真宗派總簿》，其中第四十四爲吕祖天仙派：

妙玄合道法，陰陽在乾坤，志心皈命禮，萬古永長春。
清静無爲宗，臨通大洞金，暫狀師得位，輝騰謁太空。②

巍寶山天仙派的道場有青霞觀、長春洞、望鶴樓、棲鶴樓、眠鶴樓。巍山天仙派從清康熙至民國年間傳承十三代，傳至道譜的第十三“皈”字輩上。此間巍寶山天仙派道士有 200 餘人。

四、西南地區全真道的傳播及全真道士的修持

西南地區道教除全真道、正一道兩大派之外，各地實際傳承的宗派較多。貴州貴陽有全真道龍門派、正一道、薩祖派等。雲南有全真道龍門派、天仙派、隨山派、長春派、清微派、靈寶派、真人派、西河派等。全真道在西南地區普遍發展，明清時期可謂進入極盛的階段。

明清時期在西南各地府州縣設立道紀司、道正司、道會司，由此也可以看出道教之興盛。道紀司作爲府一級掌管道教的機構，多設立在全真道宫觀。如廣西全州府道紀司在府城東玄妙觀，貴州貴陽府道紀司在貴陽大道觀，貴州遵義府道紀司在玉皇觀，四川成都府道紀司在青羊宫，雲南府道紀司在昆明太和宫，雲南大理府道紀司在棲霞觀，雲南永昌府道紀司在真武觀，清代雲南府道紀司在真

① 《巍寶山道教調查》，《中國少數民族社會歷史調查資料叢刊》修訂編輯委員會編：《雲南巍山彝族社會歷史調查》，北京：民族出版社，2009 年，第 236 頁。

② 《藏外道書》第 20 册，第 578 頁。

慶觀。①

廣西全真派道士素食，蓄髮束髻，師徒相傳，以修真養氣相標榜。明嘉靖《廣西通志》卷第五十七廣西全真道："全州湘山寺，在州西湘山之陽。唐元和二年立。宋紹興十三年賜額，有妙明塔，全真道人真身在焉。"②

明弘治《貴州圖經新志》卷五《鎮遠府·寺觀》載，明洪武二十一年(1388)鎮遠府府治東建有真武觀，永樂間府治東又建玄妙觀、玉虚觀。③ 明代鎮遠全真道開山祖師李道堅，在貴州省鎮遠縣城東中河山修道。明嘉靖《貴州通志》卷二載："太和洞，在中和山南玄妙觀後，昔有道士李道堅修養於此。"④清乾隆《貴州通志》卷三十二載："李道堅，鎮遠縣人。棄家訪道，得水火昇降之術，與其侶徐教弘，修煉於中河山南洞，郡守周瑛乙太和名之。"⑤明弘治二年(1489)，李道堅在鎮遠縣青龍洞興建道觀，到清光緒年間(1871—1908)，已形成山門、正乙宫、吕祖廟、觀音殿、斗姥宫、玉皇閣等道觀建築群。

明代雲南嵩明道教興盛，嵩明境内分佈著高真觀、萬法觀、道人庵、壽國庵、玄天觀、三聖宫、黑龍宫、青龍宫等道教宫觀。嵩明龍門派保存有龍門派譜詩。《徐霞客遊記》卷六下《西南遊日記十》，記載嵩明縣有玉皇閣、城隍廟、玄帝殿，玄帝殿供奉道教的真武祖師。徐霞客由玄帝殿前東向下，歷級甚峻。"半里，得玉虚殿，亦東向，仍道宫也。兩旁危箐回合，其境甚幽"⑥。則徐霞客所見嵩明縣有四座道觀。嵩明龍門派有静壇道人(即出家道人)、行壇道人(即火居道人)及雲遊道人(即遊方道士)之分。嵩明龍門派的受戒奏職稱："奏請太上會員名下稟東華遠教，龍門正派，弟子某某，奉行科士弟子。"舉行受戒科儀者即受戒入門。嵩明龍門派的齋醮科儀，有"開方破獄""鐵罐施食""玉陽施食"。⑦

雲南全真道有"龍門西竺心宗"的支派。據清閔一得《金蓋心燈》卷六所述，該派祖師鷄足道者，自云月支國人，名野怛婆闍，自印度來華，居鷄足山修煉。於清順治十六年(1659)赴京師謁王常月，受其戒法，贈名黄守中，爲龍門第八代。

---

① (道光)《昆明縣志》卷四載："真慶觀，康熙五十六年，耆民徐九錫，道紀潘自然，設二學。"真慶觀潘自然爲道紀，則道紀司設於真慶觀。

② (明)林富修，黄佐纂：(嘉靖)《廣西通志》，明嘉靖十年(1531)刻本。

③ (明)沈庠修，趙瓚纂：(弘治)《貴州圖經新志》。

④ (明)謝東山修，張道纂：(嘉靖)《貴州通志》。

⑤ 《景印文淵閣四庫全書》第572册，第163頁。

⑥ (明)徐弘祖著，惲波、劉剛校點：《徐霞客遊記》，长沙：岳麓书社，1998年，第568頁。

⑦ 楊文平：《嵩明縣道教音樂初探》，中國人民政治協商會議雲南省嵩明縣委員會編：《嵩明文史資料》第6輯，1997年，第84～90頁。

所謂“龍門西竺心宗”,實際上是道教龍門律宗與佛教密宗的結合。該派以鷄足山爲活動中心,下傳管天仙(派名太清)、大脚仙(王太原)。再傳金懷懷(王清楚)、白馬李等。閔一得於乾隆五十五年(1790)往雲南謁見黄守中,受西竺斗法之傳。

民國時期雲南道教以清虚、火居二種區分,全真道屬於火居道士。民國《宜良縣志》卷九下載:

> 境内道教有清虚、火居二種,清虚道寥寥無幾,火居道則與常人無異,惟金鐃法鼓,諷誦經文,爲人懺悔祈禳,獲資贍家而已。二者皆崇奉老子清真道。昔有道會司,道會即詩禮之家。亦多延道設壇,作諸齋醮者,今則改設道教會,大都有名無實,合邑道徒約共百餘人。①

民國《馬關縣志·祠祀》載:

> 道教有清虚、火居二種。清虚道雲遊方外,居處無定,脱離家族社會之關係。火居者乃與常人無異,惟金鐃法鼓,諷誦經文,爲人懺悔禳禱,獲資贍家而已。二者皆崇奉老子清虚道,在邑境去住靡常,若有若無。火居道分先天、龍門二派,先天派宗薩氏,龍門派宗邱氏,各有薪傳,能自述其師弟之系統。昔有道紀司、道會司掌之。②

民國《新平縣志》第十八《宗教》載:

> 新邑道教爲火居道,清雍正間李道明傳入,其教盛行。以諷誦經文,爲人懺悔禳禱爲宗旨。宗派號龍門派,宗邱氏長春,建醮分玉光九奏、玉樞九詠、三清旦、十功遷拔、十種報恩、雷霆三洞、救苦三朝七種法事。在迷信甚深時,多有延道設壇作諸齋醮,近則漸漸破除矣。法器、道法相傳,名曰奏職,以“道德通玄静、真常守太清、一陽來復本、合教永元明”二十字爲系統。其器有冠子、法衣、朝簡、手鈴、鐃鈸、鑼鼓等類。③

新平道教流傳於桂山鎮及附近農村,多爲世襲家傳。新平的道壇活動,在清光緒

---

① 王槐榮修,許實纂:(民國)《宜良縣志》,民國十年(1921)鉛印本。
② 張自明修,王富臣等纂:(民國)《馬關縣志》,民國二十一年(1932)石印本。
③ 吴永立、王志高修,馬太元纂:(民國)《新平縣志》,民國二十二年(1933)石印本。

年以前比較興盛。每年紀念法事(俗稱做會)七八次,齋醮法事(俗稱做齋)數十次,官辦的水陸大齋(俗稱“搭青轎”)和重大祭祀也較爲頻繁。民國時期,新平道教逐漸衰落,民國《新平縣志》記載道士僅有十三人。民國三十年(1941)以後,道壇僅剩兩家,衹做“朝斗”和“薦亡”儀式。[①]

民國《昭通縣志稿》卷三《祀典志・寺觀》載:

> 祖師廟,舊志在元寶山,乾隆元年建。中祀玄武北極真君,以三月三日慶祝,遠近赴會者,三日内絡繹不絶。三十七年,道人陸常崇募建大殿,後毁於兵燹。同治末重修。光緒二十一年,邑人又另修正殿,後屢有補葺也。[②]

全真道在西南地區迅速的發展,與地方官員的支持有很大關係。昆明龍門派的龍泉觀、真慶觀、太和宫,就是明清時期駐守雲南地方長官興建的。清康熙《雲南府志》卷十七:

> 都雷府,在城東萬壽宫下,明黔國公沐英重興修建,日久傾壞。本朝康熙三十四年,總督王繼文捐貲重修,猶然自新。置有真慶觀下供奉香燈,昆明境常住田二百三十畝一分,本觀左右房基,亦載常住數内。[③]

都雷府在今真慶觀紫微殿東側,始建於明永樂十七年(1419),落成於洪熙元年(1425),清代至民國又歷經四次維修或重建。

清道光《昆明縣志》卷四載:

> 鳴鳳山爲太和宫,一曰銅瓦寺。範銅爲瓦,覆寺三楹,環之磚城,規制宏麗。始建於明巡撫陳用賓,以祀北極上帝。其後崇禎十年,巡按張鳳翮移之鷄足山,康熙九年乃重鑄焉。[④]

金殿初建於明萬曆三十年(1602),由雲南巡撫陳用賓仿照湖北武當山天柱峰的太和宫及金殿樣式建造。明崇禎十年(1637),黔國公沐天波命雲南巡按張鳳翮將銅殿拆運至賓川鷄足山,藉以鎮壓麗江土知府木氏的“主脈”。現存鳴鳳山金

① 黄富:《新平道教音樂、佛教音樂及其異同》,《民族藝術研究》1990 年第 6 期,第 31 ~ 37 頁。

② 盧金錫修,楊履乾、包鳴泉纂:(民國)《昭通縣志稿》,民國二十七年(1938)鉛印本。

③ (清)張毓碧修,謝儼等纂:(康熙)《雲南府志》,清康熙三十五年(1696)刻本。

④ (清)戴絅孫纂修:(道光)《昆明縣志》,清光緒二十七年(1901)刻本。

殿，是平西王吴三桂於清康熙十年(1671)重建。

清道光《昆明縣志》卷四載：

去城北三十里，爲龍泉觀，建於明洪武時。康熙二十九年，總督范承勳、巡撫王繼文、按察使許宏勳重修。……東南爲真慶觀，爲都雷府。明黔寧王沐英建。後圮。康熙三十四年，總督王繼文重修。①

昆明龍泉山道觀祖師殿内的真武祖師，爲立式披髮、黑衣、仗劍、踏龜蛇形象，從者執黑旗。昆明人稱之爲"披髮祖師"。龍泉山道觀門上玄匾"紫極玄都"四字，龍泉觀碑亭有張三丰行狀碑。真慶觀原名真武祠，始建於元代。明正統年間(1506—1521)，真慶觀經重建和擴建，其規模遠超元代的真武祠。

明黔國公沐英，明巡撫陳用賓，清代雲南總督范承勳、巡撫王繼文、按察使許宏勳等地方官員，對全真道的傳播發展，採取支持的態度。

明代貴陽全真道的大道觀，始建於元至正年間(1341—1368)，在貴陽城中心大十字附近，即今貴陽市中山東路西口，靠大十字一側。明宣德舉人王訓撰《大道觀記》載：

皇明天啓，肇開有國，既用孔子之道，經世理民，而又崇獎二家，陰翊皇度。故自京師以至郡邑，皆有其官，此道紀司之所由設也。……正統戊辰，英廟繼成仁祖之志，以大道經典頒佈天下，而貴受之，貯天城之大道觀中。前宣慰使安隴富、宋昂深以道紀未立，雖嘗訪舉雲遊道人戴雪隱爲之住持，而尚未有官守，乃上疏請立，制可之。其觀蓋昉於元，舊名崇真，文獻不足，無以詳其所自。故址狹隘，前巡撫都御使蔣琳，令有司募財，購得鄰之千户方勇廢宅一區，平其坎塹，大其營構，旬月告成。門廡室堂，盡合規制，乃遵護持制旨，改其額曰"大道"。仍薦雪隱於京，拜爲都紀，領籙而來，以司其政，天順丁丑也。……尚慮久而湮淪，無徵於後，方欲勒石以紀其詳，志未成而羽化。今弟子王紹業將以道行端謹，嗣教有官，不忍泯其師績，屬訓爲序以刻之。②

貴州巡撫都御使蔣琳在元代崇真觀基礎上，募財重新興建大道觀。而安隴富是

---

① (清)戴絅孫纂修：(道光)《昆明縣志》，清光緒二十七年(1901)刻本。

② (明)沈庠修，趙瓚纂：(弘治)《貴州圖經新志》卷二。

水西土司奢香之孫，爲彝族默支系始祖慕齊齊第73代孫，彝族父子連名制名爲“隴鋪不玖”。明英宗正統七年(1442)，安隴富襲貴州宣慰使職，他命將朝廷頒佈的《正統道藏》貯藏在大道觀中，並尋訪道士戴雪隱住持大道觀，並推薦其擔任貴陽府道紀司都紀。清康熙三十五年(1696)貴州巡撫閻興邦重修大道觀。清嘉慶二十五年(1820)又重修。民國二十八年(1939)2月4日，貴陽遭日本飛機轟炸，大道觀玉皇殿、三清殿、雷祖殿、火神殿、娘娘殿、天師殿、丘祖殿、孫祖殿、神像、石碑、石坊等均被炸毀。民國二十八年(1939)10月，在大道觀原址建成貴州大戲院。

五、西南全真道龍門派的發展及其時代特點

清代貴陽南嶽廟爲全真教叢林，道觀規模宏大，南嶽山有木板雕刻的《道宗派牒》，是發給受戒全真道士的度牒。① 貴陽南嶽山《道宗派牒》記載龍門派譜系爲：“道德通玄静，真常守太清。一陽來復本，合教永圓明。至理宗誠信，崇高嗣法興。世景榮惟懋，希微衍自寧。住修正仁義，超昇雲會登。大妙中黄貴，聖體全用功。虚空乾坤秀，金木性相逢。山海龍虎交，蓮開現寶新。行滿丹書詔，月盈祥光生。萬古續先號，三界都是親。”②貴陽龍門派道士，都按此譜詩取法名。據清代北京白雲觀保存的《諸真宗派總簿》，第九《龍門派》系譜爲：“道德通玄静，真常守太清。一陽來復本，合教永圓明。至理宗誠信，崇高嗣法興。世景榮惟懋，希微衍自寧。住修正仁義，超昇雲會登。大妙中黄貴，聖體全用功。虚空乾坤秀，金木性相逢。山海龍虎交，蓮開現寶新。行滿丹書詔，月盈祥先生。萬古續仙號，三界都是親。”③

龍門派道士按照譜詩取法名，法名第一個字爲系譜裏的字，以此區分師徒間的輩份。龍門派最初的二十字派詩，相傳爲丘處機在燕京東龍門山掌教時所立，後世已增衍爲100字譜詩。貴州道門傳承的龍門派系譜，反映龍門派在貴州的傳播。據此系譜也可以判定龍門派道士的傳承。1985年重建貴陽仙人洞三清殿，發現屋梁上有“康熙十二年道人江教合謹建”字樣。1983年重建貴陽文昌閣，發現清道光二十二年(1842)《文昌閣重修碑記》載：“住持道人曾合機及徒劉

---

① 貴州省地方志編纂委員會：《貴州省志·宗教志》，貴陽：貴州民族出版社，2007年，第249頁。
② 貴陽市志編纂委員會編：《貴陽市志·宗教志》，貴陽：貴州人民出版社，1996年，第3頁。
③ 《白雲觀志》卷三《諸真宗派總簿》，《藏外道書》第20册，第575頁。

教修、劉教宗等立。"清光緒年間(1871—1908),萬元美住持南嶽山,收弟子龍明新、龍明昭、周明義。貴陽仙人洞全真道士有李元修、秦至方。其法名"合""教""元""明""至"的字輩,説明他們分别是全真道龍門派第十六代、十七代、十九代、二十代、二十一代。據民國二十七年《貴州省會名勝調查表》的統計,貴陽全真道龍門派住持的宫觀有南嶽山、寶峰寺、華光廟、龍王廟、觀風臺、關帝廟、三元宫、玉皇閣、仙人洞、文昌閣、祖師觀、祖師廟。民國時期貴陽城區有全真道士 45 人,郊區有 37 人。[①]

清代雲南巍寶山是全真道龍門派的重鎮,魏寶山龍門派道士多達 100 人。巍山龍門派道譜與貴陽南嶽廟《道宗派牒》相同,爲:"道德通玄静,真常守太清。一陽來復本,合教永圓明。至理宗誠信,崇高嗣法興。世景榮惟懋,希微衍自寧。住修正仁義,超昇雲會登。大妙中黄貴,聖體全用功。虚空乾坤秀,金木姓相逢。山海龍虎交,蓮開現寶新。行滿丹書詔,月盈祥先生。萬古續仙號,三界都是親。"[②]與《諸真宗派總簿》所載龍門派道譜相同。巍山道教保存的碑刻,反映龍門派道士奉道的情况。《清光緒八年龍門正派清净羽士趙復珍墓碑》載:

> 清净羽流趙復珍自愧福淺命薄,翁姑早逝,又值咸豐七年兵燹,故夫流失所,子女相繼亡,於是誓入空門,曾將故夫遺留水田一份,坐落石孔村,大小七丘,實租穀肆石伍斗,隨慶塝里本身户下秋糧壹斗柒升,帶住修持,永送入巍山主君殿内,作住持添補香火之資,故勒石。[③]

《民國十一年龍門正宗全真羽士陳明遠墓碑》載:

> 明遠所置山産開列於後:置得栗園山地三拾肆畝捌分伍,該包穀租三石,清丈領財政廳執照六張,以後作爲寺中徒孫添補費用,永志不忘。[④]

可知趙復珍爲巍山龍門派第十四代,而陳明遠爲巍山龍門派第二十代。筆者 2012 年 5 月在雲南巍山考察,親見巍山一些全真道士之墓保存完好,可見巍山

① 貴陽市志編纂委員會編:《貴陽市志・宗教志》,第 4 頁。

② 《巍寶山道教調查》,《中國少數民族社會歷史調查資料叢刊》修訂編輯委員會編:《雲南巍山彝族社會歷史調查》,第 238 頁。

③ 《巍寶山道教調查》,《中國少數民族社會歷史調查資料叢刊》修訂編輯委員會編:《雲南巍山彝族社會歷史調查》,第 240 頁。

④ 《巍寶山道教調查》,《中國少數民族社會歷史調查資料叢刊》修訂編輯委員會編:《雲南巍山彝族社會歷史調查》,第 240 ~ 241 頁。

歷史上確乎是全真道傳播的重要地區。

雲南昭通龍門派興起於清初,有龍門第七代傳法師陸常崇,龍門派第八代師陳守元、張守志,因道行高妙見載於地方史册。民國《昭通縣志稿》卷七《道流》載:

> 陸常崇,龍門第七代傳法師也。羅平世家子,性好道,遨遊名山各廟,至昭爲元寶山住持,見其殿宇狹隘,於乾隆二十二年發宏誓願,擴修廟宇,遂往各廠募化,得數千金。有强盜窺其橐,約黨途劫之。常崇至,戟指而叱曰"止",衆形癡如木鷄,乃率負擔者,從容行回山。大興工作,另建正殿兩廊,崇高山門,廟貌巋然矣。以其餘貲,置産業爲香火費,卒葬北山。陳守元,龍門派第八代師。姚州人,素以拳勇名。乾隆四十八年,體師志培修廟,至各廠勸募。有保廠師高剛以神勇稱,守元往謁。剛手持金錠曰:"能取過手,即予爾。"守元用手帕一揮,金錠已在其手,剛不覺如何失去,乃大服,立畀千金,各廠效之,多厚給。歸裝充牣,乃開寶山觀音堂,辟竈君殿,廟宇焕然一新矣。張守志,守元師弟,羅平人。居常謹守規戒,恒在山,不履城市,得清虚元妙之旨,能知未來事。士大夫往訪者,間授以一箋,或詩或詞,中藏玄機,後來俱有應驗。①

雲南昭通元寶山道觀興建於清初,爲龍門派數代傳人修煉之地,歷史上曾有三月三"元寶朝拜"的盛況。

雲南省昭通市大龍洞道觀,爲滇東北最負盛名的道觀。《昭通市大龍洞道觀道教歷史碑序》載:清咸豐年間(1850—1861),有龍門派道士曠永曜住持大龍洞道觀。清光緒年間(1871—1908),住持吴元正重修大龍洞道觀。② 大龍洞道觀第十八代至二十三代的傳承,在道門有清楚的歷史記憶。今雲南昭通市大龍洞道觀内,有《昭通龍門派第十八代弟子曠永曜墓碑》《昭通龍門派第十八代弟子周永清墓碑》《昭通龍門派第二十代弟子戴明春墓碑》《昭通龍門派第二十三代弟子戴宗誠墓碑》《昭通龍門派第二十三代弟子黄宗倫墓碑》③,當代道教這五通墓碑,都立於20世紀90年代,正是改革開放之後道教恢復的重要時期。《昭通龍門派第十八代弟子周永清墓碑》爲"後學戴明春、郎明慧、韋至静、王至鈴、陳至

---

① 盧金錫修,楊履乾、包鳴泉纂:(民國)《昭通縣志稿》,民國二十七年(1938)鉛印本。

② 《昭通市大龍洞道觀道教歷史碑序》,此碑現藏昭通大龍洞道觀内。

③ 蕭霽虹主編:《雲南道教碑刻輯録》,北京:中國社會科學出版社,2013年,第697、704、705、715頁。

道、王至興、丁至蘭、崔至瑞”1991 年立。[①]《昭通龍門派第二十三代弟子戴宗誠墓碑》稱“龍門第二十代弟子戴明春,二十一代曹至孝、蔡至理”1991 年立。[②]

清咸同年間(1850—1874),龍門派住持騰衝雲峰山道觀。《重修雲峰山道觀記》:“清咸同年間,佛教僧侶失散,繼由道士入山住持。民初住持道長爲雲南迤西道教會會長張誠定,號玄空,香火盛極一時。”[③]至 20 世紀 80 年代,住持道士有陳宗培、李宗穩、李成坤、李成達,該地龍門派已傳承至第二十三、二十四代。

雲南臨滄縣全真道子孫廟道觀,始建於清雍正年間(1722—1735)。據《觀稼樓記》碑文載:子孫廟乃長官司俸廷徵之母羅安人香火院,專門爲兒孫祈福禳災之道觀。施主俸廷徵爲猛緬傣族土司,清康熙年間(1662—1722)世襲猛緬長官司,子孫廟爲傣族俸姓土司供養。雲南大姚人高太明在西蜀青羊宫學道,清道光(1821—1850)初年至順寧(鳳慶縣)創建雪華觀,是在臨滄地區傳道開山立派之人。清光緒《續修順寧府志》卷三十七載:

> 高太明,大姚縣人,西蜀青羊宫出家,乾道也。道光初,遊至順寧,創建雪華觀。力行心解,能辟穀不食,静修處地極險絶,人跡罕到,常有虎來護持。坐逝後,有人自蒙化來者,相遇於道中,稽其相見之期,即爲圓寂之日。[④]

高太明修道的雪華觀,在順寧城南五十里傈山頂。清道光以後,臨滄地區的道教日漸興盛,道士也越來越多。臨滄共修建 77 座道觀,道士達 700 多人。清代龍門派道士阮一誠的弘道,開拓出臨滄全真道發展的興盛局面。坤道阮一誠(1808—1891)原籍玉溪,清道光初年在鳳慶縣靈應山寺拜楊清浚爲師,道光十三年(1833)到緬寧(今臨滄縣)住持三清宫。清咸豐年間(1850—1861),三清宫遭火災之後,阮一誠轉而住持子孫廟,收楊陽悟、馬陽富等爲弟子。此後,楊陽悟等人又收阮來慶、華來順、游來定等 16 名坤道弟子,又下傳 43 名“復”字輩弟子。華來順曾於民國二十二年(1933)率領道士 5 人,到四川青羊宫二仙庵受戒。兩年後,華來順與阮來慶又率道士 18 人,前往四川青羊宫二仙庵受戒,往返達 3 年時間。民國二十七年(1938)3 月 2 日度戒,受戒者每人得傳授一張浄戒牒,一張《太上繼宗演教接化大德傳戒律師訓示》,五本戒書(《守戒必持》《初真戒》《中極

---

① 蕭霽虹主編:《雲南道教碑刻輯録》,第 705 頁。

② 蕭霽虹主編:《雲南道教碑刻輯録》,第 705 頁。

③ 蕭霽虹主編:《雲南道教碑刻輯録》,第 698 頁。

④ 原文“西蜀清陽宫”,爲記音之誤。(清)党蒙等修,(清)周宗洛等纂:(光緒)《續修順寧府志》,清光緒三十一年(1905)務本堂刻本。

戒》《天仙大戒》《登真籙》），錫質緣鉢一個，錫質浄瓶一個，木質皇冠一頂。[①] 1936 年阮來慶等到二仙庵受戒時，還購買二仙庵光緒三十三年（1906）本《重刊道藏輯要》一部，此經書“文化大革命”中被抄走散佚。[②]

雲南新平道教傳播者李聯元（法名李道明），是清雍正癸卯（1723）恩科文舉，曾任直隸龍門、興安知縣，晚年辭官引退，學道三年，攜帶道經回新平桂山鎮後，即按龍門派二十字系譜，依字派收徒，奏職相傳。李聯元爲第一代，蔣天昇（法名失傳）等爲第二代。至民國三十七年（1948），已傳至蔣圓興（蔣天昇的第五代子孫）、李圓陽（李聯元的第七代子孫），爲龍門派第十九代奏職道士。

昆明東北郊鳴鳳山麓的金殿，初建於明萬曆三十年（1602），歷史上爲龍門派住持。太和宫道士趙永佑，爲龍門派第十八代。龍門派第十九代李元龍（1834—1890），任雲南道紀司都紀。太和宫道士李明清，爲龍門正派第二十代。太和宫住持楊智聰（1870—1940），爲龍門正派第二十一代。清咸豐年間（1850—1861）杜文秀起義，雲南道觀被燒毀無數，遭受重創。據金殿《皇清敕授登仕佐郎，雲南都紀司、龍門正派第十九世師李元龍碑》載：當時“兵火日熾，梵宇琳宫，遍遭洗劫”，“太和宫罹禍惨巨，劫火燭天，道衆罹難者以十數，廟中什物，悉遭竊掠”。[③] 昆明太和宫在咸豐事變中遭受兵燹，是雲南道教在咸豐事變中遭難的典型例證。

六、餘論——關於西南全真道的幾點思考

綜上所述，元明清時期全真道在西南地區的傳播，是全真道史研究中值得深入研究的問題。全真道在西南地區的迅速傳播，與全真道在全國傳播的歷史大勢是一致的。正如清陳銘珪《長春道教源流》卷七所説：“元以後至於國朝，全真派遍佈於江南各行省。”[④]但全真道在西南地區傳播的歷史，有以下幾點值得我們思考：

1. 全真道獲得西南地方行政官員的大力支持。四川成都的二仙庵，清康熙三十四年（1695）由四川按察使趙良璧創建，趙良璧親請全真道士陳清覺住持，陳

① 施劉懷：《臨滄地區道教的發展及其現狀》，《中國道教》2000 年第 4 期，第 37 ~ 39 頁。蕭霽虹：《明清時期傣族土司崇奉道教史跡》，雲南省民族學會傣學研究委員會、德宏州傣學學會編：《雲南傣族土司文化研究論文集》，昆明：雲南民族出版社，2008 年，第 403 ~ 407 頁。

② 雲南省臨滄縣地方志編纂委員會編纂：《臨滄縣志》，昆明：雲南人民出版社，1993 年，第 575 頁。

③ 雲南省地方志編纂委員會總纂，雲南省社會科學院宗教研究所編撰：《雲南省志 · 宗教志》，昆明：雲南人民出版社，1995 年，第 122 頁。

④ 《藏外道書》第 31 册，第 137 頁。

清覺爲二仙庵開山真人。明代貴陽全真道的大道觀，昆明龍門派的龍泉觀、真慶觀、金殿，就是明清時期貴州、雲南地方長官支持興建的。明代貴州巡撫都御使蔣琳募財重新興建大道觀，清康熙三十五年（1696）貴州巡撫閻興邦重修大道觀。明黔國公沐英，明巡撫陳用賓，清代雲南總督范承勳、巡撫王繼文、按察使許宏勳等，都支持全真道宫觀的興建。明清時期各府州縣的道紀司、道正司、道會司，多設立在全真道宫觀之中，道官也多由全真道士擔任，這説明西南全真道在清代政治上已居於主導地位。

2. 全真道獲得西南少數民族大姓、土司的信奉和支持。元代陳致虛遊夜郎傳道，説服思州大姓田氏信奉道教。思州宣慰使之弟田琦奉道之後，位列陳致虚大弟子之列。思州田氏是統治烏江中下游800餘年的土司，土家族大姓田氏的奉道，有利於道教在土家族地區的傳播。貴陽大道觀收藏《正統道藏》，選擇有道行的住持道士，有賴於彝族土司安隴富的支持。雲南臨滄縣全真道子孫廟道觀，爲猛緬長官司俸廷徵之母羅安人香火院，施主俸廷徵爲猛緬傣族土司，清康熙年間（1662—1722）世襲猛緬長官司，子孫廟爲傣族俸姓土司供養的道觀。

3. 西南全真道士存在融攝正一的風氣。民國《宜良縣志》卷九下載："許陽晨，少業儒。康熙五十一年，赴江西龍虎山學道，列爲龍門正宗第十二代字派。苦修十載，道即成，精符籙，天師授以雷旗、權杖、寶劍各一，歸里後，禱雨祈晴，靈應如響。"[①]許陽晨赴江西龍虎山學道，獲得張天師正一派道法的傳授，却列爲龍門正宗第十二代弟子。

新平龍門派道士李聯元（法名李道明），其第七代子孫李圓陽爲龍門派第十九代奏職道士。新平龍門派第二代道士蔣天昇，第五代子孫蔣圓興亦爲龍門派第十九代奏職道士。1994年1月24日立的《昭通龍門派第二十代弟子戴明春墓碑》，號稱"龍門正宗全真派精谷道人戴明春"，墓碑有"孝子戴仲波、戴佳。孝女戴仲萍、戴麗。……孫子戴尚飛、戴尚滔、戴尚婭"。[②] 這些有家室的龍門派道士，如何保證恪守嚴格的清規戒律，這種現象值得思考。

4. 四川二仙庵是西南全真道傳戒的中心。二仙庵爲著名全真道十方叢林，是全真龍門派丹台碧洞宗的祖庭，也是西南地區唯一具有傳戒條件的十方叢林。如臨滄子孫廟道士，曾於民國二十二年（1933），民國二十五至二十七年（1936—1938），分别有道士5人，道士18人，前往四川青羊宫二仙庵受戒。西南雲貴川

① 王槐榮修，許實纂：（民國）《宜良縣志》。

② 蕭霽虹主編：《雲南道教碑刻輯録》，第715～716頁。

的全真道士,有的就是在四川青城山、青羊宫出家,學道之後赴雲貴各地傳道,這顯示川西全真道居於西南全真道的主導地位。

(責任編輯:胡常春)

詩、書、琴、園：清末南陽全真道主領的精英藝術

□劉迅著　秦國帥譯

摘要：從晚清直至民國初年，南陽玄妙觀的首領全真道士一直是各種藝術如詩歌、書法、琴藝、隱修之所乃至南陽的公共園林等的主要支持者和眷顧者。他們對藝術的追求和眷顧，不僅豐富和深化了玄妙觀道士的宫觀生活和文化，而且對我們關於帝制晚期道士的固有成見——他們是没有教養的一群人，他們的寺觀是無知與落後的聚集地——提出了挑戰。换言之，南陽的案例表明，早期道教主領、眷顧以及追求高雅藝術的傳統並没有完全地衰落或消失。不僅如此，南陽的案例還迫使我們重新思考宗教與藝術之間的關係，尤其是在近代中國道教宫觀文化的本質特徵及其與藝術之間的關係。由於某些原因，我們已經習慣於這樣一種觀念，即藝術尤其是高雅藝術與宗教、寺觀之間的關聯是過去之事，至少是宋元以前的事。不過，南陽這則全真教主領、眷顧精英或者説高雅藝術的案例則表明，立足於帝制晚期甚至是民國初期的特殊環境，一些道教宫觀往往能够也實實在在地繼續支持和主領著精英藝術及高雅藝術。同樣，全真教這種對高雅和精英藝術的主領與眷顧，也挑戰著我們去重新思考上述關於帝制晚期道教宫觀文化的成見。此外，南陽的案例似乎還表明，無論將道教宫觀看作是僅爲社區儀式和個人崇拜保留的宗教場所，還是將其視爲與宋元以來的文化和藝術内容、傳統都絶無瓜葛的空間，這兩種觀點都同樣是錯誤的。真實的情況可能正處於兩者中間。這同時也表明了這樣一個事實，即藝術與宗教從來都是相互交纏、不可分割的：道教作爲一種宗教從未脱離過藝術，反之亦然。

關鍵字：玄妙觀　全真道士　詩歌　書法　古琴　公共園林　文化主領　精英藝術

作者簡介：劉迅，美國南加州大學歷史學博士，現任美國新澤西州立羅格斯大學歷史系副教授、羅格斯大學中國研究中心主任。著有《摩登道：民國時期上海道教内丹的創新、俗衆修煉和社團》，哈佛大學亞洲學中心—哈佛大學出版社2009年出版。另外與宗樹人合編《永恒與現代之間：二十世紀的道教》，加州大

學出版社 2011 年出版，與高萬桑合編《中國社會與文化中的全真道士，1500—2010》，加州大學東亞研究院 2014 年出版。還在《清史研究》《通報》《大亞細亞學報》《哈佛亞洲學刊》《遠西遠東學刊》《道教研究學報》等學刊發表了一系列有關清代以來全真道教宫觀與國家和地方社會以及道教與縉紳關係的論文。目前，正在撰寫一部有關明清道教信仰和道教宫觀與南陽地方社會互動歷史的研究專著。

引　言

沉醉東風到海棠，竹摇松子自敲床。
好山有約遲修禊，勝友柶逢各盡觴。
玉版筍燒薇菜美，青精飯煮茯苓香。
何時乞得長生訣，細注参同學老莊。

這是南陽縣知縣彭旭在暮春某日參加玄妙觀張宗璿所舉辦的晚宴時所做的一首詩中的一節。[①] 彭旭，字暄鄒，楚南人，其生平活躍時期爲 19 世紀 70 年代。同時出現在當天晚宴中的還有南陽府的其他幾位職官：郡伯李蓬橋以及花集三、臧和軒兩位司馬。張宗璿當時則是玄妙觀這一著名的全真道觀的住持。彭知縣撰作了這首詩來酬謝張住持，並用以紀念一衆朋友此次頗爲悦愉的聚會。非但如此，在他自己爲這首詩所做的箋注中，彭旭事實上還頗具深意地將張宗璿稱爲"道友"。

對我們許多研究中國歷史的同仁來説，道士與地方官員之間的這種交遊集會乍看起來似乎並無異常之處。實際上，道士與文人之交接及互動也並非是一個全新的課題。柳存仁（Liu Ts'un - yan）、柯克蘭（Russell Kirkland）以及其他學者已經探討過道士與儒家文人之間密切的互動關係。[②] 從許多方面來説，柳存仁

① 此詩詩題作"夏日遊玄妙觀贈耕雲方丈"，有注曰："耕雲道兄招飲，即席簡李蓬橋郡伯，花集三、臧和軒兩司馬，並監院諸道友。"

② 參見 Liu Ts'un - yan, "Taoist Self - cultivation in Ming Thought" in William Theodore de Barry, ed., *Self and Society in Ming Thought*, New York: Columbia University Press, 1970, pp. 291 ~ 330; and "The Penetration of Taoism into the Ming Neo - Confucianist Elite", *T'oung Pao*, 55. 1/3 (Jan, 1969), pp. 188 ~ 192. 另见 Russell Kirkland, "From Imperial Tutor to Taoist Priest: Ho Ching - Chih at the Tang Court", *Journal of Asian History*, (Jan, 1989), pp. 101 ~ 133, and "Ssu - Ma Ch'eng - Chen and the Role of Taoism in the Medieval Chinese Polity", *Journal of Asian History*, 31. 2 (Jan, 1997), pp. 105 ~ 138.

的研究，即關於道教内丹思想及實踐對明代新儒家之形成所産生的影響，其實引領了此一視角下的諸項研究。但一般說來，除去極少數例外，關於道教在詩歌、書法、音樂以至園林構築等傳統上與儒家文人相聯繫的藝術方面的追求和造詣，近來的學術界並未給予足够的重視。不僅如此，我們也没有在道教宫觀文化、道教與精英人士的關聯以及帝制晚期和近代中國宗教、文化與政治之間的關係等背景下審視過道教的這些追求。

儘管我們通常承認道士與儒家文人以及國家官員之間存在密切的關聯，但却傾向於將這種關係簡單地看作是一種個人性的虔敬和友情。同樣，我們或許會將著名的道教宫觀和聖地視爲主要的文化寶庫和學問中心，却極少嘗試去理解此類道教文化遺産是由誰、爲誰並如何形成和發展的。不僅如此，我們還很少去探討這樣的道教宫觀文化會對道士自身産生什麽影響，以及更重要的是，在塑造地方政治和文化過程中發揮什麽樣的重要作用。

本文即是一篇關於文化和宗教之間關係的研究。它追溯了全真道士是如何在自身宫觀中主領或眷顧文人精英文化，並進而在地方社會中産生、積累象徵資本和道德資本的歷史，以及他們是如何利用在詩歌、書法、園林、廚藝以及公共園林等方面的文化訴求，來在清末民初的南陽地方社會中建構自身的政治權力和影響的歷史。此外，筆者還力圖展示，全真道士是如何將他們從自身文學和藝術追求中所獲得的文化和象徵性資本，轉换成爲與地方精英的穩固聯盟以及在南陽地方社會中的政治影響。筆者認爲，除自身在社會、經濟以及政治等方面的活躍和積極外，道教在文化方面的訴求也應當被理解爲一種類型或形式的“軟性力量”。對於像道士及其宫觀這樣的非官方活動者和參與者來說，這些訴求構成了他們通往權力和影響的一種非常重要的手段。實際上，在晚清以及 20 世紀早期，他們經常在地方社會中運用這種道教化的權力和影響，並建構他們自身與國家和精英的事務往來。

通過使用新近在宫觀碑刻、詩歌、繪畫作品、地方志以及個人筆記中發現的第一手資料，筆者回顧了全真道士如何利用廣泛的文化追求，包括詩歌、書法、音樂、經卷集成、素齋以及宫觀園林構築等，來産生和積累文化以及學問的“象徵性資本”，並表明了，通過這些文化訴求及其在文化和學問上的表現，他們仔細建立起來的與地方文人和官員的社會關聯與共同旨趣，全真道士及其宫觀能够在地方社會及周邊地區確定他們的道德權威，展現他們的文化素養並擴展他們的政治影響。筆者還認爲，全真道士對文人藝術的主倡和追求來源於特殊的歷史背景，即太平天國運動之後政治的、意識形態的、文化的以及制度的重建，並直至民國初年,持續塑造著玄妙觀的道教實踐和宮觀文化。

主倡文化:全真道士的學養與藝術眷顧

或許部分受五四運動反封建迷信以及反教權意識形態的鼓動,部分受太平叛亂施之於道教和佛教的大規模破壞的影響,我們一般傾向於將道士看作是不通文墨、難登大雅之堂的,而道觀則是文化閉塞與陳舊的淵藪。我們並不否認,19 世紀中期的太平叛亂給道教和中國其他的本土宗教帶來了深刻的改變。寺廟的大規模毀壞不僅嚴重削弱和分散了宮觀秩序,同時還導致了宗教人士貧窮困乏和愚昧無知程度的增加,而這也促使我們形成了一種既定的觀念,即近代以來道教宮觀的衰微以及道士的愚昧與貧窮。不過,在研究帝制晚期及近代的道教史時,非常重要的是,我們必須避免接受任何諸如此類未經批判和證實的成見,並且,對於太平軍興之後時代的道教宮觀文化以及全真道士的背景和訓練等事實,尋找一種以事實爲基礎的、歷史性的理解。

真實的情況是,儘管愚昧無知確實存在於道士當中,但在包括晚清在內的整個帝制晚期,他們當中還包括許多受教育程度非常高的道士,而這些人在經典方面的學識以及他們的文學和藝術天賦,不僅與同期的儒家文人難分伯仲,甚至還往往成爲他們修道生涯和宮觀生活的典型表徵。就此而言,正如施舟人教授所令人信服地論證的,他們必須被視爲中國社會精英的一部分。①

此外,在這類高道的持續引領和規劃之下,許多大型的全真叢林,比如北京白雲觀和南陽玄妙觀,往往會變成爲全真道士、士紳以及地方精英所鍾愛的諸多藝術表現形式和訴求的主領者或支持者。這樣一來,藝術和學識就變成了全真道士與文化精英彼此往來交誼於其中的一個主要場域。在此一過程當中,這種詩文唱和與藝術結交,不僅爲全真道士及其宮觀催生和保存了文化和象徵性資本,同時還加深了全真教與國家及地方社會在政治和意識形態方面的聯盟關係,並爲全真教將這種道教化的權力和影響施之於地方社會當中奠定了基礎。

詩詠仙真:全真爲主的精英唱和

在由知縣彭旭及其同僚所共同參加的宴會中,彭知縣選擇作詩爲禮以酬謝

① 參見 Kristofer Schipper, *The Taoist Body*, Translated by Karen C. Duval, Berkeley: University of California Press, 1999.

宴會的主人張宗璿絶非任意爲之。從許多方面來説，這位全真住持完美地體現了施舟人教授所構想的那種富於學識、素養高雅的全真教精英道士的形象。儘管時至今日，我們尚未眼見張宗璿的任何詩歌或書法作品流傳下來，但他在經典學問方面的素養及其在詩歌和書法方面的天賦却似乎是不容置疑的。19 世紀 80 年代中期，張宗璿步入了生命的晚年，當時的南陽知府濮文暹爲之撰作傳記，其中稱，嘉慶十六年(1811)，張宗璿生於山東登州府福山縣的一個世家，稍長，便致力於儒家經典學習，爲科舉考試作準備。傳記中描述他爲："天資明敏，賦性仁慈。"據稱，他"儀容端雅，志行高潔"，19 歲時便成爲了府學庠生，道光二十年(1840)中舉，獲得了爲官的資格。不過，由於對未來的仕途生涯心生倦意，據稱張宗璿刻意向衆人隱瞞了他在科舉考試方面的功名。居鄉時，他又恪守低調，僅以"張家子"之稱行世，而不希望别人知道他的真實名字。兩年後，即 32 歲時，張宗璿離家並前往嶗山上清宫出家修道。① 據他的傳記所載，在成爲一名道士之後，張宗璿又"博覽群經，廣參道典"。同時，他還四方遊歷道教聖山，遍謁高賢，以求玄妙之秘訣。②

毫無疑問，張宗璿的文人背景及其文學天賦，爲他與同時期的清代士紳和文人之間的友誼與結交奠定了基礎，因爲他顯然熟悉他們的語言，並具有共同的文化背景；而許多文人也選擇憑藉他們共用且熟稔的通用交際語言，即詩歌和書法，來與張宗璿住持結交和溝通。知縣彭旭於同治八年(1869)作了另外一首詩，他在詩中特别提到了張住持的文學和藝術背景，並贊揚了他高雅清逸的談吐風格："詩人能詩並能書，高譚往往吐清快。"③

這種對張宗璿住持的文學和藝術天賦的認同與欣賞，不僅構成了清代地方官員與他所率領的玄妙觀之間密切關聯的文化和道德基礎，而且還建構了雙方之間的政治聯盟。實際上，在與這位全真住持進行詩歌唱和時，清代南陽的官員們不僅一致地表現出了他們個人對張宗璿德行與氣質的仰慕，同時，他們還承認

① 關於張宗璿的生平細節，參見濮文暹：《南陽玄妙觀張耕雲道士磚塔銘並序》，載氏著：《見在龕集》卷十九，民國六年(1917)刻本；另見高仁峒題記：《第十九代耕雲張律師》，載李信軍編：《水陸神全：北京白雲觀藏歷代道教水陸畫》，揚州：西泠印社，2011 年，第 380 頁。不過，另有一份資料稱，張宗璿離家之後進入了嶗山的三官廟修道，參見《太上律脈源流龍門正宗傳戒譜系》中"張宗璿"條，絹本手卷，北京白雲觀藏。

② 參見絹本手卷《太上律脈源流龍門正宗傳戒譜系》中"張宗璿"條。儘管此手卷中没有標明其作者，不過我們基本可以確定，這本手卷是 1910 年代初期由白雲觀全真道士在陳明霦住持的監督之下編撰完成的。

③ 此兩行出自彭旭作於 1875 年的一首詩中，此詩之碑刻現在仍然鑲嵌於南陽玄妙觀舊址三官廟北牆内。特别感謝南陽市宛城區政府張新耀先生的幫助，使我得以拓得此碑詩文。

了其與這位全真道士在政治以及意識形態方面的緊密聯繫與同盟。

同治二年(1863),即鎮壓太平叛亂的末期,南陽知府顧嘉蘅(字湘坡,生年不詳,卒於光緒十七年,即1891年)撰寫了下面這首詩以表達其對張宗璿的褒獎和敬仰:

贈張宗璿方丈

啖到清齋午夢醒,交遊方外已忘形。
善書善畫稱最絶,胸飽五千道德經。
一畫乾初易理精,仙如橘叟對棋枰。
百年丹鼎傳衣鉢,同是冰霜煉骨成。
開珠桂蕊菊尤黄,散透天香讓冷香。
淡逸自能堅晚節,看花老眼不炎涼。
頻歲神人夢以和,瓊臺玉綬何功多。
環山紫氣皆清霄,鶴舞壇外客詠歌。

在這首詩中,通過記述張宗璿在《道德經》和《易經》方面的博學,在自修訣旨方面的收穫,以及在追求自我轉化的内丹修煉方面的成就,顧知府高度贊揚了他的精神超脱以及金丹造詣。在這位知府看來,張宗璿住持不僅精通道教經典,而且還成功地將自己的肉體凡胎轉换爲冰霜煉骨,即道教隱喻中所謂神仙的不朽之軀。此外,這位南陽府尹還對這位全真住持在繪畫、書法以及象棋等方面的文學技藝和藝術天賦稱頌有加,而這三個方面本身則都是文人身份和素養的標誌性特徵。

不過,顧知府的這首詩,我們不能僅僅解讀爲一首對張宗璿個人的奉承頌詞。因爲,當這首詩撰寫並贈予全真住持張宗璿之時,正值清廷鎮壓太平運動高潮之際,而個中更深刻的原因,則並未在詩中明確表達出來。不過,"交遊方外"這一熟悉的語調和含糊的暗示下隱藏著這樣一個事實,即這位知府和這位住持已然是久違的朋友和盟友。

顧嘉蘅,湖北宜昌人,道光二十年(1840)高中進士。在擔任翰林院編修七年之後,道光二十七年(1847),他被任命爲南陽知府。道光二十八年(1848),他的母親去世,顧嘉蘅守喪三年,咸豐元年(1851)重被起用;咸豐三年(1853),他的父親去世,顧嘉蘅再次守喪,不過當年即奪情起復。除這兩次中斷之外,顧知府任職南陽幾近二十年,大體上與清政府鎮壓太平天國運動的時間(即1850—1864)

重合。頗爲巧合的是，張宗璿抵達南陽玄妙觀的時間，即咸豐三年的某個時間，可能與顧知府爲父守喪但同年旋即奪情起復的時間一致。無論如何，這位全真住持迅速變成了知府最爲信賴的支持者之一，而後者當時正在主持並竭力構築南陽防禦工事，用以抵禦捻軍對本地的襲擾掠奪，以及太平天國一支先遣軍的北征侵略。爲了分散和打破清廷對太平天國在江南新建天京的合圍，這支先遣軍從揚州出發，當時正逼近南陽，其最終目的是要進入西北省份並開闢新战區。此時，南陽清初的舊城牆之外急需修建一層周邊防禦的砦堡和要塞。在此次以及後來諸次抵禦叛軍的過程中，張宗璿住持不僅向顧知府和南陽的其他職官提供了極爲及時且頗富策略性的關鍵建議，而且還捐出己資一萬三千余貫錢，用以修建南陽城北門的周邊環城寨堡。從1860年代初期，南陽城曾屢次陷入捻軍和太平軍的圍攻和襲擾。然而事實證明，這些新修的周邊砦堡，配以四座新建的要塞工事，對南陽城數經劫難而得以生存來説起到了至關重要的作用。在擊退這些合圍時，全真住持張宗璿還同時表現出了他的個人領導才能和勇氣。在護城作戰中，他帶領道衆招募地方兵力，動員地方士紳及村落，排兵佈哨，製作所需軍火兵器，並轉移和護理戰爭中受傷的士兵。①

張宗璿抵禦太平軍和捻軍圍城的英雄事跡在當時清代南陽的地方官員中流傳頗爲廣泛。同治三年(1864)後的某一年，南陽在任知縣李瀛爲這位全真住持專門作詩一首，不僅稱贊了他的高尚精神，同時還强調了他在拯救南陽居民時的無私與悲憫之情，頌揚其在南陽城遭到捻軍和太平軍反叛力量威脅時，四方奔走，亟於救人，並最終確保了本地居民的安全：

勘破浮名一羽輕，珊珊仙骨玉同清。
養生獨得長生訣，遺世還留濟世情。
不與群玄争築舍，早倡衆志共成城。
狼氛掃空鴻安宅，鶴戾風聲心不驚。

薄書鞅掌幾經年，欲滌塵襟百載牽。

① 關於張宗璿參與南陽保衛戰的詳細情況，參見傅壽彤：《南陽元妙觀藏經閣記》，同治六年(1867)，拓片爲筆者收藏；亦可參見《禮部碑》，同治六年(1867)，拓片爲筆者收藏。新近關於張宗璿及其玄妙觀在南陽保衛戰中的作用的研究，參見劉迅：《護國保城：十九世紀中葉清廷抵禦太平軍時期的南陽玄妙觀》，載趙衛東主編：《全真道研究》第一輯，濟南：齊魯書社，2010年，第284～318頁。有關南陽城牆的建築歷史，可參見李岩：《南陽古城演變與清"梅花城"研究》，北京：中國建築出版社，2010年。

未許煙露偕嘯傲，何妨香火結因緣。
君方青飯初餐得，我在黄粱未熟先。
自笑華胥誰解脱，茫茫宦海尚無邊。

在第一節中，李知縣贊揚了張住持對生命的超脱視界，及其在養生方面的成就，正如“養生獨得長生訣”一句所表現出來的。不過，從第四句開始，知縣突顯了住持即使已經脱離俗塵但仍幫助和拯救塵世的決心，即“遺世還留濟世情”。在接下來的四句中，李知縣暗指了張住持卓越的領導才能，即帶領玄妙觀抵禦由捻軍和太平軍叛亂力量對南陽的兩次合圍。恰如李知縣在詩中向我們所説的，正是在張住持之於南陽官員和地方居民的及時號召之下，即聯合道衆和當地民衆建築砦堡及要塞工事，捻一太聯軍纔最終被擊退，籠罩在城中居民頭上的恐怖氛圍也一掃而空，並爲1860年代初的人們帶來了心理上的安寧和平静。

在這場頗爲親密的詩歌唱和當中，儘管我們還没有發現任何張住持的詩作，不過這位全真住持很明顯已經理解了這些詩歌往來的功能及象徵意義。對張宗璿來説，這些爲稱頌他而作的詩歌，不僅僅是其朋友及官員們個人性質的欽慕。實際上，這些詩歌，代表了對他掌領的玄妙觀、對他信奉的全真教以及對他在聯合對抗清廷及其政治秩序所面臨的共同敵人時所做出的巨大貢獻的一種官方肯定。或許正是出於此種原因，張宗璿住持纔將他從其官員朋友那裏所接收到的這些詩作都刻在了鑲嵌在玄妙觀一座廟堂北面山牆上的碑石之上，並加以公開的陳列和展示。①

實際上，清代官紳與全真住持之間的這種詩歌交流反映了他們對於所共用的文化價值、審美標準以及政治制度與意識形態的擔當和承諾。從19世紀50年代早期直到1860年代中期，張宗璿住持之所以在太平軍和捻軍進攻南陽的關鍵時刻挺身而出，並帶領道衆進行了頑强的抵抗，這其中的緣由不僅出於他保全自身以及保護他所統領的全真道觀的本能，而更深層次的原因則源自於他對儒家文化以及建立在此文化基礎上的清代政治秩序和制度的認同和承諾。反過來説，這種對儒家文化在意識形態及政治上的承諾，又是來源於張住持數十年來所受儒家文化的浸染和積習，因爲自童年始，他便一直在追求這種文人藝術，如經典、詩歌、書法、繪畫以及圍棋等。

也正是有鑒於此，在平息了太平軍和捻軍叛亂之後，張住持在清代南陽及周

① 上引知縣李瀛以及知府顧嘉蘅的詩歌都刻在玄妙觀東翼的主要殿堂之一三官廟的北山牆之上。

邊地區的許多官員朋友都紛紛向朝廷提出呈請，要求嘉獎這位全真住持及其宮觀對保衛國家和朝廷所作出的貢獻。同治六年（1867）二月，在鹽運使、南汝道道員以及清代河南南部鎮壓運動的最高協調官員傅壽彤的帶領下，張宗璿住持的一些朋友及清代地方府縣官員，如南陽候補知縣及著名的書法家任愷、南陽知府劉拱宸以及卸任的南陽知縣李瀛，共同向朝廷提交了一份奏章，請求認可並褒獎這位全真住持及其宮觀在保衛南陽、抵禦太平軍和捻軍叛亂中的卓著貢獻。顯然，在經過了與住持的協商之後，他們請求皇帝賜予張宗璿及其道觀一部珍稀的宮藏《道藏》。當奏章上遞至開封河南省軍政官員案頭時，又得到兩位大吏的支持。河南巡撫李鶴年（1827—1889）和布政使卞寶第（1824—1893）於同年五月立即將此奏章轉呈至禮部。六月，同治皇帝很快就恩准了禮部的呈請，降旨將武英殿所藏一部珍貴的《道藏》賜予張宗璿及其南陽玄妙觀，以示皇家恩寵。[①] 不久，禮部知會清代負責監管皇家圖書館中皇帝賞賜之運作的機構内務府。同年十一月，張宗璿住持應詔赴京，接受皇家賞賜的珍稀《道藏》，並隨後將之護送回南陽。返回南陽之後，張宗璿特命建造一座藏經閣，以存放這部皇家御賜的《道藏》；隨後一年，即同治七年（1878）仲夏，藏經閣竣工。[②]

刻寫文化：玄妙觀的書法藝術

除在與清代官員和文人的結交中發揮顯著作用的詩歌外，書法則是另外一項深受全真道士偏愛的傳統藝術。玄妙觀的高道們還以書法爲媒介來與地方文人和官員進行交接往來。儘管我們尚未見到住持張宗璿或其他高道的任何書法作品傳世，但南陽的許多地方官員和文人似乎都對他的書法天賦由衷贊歎，正如顧知府和李知縣所作的詩中流露出來的那樣。因而，許多地方官員和文人也選擇用書法來作爲與張宗璿住持進行交流和往來的手段，這一事實本身也證明了張宗璿及其玄妙觀被看作是對書法藝術頗具欣賞能力乃至鑒别能力的行家和實踐者。

實際上，南陽玄妙觀内原來有大批碑石，上面鐫刻著由清代當地官員和文人撰寫的書法作品；不過到了20世紀50年代，其中許多書法碑刻被推倒並被用作

---

① 有關此部南陽道藏的來歷，請參閲拙文：《南陽玄妙觀〈道藏〉源流及宛圖閲藏記略》，《香港中文大學道教文化研究中心通訊》，2013年，第1～5頁。

② 參見傅壽彤：《南陽元妙觀藏經閣記》，同治六年（1867），拓片爲筆者收藏；亦可參見《禮部碑》，同治六年（1867），拓片爲筆者收藏。

建築材料。所幸的是,還有一些書法碑刻仍然得以存留了下來。2014 年 1 月我在南陽調研期間,得到當地書法家和古玩文物收藏家張新耀先生所提供的玄妙觀原存書法碑刻的數碼照片,得以初步瞭解清末以來玄妙觀全真道士在主導書法藝術方面的踐行。[①] 以下略舉一二並加以說明。

圖 1　王月陽(生卒不詳)書卷(局部)

① 特別感謝南陽宛城區政府張新耀先生爲我提供以下各書法拓片的數碼照片,供我作研究之用。

圖 2　傅潢書卷(局部)

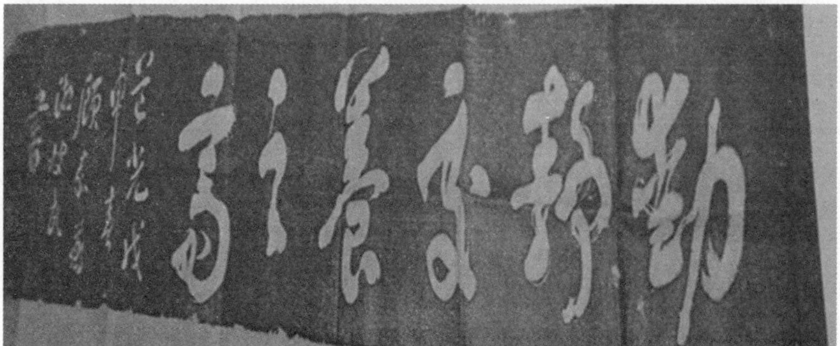

圖 3　道光二十八年(1848)知府顧嘉蘅書卷

圖 4　知縣李瀛書卷

在研究這些書法作品時，除偶爾簡短的題記外，我們通常需要的其他信息則極爲稀少。以上所列舉的這些書法家中，許多是任職南陽的官紳，如知府顧嘉蘅和知縣李瀛，一些則是南陽當地專擅藝術的儒生，如老書法家王月陽，在其74歲時寫作了上述卷聯。但我們對王月陽生平和經歷則所知甚少。

不過，在上面所展示的傅潢以朱熹的《雲谷二十六詠》爲底本創作而成的六幅墨卷的例子中，我們對於傅潢的瞭解，要稍微多一點。傅潢，貴州舉人，南汝道傅壽彤之父，洪亮吉之徒。① 我們從他書寫的這些墨卷中的一篇題記中得知，張宗璿住持長久以來就是傅潢書法作品的欽慕者，並認爲他的作品可與一些書法大師如晉朝的王羲之(303？—361)媲美。同治十三年(1874)春，張住持經由他的朋友傅壽彤道員的幫助而獲得了其父的六幅書法墨卷，並將之全部刻於玄妙觀内的碑石之上。如他對玄妙觀所收藏的其他書卷、墨寶所採取的處置方式一樣，張住持隨後將這些刻好的碑石立於玄妙觀中，以讓南陽當地喜好書法的士紳及公衆觀賞和臨摹："摩勒上石，置諸南陽元妙觀中，俾好書者得以觀摹米坡公妙墨。"②

在刻於玄妙觀石碑之上的書法家的作品當中，最著名的恐怕莫過於晚清著名書法家兼南陽知府任愷所留下的精品墨寶。在擔任南陽知府一職之前，任愷

① 傅潢的詳細生平及著作，參見氏著:《一朵山房詩集》，上海:上海古籍出版社，2010年。新近關於傅潢、傅壽丹與清代經學大師洪亮吉之間的學術關聯，參見龐思純:《洪亮吉與傅潢父子》，載《貴州文史叢刊》2003年第2期，第27～30頁。

② 傅潢六幅手卷的最後一幅附有題記，描述了張宗璿住持是如何獲得這些手卷的。其文如下:"青餘兵巡，粵人。小泉先生以名進□見宰官守，文章政事有聲於世，所著《一朵山房集》早爲人所傳誦，兼具書法，浹入晉人之室，燕粵間人事官之中州絶少流傳，今得請於兵巡吕屏六幅摩勒上石，置諸南陽元妙觀中，俾好書者得以觀摹米坡公妙墨留鎮山門之意耳。同治十有三年四月，平湖韓鴻傑謹識。"

就以擅於鎮壓匪患和治理地方而聲著一方。咸豐五年(1855),他因在安徽三河尖率領擊敗捻軍叛兵的一場勝仗而被授予候補府一職。到 1860 年代中期,他在河南南部任汝州知州。當擔任南陽知府時,同治十一年(1872)及十二年(1873),任愷在張宗璿住持的邀請之下書寫了初唐時期一部關於書法藝術的手稿。這部龍飛鳳舞的草書墨寶内容是初唐時期頗具影響力的書法理論家和高手孫過庭(646—691)所作的《書譜》。刻有《書譜》的碑石由十一塊長方形石板組成,鑲嵌於玄妙觀東廂三官殿的北山牆當中。20 世紀 60 年代末期的一幅玄妙觀建築平面示意圖仍舊能够顯示出,三官殿是於其北部的韓祖殿分開獨立的。不過,在隨後的 20 世紀 70 年代,一所辦公建築建在了兩座殿之間的空場區域,將之聯成南陽縣政府的一排辦公室,並且,自 1949 年開始,南陽縣政府就佔用了道觀的整個院落。2009 年夏天,我在老玄妙觀院落進行田野調查時,聽説最近的一場暴風雨導致了這一排辦公室屋頂的滲漏,而這也恰好暴露了鑲嵌在老三官殿北山牆裏面的碑石。當 20 世紀 70 年代這排辦公室初建之時,這些碑石被一層厚厚的泥土覆蓋了起來,字跡的凹槽也被抹光填平。如果没有 2009 年夏天的那場暴風雨,這些碑石還將會處在被遺忘的狀態。

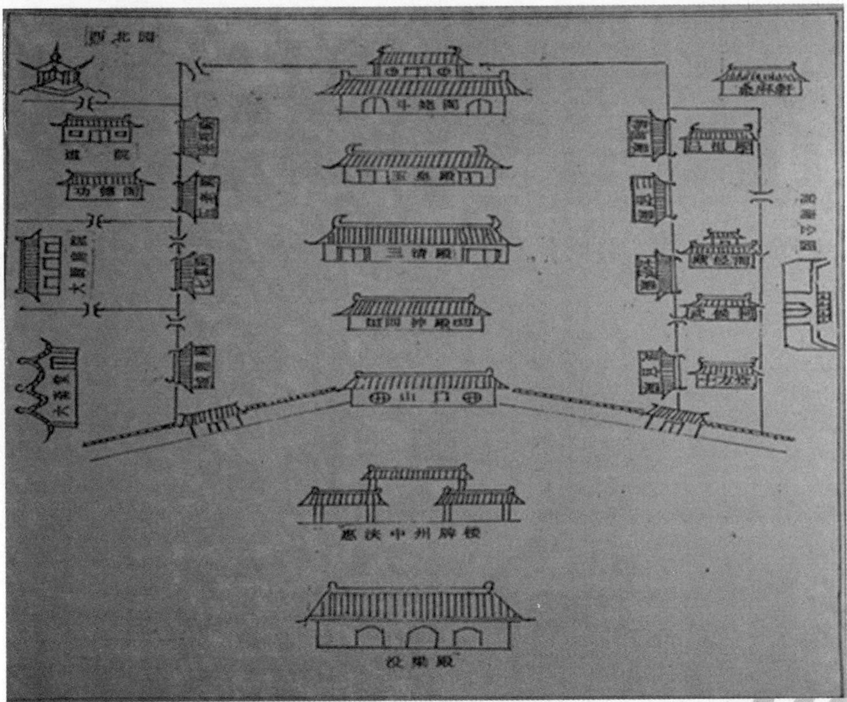

圖 5　20 世紀 60 年代玄妙觀建構結構示意圖

圖 6　當地書法愛好者正在拓製《書譜》碑石拓片

在任愷墨寶原作的末尾,附有一篇作於同治十三年(1874)的題記,任知府解釋了他何以會臨摹孫過庭關於書法的名篇,並對其加以詳細注釋的經過:

余於癸酉秋臨《書譜》帖,經張耕雲道友勒石,乃有嗜痂之愛者争相摹搨。因草書難識,時有來正字者,爰重臨一部,逐字注釋,以啓初學,藉可廣傳其文云尔。任愷又識。

圖 7　任愷墨寶及題記

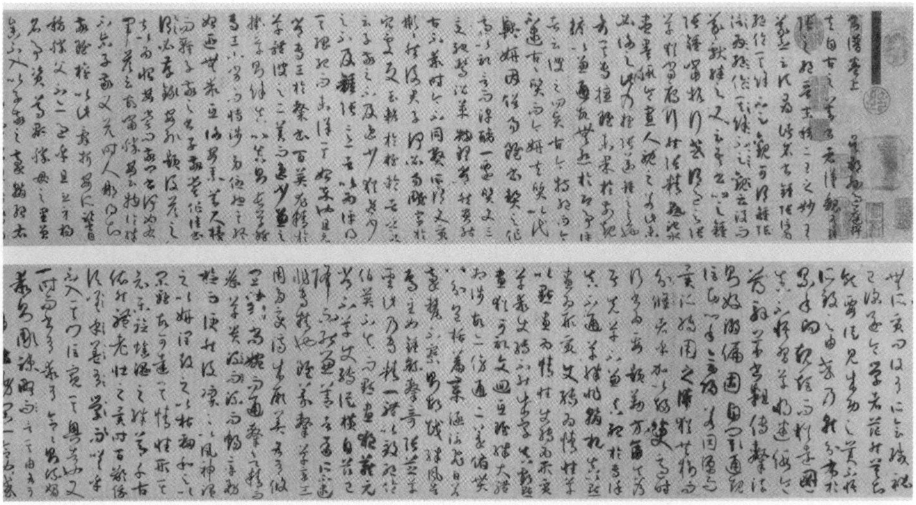

圖 8　孫過庭《書譜》原件(局部,圖片來自網絡)

正如任愷在題記中所透露出來的,很明顯,張宗璿住持非常理解並欣賞孫過庭的書法要義及知府任愷的精美草書對當地書法愛好者和癡迷者的重要性與吸引力。因此,當收到這部臨摹的精美《書譜》之後,他將之刻於十一塊碑石之上,然後將這些碑石鑲於三官殿北牆當中,這樣,來自南陽的當地學者和書法愛好者就可以前來觀内研究和模仿孫過庭書法的審美要義,以及任知府所展現出來的精美墨寶。事實也正如任知府所告訴我們的那樣,這些鑲嵌的碑石立刻取得了成功。當地許多熱衷於書法的癡迷者雲集玄妙觀,通過從碑石上製作拓片來觀摩仿寫這些精美的草書。不過,由於這些天馬行空的草書字體使得許多字難以辨識,於是,很多人便常常尋求任知府的幫助,以求確定那些難以辨識的字到底爲何。爲了解決這個問題,知府隨後又撰寫另外一份文本,其中每個字都是清晰地用楷書摹寫,而這對初學者來説就容易得多了。隨後,即同治十三年秋,住持張宗璿便將這套"解釋性的"楷書文字增刻在原碑中每個草書漢字的旁邊。通過石碑上新鐫刻的文字,無論是張宗璿,還是知府任愷,他們都希望草書藝術能够在南陽及周邊地區生生不息,傳播到更廣泛、更遥遠的人群當中。

玄妙觀的古琴、園林以及其他藝術追求

從 18 世紀中期開始,玄妙觀住持張宗璿所引領的全真教對詩歌和書法的眷顧與支持,直至晚清和民國初年都被他的繼承者沿襲了下來。不僅如此,許多人

還開始開拓自身的藝術領域,並尋求自己的途徑來對他們所偏愛的藝術形式進行支持和展示。

對繼張宗璿而爲南陽玄妙觀住持的姚靄雲來説,他所鍾愛的是古琴。姚靄雲,號祥瑞,又號明瑞,生年不詳,卒於民國元年(1912),陝西人。姚靄雲是在追求一種典型的職業道路即準備科考中成長起來的,據熟悉他的人説,姚靄雲“有聲庠序”。[①] 不過,當他十七歲時,陝西爆發了一場大型的回民起義,姚靄雲的父母和諸多親屬據説也在19世紀60年代初期被回民叛軍所殺害。在失去了一切之後,他參加了滿族將軍多隆阿(字禮唐,1817—1864)所率領的清軍部隊。[②] 姚靄雲參加了二十多場戰爭,並在一場對抗回軍的戰役中報了父母被害之仇。他在戰場上的勇氣和事跡贏得了上級的賞識,並被晉升爲遊擊這一高級職銜。此後,他又被任命爲多隆阿親軍衛隊的首領。但同治三年(1864)晚春時,多隆阿將軍在與陝西回軍的一場大型戰役中受傷並去世,姚靄雲也放棄了自己的職務。此後,他改名换姓,並進入山東的道教聖地嶗山成爲了一名全真道士。按照全真宗教傳統,姚靄雲到江南和華北各地大型的全真宫觀叢林雲遊並掛單。同時,他還跨越渤海,遊歷至滿洲,棲居於奉天太清宫。[③] 隨後,他行跡又至清朝帝都,並作爲高道之一在白雲觀常駐。姚靄雲在此與衆多全真同道建立了密切的關聯,其中就包括住持張宗璿,以及同樣曾爲清軍軍官後來出家爲全真道士的謝寶勝。謝寶勝,字子蘭,生年不詳,卒於宣統三年(1911),與姚靄雲一樣,他也曾在清軍緑營兵中擔任高級軍官,不過後來却因自身軍旅生涯的挫折而在白雲觀這所全真道觀中尋求庇護和安寧。姚靄雲顯然也在道衆中頗受歡迎,迅速崛起並在19世紀80年代初期成爲了白雲觀的監院。當此之時,姚靄雲是白雲觀兼南陽玄妙觀住持張宗璿的門徒(protégé)。或許正是由於其與張宗璿的這層密切關係,姚靄雲纔在光緒十一年(1885)被邀請擔任南陽玄妙觀監院一職。因此,他當年很快便離開了京城白雲觀,很可能是與張宗璿住持一起南遊南陽,並在那裏承擔起了玄妙觀監院一職。[④]

---

① 關於達廷成治爲姚靄雲畫像所作題記,參見李信軍編:《水陸神全:北京白雲觀藏歷代道教水陸畫》,第401頁。

② 關於19世紀六七十年代甘肅、陝西等西北省份回民起義及清廷鎮壓運動的簡介,參見李恩涵:《同治年間陝甘回民事變中的主要戰役》,載《近代史研究所集刊》1978年第7期,第95~124頁。關於多隆阿的生平事跡,參見李元度:《多忠勇公别傳》,載《續碑傳記》卷六十七;亦可參見《清史稿》卷一百九十六《多隆阿列傳》。

③ 于蔭霖:《西北園記》,載《南陽縣誌》,光緒三十年(1904)影印本,12.22b~24a。

④ 《太上律脈龍門傳戒譜系》,北京白雲觀藏。

不過，除了其之前的軍旅生涯，姚住持却與他的賞識者張住持具有極爲相似的深厚的教育背景。早在童年時期，他便接受了以儒家經典爲主的文學教育。另據他的文人朋友記述，姚靄雲工於繪畫藝術，尤擅山水畫，甚至他的密友清廷學官李端遇都聲稱，其作品有元末偉大的山水畫大師黄公望（1269—1354，其水墨作品常署名“大癡”）之神韻：“靄雲精於山水，其魄多醇厚，□入大癡之室。”

在爲住持姚靄雲畫像所作的題記中，李端遇同時還提到了，姚住持曾畫過一幅題爲“雪山圖”的畫，其内容描繪了金末全真祖師丘處機（1148—1227）西行跨越 雪山去往撒馬爾罕附近覲見成吉思汗（1162—1227）的場景，並且姚住持還

圖 9　元都清照

圖 10　元都清照（局部細節）

將這幅畫送給了他作爲禮物。作爲回報,李端遇在其畫像的題記中作了一首長詩以記其事。①

上面這幅畫作《元都清照》出自一位名叫傅澹的藝術家之手,其時約在光緒八年(1882)十二月之前或當中。畫像居於中間,兩邊是兩則題記,左邊的爲成治所作,右邊的爲李端遇所作。此畫像極有可能是由姚靄雲身邊的朋友,或許是李端遇,或許是成達廷,委託傅澹繪製,用以表示其對於姚監院的一種奉承和贊美。② 不過,即便如此,畫像中的一些因素仍然能够現實地反映主人公的生活和性格,因爲對於被描繪的主人公來説,即便是奉承或諂媚,也要有一定的真實性。就此而言,這幅畫像必須被看作是真實地或某種程度上反映了姚靄雲内在性格和人格的一些方面。

從這幅畫像中我們可以看出,如果不是一位完美的神仙的話,姚靄雲也被描繪成一位富於學養、精神高蹈者。他身穿藍色的道袍,悠閑地坐在岩石上,若有所思地看著遠處背景中圍繞著順山而下的泉流形成的林園。細看畫像的右側,則會發現一把古琴半掩在石桌上的布套當中,而一位道童則手捧一函書籍侍立在他身後,似乎準備供他閲讀。顯然,放置在石桌上半掩的古琴以及道童手中的書籍,是姚靄雲住持所鍾愛的兩項追求和成就即古琴和學識的象徵標誌。這兩種標誌向觀衆傳達了一個準確的信息:姚住持是一位博學多識的文人、技藝超群的道教琴師。③

自19世紀80年代初首次擔任南陽玄妙觀監院之職時,姚靄雲便實施了種種宫觀改革措施。他在道觀中强化道教戒律,並在玄妙觀廟産的當地佃農當中推

① 參見李端遇在姚靄雲畫像題記中所作詩歌,載李信軍編:《水陸神全:北京白雲觀藏歷代道教水陸畫》,第401頁。

② 李端遇,字小峴,生卒年不詳,山東安丘縣人氏。同治二年(1863)中進士,其官宦生涯的起點爲清廷的"分部學習",以後逐步升遷,先後擔任鴻臚寺卿、通政使司通政使副通政、光禄寺卿、太常寺卿。光緒十五年(1889),他擔任江南院試的主考,復次,光緒十七年(1891),他又擔任浙江院試的主考。從光緒二十年(1894)開始,他擔任安徽的提督學政,光緒二十五年(1899),他升任禮部侍郎。義和團運動期間,李端遇被任命爲京師團練大臣之一,負責徵募、協調以及管理地方拳民以對抗西方列强,參見《清穆宗實録》卷六十六"李端遇"條,以及《清德宗實録》卷二百零三至卷四百六十八"李端遇"諸條,載《漢籍電子文獻資料庫》,臺北:"中央研究院"近代史所。成治,字達廷,號元山,又號襄臣,生卒年不詳。關於成治,我們所知甚少。題記中他講述自己的方式表明,他極有可能是清代八旗精英中的一員,而且很明顯,他擅於詩歌、書法以及繪畫。當代中國繪畫的網上零售商亦將他標識爲晚清的繪畫鑒賞家和收藏家。參見以下鏈接:http://auction.artron.net/paimai-art46411256/;http://blog.sina.com.cn/s/blog_7c3326200101gcnd.html(2015年8月3日)。

③ 關於畫像的細節,參見李信軍編:《水陸神全:北京白雲觀藏歷代道教水陸畫》,第401頁。同時,我感謝尹志華博士提供了這幅畫像的資料圖像,以及他所抄録的畫像上的題記。

行新的耕作方法。同時，19 世紀八九十年代，他還在南陽北邊鄰近地區開辦了幾所免費學校。宣統二年(1910)，姚靄雲在五桂堂舉行了第一次公開的全真教傳戒儀式，並從在玄妙觀生活和勞作的大約三百名道士中精心挑選出了五位戒子，將龍門戒律傳授給了他們。隨後，宣統二年冬和宣統三年(1911)春，他又另外兩次主掌戒壇。[①] 這些措施，在不斷增强玄妙觀在南陽地方社會中的聲譽和影響的同時，也極大地提升了全真道士的精神面貌，改善了玄妙觀的宫觀經濟。[②]

除這些成就之外，姚住持還將精力和資源投入到了玄妙觀的文化建設之上。準此，在 19 世紀 80 年代初抵達南陽之後不久，他便竭力將玄妙觀的西北角改建成爲一處美麗的静修園林，並命名爲西北園。

圖 11　20 世紀 30 年代日軍空襲之前玄妙觀西北園一景(南陽市檔案館藏)

① 有關姚靄雲於清末南陽玄妙觀傳戒的過程，可參閲拙文：《清末南陽玄妙觀傳戒考略》，載《宗教學研究》2013 年第 3 期。

② 關於 1880 年代以後姚靄雲住持爲南陽的寺觀和現代化改革所作出努力，參見 Xun Liu，"Proliferating Learning：Quanzhen Daoist Activism and Modern Education Reforms in Nanyang (1880s—1940s)" in Ji Zhe, ed., Special Issue on "Religion, Éducation et Politique en Chine Moderne", *Extrême - Orient Extrême - Occident*, 33(2011), pp. 53 ~ 90; Xun Liu, "Quanzhen Proliferates Learning：The Xuanmiao Temple, Clerical Activism, and the Modern Reforms in Nanyang, 1880s - 1940s" in Xun Liu and Vincent Goossaert, eds., *Quanzhen Daoists in Chinese Society and Culture*, 1500—2010, China Research Monograph 70, Berkeley：East Asian Studies, 2013, pp. 269 ~ 307；劉迅：《全真廣學：清末民初南陽玄妙觀、道士行動與現代改革》，載黎志添主編：《十九世紀以來中國地方道教變遷》，香港：三聯書店(香港)有限公司，2013 年，第 383 ~ 416 頁。

西北園是姚靄雲於光緒十二年(1886)在玄妙觀西北角舊有一座小園林的基礎上建設而成的。在擔任玄妙觀監院之前,姚靄雲已然在北京白雲觀擔任過監院,並對宫觀的大規模擴建極爲熟稔,尤其是在之前的同期戒子及競争對手高仁峒(字雲溪,號雲峒、明峒,又號壽山子,1841—1908)率領下北京白雲觀宏偉壯麗的後花園建設。當他著手建設南陽玄妙觀西北園時,我們很難知道姚住持是否是受到了這種競争的鼓動。但無論如何,從光緒十二年直至民國二十七年(1938)被日軍空襲炸彈炸毁時①,南陽玄妙觀内的西北園都是遊客和當地居民最爲喜愛的勝地之一。目前關於這座園林我們所知道的,大部分都來源於以下兩類人,即他們或在南陽長大,或曾在南陽居住過,並且親自遊覽過西北園。

在曾經造訪西北園的遊客當中,對其印象尤爲深刻的當屬曾任湖北、河南兩省巡撫的于蔭霖(字次棠,又字樾亭,1838—1904)。光緒二十七年(1901)至二十九年(1903)已經卸任並棲居南陽期間,他曾數次應姚靄雲住持之邀遊覽西北園。當時,于蔭霖正身患慢性疾病,處於康復之中。在他應姚住持之請而作的《西北園記》碑銘當中,這位前河南巡撫提供了一份西北園建築佈局的詳細記録,並强調了其諸多風景秀麗的優美之處。據其描述,玄妙觀的西北園是在其宫觀西北角舊有園林的基礎之上擴建而成,其中包括一系列建築於一座大型假山之上及周邊的精美亭樓,而假山則位於一座湖當中,湖岸與假山則通過曲折蜿蜒的長廊、小橋以及木製的小道連接。

園林的入口處是一座大型的殿堂,由五棵大的桂花樹環繞著,五桂堂之名也由此而來。同時,五桂堂也在玄妙觀舉行神聖的全真傳戒儀式時供作戒壇之用,以接引戒子成爲真正的道士。當姚靄雲於宣統二年(1910)夏主持首次公開傳戒時,他便選擇使用五桂堂作爲訓練之地,以便讓他精心挑選的五位戒子學習所需的所有經典並演練戒壇的傳戒儀節。

于蔭霖《西北園記》载:

> 堂後因園鑿池,廣袤數畝,復以周廊,環以曲欄,栽荷種魚,聚石爲山,架亭其上,名以"浣香"。倚亭東望,翼然臨水者藕花榭也。隨山西降,穿石徑,渡板橋數武,得精舍三楹,舊名"環翠"。余謂不足以侈其勝,取謝康樂之句,

① 據曾在玄妙觀逗留並參觀過西北園的琴師吕佛庭回憶,民國二十七年(1938),日軍第一輪空襲南陽,西北園即是被此時丢下的炸彈炸毁,參見吕佛庭:《古琴、石刻、臥龍崗》,載《南陽文獻》1994年第9輯,第85頁。關於抗日戰争期間諸多事件的簡述,參見惠武章、周殿君:《南陽縣抗日鬥争大事記》,載《南陽縣文史資料彙編》1989年第3輯,第1~15頁。

> 題以“清暉”。由精舍南行，折而東，跨以石梁，上復長簷，可以左矚右瞻，颯颯乎有濠濮閑意。道士求余書“濠上”二字以顔之。過石梁南數十弓，右折向北，有石臺横出水中，所謂月臺也，作室以待棲息。每當夕陽西下，清風徐來，池水微波，萬荷攢動，疏欞洞達，虚白四映，如放舟中流，飄飄然不知所止，額曰“秋香畫舫”。由畫舫向後，旁出側折，沿石磴登假山，上復茅亭，與浣香亭相望。下臨月臺，名以“得月”。坐亭中望，平疇廣陌，農人作息之景歷歷在目，而遠近諸人則皆如抵其背而壓頂。①

在近代的公共園林出現之前，南陽玄妙觀的寺觀園林，由於其高遠的視野以及美不勝收的景致，不僅爲道觀的道士提供了一個静坐冥修的場所，而且還爲本地居民、旅居者以及遊客提供了一個極爲珍貴且稀少的公共休閑和娱樂空間。在每年慶祝道教神仙降生和登真之期的節日裏，園林美麗的風光和景致吸引了大批的宴飲者、香客和民衆，他們湧入寺觀當中發願供奉，在雅致的亭樓和棚屋裏休息、暢談，觀看戲劇表演和遊神出巡，以至於流連忘返。

不過，更重要的可能還在於，這個園林爲玄妙觀的首領道士如姚靄雲住持等提供了一個天然場所，使之可以作東邀請他的官員和文人朋友，並用音樂表演以及玄妙觀獨特的素齋來招待他們。作爲姚住持所邀請的賓客而數次遊覽西北園的巡撫于蔭霖，就對他在這個美麗的園林中所經歷的事情，尤其是姚監院精湛的琴藝留下了生動的記載：

> 光緒辛丑夏，余罷豫撫養痾南陽。聞府城北關元妙觀規模巨集，肅爲豫中西南一大道院。暇日，攜友人胡敬庵、子翰篤、孫重熙往遊。姚靄雲道士祥瑞延余於觀之西北園，時荷花盛開，魚鳥親人。余游而樂之，前後凡數至。道士款洽甚殷，出其所藏古今名人字畫甚富。又雅善鼓琴，當盛暑亭午，爲余鼓一二曲，泠泠然有弦外之音。

民國元年(1912)，姚靄雲被南陽的民國軍殘忍殺害之後，李宗陽(號涵三子，又號摶虚道人，1860？—1939)繼任玄妙觀住持，直至民國十八年(1929)前往沿海省份募集更爲亟需的救災資助時，他纔卸任住持一職。李宗陽，河南濟源人氏，自幼長於南陽北部石橋鎮叔父家中，未冠時離别叔父，入居武侯祠學道。後來，他雲遊至華山、嵩山的全真道觀研究道經、儒典，潛修道教内丹煉養之術。同

① (清)潘守廉修，張嘉谋纂：(光緒)《南陽縣志》卷十二，清光緒三十年刻本。

時,他還參訪過開封、西安以及洛陽的各大全真十方宫觀,因而在同修道衆中廣爲人知。不僅如此,他在這些地方還與不論傳統文人還是新式知識份子都建立了友誼,其中許多人還是上升時期的同盟會的會員。在北京白雲觀接受全真龍門戒律之後,李宗陽定居於西安八仙庵,光緒二十六年(1900),因京師及華北地區義和團拳亂而避難西安的慈禧太后爲嘉獎李宗陽迎接皇家扈從以及祈雨獲驗之功,特別敕授之紫衣玉帶。李宗陽也因此在道教界聲譽鵲起。①

李宗陽在民國十七年(1928)因勞累辭去玄妙觀住持之職,往江南華北一帶遊歷。後來客居上海,並爲南陽救災募集資金,數年之後,因爲身體虛弱,他又重返南陽,到他原來出家的南陽西郊的武侯祠棲居。他晚年一直居住在這裏,修習道教内丹清修之術,直至民國二十八年(1939)登真仙逝。與此同時,在玄妙觀擔任監院的則是李宗陽當年親自選擇的繼承人聶少霞。聶少霞(? —1948),字嘯霞,法名至雲,又名祥雲,是南陽東北約 20 千米社旗鎮人。他幼年時便進入了玄妙觀在社旗鎮的一所下院同時爲子孫道觀的何廟中出家學道。在宣統三年一次由玄妙觀住持姚靄雲所主掌的龍門戒壇當中,他獲授道戒,並於 20 世紀 20 年代末期,一躍成爲玄妙觀的監院。民國十八年(1929),當李宗陽卸任住持一職前往沿海省份募集救災資金時,聶監院被署以管理玄妙觀之職。②

無論李宗陽住持還是聶少霞住持,他們對古琴的鍾愛,可能都來源於大型叢林宫觀如玄妙觀中的全真儀式音樂傳統。與自幼便浸染於儒家經典學習和文人藝術傳統與品味的張宗璿、姚靄雲兩位住持不同,李宗陽與聶少霞都是童年入道,並受教於道觀的高牆之内。儘管他們也都與晚清及民初的許多學者和官員結交爲友,但他們的文化和教育背景却還主要是出自於宫觀環境當中。當然,他們也學習寫作詩歌,發展自己專有的書法風格,並培養出了共同的愛好,即在全真宫觀的文化和音樂環境當中收集和演奏古琴。

就南陽玄妙觀來説,至遲到 20 世紀 20 年代,除經籍學習外,樂器仍舊是全真道士宫觀生活和修道生涯初期的宗教訓練中非常重要的一部分。這種訓練,不僅在他們未來爲地方舉行的各種儀式表演中是必需的,而且還被看作是有助於

---

① 升允(1858—1931)、李宗陽:《慈禧端佑康頤昭豫莊誠壽恭欽獻崇熙皇太后萬壽碑》,碑刻抄録,筆者收藏。關於李宗陽的生平事跡,参見曹天鐸:《涵三子李宗陽道行碑記》,民國三十年(1941),碑刻抄録,筆者收藏;張小麗:《道長李宗陽生平事略》,載《中國道教》1997 年第 3 期,第 52 頁;劉迅:《時代とともに全真道士李宗陽と慈禧:同盟會および南陽におけろ清末民初の近代化改革》,森由利亞譯,載田中文雄、テリーリーマン編:《道教と共生思想》,東京:大河書房,2011 年,第 299 ~ 337 頁。

② 關於聶少霞生平的描述主要基於《關於玄妙觀》一文,以及我對社旗、南陽當代全真道士進行實地採訪的筆記(2005—2013)。

道士的自我培養與自我薰陶。同時，精通音樂，尤其是對經典樂章和樂器如古琴、長笛等的嫻熟，也是文化和審美成就的標誌，深受當時社會和文化精英的欽佩與賞識。因此，許多全真道士竭盡所能地學習訓練，並在音樂和樂器如古琴等方面變成了頗具造詣的演奏家和鑒賞家。在玄妙觀中，住持李宗陽和他的繼任者聶少霞都是技藝高超的古琴演奏家，並經常以考究的古琴演奏來愉悦他們的精英遊客。

關於他們在古琴上的音樂天賦，我們是從民國初年玄妙觀遊客所提供的描述中得知的。民國二十五年(1936)，著名的畫家、鑒賞家兼古琴演奏大師吕佛庭(字天賜，1911—?)暫居於南陽當地一位著名的文人米石屏家中。逗留期間，吕佛庭參觀了玄妙觀和武侯祠，並深深爲全真道士的音樂技藝和表演所打動。

吕佛庭祖籍豫北泌陽，青年時在北平藝術學校進行古典音樂研究，專長於古琴。同時，他還是一名虔誠的佛教居士和修行者，並經常在佛教寺院中掛單棲居。至20世紀30年代初，吕佛庭已然師從過數位全國著名的古琴大師，並且他本人也變成了一位技藝高超、聲名卓著的古琴師和收藏家。民國二十五年秋，吕佛庭本欲於杭州出家爲僧，但事與願違，便與著名的古琴演奏家許元白一起返回了開封，而此時，“西安事變”的消息也傳到了開封。隨著國民黨將軍劉峙的調軍備戰，一時間，兵災與戰亂的流言如野火一般在開封蔓延開來，開封的居民也被投入到恐懼和混亂當中。由於擔心叛亂軍隊與國民黨部隊之間行將展開的戰爭，許多人逃離了開封尋找安全之所。在當地朋友的催促之下，吕佛庭也移車至南陽躲避，以待這場危機結束。旅居南陽期間，他與宋代書法家米芾(字元章，1051—1107)的後裔、著名的藝術家及地方名人米石屏聚集在了一起。

在吕佛庭到達南陽的第二天，米石屏便帶他參觀了玄妙觀。由於聶少霞住持是在自己的方丈室裏接待的他們，吕佛庭注意到，住持的房間裏堆滿了各種古器、珍玩、書籍、繪畫以及古琴等物什。在這次會面當中，聶住持還向吕佛庭和米石屏展示了玄妙觀中所收藏的最爲珍貴的一枕唐代古琴，稱其爲唐代韓愈之物，由其前任李涵三(即李宗陽)在濟南時從一位賣柴人的擔子上購得，而古琴據稱是從湖北公安縣的長江岸邊古墓中發掘出來的。由於久聞吕佛庭作爲古琴大家的聲譽，聶方丈隨即請吕對玄妙觀藏的這枕古琴進行鑒定。按照吕的回憶，這座古琴爲蕉葉式，朱漆又斑紋，琴身内部刻有四個係八分體的字，但不易辨認。琴底部刻有明代楊椒山、董其昌和清代何紹基等諸家的題跋。根據這些明清名家的題跋，吕佛庭斷定玄妙觀的古琴確爲唐琴，衹是無法確定是否爲韓愈本人之物。這對吕佛庭這樣一位頗具造詣的古琴師和音樂家來説，聶少霞住持所收藏的令人印象深刻的珍玩、古琴及其他古器代表了他的文化和審美品味。吕佛庭回憶道,聶住持"讀書雖不多,但能彈古琴"。在他們品鑒完古琴之後,聶少霞隨即撫琴奏曲,以悦來賓,然後繼續向他們展示了著名的西北園。

次日,吕佛庭和米石屏又參觀了武侯祠,監院張仙槎首先接待了他們,而張仙槎則是正棲居於此的住持李宗陽的徒弟。吕佛庭記述道,李宗陽當時年逾七十,留著長長的鬍子,一大把頭髮在頭頂上盤起一個向上的髮髻。對他來説,這位年邁的住持"貌古神閑,很有道氣"。值得一提的是,李宗陽返回南陽之後即應邀擔任武侯祠的住持,却謝絶了大多數賓客,專門在武侯祠中閉門隱居並入圜清修。僅僅是通過他的朋友米石屏的介紹,張仙槎監院纔邀請李宗陽暫出圜堵會見了吕佛庭。與聶少霞住持一樣,吕佛庭和他的朋友注意到,李宗陽住持的隱居之處也掛有飾品,雖然簡單但品味考究。吕佛庭説道,這位住持"不但學問好,而且能彈琴"。在米石屏的催促之下,張監院摘下掛在牆上的古琴放在了李宗陽住持面前的一張桌子上,李宗陽隨即彈奏了一首經典樂曲《高山流水》以饗來賓。而經李住持的盛邀,吕佛庭也即興演奏了另外一首經典樂曲《鷗鷺忘機》以爲回贈。①

不僅如此,玄妙觀的全真道士還不遺餘力地保護他們珍藏的那枕唐代古琴。民國二十八年(1939)初,吕佛庭重遊南陽玄妙觀,而此時的南陽城經常遭受日軍的空襲。爲了躲避空襲炸彈,吕佛庭決定前往深藏在宛西鎮平縣城北杏花山麓的佛教寺廟準提庵(又名菩提寺)躲避。在吕佛庭離城出發之前,聶少霞住持委託他將這枕珍貴的古琴一起帶往準提庵保存,以免遭到日軍的炸彈襲擊。民國三十三年(1944)年,當吕佛庭從四川返回南陽處理他父母的喪葬事宜時,南陽城已然爲日本軍隊所佔領。爲了避免被日軍俘獲,吕佛庭居住在了南陽西北騎立山中的廣濟寺。此時,鄰近鎮平縣城的準提寺,也時常遭到本地區日本巡邏兵的侵擾。爲免遭日本人侵奪,準提庵僧人釋洗凡安排將這枕古琴送往廣濟寺的吕佛庭保管。第二年,抗日戰爭結束,吕佛庭也準備從他隱居的廣濟寺走出並返回開封。不過,在離開騎立山之前,他將這把唐代古琴託付給了廣濟寺住持以護周全。可惜的是,從那以後,吕佛庭稱,再也没有任何關於這枕曾屬玄妙觀所有的古琴的消息。②

---

① 參見吕佛庭:《古琴、石刻、臥龍崗》,載《南陽文獻》1994 年第 9 輯,第 88 ~ 89 頁。有關 1936 年 12 月吕佛庭在南陽鎮平隱居事,見其本人回憶文章《菩提寺裏作半僧》,載《南陽文獻》第 3 輯,第 85 ~ 95 頁。

② 參見吕佛庭:《琴與我》,載《南陽文獻》1989 年第 4 輯,第 68 ~ 75 頁。

除了在古琴以及經典音樂方面的興趣外，民國初期的玄妙觀還繼承了其在建築和維護園林方面的傳統。不過這一次，其在建設宛南公園這一公共園林方面的努力，更像是對民國地方政權在將南陽現代化及强化新政體等方面努力的一次回應性調適。宛南公園是近代南陽的第一所公共園林，而它的建設，是民國二十一年(1932)至二十二年(1933)間劉鎮華(1883—1952)領導下早期民國政權對南陽進行整體市政擴建的一部分。

早在民國初年，南陽便在控制河南的諸多軍閥的帶領之下開始經歷新的市政擴建。伴隨著民國十五年(1926)北伐軍的勝利，南陽與河南的其他部分一樣，開始併入新興的中華民國。自民國二十一年初開始，南陽便處在劉鎮華的控制之下。劉鎮華早先爲河南軍閥，也是勢力更爲强大的軍閥將軍馮玉祥的盟友，但他却被馮玉祥從他之前在陝西和豫西的政治和軍事地盤中驅離了出來。① 所以，當民國十六年(1927)初馮玉祥和蔣介石爲争奪河南、山西等省中原地域的控制權而發生中原大戰時，劉鎮華拒絶加入馮玉祥一方。相反，他卸任將軍一職，進行了一場海外考察之旅。在這一場混戰當中，劉鎮華的退出實際上幫助了蔣介石，而蔣介石也最終得以戰勝了馮玉祥和閻錫山。在戰勝馮玉祥之後，南京政府爲了確保和維護中原的極爲重要的控制權，時任民國主席的蔣介石決定嘉獎劉鎮華，通過任命他爲豫陜鄂三省剿匪和綏靖總司令，進而充分利用他在河南軍事諸强中廣泛的聯繫和影響力。②

作爲在軍閥内戰中深諳韜略的機會主義者，當時的劉鎮華也期待著每一個重建和恢復他在河南的勢力地盤的機會，尤其是他先前勢力地盤所在的河南省西部。所以，他的部屬將其三省剿總司令部設在了南陽的玄妙觀，他的軍隊則駐紮在南陽一帶，這位先前的軍閥將軍及其下屬正嘗試著尋找各種方法來贏得南陽地方民衆的擁戴和支持。另一方面，南陽的商人和文人長久以來就希望在南陽城市的現代擴建中留有爲公衆娱樂和休閑的場所，而在市中心建一所公園的話，就不僅能够滿足地方精英的期望和要求，而且還能够提升地方精神面貌，促進地方團結，而這也反過來能够提高劉鎮華將軍的聲譽，彰顯他是一位頗具才幹、富有遠見的民國市政領導者、南陽市民精神的推動者。因此，從民國二十一

---

① 關於劉鎮華以及河南的其他軍閥，目前還缺乏相關的學術研究。關於劉鎮華的生平事跡，參見張修齋：《我所知道的劉鎮華》，載《河南文史資料》1979 年第 2 輯，第 73 ~ 83 頁；范龍章、尹文堂：《鎮嵩軍始末》，載《河南文史資料》1979 年第 2 輯，第 84 ~ 112 頁。

② 關於劉鎮華將軍在南陽的治理狀況，參見水普慈：《劉鎮華在南陽》，載《河南文史資料》1993 年第 48 輯，第 154 ~ 159 頁。

年五月開始,劉鎮華及其幕僚規劃了一系列南陽市政建設工程,其中最著名的就是宛南公園。

修建這樣一個公園的創意實際上是受到了玄妙觀西北園的啓發。在抵達南陽之後,劉鎮華就結交了南陽的一批商業和文化精英,其中包括水子立(字玉瑸,1885—1980)、魯葆玉以及張劍波等。所有這些人都是學富五車、聲名卓著的學者和專家,且都來自於地方世家。水子立出自南陽著名的回民世家,水氏家族在南陽素以經商和行醫而享譽鄉里。[①] 張劍波則是法國圖盧兹農學院(École d'Agriculture à Toulouse)的畢業生,且是文人世家,有清一代,其家族共培養出了三位進士。儘管劉鎮華將軍和他的精英朋友能够特許進入著名的西北園,但他們還是認爲南陽缺乏一所向普通市民開放的公園。當他的朋友向他提出爲南陽建設一所市政公園這一想法時,劉將軍同意了這一提議,並撥專款予以建設。張劍波負責總管工程,水子立和魯葆玉協助進行準備性工作和規劃。

計劃中的公園建在南陽玄妙觀的東翼,因此,這個規劃需要徵用玄妙觀建築二十多畝以及道觀東側臨近的土地。到目前爲止,我們仍不清楚玄妙觀的衆高道對這個提議有何反應,但我們確切知道的是,現在由聶少霞住持的玄妙觀似乎已經同意了市政擴建計劃,並將玄妙觀的東翼捐獻爲這個新型現代公園的場址。有了官方的支持,這個計劃已久且衆心期盼的公園幾乎不到一年便宣告竣工,民國二十二年夏向南陽公衆開放。

這個新的市政公園毗鄰玄妙觀,其木製的入口大門面向南方。穿過這個入口是一座由太湖石堆積而成的巨大假山,高約十米。假山上面種滿了緑草、鮮花以及低矮灌木,並且到處都是洞窟,内部則由隧道從底部聯繫到頂峰,因而,這座假山也成爲當地許多兒童最爲喜愛的嬉戲之所,他們喜歡在假山内部黑暗、幽深的隧道中摸索探險、爬上爬下。假山兩側則設有讀報點,其中張貼了當時主要的省内報紙和全國公報,以及衆多的宣傳畫和繪畫作品,以供遊客閲讀和查看。假山的北邊稍遠是一個小湖,湖中種著盛開的蓮花,水中則養著魚。横跨湖面的是一座曲折的步行橋,將繞湖小路東西連接了起來。湖的西側原先即爲玄妙觀的東翼,現在則建有一座動物園,大籠子裏蓄養著二十多種從南陽各地捕獲輸送而來的本地野生動物標本,如猴子、狐狸、獵鷹、花豹、灰熊等。臨近動物園而立的一通巨型石碑,標明了傳説中的"泥牛古跡"故址,據稱,這座泥牛曾救過漢朝中

① 關於水子立在南陽教育改革中的生平事跡描述,參見水普慈:《水子立與南陽回族教育》,載《河南文史資料》1986 年第 17 輯,第 126 ~ 130 頁。

興皇帝劉秀(6—57)的命。

石碑北邊稍遠是一座五間小屋的院落,院落入口的匾額題有著名教育家和書法家胡石青(汝麟,? —?)所書"話桑麻軒"。① 院落的前方站著兩尊巨型的大理石鎮墓護衛天禄和辟邪,而這兩尊石像是從原先南陽北部一位東漢知府的墓前遷移過來的。

這個院落的東邊是一個大庭院,四面圍以高牆,角落有入口以進。入口西側的匾額題有"河南地圖",提醒著遊客在庭院中能够看到外面的何種光景,而入口東側的匾額則題有"潼關",標明了從西北進入中原的關鍵門户。在庭院内部,劉鎮華和他的市政公園規劃者安放了一幅大型河南全省地圖,詳細地標明了河南省的河流、山嶽、市鎮、鄉村、行政邊界以及歷史、文化遺址,並配有圖示和識别標誌。在向遊客及民國政權下的新公民教育、介紹河南的地理界限、文化和歷史遺産等方面,這份山水全圖是一個十分生動且頗爲有效的工具,因而立即在本地居民當中取得了成功。②

所有這些樣本、地圖以及陳列展示,都旨在在南陽居民和遊客的心目中灌輸一種以南京民國爲背景而以河南省籍爲核心的地理、文化和政治的身份認同與團結一致。很明顯,對劉鎮華將軍以及他在南陽及整個河南省所代表的南京國民政府來説,這樣一種身份的創製和傳播在維護其政治穩定性及文化合法性等方面都至關重要。所以,這樣一來,宛南公園及其主要的陳列展示,不僅僅變成了南陽現代化及市政進步的建築標誌,同時,對於被重新吸納到南京國民政府當中的南陽市民來説,這個公園同時還是民國政權對其進行市政和意識形態教育的有力工具。

在軍閥推動進行現代市政擴建的過程中,全真道觀玄妙觀在城市中所擁有的大量地産,很容易成爲劉鎮華及其民國官員對急需資源進行徵用的目標。因而,對於他們曾據以爲行政總部的玄妙觀,劉鎮華及其市政規劃者決定徵用其東翼的一大部分作爲公共份額,用以建設他們規劃好的公共園林。在20世紀30年代初國民政權集權主義及擴張主義的政治氛圍當中,這樣的土地侵佔似乎是一件意料之中的事。儘管没有任何明顯反對此一現代市政工程的跡象,但對國家

---

① 關於胡石青的事跡,參見張仲魯:《回憶我在河南大學時期的派系鬥爭》,載《河南文史資料》1979年第1輯,第121~123頁。

② 參見王鵬洲:《回憶宛南公園遊歷記》,載《南陽文史資料》1992年第6輯,第87~88頁;水普慈:《劉鎮華在南陽》,載《河南文史資料》1993年第48輯,第154~159頁;吕佛庭:《古琴、石刻、臥龍崗》,載《南陽文獻》1994年第9輯,第85頁。

徵用他們的寺觀財産一事,要確切知道聶少霞住持及其玄妙觀實際上是作何感想、如何應對仍舊幾乎不太可能。不過,我們不能輕易地將這些道士看作是反對這一工程,或是認爲他們完全是缺乏權力或資源來進行抵抗。如果過去玄妙觀與國家之間關係的歷史可供作參考的話,那麽,對於市政建設中國家主導的這一工程,聶少霞及其道友還是持接受態度的,儘管可能極不情願。

在這項工程的背後,南陽的政治、商業和文化精英也給予了他們的支持。在“話桑麻軒”入口匾額題字的胡石青是一位進士,同時還是晚清著名的實業家和教育改革家。在確保中國人對焦作煤礦的優先礦權問題上,胡石青帶領著與英國採礦隊進行了成功的協商。後來,他又擔任河南高等學堂的教務長,而河南高等學堂創建於光緒二十八年(1902),是戊戌變法所衍生新政的一部分。同樣,民國二十二年春,正值宛南公園開放之際,晚清舉人兼民國著名的國會議員張嘉謀特意爲此撰寫了一篇紀念碑文。[①]

關於全真主領的精英文化與藝術的反思

從晚清直至民國初年,玄妙觀的首領全真道士一直是各種藝術如詩歌、書法、琴藝、隱修之所乃至南陽的公共園林等的主要支持者和眷顧者。通過主領與地方官員和文人及他們彼此之間的詩歌唱和,向公衆展示和提倡書法作品,保護古琴並向文人和官員演奏經典琴曲,爲他們自己乃至公衆修建並維護寺觀園林及公共園林,玄妙觀的首領全真道士,從張宗璿開始,中經姚靄雲和李宗陽,直至聶少霞,全部都在積極地提倡和保護文化與藝術。同時,在清政府、地方精英以及南陽民衆看來,他們在主領和支持藝術方面集體且經久的努力,爲玄妙觀創造並積累了巨大的象徵資本和文化優勢。他們對藝術的追求和眷顧,不僅豐富和深化了玄妙觀道士的宫觀生活和文化,而且對我們關於帝制晚期道士的固有成見——他們是没有教養的一群人,他們的寺觀是無知與落後的聚集地——提出了挑戰。我們通常傾向於將宋元以前的道教和道士看作是高雅藝術的主領者、支持者和修習者,而南陽的案例則表明,早期道教主領、眷顧以及追求高雅藝術的傳統並没有完全地衰落或消失。

進而言之,太平天國之後的中興重建以及清末民初的現代化渴望,也構成了

① 關於這所學堂的簡史,參見張邃青:《記河南高等學堂》,載《河南文史資料》1979 年第 1 輯,第 69 ~ 73 頁。有關宛南公園的建設過程,見張嘉謀:《劉督辦宛南公園記》(1933),個人收藏碑拓。

清末民初南陽全真道士主倡藝術的潛在背景。爲加深理解他們對傳統藝術的主領與眷顧,兩方面的背景對我們來説至關重要。

首先是大的背景,即太平天國運動之後的文化復興,其主旨則在於重建在儒家知識和藝術中被聖化的清代國家意識形態及文化正統。這種正統的文化與藝術,包括清代的政治制度在内,首先遭到了太平叛亂的破壞,隨後又在19世紀末至20世紀初遭到了改革主義者和現代主義者的打擊。機緣巧合的是,在張宗璿住持極具活力的非凡領導之下,玄妙觀英勇地護衛了南陽,並擊退了大清帝國的敵人,也因此贏得了清廷以及南陽地方社會長久的感激與認同。不過,對首領全真道士如住持張宗璿來説,太平天國運動之後,玄妙觀19世紀70年代及其後在南陽的宫觀擴建,不能也不應該僅僅以重修寺觀、重塑神像金身甚或單獨提升玄妙觀道士的品階等形式進行下去,因爲捻軍和太平軍所摧毁的不僅僅是寺觀。他們同時還毁壞了典籍,以及更重要的文化與藝術,而這後兩項則不僅僅是道教宫觀生活的一部分,也恰恰是大清帝國的基礎。或許正是基於這個原因,當南陽地方官員爲表彰張宗璿住持及其玄妙觀在保護南陽中的英勇事跡而詢問他想要什麽獎勵時,他纔請求賜予了一部《道藏》,而非金錢或其他物質獎勵。在此意義上,張住持所主領的與地方官員和文人之間的詩歌、書法交流,可以被理解和看作是一種道教的"文化復興"。這種復興雖然發生在地方性的南陽玄妙觀中,却回應了更爲寬泛的帝國文化、政治和制度重建,即在全國範圍内發生的著名的"同治中興"。①

第二方面的背景則更爲個人化和地方化。在對藝術的主領和眷顧方面,玄妙觀既不單獨也不唯一。實際上,全真教的其他許多叢林宫觀如北京白雲觀以及江南地區佛教的許多寺院在這方面更具聲望,歷史傳統也更悠久。而在南陽,就主領藝術及培養與地方政治和社會精英的聯繫而言,玄妙觀還必須與武侯祠及其他幾處大型的佛教叢林相競争。不過,既然寺院對所謂"精英藝術"的主領和眷顧是其吸引文人及其他地方精英的一條可靠途徑,那麽,玄妙觀及其諸首領道士也就不得不倡行和支持這些藝術。因而,地方社會中著名的叢林宫觀之間這種相互競争的市場機制,也必須納入到我們的考慮範圍之内。

不過,我們必須十分謹慎且不能擴大這一競争論題,因爲這會導致我們將全真道士對高雅精英藝術的主領與眷顧看作是附庸風雅、矯揉造作。所幸,事實也

---

① 關於同治中興,參見 Mary C. Wright, *The Last Stand of Chinese Conservatism: The Tung - Chih Restoration, 1862—1874*, Palo Alto, CA.: Stanford University Press, 1962.

並非如此。實際上,張、姚兩位住持對詩歌、書法以及繪畫的眷顧是由內而外、發自真心的,因爲自其幼年就浸染於文化學習及訓練,而李、聶兩位住持在古琴以及修建隱居園林方面的追求,則是自然而然地生發於他們所受的宫觀教育、道教儀式音樂中的訓練,以及他們在精英文化與藝術方面的積累。

最後但同樣重要的是,南陽的案例迫使我們重新思考宗教與藝術之間的關係,尤其是在近代中國道教宫觀文化的本質特徵及其與藝術之間的關係。由於某些原因,我們已經習慣於這樣一種觀念,即藝術尤其是高雅藝術與宗教、寺觀之間的關聯是過去之事,至少是宋元以前的事。我們傾向於僅僅將唐或至少宋元以前的大型寺觀看作是藝術的儲藏庫或主領者,比如山西的永樂宫,而幾乎無一例外地認爲,將明清時期的一般道觀看作是高雅藝術或精英藝術的儲藏庫和主領者則是不可想象的。不過,這則全真教主領、眷顧精英或者説高雅藝術的案例表明,立足於帝制晚期甚至是民國初期的特殊環境,一些道教宫觀往往能够也屬實繼續支持和主領著精英藝術及高雅藝術。

同樣,全真教這種對高雅和精英藝術的主領與眷顧,也挑戰著我們去重新思考關於帝制晚期道教宫觀文化的成見。南陽的案例似乎表明,無論將道教宫觀看作是專爲集體儀式和個人崇拜保留的宗教場所,還是視爲與宋元以來的任何文化和藝術内容、傳統都絶無瓜葛的空間,這兩種觀點都同樣是錯誤的。真實的情況可能正處於兩者中間。這同時也表明了這樣一個事實,即藝術與宗教從來都是相互交纏、不可分割的:道教作爲一種宗教從未脱離過藝術,反之亦然。

准此,當張宗璿住持仙逝時,他的文人朋友濮文暹撰作了一篇墓銘以爲悼詞,刻在了張住持埋身的塔樓之上。在這篇墓銘中,濮文暹紀念了張宗璿的一生,在追求普度凡塵、登真成仙的過程中,他還用自身的道教修行,補足了儒家的學養:

> 大道無名兮,德自不孤。
> 死無所礙兮,生亦非虚。
> 捨儒入道兮,乃援道而用儒。
> 爲所當爲兮,復何有而何無。
> 石齒齒兮,泉珠珠,
> 梅萬花兮,松幾株,
> 藏厥蜕兮,芝不枯。
> 白雲悠悠兮,仙所家儻。

化鶴兮，歸來乎！①

同樣，于右任（1879—1964）這位偉大的書法家也對他的密友李宗陽住持的仙逝感到十分悲痛，於是撰寫了一副對聯："詩本天隨子，人如地行仙。"將之描述爲一位富於詩歌天賦的仙人，甚至可與將自身一生寫爲隱士的晚唐偉大隱逸詩人陸龜蒙（？—881）相媲美。

圖 12　于右任手書對聯（現懸於李宗陽晚年清修的武侯祠側門入口）

［鳴謝：本文初稿曾在 2014 年 8 月由山東師範大學全真道研究所舉辦的棲霞"國際全真道學術研討會"和 2014 年 11 月美國羅格斯大學中國研究中心舉行的首屆"道教與現代中國地方社會"國際研討會上提交宣讀。感謝山東師範大學趙衛東教授邀請我參與棲霞研討會，同時還感謝參加這兩次會議的同仁所提出的相關問題。法國高等研究實踐學院的高萬桑（Vincent Goossaert）、日本早稻田大學的森由利亞、美國羅切斯特大學的趙昕毅、華中師範大學的梅莉以及羅格斯大學的蔣濤等提出的修改建議，我謹表示由衷的感謝。另外，我 2009、2010 以及 2012 年在河南南陽進行調查期間，曾經獲得南陽宛城區檔案館惠新麗主任和南陽書法家張新耀的熱心幫助，我對他們深表謝意。本文係教育部人文社會科學重點研究基地項目"國家、宗教與社會：以近代全真道教宮觀爲中心的探討（1800—1949）"（項目編號：11JJD770006）的研究成果。本文的研究還得益於美國學術聯合會中國人文

① 參見濮文暹：《南陽玄妙觀張耕雲道士磚塔銘並序》，載氏著：《見在龕集》卷十九。

研究獎金(ACLS American Research in the Humanities in China Fellowship, 2010—2011),蔣經國國際學術交流基金會研究基金(CCKF Research Grant, 2011—2013),以及羅格斯大學研究資助金(Rutgers Research Grant, 2009, 2010, and 2013)的支持。本文原稿以英文寫就,特别感謝齊魯工業大學的秦國帥博士將此文譯成中文。]

(責任編輯:秦國帥)

淺談道教對吉田神道的影響

——以《北斗經》與内丹學説的關係爲中心的考察

□松下道信

摘要:本論文就日本的神道,尤其針對全真教對吉田神道的影響進行試論。由吉田兼俱創始,在江户時期盛極一時的吉田神道對《北斗經》十分重視,該教理中可以見到道教的影響。據考證,吉田家也藏有與陳朴著《陳先生内丹訣》密切相關的内丹書《修真九轉丹道圖》。本論文對吉田家代代相傳的《北斗經》徐道齡注釋的内修性格加以探究,並對吉田神道中基於《北斗經》與《修真九轉丹道圖》内丹説二者之間並非矛盾而是並修的關係試以論證。另外,還從吉田神道所藏的漢籍目録來看,對道教和内丹説的攝取狀況進行分析。並指出吉田神道以南宗的内丹説爲中心,也曾接觸過元初自稱全真教徒的李道純等人的教説這一問題點。

關鍵詞:神道　全真教　吉田兼俱　《北斗經》　徐道齡　《修真九轉丹道圖》　陳朴

作者簡介:松下道信,男,1970 年生,日本人。日本東京大學文學博士,現在日本皇學館大學文學系任教。論文有《全真教の性命説に見える機根の問題について》(麥谷邦夫編:《三教交涉論叢續編》,道氣社,2011 年),《〈還丹秘訣養赤子神方〉と〈抱一函三秘訣〉について—内丹諸流派と全真教の融合の一樣相—》(《集刊東洋學》第 110 號,中國文史哲研究會,2014 年),《促進中日道教學術之交流日本全真教南宗研究簡介》(朱越利主編:《理論・視角・方法——海外道教學研究》,齊魯書社,2013 年)等。

序　論

與道教在中國的性質相仿,神道被稱作日本的"固有宗教",如《日本書紀》神代卷和《古事記》所載的一系列神話,是以天照大神爲首,日本獨特的神靈爲中心的信仰體系。在現代的日本神社依然隨處可見,可以説,神道早已植根日本國各地,深深融入日本人的日常生活中。

吉田神道由吉田兼俱(1435—1511)所創。吉田家聲稱家系的原姓爲卜部,起源於記紀神話(《古事記》《日本書紀》中的神話)中登場的天兒屋根命,自古便是歷朝歷代爲朝廷掌管神祇的一族。以《徒然草》一書而馳文壇的吉田兼好(1283?—1352以後),編纂《豐葦原神風和記》的僧人慈遍等,均是這一族的代表人物。

吉田兼俱的活躍時代適逢應仁之亂(1467—1477)。在亂世中他重新構造了歷來家學,開創了新的教説。原本没有成形教義的神道由於佛教東渡的影響産生了本地垂跡説——將日本本土的神明假以佛教的諸佛,或天人的化身("權現")的學説。與此相對的是,著成於鐮倉時代的伊勢神道的《神道五部書》一系列教典,奠定了回歸神道主體性的教説。兼俱將這種學説推進改革,從本地垂跡説分離,建立了以神道爲中心的宗教理論。他的教説被稱爲唯一神道,或者元本宗源神道。現在,若走訪坐落於京都大學後的吉田神社,便可見到根据兼俱的教義所建造的獨特的八角形狀建築。這座建築被稱爲大元宫,是爲祭祀八百萬天神地祇即日本所有的神明所用。兼俱以大元宫爲中心,力圖摒棄佛教的影響,創立諸神爲一元的宗教理念。

兼俱死後,吉田家的清原宣賢(1475—1550)和梵舜(1553—1632)等俊才登上了歷史舞臺①,將吉田神道在江户時代繼續發揚光大。江户時代,幕府採用朱子學作爲體制的教學。在這樣的歷史環境下,由山崎闇齋(1619—1682)所倡導的垂加神道等與儒教的解釋相互交融的神道説也開始嶄露頭角。不久,基於《萬葉集》和《日本書紀》等日本古典名作的文獻學研究逐漸發展,誕生了以恢復神道原有精神面貌爲主旨的國學。因此,吉田神道被批評深受佛教和陰陽五行思想等異国學説影響。

學術界普遍認爲,吉田神道不但接受了佛教等宗教的影響,其宗教理論的核心部分也深受道教,特别是《北斗經》的影響②。另一方面,近年學術界認爲,吉田

---

① 清原宣賢爲兼俱的第三子,作爲明經博士即清原宗賢的養子之故,以清原爲姓。宣賢之子兼見(1535—1610)再度入吉田家爲養子。梵舜是兼見之子。

② 参照西田長男:《日本神道史研究》第五卷・中世編(下),日本:講談社,1979年;出村勝明:《吉田神道の基礎的研究》第三章第一節《吉田神道の道教的要素—〈神祇道靈符印〉を中心として—》,日本:神道史學會、臨川書店,1997年;菅原信海:《吉田兼俱と〈北斗元靈經〉》,見牧尾良海博士喜壽記念論集刊行會編:《儒、佛、道三教思想論攷——牧尾良海博士喜壽記念通號》,日本:山喜房佛書林,1991年;坂出祥伸、增尾伸一郎:《中世日本の神道と道教—吉田神道における〈太上玄靈北斗本命延生經〉の受容—》,見酒井忠夫編:《日本、中國の宗教文化の研究》,日本:平河出版社,1991年。

神道的古文獻中,不僅有《北斗經》,還有内丹文獻《修真九轉丹道圖》①。《修真九轉丹道圖》是與五代道士陳朴的《陳先生内丹訣》(《道藏》第743册)等密接相關的内丹書籍②。那麽,應該怎樣理解吉田神道與這兩部著作的關係呢?本文立足於此問題,關於吉田神道對内丹文獻的吸收進行概觀的探討,最後對於全真教的關聯點進行商榷。

一、吉田神道與《北斗經》

(一)吉田兼俱與《北斗經》

首先,梳理先行研究,以便認清吉田神道中《北斗經》的位置。

關於吉田神道教理與教説的書籍中,值得一提的是《唯一神道妙法要集》(以下略稱《妙法要集》)。在這部書的書跋上,可以看到"萬壽元年(1024)七月七日唯一長卜部兼延"的字樣,被認爲兼延即是本書的著者。兼延是始祖平麿的曾孫,是平安時代的人物,但學術界認爲兼延是兼俱的化託。本書著成於文明十六年(1484)十一月,也就是在吉田社齋大元宫創設前後③。

《妙法要集》主張,元本宗源神道、唯一神道是由衆所周知的顯露教與不爲人知的隱幽教所構成。顯露教的教義是根據《先代舊事本紀》《古事記》《日本書紀》這三部書,而隱幽教的教義是根據三部神經。和爲衆所周知的顯露教相比,對不爲人所知的隱幽教的價值自不待言。隱幽教所依的三部經典,如下所述④。

> 問:三部神經者何哉?
>
> 答:天元神變神妙經、地元神通神妙經、人元神力神妙經,是云三部神經。
>
> 問:此等經者,神明宣説歟?聖人所説歟?如何?
>
> 答:天兒屋根命(春日大明神是也)神宣也。後世,北斗七元星宿真君,降而寫漢字爲經,是云三部神妙經。

---

① 參照石田秀實:《陳朴内丹説資料覺書》,見宮澤正順博士古稀記念論文集刊行會編:《東洋一比較文化論集——宮澤正順博士古稀記念》,日本:青史出版,2004年。

② 《道藏》以明正統本爲底本,由涵芬樓綫裝本標示所在的位置。

③ 參照出村勝明:《吉田神道の基礎的研究》第一章第二節《唯一神道妙法要集の成立》。

④ 以下,《妙法要集》以大隅和雄編:《中世神道論》(日本:岩波書店,1977年)所收吉田家文庫藏自筆本《唯一神道妙法要集》爲底本,括弧内爲夾注。以下皆同。

從天、地、人三元經典構成的三部神經,被稱作天兒屋根命的神諭。據傳,天兒屋根命是邇邇藝尊(也被寫作瓊瓊杵尊)在天孫降臨之際,一同降臨凡間的神明,是由天照大神的神敕任命爲宫中的掌管祭祀之神。這三部神經是天兒屋根命以來,以此血統爲標榜的吉田家世世代代相傳之物,也是吉田家與其教義正統性的有利根據。春日大明神是奈良的春日神社的主神,這其中也包括天兒屋根命。上計的三部神經被認爲是在明應六年(1497)之前,由兼俱親手所寫①。但問題在於,後世宣稱,這三部神經是由北斗七元星宿真君所著,由漢字所記載的經典。

實際《妙法要集》中可見到《北斗經》的引用。以下是議論中,關於神道被稱爲"真道"之事的問答②。

> 問:何不謂神道,謂真道哉?
>
> 答:神者,善惡邪正,一切靈性之通號也。所謂爲明純一無雜之真元神,謂之真道者也。《北斗元靈經》云:"真者,正也,直也,化也,聖也。靈通而妙明。"謂之真者也。"天無真,萬物不春;地無真,草木不根;人無真,不能御神。"

上述《妙法要集》中《北斗元靈經》的引用部分摘自吉田家所藏,玄陽子徐道齡集注、乾陽子徐道玄校正《太上説北斗元靈本命延生妙經》。這本書基本上基於《道藏》所收的玄陽子徐道齡集注、乾陽子徐道玄校正《太上玄靈北斗本命延生真經注》(《道藏》第 527 ~ 528 册)③,這裏引用的部分是第一卷的經文"如此沉淪,不自知覺,爲先世迷真之故,受此輪迴"(卷一,9 葉左 ~ 10 葉右)中的注文。這部《北斗經》除徐道齡集注以外,《道藏》還收藏有無注本的《太上玄靈北斗本命延生真經》,傅洞真注《太上玄靈北斗本命延生經注》三卷(《道藏》第 529 册),崆峒山玄元真人注解並頌《太上玄靈北斗本命延生真經注解》三卷(《道藏》第 528 册)。據推測,傅洞真是從五代到北宋之間的人物,傅洞真注本、玄元真人注本這两者的形成被看作是在元明時代之間④。吉田家傳承的《北斗經》,基本以徐道齡集的注本爲主。但《妙法要集》這部書中也可見到根據傅洞真注的解釋,吉田家

---

① 參照出村勝明:《吉田神道の基礎的研究》,第 93 頁。

② 日語中神道與真道同音。

③ 本稿關於《北斗經》的引用,若無特別説明,則引自《道藏》本徐注。

④ 三浦國雄:《若杉家本〈北斗本命延生經〉について》(《東方宗教》第 123 號,日本道教學會,2014 年)有對《北斗經》諸注的形成年代相關學説的總結。

所藏的《北斗經》的注也並非單純抄寫徐道齡的注,被指出與徐道齡的注略有出入①。

《妙法要集》倡導唯一神道的純粹性,同時,該教的理論根幹部分受《北斗經》的影響也若隱若現。那麽,對於他教的影響,兼倶自身是如何考慮的呢?《妙法要集》的最後部分可見題目爲《不可要異邦之教法事》之章,如下所述。

> 右。唯一者,神明之直傳,一氣開闢之一法也。大織冠仰云:吾唯一神道者,以天地爲書籍,以日月爲證明。是則純一無雜之密意也。故不可要儒、釋、道之三教者也。然雖爲如此,爲唯一之潤色,爲神道之光華。廣存三教之才學,專極吾道之淵源者,亦有何妨哉?

這裏的大織冠是藤原鐮足(614—669)被授的冠位②。在當時的冠位制度中,可謂是高居首位,大織冠也是鐮足自身的異稱。鐮足原本屬於卜部家,幫助中大兄皇子(即日後的天智天皇)推進大化改新舉足輕重的核心人物③。因此,他被賜姓爲藤原,成爲奠定了吉田家基礎的重要人物,爲後人所仰慕。鐮足的這段話説明神道本身具有的純一性,本來没有必要採用儒、道、佛的宗教理念,但爲了協助神道,參考三教也並無大礙。原本,唯一神道試圖脱離兩部神道(即將與佛教的解釋相互交融的神道),反而因受道教的影響而略帶譏諷之意④。

以上應理解爲,對於吉田神道的教理而言,《北斗經》佔據著絶對根深蒂固的位置。《北斗經》徐注本的第五卷中,記載著爲數可觀的符文。衆所周知,在江户時代,吉田家將這樣的符文傳授給全國各地的神官。同時,在此背景下吉田家内部也在學習此書。下面,對此將試做探討。

(二)《北斗經》對吉田神道的影響

吉田神道的傳授以代代世襲的方式傳承,基本屬於秘傳,而且相關書籍也一向足不出户。現在,這些舊藏書幾乎被天理圖書館的吉田文庫中所藏⑤。

---

① 參照菅原信海:《吉田兼倶と〈北斗元靈經〉》。以此爲依據,坂出祥伸、增尾伸一郎:《中世日本の神道と道教—吉田神道における〈太上玄靈北斗本命延生經〉の受容—》主張"兼倶'創作'了獨特的《北斗經》"(第64頁)。

② 冠位爲古代日本官吏的位階制度。

③ 大化改新是於孝德天皇二年(646)舉行的政治改革,以天皇中心的政治爲目標。

④ 兩部神道是基於佛教,特别是密教教説的神道説。吉田兼倶以《法名要集》將兩部神道定義爲原本宗神道以前的理論。

⑤ 關於吉田神道的相關文書入藏天理圖書館的經過,參照松下道信:《天理圖書館所藏吉田文庫的道教文獻簡介》,《上海道教》2013年第2期,總第95期。但揭載之時,曾加以若干的編輯。

吉田文庫裏保存有大量的《北斗經》和其相關的資料，這充分表明了吉田家對於《北斗經》的研究熱忱。其中最爲重要的莫過於寫有“天文9年(1540)1月24日”吉田兼右(1516—1573)序跋的《北斗經》，本書應該是由兼俱親筆所書[1]。根據天理圖書館的《吉田文庫神道書目録》，吉田文庫的藏書列舉如下[2]：

·《太上説北斗延生真經》(吉47～152)，兼雄抄寫的兼右親筆本(享保11年[1726]6月23日)。

·《太上説北斗延生真經集注》(吉47～190)，兼右書跋，梵舜抄寫(元和4年[1618])。

·《太上説北斗元靈延生真妙經》(吉47～154)，兼敬親筆，兼雄書跋。

·《太上説北斗元靈延生真妙經》(吉47～159)，兼敬親筆。

除了以上四本。基於《北斗經》儀禮的科儀也俯拾皆是。

·《唯一神道北斗七元神法次第》(吉42～396)，兼右親筆，兼雄書跋。

·《唯一神道北斗七元神法次第》(吉42～152)，兼右本的抄本，江户初期。

·《北斗行法次第》(吉42～414)，梵舜親筆，兼雄書跋。

·《北斗行法次第》(吉42～487)，兼雄書跋(寶曆11年[1761]9月3日)。

·《北斗七元神法略次第》(吉42～287)，兼敬親筆(元禄12年[1699]2月)。

其中，《唯一神道北斗七元神法次第》(吉42～396)被認爲是兼俱之作[3]。之後的諸多抄本都是以此爲底本所做。其他另有《北斗祭五行祭等神供條々》(吉45～28)等文獻，以北斗祭爲首，五德祭，五行祭等九種祭祀的供品，簡單以圖的形式進行説明。

話題及此，應該留意的是，在《北斗經》和儀式科儀中有幾本吉田兼敬的抄寫

---

① 同書收録在天理圖書館編：《天理圖書館稀書目録》(和漢書之部，第三)，天理圖書館叢書第25輯，日本：天理大學出版部，1960年。

② 天理圖書館編：《吉田文庫神道書目録》，天理圖書館叢書第28輯，日本：天理大學出版部，1965年。括弧内是吉田文庫的整理序號。

③ 參照菅原信海：《吉田兼俱と〈北斗元靈經〉》。

本一事。吉田兼敬(1653—1731)是活躍於江户中期的吉田家之主。寬文五年(1665),由幕府頒佈的《諸社禰宜神主法度》以來,成爲確保吉田家在神道界從此得以獨佔鰲頭,穩固大權的重要人物。在兼敬親筆《北斗經》(吉 47～159)上標注了非常詳細的訓點[①],可見,他對該書的研究之精深。並且,兼敬親筆所寫的《北斗經》的注釋至今保留有幾種版本的摘抄。如下所記。

·《北斗經》(吉 47～146),兼敬親筆,兼雄後跋。
·《北斗經拔書》(吉 47～148),兼敬親筆(元禄 12 年[1699]5 月 11 日)。
·《北斗經覺書》(吉 47～151),兼敬親筆(元禄 11 年[1698]5 月)。

《北斗經》(吉 47～146),如封面的"ホクトキヤウ"片假名字樣所見[②],全篇幾乎都是以片假名所撰寫的北斗咒等小部的册子。《北斗經拔書》(吉 47～148)是以《北斗經》爲中心混雜的摘抄[③]。卷頭有元禄 12 年 5 月 11 日的字樣。對第二卷中北斗七元君的功效以及第四卷中《北斗經》的功效,並且也對第五卷中關於發爐、復爐以下,五十五種符文,做了簡單的記録。其他部分混雜記録著北斗七星與輔星圖和曾在日本流行過的類書——《拾芥抄》,以及後述的《修真九轉丹道圖》的一部分等内容。《北斗經覺書》(吉 47～151)從第一卷到第四卷都包括徐道齡的注釋部分爲摘抄。封面寫有元禄 11 年 5 月的字樣。

另,《道教覺書》(假定題目,吉 47～147,兼敬筆)其實也是《北斗經》徐注的摘抄。原書並没有書名,《道教覺書》是天理圖書館整理吉田文庫之時所暫定的題目。

若留意便會發覺,《道教覺書》是由六紙裝訂成的寫軸一卷。但裝訂之時的順序有些錯亂。稍加整理,便可確定是卷一與卷二的徐道齡注爲主的摘抄。這些摘抄基本與《北斗經覺書》的内容並不重複[④]。比如,在《北斗經覺書》的開頭部分,從"三災"到"一切厄"的部分,可看做是《北斗經》第二卷北斗七元君所持有的二十四種類功效的全部摘抄。而另一方面,《道教覺書》的第三紙衹有"應驗事廿四重而可注也"之字跡,可看做是對二十四種類功效未曾涉獵的對應。雖然很難判斷《道教覺書》的著成時期和經過,但從以上的事實推測,《道教覺書》與

---

① 訓點是在日本對漢籍的理解時所添加的一種記號。主要有送假名和返點。
② "ホクトキヤウ"即《北斗經》。
③ "拔書"即摘要。同"覺書"。
④ 重複部分爲《道教覺書》計 21 條,《北斗經覺書》計 37 條,全部 58 條之内,僅有三條。

《北斗經覺書》的書寫時間看做爲前後關係較爲穩妥。關於這本《道教覺書》與《北斗經覺書》,將會在後面部分再加詳述。

如上所述,《北斗經覺書》是在元禄 11 年 5 月,《北斗經拔書》則是在元禄 12 年 5 月,吉田兼敬自元禄 11 年到 12 年之間,對《北斗經》抱有高度的關注之事可見一斑。而且,《北斗七元神法略次第》(吉 42 ~ 287)有元禄 12 年 2 月的日期所載[①]。

兼敬爲何在這個時期對《北斗經》産生興趣?這是個值得發人深思的問題,在此姑且不提。應留意的是兼敬同時也抄寫了一部分《修真九轉丹道圖》之事。《修真九轉丹道圖》是吉田家世代所傳習的内丹文獻。下面接著論述吉田神道的《北斗經》和内丹説的關係。

二、《北斗經》與内丹説

(一)吉田文庫所藏的《清静經》與《修真九轉丹道圖》

如今在吉田文庫内收藏有《太上老君説常清静經》(以下,爲了區别《道藏》所收《清静經》,以吉田本《清静經》爲略)二本。一本是由两卷卷軸裝訂而成,全篇附有彩色圖(吉 47 ~ 199)。另一册吉田本《清静經》(吉 47 ~ 153)是這卷軸二卷的手抄本,則未附圖。由同樣内容的二部書合訂而成,前半部可見吉田兼雄(1705—1787)的後跋。後半部的合綴本推測也是江户時期,吉田兼雄活動前後時期的産物。

問題是,吉田本《清静經》除了《清静經》以外,也是以《修真九轉丹道圖》爲首的數篇文章爲一的複合型文獻。在此列舉吉田本《清静經》的具體構成,本書以《清静經》《静坐不動口訣》《入室趺坐》《修真九轉丹道圖》四部分的順序排列。《清静經》不足六百字,《静坐不動口訣》大約四百三十字,《入室趺坐》則是約二百三十字的短文。從字數來看,佔中心地位的無疑是超越二千五百字的《修真九轉丹道圖》一書。

關於吉田本《清静經》,以前鄙人曾以别稿的形式對全文的翻刻以及内容進行過介紹[②]。《清静經》是道教的重要經典之一,即使在全真教《孝經》與《金剛

① 在結尾處更有在寶永三年(1703)九月七日舉行北斗儀禮的記載。

② 松下道信:《吉田文庫所藏〈太上老君説常清静經〉》,《皇學館大學神道研究所所報》第 27 號,2012 年。

經》也受到同樣高度的重視。《静坐不動口訣》具體記録了修行之際打坐的方法，此處可見張伯端（一名用成，字平叔，號紫陽，987—1082）和白玉蟾（一名葛長庚，字紫清，號海瓊子等，1194—1220?）等所謂南宗的祖師之名。《入室趺坐》此書不僅强調了關於打坐之際的身心和呼吸方法，也强調了理解身中的造化之機的必要性。後半則夾雜了元陳沖素《陳虚白規中指南》（《道藏》第114册）後序的一部分。陳沖素是元朝期活躍於武夷山的南宗一派的道士。

最後的《修真九轉丹道圖》内容可總結爲：加以内丹煉成，取日月之精華，"奪取造化之功"，形神俱妙，修行者以提高功德，肉身成仙之事爲目標而修行。陳朴《陳先生内丹訣》，以及泥丸先生陳朴傳《翠虚篇》（《修真十書》[①]卷十七《雜著捷徑》所收）的密切關係已爲人知[②]。但《修真十書》所收的《翠虚篇》，與南宗第四祖陳楠（一名泥丸，號翠虚，1171—1213?）所著的《翠虚篇》（《道藏》第742册）並無關聯，卷頭所記載的"九轉金液秘訣"被認爲是原本書名的可能性極高[③]。

另外，據陳朴的内丹説和《修真九轉丹道圖》所載，修煉者修行之時藏氣於膽，内丹在左脇和右脇的經路回繞説等，由此可見，陳朴的内丹説和鍾吕派以及南宗的功法相去甚遠。陳朴的這些内丹説與鍾吕派和南宗之間原本有差異，但隨著鍾吕派，以及標榜鍾吕二仙道統的南宗勢力不斷擴大，從宋朝到元朝，鄙人認爲，也逐漸關聯到了鍾吕派的流派[④]。而且考慮到吉田本《清静經》通篇具有濃厚的南宗特色，由此可以判斷，這部文獻的祖本曾作爲一體的文獻，由南宗人之手所製作傳授。

如上述陳，《修真九轉丹道圖》中記載的内丹法，與全真教和被後世尊爲南宗的張伯端以來的内丹道的内丹法内容大相徑庭，因此很難斷言屬於主流的内丹法。但吉田家以這部《修真九轉丹道圖》的内丹法世代傳授。因爲吉田文庫裏幾乎見不到全真教和南宗的相關内丹文獻，而另一方面，《清静經》（吉47～153）的兩部合訂本裏詳細的訓點比比皆是，可見這部文獻曾被認真的研究過。

問題在於，吉田家的《修真九轉丹道圖》與《北斗經》極具親近性。那麽，對於吉田家這两者之間究竟有著怎樣的關係呢？

---

① 《道藏》，第122～131册。

② 参照石田秀實：《陳朴内丹説資料覺書》。

③ 参照石田秀實：《陳朴内丹説資料覺書》。

④ 参照松下道信：《〈陳先生内丹訣〉の傳授について》，《皇學館大學神道研究所所報》第78號，2010年。

（二）吉田神道的《北斗經》與《修真九轉丹道圖》

對於吉田家所藏的《修真九轉丹道圖》與《北斗經》極具親近性。比如，對《北斗經》專注學習的吉田兼敬諸種行爲來看，便一目了然。

首先，兼敬保留有《静坐不動口訣》（吉 47～150，以下爲區分吉田本《清静經》所收的《静坐不動口訣》，略記爲兼敬本《不動口訣》）。實際上，兼敬本《不動口訣》是吉田本《清静經》當中包括《静坐不動口訣》與《入室趺坐》以及《修真九轉丹道圖》的開頭部分《第一轉行持口訣》的謄寫本。如本書的書誌所記，縱約29cm×横約21cm，共有10葉，有字4葉，空白6葉的假裝本袋綴（以紙捻粗訂的綫裝本）。《修真九轉丹道圖》本來到第九轉，或許是打算寫到第二轉以下。這本書的字跡也並非十分工整，大概是筆者作爲自己手頭的研究筆記所用。話雖如此，兼敬本的《不動口訣》訓讀與返點勾畫了了之處不勝枚舉，由此可見該書曾被專心致志地閱讀和學習過。

如上所述，兼敬親筆的《北斗經拔書》第6葉右，也能見到《修真九轉丹道圖》第一轉行持口訣的一部分摘録。由此可見兼敬以《北斗經》和《修真九轉丹道圖》爲中心的内丹説二者都很精通，與此同時两者具有親近性。在此引人注目的是兼敬本《不動口訣》封面内側所繪的圖。

在兼敬本《不動口訣》的封面内側，繪製著紫微垣内北極五星和四輔的大圖（附圖參照）。即如圖上方所示的四星，之上寫有"四輔"的注記。四輔之下的五星排成一列，最上方的星被記爲"紐星"，"紐星"即北斗星之意。並且，圖的下方有"北辰/北極天樞"的字樣。右上方寫有"入泥丸宫煉氣殼"的文字。但若如此考慮，在這本内丹書—兼敬本《不動口訣》的封面内側爲何有這樣一幅北極五星、四輔圖的大圖，又帶給我們新的疑問。

爲了解説《北斗經》能令人延年益壽的理由，有時有將北極星與其周圍的北斗一視同仁的説法。例如，《北斗經》第二卷中有"老君曰：北辰垂象，而衆星共之"（卷二，12葉左）之句，在此將北極星與北斗混淆爲一。關於這部分，徐道齡的注如下所陳：

> 北辰者，北帝也。一名北極，亦號太辰，故辰極爲天心，以正萬物，北極爲天樞，以居其中，不動爲炁之主，故衆星環繞而歸向之。或言，北辰垂象一句，北之一字，恐是此字指北斗而言，庶與上下章旨貫通也。（卷二，12葉左）

注文中介紹了從前後文的脈絡來看,北辰即北斗的説法。《北斗經》將北斗爲北極,或北辰視爲一物[①]。由於位處天庭的正中心,也被稱爲天樞。兼敬似乎也認爲位於紫微垣中心的北極五星和四輔與北斗七星當然並非一物。事實上《北斗經拔書》這種一般意義上的北斗七星和輔星被大大畫著(2 葉左—3 葉右)。但是我們應該注意的是,在此,兼敬以"北辰/北極天樞"這樣完全與北斗相關的詞彙來記録。《北斗經》第五卷中,記録有北斗七星和輔弼二星等 55 種符文,最初的是作爲尊星、帝星的北極星的符文,由此及彼,《北斗經》徐注中北極星與北斗七星地位的近似性可見一斑。

確認了徐道齡注釋的内容,《北斗經》徐注將北斗與北極一視同仁,支配其他衆星,更有將北斗爲"炁之主"的邏輯而進行推廣。這表示著此文章的主旨在於揭示北斗的根源性。但應留意的是,這些内容也闡明了《北斗經》與内丹説的中介作用。如此看來,與這本内丹書——兼敬本《不動口訣》的封面内側畫著大大的北極五星與四輔圖的理由也同出一轍。上述列舉的徐道齡的注文原封不動的被載録在《北斗經覺書》中(4 葉右)。

在此我們的要注意的是,《北斗經》中徐道齡注釋的傾向。下面,對《北斗經》的徐注進行探討。

(三)關於《北斗經》徐道齡注與内丹説的關係

如上所陳,吉田家世代相傳的《北斗經》注基本遵從徐道齡所注《北斗經》五卷。在此應注意的是道藏本與吉田家本的差異,從徐道齡的注來看,可以發現這樣幾點特徵。

首先,通篇洋溢著濃厚佛教的要素。例如,注文中引用的佛教經典《四十二章經》《金剛經》和《消災經》(唐代不空撰《佛説熾盛光大威德消災吉祥陀羅尼經》,《大正藏》第 19 册)等等,便可猜想注文是在佛道混淆的時代背景下所撰[②]。順便一提,吉田家傳承的《北斗經》注,較之道藏本佛教的注釋稍佔多數[③]。而另一方面,也可以見到《大學》《中庸》《孟子》的引用,可以看出,徐道齡的注也有著儒教鮮明的要素。特別是在朱子學廣爲流傳時代,注釋中可見到一部分因襲"性

---

① 《北斗經・北斗經題辭》中也有"或曰:北斗即北極,北辰之象"(1 葉右)一文。

② 三浦國雄提到了《北斗經》的形成問題,揭示了道佛二教的複雜的交涉。參照三浦國雄:《若杉家本〈北斗本命延生經〉について》,第 8 頁。

③ 參照菅原信海:《吉田兼俱と〈北斗元靈經〉》。

即理”的朱子學的解釋[1]。

而道教經典的引用則多出自於《玉樞經》。學術界認爲，徐道齡與《玉樞經》四注本，即《九天應元雷聲普化天尊玉樞寶經集注》(《道藏》第 50 册)的刊行密切相關[2]。另外，《度人經》的引用文以外，其他，基於《太上元始天尊説北帝伏魔神咒妙經》(《道藏》第 1053 ~ 1054 册)、《雲笈七籤》(《道藏》第 677 ~ 702 册)卷三十八《九真帝君九陰混合縱景萬化隱天訣》《太上飛行九晨玉經》(《道藏》第 195 册)、《北斗治法武威經》(《道藏》第 579 册)等教典，整理出北斗七元君的諱名，外觀與其神功(卷三，1 葉右 ~ 12 葉右)。

内容上的特徵可以看做是對“知止”的强調。“知止”出自於《老子》44 章“知足不辱，知止不殆，可以長久”。下面，是本書第二卷經文“大聖北斗七元君，能解地網厄”所附的注釋。

> 世人不思富貴貧賤乃命分已定，却不安分，不知止，違天命，悖氣數，作非法以犯國法，棄性命，以喪身命。其地網天羅之厄，豈能逃也。人能安分懷刑，保身守道，更能禮斗朝真，則自無此厄也。(卷二，9 葉)

“知止”是指滿足於自己命分之事，這不外乎天命所賜予的富貴、貴賤的社會形態。之前的經文“大聖北斗七元君，能解天羅厄”(卷二，8 葉左)的注中可見“但能不越五常，明立三綱，更誠心澄慮以朝斗真，則永得延生而入仙道也”(卷二，9 葉右)一句。“知止”一詞，可以説是捍衛自己的命分或三綱五常等封建社會的倫理之意。總之，他們一方面服從封建社會制度，另一方面又將其中産生的種種矛盾的解決方法寄希望於北斗[3]。

但徐道齡的注釋，不單具有了自己的特徵，也具備内修的特點。如前人所言，宋代以來，符籙派的道書是基於當時流行的内丹説進行解釋[4]。比如，曾風靡一時的神霄派和深受其影響的清微派，還有净明道等，都强調外用符籙之時首先要内修的必要性。内修又稱内煉。内修的定義雖尚未明確，但大約可以整理爲

---

① “先儒推原來歷，謂由太虚有天之名，由炁化有道之名，天之所賦曰命，命即令也，人之所受曰性，性即理也。”(卷一，18 葉)。

② 三浦國雄指出《玉樞經》注有可能是徐道齡由扶乩著成的可能性極高。參照三浦國雄:《〈玉樞經〉の形成と傳播》，《東方宗教》第 105 號，2005 年。

③ 其他，卷一的經文“爲無定故”(卷一，8 葉右)的注文中，由《玉樞經》《大學》《孟子》將“知止”一詞與侍奉親人或君主之事相互結合使用。

④ 例如，參照任繼愈編《中國道教史》(增訂本)第 16 章《宋元符籙派道教》，北京：中國社會科學出版社，2001 年。

基於内丹理論的内在的修煉。

徐道齡的注釋恰恰反映了那個時代的思潮,《北斗經》的注文中多見内修的解釋。但若稍加留意,在此存在著如下的邏輯:北斗乃造化、陰陽之司掌,包含森羅萬象。這是源於北斗的根源性,所以人們理應朝拜北斗。比如,徐道齡曾如是説:

> 斗爲天地之準繩,斗乃陰陽之陶冶,生物生人,運水運火,故成四季,令萬靈振十方冠三界,自三清昊天玉樞之尊,復有如北斗功德之大也耶。人人頂戴北斗,而不知身屬於斗。(卷二,21 葉左)

如上所述,北斗和北辰一視同仁尊爲"炁之主"。另一方面,爲了能够延年益壽,效法北斗司掌氣與陰陽之道,同時也需要修行者提高自身修養。爲此,比如引用《太上三十六部尊經》(《道藏》第 18 ~ 19 册)中《太清境黄庭經》等提出了煉五臟之精化丹,煉氣化神,長生登仙界的必要性①。原本,這樣的内修説是修行者對於自身之中根源性的追求,不難將膜拜北斗意義的消亡所聯繫起來。爲此,徐道齡的注文中基於内丹理論的解釋隨處可見,但是未能達到體系性的高度。

雖然,徐道齡的注文略帶有片段性的格式,但使用了神、氣等内丹理論術語比比皆是。例如,第一卷"爲無定故"的注如下:

> 夫定者乃入道之要路,延生之捷徑也。定者正也,身若不正,豈能入道,心若不正,豈能延生。延字之義,亦從正,從之。又定者静也,向也,止也,決也,水定則不流,地定則不陷,心定則萬慮息,身定則萬事止,性定則炁靈,神定則炁清。而定非静不能成也。(卷一,8 葉右)

本來,經文中"爲無定故"大約是指衆生輪迴轉世,無休無止之意,但這裏的"定"近似於佛教語中三昧(samādhi)的意義,由心、身、性、神的安定,主張氣爲靈妙的説法。這裏《道教覺書》也有抄録,另《静坐不動口訣》主張静坐所需定力的必要性②,二者内容上的關係值得注意。其他,徐注中可見北斗的存思法或《黄庭經》

---

① 例如,"太清境黄庭經云,人以精爲母,以氣爲主,五臟各有精,精中生氣,五臟各有氣,氣中生神,神能生壽,長生保命,鍊精爲丹,養氣爲神,真仙上聖,修真養氣,自然而然,内真外應,有作必成,自凡入聖"(卷一,15 葉右)。其他,並非《道教覺書》中摘要,徐道齡本人的文章中可見"如人能以心神時時昇入泥丸,則真靈不散而得長生也"(卷三,16 葉右),"如人朝真奉斗,念念不息,水火得攝鍊,神炁結胎,則可與高上玉皇爲臣爲使矣"(卷三,17 葉左)的章句。但《道教覺書》中,僅摘録了最初的《太清境黄庭經》的引用文。

② 例如,《静坐不動口訣》中有"須是坐静,若不坐静,定力難全"一句。

中五臟神的存思法①。

實際與存思法相關的文章爲首，本節中論及或者引用徐道齡的注文幾乎原封不動的可見於吉田兼敬《北斗經覺書》《道教覺書》。如上所述，這二者是一系列的《北斗經》徐注的筆記。當然這些摘録是私密的資料，並非有意的著述，如何能整體的反應出兼敬的關注點，這一點必須要注意。但在某種程度上，有一窺其關注點的可能性。

本應對《北斗經覺書》《道教覺書》的摘抄加以詳細檢討，但因篇幅有限，在此對內容簡單的加以説明。《道教覺書》中有卷一 13 條，卷二 8 條，合計 21 條；《北斗經覺書》中有卷一 3 條，卷二 27 條，卷三 3 條，卷四 4 條，合計 37 條關於《北斗經》徐注的摘抄。摘抄的內容如下：首先，摘録著關於佔據《北斗經》中心位置的北斗七元君的神功通篇內容，此外，也摘録著關於太上老君的基礎知識。內修的注文被大量引用，特别是關於存思部分則被全部記録著。如上所述《消災經》等依據佛教的解釋或"性即理"的朱子學的命題之説，關於"知止"的注釋之所經常被引用。加之《妙法要集》中《北斗經》的引用部分十分忠實摘抄著。由此可見，兼敬一面依據兼俱以來吉田神道的教説，一面忠實的閲讀著《北斗經》徐注。在此，道藏本與吉田家本的不同之處幾乎可以忽略不計。

《北斗經》徐注是按照符籙對北斗祈願或禮拜爲主要問題，雖然對內丹法並未系統談到，但在此處對於內修的解釋根本上有著相同之處。那麽吉田家依照徐注，越發認真的閲讀《北斗經》，越發越感到對內丹理論的理解的必要性，其實踐的必要性也會被逐漸認知。可認爲，吉田家將《修真九轉丹道圖》作爲《北斗經》必不可少的輔助書籍而進行學習。《修真九轉丹道圖》的內丹法絶非南宗或全真教所謂主流內丹法，而在徐道齡的《北斗經》注中對內丹説的説明也並非十全十美。因此我們可以説，這兩者是並不矛盾的共存關係。

三、吉田神道的內丹文獻

我們可以看出的是，在吉田神道教説上《北斗經》徐注佔了重要的部分，他的理論是基於內修的解釋，自然促使吉田家對《修真九轉丹道圖》的學習。但如前述，《修真九轉丹道圖》的內丹説基本與全真教和南宗屬於不同系統。那麽，吉田家對全真教的知識是否一無所知？最後，從吉田文庫保存的幾册藏書目録所記

---

① 卷三 13 葉左、卷四 14 葉左 ~ 15 右葉。

載的書籍來看,他們對全真教和道教的理解可略見一斑。

現在,在吉田文庫裏,除了《北斗經》之外,所收藏還有明版的《删補性命圭旨定本》五卷(吉94~54)、和刻本(日本版本)的涵虚子《臞僊活人心法》三卷(吉93~53),幾乎未曾收録其他道教相關文獻[①]。但事實上,就此很難説他們對道教的知識、書籍未曾涉獵。這一點,對吉田文庫所藏的藏書目録稍加閲覽的話便可明白。

現在,吉田文庫中有二十數種類的藏書目録。多爲記録時期和背景不明之物,可謂是爲了對吉田家世代相傳的藏書内容溯本追源的標志。

但應該留意的是,吉田家藏書的目録多數是記録以家學《古事記》《日本書紀》等爲中心的和書(日本書籍)。其中,祇載有漢籍的目録是《漢籍目録》(假定題目,吉93~20)。這本大册假裝本袋綴是由十三葉裝訂而成。以上下二段各11行或者12行所寫書名,極爲稀有附帶撰著者名。合計596條之内,除去重複部分合計594部[②]。遺憾的是製作時代和著録者不詳,吉田文庫的漢籍類著録的目録中,數量未能有超《漢籍目録》者。

但我們應該留意的是,吉田文庫也還保留有數件臼井接傳的書籍目録一事。臼井接傳(1668—1705),姓平,臼井氏,名竹烝,號太常宗。金地堂春麿之子。臼井接傳工作於京都祇園社神樂座,對神道熱心考究,常出入吉田家,從吉田兼敬時期備受信賴。直到在寶永二年(1705)被逐出門墻,他一直都作爲吉田神道的門人活躍著,與吉田家相交甚好[③]。

臼井接傳的書籍目録中最充實的部分莫過於《歷覽書目》(吉01~6)、《電覽書籍目録》(吉01~10),其次是《和漢書籍目録》(吉01~8)[④]。共同記録了和書與漢籍,在《歷覽書目》(吉01~6)的封面,記有"自延寶甲寅二年[1674]三月廿二日/至元禄己巳二年[1689]八月朔日/歷覽凡四百八十三部也/臼井接傳[花押]"的字跡。但實際上,這本書記載了和書、漢籍共計576部,483部的記載數字

---

① 關於吉田文庫中可見到的道教文獻,參照松下道信:《天理圖書館所藏吉田文庫的道教文獻簡介》。

② 重複僅有三部(明焦竑《焦氏類林》、明王鏊《震澤長語》、明陸樹聲《清暑筆談》)。但,9葉右混入了附箋所記的《焦氏類案》,疑是原本在同葉上的《焦氏類林》之處。在此將《焦氏類林》計算在内統計。

③ 參照井上智勝:《吉田神道の四百年—神と葵の近世史—》,日本:講談社,2013年,第170~171頁。寺田貞次:《京都名家墳墓録》(日本:村田書店,1981年,《臼井接傳墓》,第353頁)中可見臼井接傳的墓誌銘。

④ 其他,臼井接傳的目録中有《新撰和書目録》(吉01~7)一書。

與所著録的漢籍的部數大致相當①。另一方面，封面有“金地堂/平接傳”的自署的《電覽書籍目録》(吉 01 ~10)收録和漢書不到 400 册。在書的末尾處可見“右自延寶二歲次[1674]甲寅三月/廿二日至元禄二歲次[1689]己巳/四月廿二日(自是以來所電閲之/書目別書之)”(第 31 葉右)的字樣，便可明白二者的著成時期是大致相同的。臼井接傳的目録與《漢籍目録》對照來看，與書名有若干不同，《歷覽書目》所記載的漢籍 483 部之内的 438 部，《電覽書籍目録》的漢籍 258 部中有 206 部是重複。《和漢書籍目録》(吉 01 ~8)全 146 部中，漢籍佔了 90 部，其中，有 72 部是重複的②。從臼井接傳與吉田家關係來考慮其内容上的近似性，在此提到的《漢籍目録》反映了和吉田家所藏漢文文獻傾向，特別是兼敬時期的藏書③。

《漢籍目録》採用基本是按照四部分類爲基準。若在此依據暫定四部分類進行整理，經部《孝經》以下 76 部，史部《史記》以下 43 部，子部《五行大義》以下 199 部，集部《文選》收録以下 278 部。子部更加粗略的將諸子類、道家類、仙傳類、醫家類、地理類等總結分類，集部包括了本來應被分類爲子部佛家類和叢書類的部分書籍。最後將未分類的書籍概括收録。

關於目録的内容，從種種角度分析有諸多可能，但在此，對道教特別是關於内丹道與全真教的關係試探。以下，依據上述分類列舉，首先應該留意的是，子部諸子類中，可見《廣成子》《老子》《關尹子》《列子》《莊子》《抱朴子》等道家的書名，此處可見到《瑩蟾子》一書(4 葉右)。瑩蟾子是活躍於元初李道純的號。李道純是在舊南宋領地活動的諸多道士中，較早以全真自稱的人物，著有《瑩蟾子語録》(《道藏》第 729 册)等書。另外，其中可見到王弼等的《老子注》，但《白玉蟾老子經注》一書(5 葉右)的存在格外引人注目。

道家書籍《大[太]上感應編[篇]》以外，還列舉了《清静經》和《黄庭經》等較爲顯著的道教經典 13 部④。其次，記録了從《悟真編[篇]》到《規中指南》的内丹文獻爲中心的書名。具體列舉如下:《悟真編》《續悟真編》《全真活法》《青華

---

① 包含欄外所記書名。另，本書用附紙两頁，記載了以和書爲中心的 71 部書名，在此未能收録。其他，因目録内重複和各目録中書名有微小的出入等原因，難以判斷的情況較多，在此不過是初步的調查。

② 《和漢書籍目録》中:《吴子》《孫子》《尉繚子》《六韜》《三略》《司馬法》《太宗問對》合稱《七書》，在這裏分別將此獨立統計。

③ 臼井接傳的目録對以下的道書在某種程度有收録，但對超越《漢籍目録》道書並無記録。

④ 列舉書名如下(5 葉)。《大上感應編》《清静經》《胎息經》《黄庭經》《護命經》《消災經》《定觀經》《洞古經》《玉樞經》《陰符經》《大清經》《玉皇本行經》《靈寶經》。與現存的書名有微妙的差異，在此全按照《漢籍目録》所表記。下注同。《清静經》是否就是複合型文獻吉田本《清静經》，有待考證。

秘文》《金丹語録》《參同契》《無上秘要》《規中指南》。其中《無上秘要》(《道藏》第768～779册)被看作是魏晉南北朝前後成立的鴻篇巨著,除此之外其他的書籍也全與内丹相關。

《悟真編》《續悟真編》是北宋張伯端著《悟真篇》與其後所附的《禪宗歌頌》。《青華秘文》正式名爲《玉清金笥青華秘文金寶内煉丹訣》(《道藏》第114册),也是假託張伯端所著之書。《全真活法》由李道純主著《中和集》(《道藏》第118～119册)卷三的一部分。關於《金丹語録》一書一切不明。魏伯陽撰的《參同契》一書,無論内丹、外丹,被尊崇爲煉丹術的必讀文獻。關於《規中指南》即上述的元陳沖素所著的《陳虛白規中指南》一書,與《入室趺坐》不無關聯。在吉田文庫中也收藏有本書的手抄本的殘本(吉99～110)。

從《列仙傳》到《消揺墟引》的十數部書籍,是以仙傳爲中心的道教相關文獻①,這裏的《有象列仙傳》即是《有象列仙全傳》(《藏外道書》第31册)一書。《有象列仙全傳》九卷,王世貞輯,汪雲鵬校,萬曆二十八年(1600)由汪雲鵬做後序。早年流傳至日本,被標注訓點以覆刊,廣爲流傳。也可確認,吉田文庫所收的是慶安三年(1650)九月六日,由京都藤田庄右衛門出版的雕板(吉92～19)。第八卷中收録著王嚞以來,馬鈺、孫仙姑、譚處端、劉處玄、丘處機、郝大通、王處一的七真傳。《消揺墟引》(即《消揺墟》,《道藏》第1081册)中也録有馬鈺傳。本書相當於洪自誠《仙佛奇蹤》的神仙傳記。

目録的最後,記録著未分類的書籍中,可見譚景昇《化書》(11葉右,《道藏》第724册)、李道純《中和集》(11葉右,《道藏》第118～119册)、洪自誠《長生詮》(12葉左,《道藏》第1082册)以及同《無生訣》(12葉左)。《長生詮》《無生訣》是《仙佛奇蹤》的一部分,特别是《長生詮》爲道教經典與全真教、南宗祖師語録或詩文等摘録的形式。

如此可知,《漢籍目録》中,加上《規中指南》等南宗系統的道書,可確認有著自稱全真的李道純的著作。以王嚞爲首的全真教文獻在吉田文庫中並未收録,在目録可見其書名的李道純著作但現在在吉田文庫已蕩然無存。理由之一是,由於吉田家知識的繼承傳授的形態以個人傳授爲中心,也許就價值來言,《修真九轉丹道圖》這部古來傳承之書,在吉田家所藏的内丹文獻中無能出其右者。歸

---

① 具體列舉來言,如下所述(5葉左～6葉右):《洞天集》《雲笈七籤》《列仙傳》《續仙傳》《有象列仙傳》《集仙傳》《神仙傳》《續神仙傳》《洞仙傳》《墉城集仙録》《香案牘》《方外志》《道教靈驗記》《神仙感遇傳》《十二真君傳》《應驗記》《萬神圭旨》《消揺墟引》。但其中也包含《雲笈七籤》《萬神圭旨》即《性命圭旨》(《藏外道書》第9册)等不屬於仙傳之書。

根結底,從内丹文獻接受程度來看,吉田神道並没有系統地受過全真教影響的跡象,可以説這些影響是微乎其微的。

結 論

由吉田兼俱開創的吉田神道也被稱作唯一神道。自登上歷史舞臺以來,在江户時代具備了巨大的影響力,被指出教理中深受《北斗經》影響。吉田家的《北斗經》的解釋基本基於徐道齡的注釋,這是和當時諸多符籙派的道書有著同樣關於内修的解釋,即基於内丹的理論。另一方面,吉田家所藏的這部《北斗經》流傳後世的同時,也傳承了吉田本《清静經》。實際上是以内丹文獻——《修真九轉丹道圖》爲中心的複合型書籍。

比如,江户時代中期吉田家的一家之主,吉田兼敬對《北斗經》的潛心研究,至今保留兼敬所遺留的幾册關於《北斗經》的摘録和筆記,其理解是忠實於徐道齡的注釋。我們可以預想到,吉田家必然會迫切感到内丹説理解的重要性。事實上,兼敬抄謄的吉田本《清静經》的一部分——兼敬本《不動口訣》可看出他曾認真學習的跡象。兼敬本《不動口訣》上繪製有大大的北極五星與四輔圖等,與《北斗經》的位置極具親近性自然可想而知。兼敬的活動作爲吉田家的典型之一,《修真九轉丹道圖》被吉田家認爲此書是支撑《北斗經》儀式必不可少之物。但《修真九轉丹道圖》中的内丹説大致基於陳朴《陳先生内丹訣》,與全真教和南宗之内丹理論就内容來言果然相去甚遠。

試看吉田文庫中所藏的《漢籍目録》便可推斷,吉田家某種程度接觸了爲數甚多的道教相關文獻。但是,僅限於内丹關係的角度來分析,例如《規中指南》等,首先是接觸了所謂的南宗文獻較多,與全真教有關係的文獻僅限於李道純的《中和集》等書籍。综上所述,吉田家以富有濃厚内修特色的《北斗經》和《修真九轉丹道圖》内丹文獻爲基礎,由此可對全真教的研究略窺門徑,但全真教對吉田神道的影響果然是微不足道的。

最後,爲何吉田家會代代傳承《修真九轉丹道圖》? 鄙人認爲,吉田家使用《修真九轉丹道圖》一書從兼俱時代。那麽,是由兼俱本人有意取捨,還是偶然的使用舶來品呢? 關於這個問題且容他日再表。

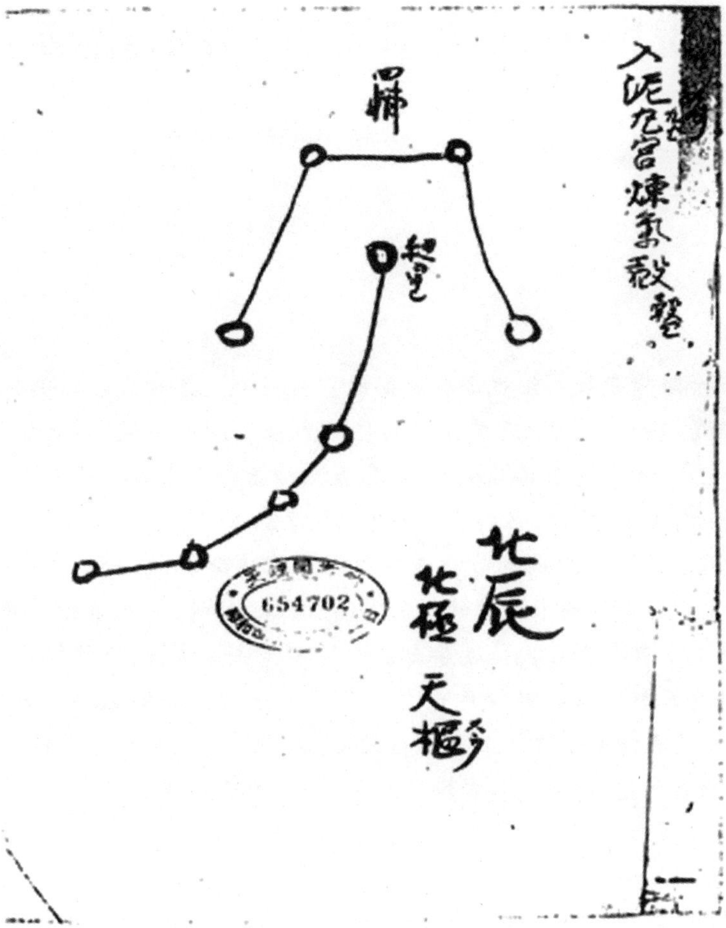

北極五星四輔圖(兼敬本《不重加訣》封面内側)

[謝辭:吉田文庫所藏的吉田兼敬《静坐不動口訣》(吉 47 ~ 150)的圖版以及許可權,由天理大學附属天理圖書館提供,在此致以誠摯的謝意。]

(責任編輯:趙衛東)

鍾吕傳説與金代全真教的譜系建構

□吴光正　王一帆

摘要:宋金時代是鍾吕傳説發展流播的重要時期。各種文獻證明鍾、吕皆爲唐五代人,都是内丹道大家,是内丹道的信仰對象。此一時期,亦是全真教興起的時期。鍾、吕也被奉爲全真教祖師,是其教派神話譜系與傳承譜系中的關鍵人物。本文通過對宋金時代鍾吕傳説的清理,及對金代全真教譜系建構的考察,論證了自王重陽開始即有意識地借助鍾吕傳説來構建全真教譜系,而這一建構主要是通過詩文創作與傳播來實現的。王重陽如此之目的,一是自神其教,二是自我神話,從而爲本教之存在與發展尋出神聖性與合法性依據,這就糾正了學界長期以來,關於全真教鍾吕神話譜系出自第三代弟子的假託的誤解。馬丹陽等全真二代弟子及其再傳弟子遵循王重陽的教化,在繼承傳統道教資源的基礎上,繼續了全真教的譜系建構與接續,實現了光大門户、闡揚教義之宗教目的。

關鍵詞:鍾吕　全真教　譜系　王重陽　馬丹陽

作者简介:吴光正,男,1969 年生,江西永豐人。武漢大學文學院教授,主要從事元明清文學和中國古代宗教文學研究,出版有《中國古代小説的原型與母題》《八仙故事系統考論——内丹道宗教神話的建構及其流變》《神道設教:明清章回小説敘事的民族傳統》等著作。王一帆,男,1984 年生,江蘇徐州人,武漢大學文學院在讀博士研究生,主要從事中國古代宗教文學和文學圖像學研究,於《文藝評論》《學術交流》《武漢大學學報》等刊物上發表論文數篇。

鍾吕信仰作爲一種宗教信仰和民俗信仰,滲透到古代中國文化的各個層面,時至今日仍在發揮著影響。宋金時代是鍾吕傳説發展的一個重要時期,大量材料證明了鍾、吕二仙是内丹道的信仰對象。内丹道不僅繼承發揚了他們的内丹學説,而且按照其道派的宗教追求不斷改造、製造他們的故事,最終把他們塑造成了内丹道祖師。同時,鍾、吕也分列全真教"五祖"之第二、三位,是其教派之神靈譜系中十分關鍵的人物。那麽,内丹道祖師是如何爲全真教吸納,而成爲其傳承譜系之有機構成部分?全真教之鍾吕譜系又始自何時?其發展演進的情況爲何？本文即試圖通過清理宋金時期的鍾呂傳説，考察金代全真教譜系的建構情況，對上述問題作出一個客觀、合理的解釋。

一、民俗與信仰——宋金時代的鍾呂傳説

今所見之敦煌文獻、唐代宗教文獻、數術文獻、五代文人文獻均表明鍾離權、呂洞賓是唐五代人，他們有著道教術士的身份，也是内丹道大家，均有著作存世。宋金時期即出現了大量關於鍾呂的傳説流行於道俗兩界。下面我們即對這兩朝的鍾呂傳説進行爬梳。

（一）宋金時代的吕洞賓傳説

宋金兩朝有關吕洞賓的文獻可謂是品類繁多，流播廣遠。傳記方面，北宋時出現了最早的吕洞賓傳記《吕真人望江亭自記》。南宋翁葆光《悟真篇注》引述《吕洞賓傳》，應該也是宋初流行的吕洞賓傳記之一種。此外，宋代的《鍾吕敘傳》"純陽真人吕公"條、"後序"條均是吕洞賓小傳。南宋後期有白玉蟾《平江鶴會昇堂》，是爲歌傳。金代還有袁從義《唐純陽吕真人祠堂記》。

關於宋金時期吕洞賓的傳説，歸納起來，主要有"吕洞賓飛劍斬黄龍"故事、"松樹精"故事和"黄粱夢"故事這三大主題。而這三種主題的故事，分别反映出宋金時代的吕洞賓傳説流傳情況的不同面相。

黄龍故事主要是在佛道爭衡這樣一個宗教背景下産生並發展，這一系統的文本由宗教神話文本和通俗文學文本構成，在釋道相峙的張力下，吸收宗教文學資源而不斷得到充實和發展。

宋代，佛教徒將吕洞賓載入燈録，讓其在與黄龍禪師的論難中一敗塗地，且輸得心服口服，最終遁入空門。他們是把吕洞賓當作一個棄暗投明、離道入釋的禪宗法嗣加以肯定的。到了白玉蟾創建内丹道南宗譜系時，在《平江鶴會昇堂》中對吕洞賓飛劍斬黄龍故事進行了改寫，從"片言勘破黄龍老"一句可知，吕洞賓戰勝了黄龍禪師。之後，吕洞賓戲弄、度脱佛教徒的故事不斷被製造出來，這些故事除了"遊金峨寺"外，都是崇道排佛。黄龍故事的核心内容可以歸結爲性命之爭，體現了禪宗心性理論和内丹道性命雙修理論的内在衝突。

松樹精傳説和郭上竈傳説均出現於北宋。現存最早松樹精故事見載於王鞏《聞見近録》[①]。這個故事經過岳州太守李觀倡揚後盛傳於兩宋社會中。張舜民

① 詳見（宋）王鞏：《景印聞見近録》，《文淵閣四庫全書》第1037册，臺北：臺灣商務印書館，1986年，第203～204頁。

《畫墁集》、范致明《嶽陽風土記》、葉夢得《巖下放言》、洪邁《夷堅三志補》及趙與時《賓退録》均詳細記載了這一傳説。宋代的一些相關書籍的轉載和文人題詠中也有這一故事的出現。[①] 郭上竈故事最早見載於宋張師正《括異志》。[②] 從南宋開始,郭上竈就被當作吕洞賓弟子而載入有關典籍。正一道士陳葆光編《三洞群仙録》就引述了《括異志》"郭上竈"的有關内容[③]。《能改齋漫録》"吕洞賓傳神仙之法"條謂:"吾得道年五十,第一度郭上竈……"[④]阮閲《詩話總龜後集》卷三十九、胡仔《苕溪漁隱叢話》後集卷三十八"回仙"條亦有記載,表明郭上竈已經名正言順地躋身於吕洞賓弟子行列。到内丹道南北宗創建宗教傳承譜系整理吕洞賓有關事跡時,亦吸納了郭上竈故事。如白玉蟾《平江鶴會昇堂》就有"茶中傳授郭上竈,酒裹點化何仙姑。"[⑤]而全真教徒則將二者糅合,把松樹精附會成郭上竈前身。

松樹精故事在宋代出現,與當時道教思想開始全面轉型有關。宋金時期,内丹派思想體系逐漸取代了外丹派思想體系,道教的社會倫理與生命倫理出現了新的特質。積德行善成爲修仙之必要前提。在此種社會倫理影響下,以往被道士們清剿的精怪也獲得了成仙的可能。松樹精故事就是以此社會倫理爲核心精神的。而在生命倫理方面,道教徒放棄金丹道生命倫理,逐漸確定了以性命雙修爲核心、以靈魂成仙爲目的的内丹道生命倫理。將郭上竈改造爲松樹精後身就是内丹道生命倫理支配下的産物。如果説在兩宋社會松樹精故事還多少具有外丹道特徵的話,金代的全真教徒則爲松樹精構建了一條:無情之物——有情之人——了悟之仙的完美的證道之路。

至於"黄粱夢"故事,由於這一母題下産生了"吕洞賓度盧生"與"鍾離權度吕洞賓"兩個亞型,故將在後文"宋金時代的鍾吕傳説"一節詳論。

(二)宋金時代的鍾離權傳説

目前所見有關鍾離權的文獻最早出現於敦煌文獻和《道藏》中。敦煌遺書伯

---

① 宋阮閲《詩話總龜》卷四十四引《古今詩話》轉載了這一故事。樓鑰《攻媿集》卷十《送陳表道倅嶽陽》、劉克莊《後村集》卷十六《石塘感舊十絶》、方夔《富山遺稿》卷七《神仙》等詩都對松樹精故事作了題詠。

② (宋)張師正:《括異志》卷七,《續修四庫全書》第1264册,上海:上海古籍出版社,2003年,第547~548頁。

③ (宋)陳葆光:《三洞群仙録》卷十,《續修四庫全書》第1294册,第104頁。

④ (宋)吴曾:《能改齋漫録》,《景印文淵閣四庫全書》第850册,第834頁。

⑤ (宋)白玉蟾:《平江鶴會昇堂》,《道藏》第33册,北京:文物出版社、上海:上海書店、天津:天津古籍出版社,1988年,第130頁。

希和 3810 寫卷有一篇《湘祖白鶴紫芝遁法》言及鍾離權的宗教活動:

夫白鶴紫美(芝)遁,乃漢名將中離翁傳唐秀士呂純陽。純陽、韓湘子闡揚天教,廣發慈悲,交後之進道,難得住世延年,功行不完,未超三界,和光混術,仍在塵寰,如值天劫,兵荒馬亂,遍撓天下,無計逃避。噫,惜哉!今以仙術留傳於世,夙了道緣,起得是訣,虔心恳告萬法教主、歷代仙師,其通意某設立老祖師牌位,茶果香燈,鹿脯白鴨,供獻虔誠,持煉功成,行藏之日,能脱出災難,永不遭刀兵之手。故雲老君,無世不出,先塵欲而行化,後無極而長存,隱現莫測,變化無窮,普度天下,人不可具述矣。[①]

文中提及的中離翁即鍾離權,他的兩個弟子,吕洞賓在唐代被當成相術大師,韓湘子在唐代成爲道教新經《韓仙傳》的主人公,盛傳於終南山居士林。這説明在道教丹道的轉型時期,鍾吕的歷史真相是集内、外丹道於一身的丹道大師。另一唐代文獻《唐仵達靈真人記》在《還丹肘後訣》[②]卷下和陳葆光《三洞群仙録》中均有記載。這段文字記述仵達靈於晚唐動亂年代來到四川,從鍾離權“偕行同宿,超越三乘”[③]。

宋代大量文獻表明,鍾離權當爲唐五代人。這主要體現在三類文獻中。首先,宋代道教經典中提及鍾離權爲唐代人。宋王常《真一金丹訣》就認爲鍾離權是唐人:“處士鍾離權泊遊於雲水……至大唐顯慶五年庚申歲正月一日壬寅朔,遇之仙賢,引入洞中,授之丹訣,至得(德)内全,後天不老。”[④]該書還指出鍾離權曾度脱鄂州進士吕洞賓。曾慥《集仙傳》提出鍾離權“唐末入終南山”。其次,宋人筆記中有記載鍾離權在五代邢州開元寺留有手跡。江少虞《事實類苑》引張師正《倦遊北録》言及鍾離權曾在開元寺:“邢州開元寺一僧院有五代時隱士鍾離權草書詩二絶,筆勢遒逸,詩句亦佳。……後從廣知邢州,訪此寺,遂命刊刻此詩於石。”[⑤]曾慥《類説》卷十六亦引此説。鄭樵《通志·金石略》、計有功《唐詩紀事》、洪邁《萬首唐人絶句》也記載了鍾離權的這兩首草書絶句。最後是有關文獻記載師徒傳承時把鍾離權當作唐五代人看待。宋王質《紹陶録》卷上謂:“世傳吕巖從

---

① 轉引自高國藩:《敦煌民俗學》,上海:上海文藝出版社,1989 年,第 125 頁。
② 《還丹肘後訣》,《道藏》第 19 册,第 184 頁。
③ 所謂“三乘”,是《靈寶畢法》等丹書的核心内容,是鍾離權丹法的精髓。
④ (宋)王常:《真一金丹訣》,《道藏》第 4 册,第 328 頁。
⑤ (宋)江少虞:《事實類苑》,《景印文淵閣四庫全書》第 874 册,第 299 頁。

鍾離權授劍訣後二百年,來參黄龍惠南。"[1]按黄龍惠南是北宋後期著名禪師,二百年前正好是晚唐。

鍾離權著有大量丹道學著作,並先後見載於相關文獻中。《正統道藏》收録有鍾離權如下著述:《破密證道歌》《鍾離正陽真人還丹歌》《黄帝陰符經集解》。另外,有關道經還大量引用了鍾離權的丹道理論,有的甚至引述了丹經名稱,如《指玄篇》《鍾離秘訣》《百問篇》等。俗世文獻中如《宣和書譜》謂鍾離權"有問答語及詩成集",即《鍾吕傳道集》。陳振孫《直齋書録解題》卷十二神仙類著録《鍾吕傳道集》三卷,謂乃施肩吾撰,敘鍾離權、吕洞賓傳授議論。

鍾離權除了著書立説外,還大規模地傳道授業。南宋丹經《玉溪子丹經指要・混元仙派圖》指出鍾離權弟子有王鼎真人、成都真人、純陽真人、王老真人、耳珠真人、陳朴真人。除了王老真人形跡可疑外,其他幾人可信度都很高。據《陳先生内丹訣》考證陳樸是唐末五代人;耳珠真人、王鼎真人,《歷世真仙體道通鑒》有傳,前者是晚唐人,後者是北宋前期人,均師事鍾離權,成都真人即《夷堅志》所載之"成都鑷工",亦師事鍾離權。

鍾離權的傳説在宋初就已經在民間流傳。《宋史・陳摶傳》指出:"陳堯諮謁摶,有髽髻道人在坐,堯諮私問摶。摶曰:'鍾離子也。'"[2]《四庫全書總目提要》指宋李元綱《厚德録》"盛陳果報,兼以神怪。如言……福州張生捐資救縊遇鍾離權得道事……與聖門事業圖如出兩手,不可解也"[3]。此外,宋代鍾離權的圖像也已經在社會上出現。《御定佩文齋書畫譜》卷九十五、《書畫匯考》卷三十二記載宋道士李德柔畫鍾離權真人像一幀。

鍾離權傳説在宋初流傳,得到内丹道南、北宗的崇奉,由依託鍾離權以自神,進而發展到構建丹道傳承譜系,奉鍾離權爲祖師。隨著這種崇拜的不斷濃重,鍾離權進入八仙隊伍,並成了八仙的精神領袖。

(三)宋金時代的鍾吕傳説

誠如趙衛東教授所言,鍾離權是因爲傳道於吕洞賓纔得以進入"北五祖"行列的。[4] 與吕洞賓相比,宋代的鍾離權傳説故事本就不多,鍾離權被尊爲内丹道南、北宗祖師後,又由於其高高在上的地位而無法産生世俗性很强的故事。因

---

① (宋)王質:《紹陶録》,《景印文淵閣四庫全書》第446册,第279~280頁。

② 《宋史・陳摶傳》,轉引自吕宗力、欒保群:《中國民間諸神》,石家莊:河北教育出版社,2001年,第717頁。

③ (清)永瑢等:《四庫全書總目》,北京:中華書局,1965年,第1066頁。

④ 趙衛東:《金元全真道教史論》,濟南:齊魯書社,2010年,第186頁。

此,除了在小説和戲劇中作爲宗教領袖出現外,鍾離權在傳説故事中往往是同吕洞賓成對出現。如葉夢得《巖下放言》云:"世傳神仙吕洞賓,名嵒,洞賓其字也。唐吕渭之後。五代從鍾離權得道,權漢人仙者,自宋以來,與權更出没人間,權不甚多,而洞賓蹤跡數見,好道者每以爲口實。"①《朱子語類》則記:"國初説鍾離權、吕洞賓之屬,後來亦不見了。"②《四庫全書總目提要》謂《波月洞中記》:"……蓋猶據宋時刊本録入,並有原序一篇……而序中乃獨稱鍾吕二真人。"③

宋代美術文獻方面,也留存有不少鍾吕題材的作品。宋人王質《雪山集·文石贊》具體描述過當時流行的鍾吕寫真:"蓋世所摹寫鍾離多髯,而吕衣白,且吕晚得鍾離劍訣,始能變化以飛騰,世以鍾離爲吕之師,其磬折,則若事師之禮。"④相關作品集中有不少題畫詩。如宋陳思編、元陳世隆補《兩宋名賢小集》卷三百七十一《鍾吕傳道圖》云:"鍾吕喃喃手指空,應談玄牝妙無窮。都來造化衹半句,不在丹經文字中。"⑤潘自牧《記纂淵海》引《輿地紀勝》指出:"八卦亭"有鍾離權、吕洞賓遺跡。

關於吕洞賓的傳説中傳播最廣的應該是黄粱夢故事。這一故事是由沈既濟《枕中記》演變而來。當内丹道奉民間傳説的神仙鍾離權、吕洞賓爲教主後,遂把《枕中記》的吕翁置换爲吕洞賓,並形成了鍾離權度脱吕洞賓和吕洞賓度脱盧生兩個故事亞型。

早在北宋,道士們就開始在黄粱夢上做文章。《墨莊漫録》《苕溪漁隱叢話》都記載了道士對這一故事的經營。⑥ 兩則文獻表明道士假託吕洞賓,以黄粱夢故實入詩,藉以點化世人,世人遂把黄粱夢當作了吕洞賓的經歷。最遲從南宋起,人們已經將吕洞賓認同爲黄粱夢的主人公。南宋人蕭德藻《吕公洞詩》:"枕上功名只擾擾,指端變化又玄玄。"這就是例子。全真教團領袖確立吕洞賓爲祖師時,總是把黄粱夢作爲吕祖的典範性行爲,並反復歌詠,用以傳達教團之教義。王重陽《滿庭芳》:"傳玄理,富春劉相,吕祖悟黄粮。"⑦經過前二代教團領袖的努力,吕洞賓黄粱夢終於在全真教内外得以確立。這可從金代教團内外的大量詩文作品中得到印證。金代道士侯善淵《大張仙問出家入道》:"昔年迷酒色,今日悟黄

---

① (宋)葉夢得:《巖下放言》,《景印文淵閣四庫全書》第863册,第734頁。
② (宋)黎靖德:《朱子語類》,《景印文淵閣四庫全書》第702册,第536頁。
③ (清)永瑢等:《四庫全書總目》,北京:中華書局,1965年,第928頁。
④ (宋)王質:《雪山集》,《景印文淵閣四庫全書》第1149册,第442頁。
⑤ 舊題(宋)陳思編,(元)陳世隆補:《兩宋名賢小集》,《景印文淵閣四庫全書》第1364册,第809頁。
⑥ 詳見《景印文淵閣四庫全書》第864册,第4、5頁;第1480册,第368頁。
⑦ (元)彭致中:《鳴鶴餘音》卷三,《道藏》第24册,第268頁。

粱。有意歸真路,無心入故鄉。"①劉處玄弟子于道顯《示史道人》云:"物外玄微世上名,一邊敗後一邊成。從來蓬島洲中客,不在邯鄲路上行。"②

在吕洞賓度盧生的基礎上,全真教徒特意營造了一個鍾離權度吕洞賓的黄粱夢故事。這在内丹道北宗其一祖七真的詩詞創作中有大量反映。王重陽《滿庭芳》詞中有"吕祖悟黄粱"的詩句;馬丹陽將《燕歸梁》詞牌改爲《悟黄粱》,用以宣揚鍾離權以黄粱夢度脱吕洞賓的傳説。在全真教的大力宣導下,鍾離權度吕洞賓的黄粱夢故事大盛於金元時期。文人對這一故事所反映的人生哲理倍感興趣,於是大批作品應運而生,如元雜劇《開壇闡教黄粱夢》、元戲文《吕洞賓黄粱夢》、明傳奇《吕真人黄粱夢境記》、小説《八仙出處東遊記》等。這是後話,本文暫且不論。

黄粱夢故事的産生、發展和傳播是文人和道教徒一起積極參與的結果。這種參與實際上體現了中國政治文化和世人尤其是文人和道教徒内在心理結構的根本原因。這一故事系統中包藴有儒家仁政特徵的文人政治體驗,更有宋金内丹道教的宗教信念:萬物無常的宇宙觀、息心養性的修持觀、戒除酒色財氣的持戒觀以及"三教合一"的全真教創教原則。

二、遇仙與自神——王重陽筆下的全真教鍾吕神譜

經過宋代内丹道南北宗的不斷發展、完善,鍾吕傳説已傳播廣遠,深入人心。同時金代也是全真教興起的時代。全真教徒爲弘傳教義,奉鍾離權與吕洞賓爲祖師,並按照全真教的宗教追求繼續改造鍾吕故事,利用鍾吕信仰與鍾吕傳説系統來構建本教的傳承譜系。

開始有意識地借助鍾吕傳説來構建全真教譜系的是王重陽,而這一建構主要是通過詩文創作與傳播來實現的。誠如金人王鶚所言:"宋末金初,有所謂全真家者,以心傳心,不立文字。然重陽祖師以降,急於化人,皆有教言,以惠後學。"③范懌《重陽全真集序》還稱贊王重陽:"詩章詞曲,疏頌雜文,得於自然。"④

如范恩君所總結:"道教史上,從追求肉身成仙,到追求精神不死,有一個演

---

① 薛瑞兆、郭志明編:《全金詩》第2册,天津:南開大學出版社,1995年,第299頁。

② 薛瑞兆、郭志明編:《全金詩》第3册,第44頁。

③ (金)王鶚:《雲山集序》,閻鳳梧主編:《全遼金文》卷下,太原:山西古籍出版社,第3485頁。

④ (金)范懌:《重陽全真集序》,閻鳳梧主編:《全遼金文》卷中,第1816頁。

變的過程,但不論主張是什麽,道教各派都認爲神仙實存。"[①]並且神仙可學,衹是需要有明師點化。《抱朴子内篇・辨問》即云:"心好其事,必遭明師而得其法,不然,則不信不求,求亦不得也。"[②]其《微旨》篇亦言:"未遇明師而求要道,未可遇也。"[③]王重陽顯然繼承了這一理念,於詩詞中經常强調修道要追隨明師:"等候明明師父,闡玄妙、長生門户。彩霞光裏,現出蓬萊,相隨歸去"[④],"遇明師,授秘訣,分開片段。堪讚"[⑤]。"玉杖挑將何處去,緊隨師父,雲水是前程"[⑥],其自身的師承譜系則是一個自始至終、愈來愈明確的認同過程。自度化馬丹陽時起,王重陽就開始了關於自身遇仙神話的建構。

據全真教史料載,王重陽有過三次遇仙經歷:

第一次爲甘河遇仙,大約發生在金正隆四年(1159)。據金源璹《終南山神仙重陽真人全真教祖碑》載:

> 正隆己卯季夏既望,於甘河鎮醉中啗肉,有兩衣氊者繼至屠肆中,其二人形質一同。真人驚異,從至僻處,虔禱作禮。其二仙徐而言曰:"此子可教矣。"遂授以口訣。其後愈狂,詠詩曰:"四旬八上始遭逢,口訣傳來便有功。"[⑦]

第二次爲醴泉遇仙,大約發生在金正隆五年(1160)。同樣是《終南山神仙重陽真人全真教祖碑》載:

> 明年,再遇於醴泉,邀飲肆中酒家。問之鄉貫年姓,答曰:"濮人,年二十有二,姓則不知也。"其異歟!留歌頌五,命真人讀餘火之。[⑧]

第三次遇仙亦在甘河鎮,具體時間不詳。《金蓮正宗記》卷二《重陽王真人》條:

> 他日,又携酒一壺,立於路次。有道人呼曰:"害風,害風,將汝酒來。"先

---

① 范恩君:《道教神仙》,北京:宗教文化出版社,2007年,第14頁。
② (東晉)葛洪:《抱朴子内篇》,《道藏》第28册,第216頁。
③ (東晉)葛洪:《抱朴子内篇》,《道藏》第28册,第192頁。
④ (金)王重陽:《燭影摇紅》,《重陽全真集》卷三,《道藏》第25册,第709頁。
⑤ (金)王重陽:《换骨骰》,《重陽全真集》卷三,《道藏》第25册,第709頁。
⑥ (金)王重陽:《聖葫蘆》,《重陽全真集》卷五,《道藏》第25册,第722頁。
⑦ (元)李道謙編:《甘河仙源録》卷一,《道藏》第19册,第723頁。
⑧ (元)李道謙編:《甘河仙源録》卷一,《道藏》第19册,第723頁。

> 生應聲與之，一飲而竭，却遣先生以空壺就甘河中取水，令自飲之，其味極佳，真仙酎也。道人告曰："吾海蟾公也。"言訖，忽失所在。自是以來，不復飲酒，但飲水而已，常有醉容。①

這些遇仙經歷在王重陽自己的著作中多有描述，如《鶴沖天》詞："往昔得遭逢，親師父。"②《酹江月》詞："頓悟如如緣合後，深謝真師垂顧。秘訣親傳，依從做徹，達了憑遭遇。雲朋霞友，並歸蓬島瓊路。"③其《遇師》詩云："四旬八上得遭逢，口訣傳來便有功。一粒丹砂色愈好，玉華山上現殷紅。"④詩中透露其在四十八歲上第一次得遇仙師，授其丹砂口訣。其《畫堂春》詞："雲水王三悟悟。甘河鎮、祖師遇遇……全得當時害風風，真箇神仙去去。"⑤明確了此次遇仙是在甘河。《壽期》寫道："害風害風舊病發，壽命不過五十八。兩個先生決定來，一靈真性誠搜刷。"⑥印證了《金蓮正宗記》"二仙"之說，同時說明二仙是以王嚞害風而"壽命不過五十八"一事爲契機來度化他。《玉女摇仙佩》詞云："終南一遇，醴邑相逢，兩次凡心蒙滌。便話修持，重談調攝。莫使暗魔偷適，養氣全神寂。"⑦交代了甘河、醴泉的兩次遇仙經歷，並且言語間透露出兩次所遇仙師爲同一人。其《虞美人》詞，在小序裏更詳細記載了第三次甘河遇仙的經歷：

> 先生嘗云：余嘗從甘河携酒一瓢，欲歸庵，道逢一先生，問云：害風，肯與我酒吃否。余與之，先生一飲而盡，却令余以瓢取河水。余取得水，授與先生，先生復授余，令余飲，余飲之，乃仙酎也。⑧

這首詞則講述了其經仙師點化後證道的體驗：

> 害風飲水知多少，因此通玄妙。白麻衲襖青布，好模好樣、真個好精神。不須鏡子前來照，事事心頭了。夢中識破夢中身，便是逍遥、達彼岸頭人。⑨

---

① (元)秦志安編:《金蓮正宗記》卷一,《道藏》第3册,第348~349頁。
② (金)王重陽:《重陽全真集》卷十一,《道藏》第25册,第748頁。
③ (金)王重陽:《重陽全真集》卷三,《道藏》第25册,第710頁。
④ (金)王重陽:《遇師》,閻鳳梧、康金聲主編:《全遼金詩》上卷,第302頁。
⑤ (金)王重陽:《重陽全真集》卷十二,《道藏》第25册,第758頁。
⑥ (金)王重陽:《壽期》,閻鳳梧、康金聲主編:《全遼金詩》上卷,第302頁。
⑦ (金)王重陽:《重陽全真集》卷三,《道藏》第25册,第709頁。
⑧ (金)王重陽:《重陽全真集》卷五,《道藏》第25册,第722~723頁。
⑨ (金)王重陽:《重陽全真集》卷五,《道藏》第25册,第723頁。

同一首詞也見載於《重陽分梨十化集》,但小序略異:

> 丹陽問余不住飲冷水何故?答曰:"我自甘河得遇純陽真人,因飲水焉。"故作是詞。[①]

此處説明第三次甘河遇仙所遇者爲吕洞賓。其《窈窈歌》詞亦持此説"認破醜機關,須當分彼此。别般二物合和真,元來一道分明是。這箇在何處,這箇在那裹。教公會得時,也飲清涼水。直待正純陽,方稱重陽子"[②]。但這與《金蓮正宗記》所謂"海蟾公"相歧,故陳教友認爲《分梨十化集》所載"爲僞託"。[③] 二者孰是孰非,據目前所有文獻還難於定論。

對於接引自己的仙師,王重陽頂禮膜拜,且希冀通過勤修精進有朝一日能與仙師同登天界。《沁園春》詞就表達了這一願望:"王嚞惟名,自稱知明,端正不羈。更復呼佳號,重陽子做……盈盈處,引青鸞彩鳳,謹禮吾師。"[④]

雖没有確鑿文獻説明王重陽三次遇仙所遇何人,但其詩文中確實排列出了包括自己在内的師承譜系,如"汝奉全真,繼分五祖,畧將宗派稱揚。老君金口,親付與西王,聖母賜、東華教主,東華降、鍾離承當"[⑤],梳理了"太上老君→西王母→東華帝君→鍾離權"的宗派傳承。又"漢正陽兮爲的祖,唐純陽兮做師父。燕國海蟾兮是叔主,終南重陽兮弟子聚。爲弟子,便歸依,侍奉三師合聖機"[⑥]。"正陽的祖,又純陽師父,修持深奥。更有真尊唯是叔,海蟾同居三島。弟子重陽,侍尊玄妙,手内擎芝草。"[⑦]這裹明確排出了"鍾離權—吕洞賓—王重陽"的師承譜系,且將劉海蟾奉爲師叔。同時,王重陽還以詩文的形式和鍾吕等仙人唱和,以期實現與仙人的精神對話。如其《和純陽真人韻》云:"人到此弄清泉,洗塵勞物外天。是人非難汩汩,生日没往千千。年修鍊方歸旦,日應成自恍然。裹白蓮今已見,神正得大羅仙。"[⑧]又《晝夜樂·詠鏡》詞序中稱:"鍾公云:鏡能照他人,不能照自。"這裹的"鍾公"即鍾離權,詞中描述了王重陽對鍾離權以鏡取喻的法語的參悟:"彼此假中來,怎生通内貌。"所以要"焕心鏡、主玄妙……把當初、性珠返

① (金)王重陽:《重陽分梨十化集》,《道藏》第25册,第797頁。
② (金)王重陽:《重陽全真集》卷九,《道藏》第25册,第736頁。
③ (清)陳教友:《長春道教源流》卷一,《藏外道書》第31册,第6頁。
④ (金)王重陽:《重陽全真集》卷三,《道藏》第25册,第711頁。
⑤ (金)王重陽:《滿庭芳》,《道藏》第24册,第268頁。
⑥ (金)王重陽:《了了歌》,《重陽全真集》卷九,《道藏》第25册,第736頁。
⑦ (金)王重陽:《酹江月》,《重陽全真集》卷三,《道藏》第25册,第710頁。
⑧ (金)王重陽:《重陽全真集》卷二,《道藏》第25册,第699頁。

照。裏面得全真，永明明了了。”[①]按“鍾離權傳呂洞賓”首先由内丹道南宗白玉蟾提出，其《跋施華陽文集》：“李真多乙太乙刀圭火符之訣傳之鍾離權，鍾離權傳之呂洞賓，呂即施之師也。”由此可推斷，王重陽在世之時就已經有意識地借鑒内丹道的鍾呂信仰爲全真教構建神仙譜系。如趙衛東教授所言，奉鍾、呂爲祖師與王重陽三次遇仙所遇何人是兩個各自獨立又互有關聯的問題：“正是在王重陽奉鍾、呂、劉爲祖師的影響和暗示下，全真後學纔認爲王重陽在甘河、醴泉所遇仙人是呂洞賓。”[②]

值得提出的是：王重陽將鍾、呂、劉並提，把劉海蟾列爲呂洞賓同輩；與其幾乎同時段，還存在另一種傳承譜系。南宋末李簡易所編《玉溪子丹經指要》附《混元仙派之圖》是把劉海蟾與王重陽同列爲呂洞賓弟子的。[③] 這一説法在元代全真教徒趙道一、苗善時等人的著作中亦有出現。其中原委將於後文細述。

道教認爲能得道成仙者往往是禀值仙氣與衆不同者。《抱朴子内篇》曰：

> 按仙經以爲諸得仙者，皆其受命偶值神仙之氣，自然所禀。故胞胎之中，已含通道之性。[④]

唐代吴筠《神仙可學論》把學道修仙者分爲三等，頭一等就是“不因修學而致者，禀受異氣也”[⑤]。王重陽在宣揚自己得道前的遇仙經歷的同時，也經常描述自己的天賦異禀及得道後自在飛昇、與仙同遊的經驗：“余當九歲方省事……忽爾一朝便破心，變成風害任風狂……静慮澄思省己身，悟來便把妻兒掉。好洗面兮好理頭，從人尚道騁風流……雲水遊兮别有樂，無慮無思無做作。”[⑥]“明靈慧性真燦爛，這骨骸須换。害風子、不借人身，與神仙結伴。”[⑦]“終南山頂重陽子，真自在，最逍遥……蓬萊穩路頻頻往，只能訪，古王喬。丹霞翠霧常攢簇，弄輕飆，繫雲腰，上青霄。”[⑧]“這害風，心已破，咄了是非常持課……大仙唱，真人和，全真堂裏無煙火。無憂子，共三箇，頓覺清涼，自在逍遥坐。”[⑨]“卜算詞中算，卦象分爻

① （金）王重陽：《重陽全真集》卷三，《道藏》第 25 册，第 712 頁。
② 趙衛東：《金元全真道教史論》，第 195 ~ 197 頁。
③ （宋）李簡易：《玉溪子丹經指要》，《道藏》第 4 册，第 404 ~ 405 頁。
④ （東晉）葛洪：《抱朴子内篇》，《道藏》第 28 册，第 216 頁。
⑤ （唐）吴筠：《神仙可學論》，載《雲笈七籤》卷九十三，《道藏》第 22 册，第 638 頁。
⑥ （金）王重陽：《悟真歌》，《重陽全真集》，《道藏》第 25 册，第 137 頁。
⑦ （金）王重陽：《黄鶯兒》，《重陽全真集》，《道藏》第 25 册，第 54 頁。
⑧ （金）王重陽：《繫雲腰 · 自詠》，《重陽全真集》卷五，《道藏》第 25 册，第 723 頁。
⑨ （金）王重陽：《迎仙客》，《重陽全真集》卷五，《道藏》第 25 册，第 723 頁。

象。海島專尋知友來,堪把扶風唤。莫恠頻磨難,只要分明燦。決定堅心没惱愁,永結長生伴。"①在言及這些時,王重陽是不無得意的。甚至已把自己塑造成了手握"真奥",普教天下的仙真:"如能省悟從余訓,若肯歸依是我曹。吉吉吉人王嚞總,無思無慮樂陶陶。"②

從上述梳理可以看出,將鍾吕納入全真教譜系的構建自王重陽就開始了。王重陽這樣做的目的一是自神其教,爲全真教的存在與發展尋出"仙源",也就標榜出教派的神聖性。這就爲全真教的教義之傳佈,教派之壯大尋求到一個穩固的基盤。第二個目的是自我神化,爲自身教主地位的合法性找到了依據,有助於籠絡信徒,訓導弟子,當然最終還是爲了教派的未來發展。在王重陽之後,"甘河遇仙"的傳説被不斷轉述,與之同時的是對於遇仙傳説當中包含的師徒授受關係的反復强調、認可,甚至是對這一譜系的接續與發展完善。全真教的譜系就是這樣依賴著遇仙傳説,慢慢構建、普及開來。

三、神譜與儀式——金代全真教詩詞所反映的譜系建構

由一個修煉團體向一個教派邁進,需要進行神話建構,確立教派的神靈譜系和傳承譜系;與此同時,還需要建立屬於自已的宗教儀式,以滿足教團内部和社會的需要。馬丹陽等全真二代弟子及其再傳弟子遵循王重陽的教化,在繼承傳統道教資源的基礎上,開始了全真教的譜系建構與接續。

(一)馬丹陽的全真神譜建構

從馬丹陽的整個詩詞創作看來,馬丹陽在神靈譜系上還是以傳統道教的三清六御作爲仙界的最高神靈。馬丹陽詩詞頻頻以丹成赴仙境朝仙真、仙境神靈接引丹成者來誘化道俗二衆。其用以表述仙界的辭彙有十洲三島、蓬島、大羅、蓬瀛、瑶臺閬苑、瀛洲、九霄、瑶池、天庭、玉宸。仙境的最高主宰爲三清。《蘇幕遮・和師韻》③《和萊陽楊殿試韻》④提到應"三清舉",《金鷄叫・化李仲達》⑤《題仵先生東廊》⑥《瓜李論》⑦則提到"朝拜三清""禮三清""三清賜醴"。《調笑令・

① (金)王重陽:《卜算子》,《重陽全真集》卷七,《道藏》第25册,第729頁。
② 閻鳳梧、康金聲主編:《全遼金詩》上卷,第279頁。
③ (金)馬丹陽:《漸悟集》卷下,《道藏》第25册,第474頁。
④ (金)馬丹陽:《洞玄金玉集》卷三,《道藏》第25册,第582頁。
⑤ (金)馬丹陽:《漸悟集》卷下,《道藏》第25册,第478頁。
⑥ (金)馬丹陽:《洞玄金玉集》卷七,《道藏》第25册,第597頁。
⑦ (金)馬丹陽:《洞玄金玉集》卷八,《道藏》第25册,第606頁。

和師韻贈張馬二公》提到"三清專遣青童詔,報道無爲功要"。不過,馬丹陽詩詞顯示,修道者丹成後前往仙境朝拜的神仙常常是玉帝,在仙境接引丹成功圓者也是玉帝。據初步統計,《重陽分梨十化集》中提到三次,兩次出現於王重陽詩詞中,一次出現於馬丹陽詩詞中,《丹陽神光燦》提到一次,《漸悟集》提到五次,《洞玄金玉集》提到四次。此外,《卜運算元》還提到天地水三官一次,《長思仙(長相思)·贈衆女姑》提到麻姑一次。這説明,全真教接續了傳統道教的神靈譜系。

接續傳統道教神靈譜系的同時,馬丹陽還在接續傳統宗教史上的修道傳統。馬丹陽在修煉和弘教的過程,一再詠歎宗教史上的修煉典範。這類修道典範可以分爲四個類型。一類是猛捨家緣的典範陳摶和徐神翁。面對陳姓信徒,馬丹陽將之視爲"希夷苗裔",鼓勵他"猛捨家緣,物外搜玄理"。① 面對徐姓信徒,馬丹陽也如法炮製。《丹陽神光燦·贈長安徐先生》②《減字木蘭花·贈徐玄之》③《内修圃贈徐先生》④《贈道友徐司判》⑤均將題贈對象視爲神翁苗裔,期盼他們像乃祖一樣"猛捨家緣,物外搜尋玄上玄","相繼神翁決烈,物外真修",或贊歎他們的勤學苦練,認定他們"效神翁歸去"。一類是勘破功名的張良和范蠡。《鳳棲梧》詞云:"范蠡張良當日悟,得寵還驚,防患尋歸路。若戀功名尖險處,如何却得蓬莊住。或問扶風緣甚去,京兆風仙,遠遠親來度。便覺靈明常有主,從今直入長生户。"⑥出身富豪、胥吏、儒士的馬丹陽也許曾萌生過范蠡、張良式的功名追求,但是悟透生死的他却格外欣賞他們功成身退修道尋仙的果敢和決烈,把他們的仙路歷程視爲自己契遇王重陽苦修證道的榜樣。一類是丹圓功成舉家飛昇的許真君和舉家證悟的龐居士。《南柯子·贈陳三翁》⑦揭示了許君龐老"在俗非爲俗,居塵不染塵"的特性,《踏雲行·贈無爲散人》⑧《西江月·勸劉先生夫婦》⑨鼓勵無爲散人和劉先生夫婦向許君龐老學習,《五靈妙仙·贈蓬瀛散人》《傳妙道(本名傳花枝)·借柳詞韻》更是以"效龐公許氏,全家頓悟,同登彼岸,長生路途

① (金)馬丹陽:《萬年春(點絳唇)·贈陳知命》,《漸悟集》卷下,《道藏》第25册,第471頁。
② (金)馬丹陽:《丹陽神光燦·贈長安徐先生》,《道藏》第25册,第625頁。
③ (金)馬丹陽:《減字木蘭花·贈徐玄之》,《漸悟集》卷下,《道藏》第25册,第477頁。
④ (金)馬丹陽:《洞玄金玉集》卷八,《道藏》第25册,第604頁。
⑤ (金)馬丹陽:《丹陽神光燦》,《道藏》第25册,第629頁。
⑥ (金)馬丹陽:《鳳棲梧》,《漸悟集》卷上,《道藏》第25册,第464頁。
⑦ (金)馬丹陽:《漸悟集》卷下,《道藏》第25册,第467頁。
⑧ (金)馬丹陽:《漸悟集》卷上,《道藏》第25册,第457頁。
⑨ (金)馬丹陽:《漸悟集》卷上,《道藏》第25册,第464頁。

清滑"[①],"便倣傚、許氏龐公,全家物外,箇箇總了了"[②]相號召。對於擁有二十三個人丁的馬丹陽來説,許龐這樣的成功典範,自然具有很强的吸引力。四是維摩這樣的救世典範。馬丹陽有三首詩詠歎維摩。《贈華亭縣道友》詩云:"馬風慈願傚維摩,常病衆生受苦多。勸化詩詞如省悟,免教投火似飛蛾。"[③]《謹繼祖師純陽真人韻贈華亭磁窑鄭公》詩云:"因師訓號維摩,把輪竿興味多。夕朝朝香餌擲,公休似戀燈蛾。"[④]《起慈》詩云:"願救衆生苦,悲心日日多。上仙知我意,批出馬維摩。"[⑤]這三首詩傳達出了如下信息:維摩這個號是王重陽送給馬丹陽的,馬丹陽樂於使用這個號是因爲他想效法維摩大濟蒼生。如果聯繫馬丹陽多病的經歷、富裕的家境,我們還可以發現馬丹陽使用這個號烙印了濃厚的個人印跡。總之,這四類修道典範,彰顯了馬丹陽的修煉旨趣和個人特性。

全真教的傳承譜系,由於早期碑刻和傳記並没有將王重陽甘河、醴泉所遇異人確認爲吕洞賓、劉海蟾,所以自明代王世貞迄今,學術界一直認爲王重陽師從吕洞賓、劉海蟾是秦志安等全真派後學的僞造。我們今天從全真教宗教實踐的角度來考察這個問題,把王重陽甘河、醴泉遇仙當做一個教團神話、教派神仙譜系來看待,考察馬丹陽詩詞集是如何確立起全真教的傳承譜系、爲後來的神話建構提供了何等的資源。

早在度化、鍛鍊馬丹陽時,王重陽已經開始自己的遇仙神話的建構。《重陽教化集》卷二載有王重陽的《玉女邀仙輩》[⑥]。該詞上片開頭便敘述了自己的遇師經歷:"終南一遇,醴邑相逢,兩次凡心蒙滌。便話修持,重談調攝,莫使暗魔偷滴。"下片表達了自己"先向天涯海畔,訪友尋朋,得箇知音成闋"的願望。《丹陽次韻》則謂自己如今纔得遇真師,"當歸道、相宜進迪"。可知,王重陽遇到馬丹陽不久,便向馬丹陽講述了自己遇師學道的經歷。王重陽鎖庵百日,第十次分梨時曾送給馬丹陽一首《感皇恩》,《丹陽次韻》曾説"鍾吕遺風仙,專行教化",由此可知,王重陽在度化馬丹陽期間就已經明白宣示,自己前來山東是受到鍾離權、吕洞賓的派遣。馬丹陽西入關中苦修期間,回憶自己的出家經歷時,提到"地肺重

① (金)馬丹陽:《洞玄金玉集》卷九,《道藏》第25册,第609頁。

② (金)馬丹陽:《洞玄金玉集》卷十,《道藏》第25册,第617頁。

③ (金)馬丹陽:《贈華亭縣道友》,《洞玄金玉集》卷一,《道藏》第25册,第563頁。

④ (金)馬丹陽:《謹繼祖師純陽真人韻贈華亭磁窑鄭公》,《洞玄金玉集》卷二,《道藏》第25册,第572頁。

⑤ (金)馬丹陽:《起慈》,《洞玄金玉集》卷四,《道藏》第25册,第585頁。

⑥ (金)王嚞:《重陽教化集》卷二,《道教》第25册,第780頁。

陽師父，吕公專遣雲遊。秘玄隱奥訪東牟，釣我夫妻兩口”[①]。馬丹陽還曾寫詞告訴丘處機：“遇重陽，夢純陽。爇起心香禮正陽。三師助我陽。鍊陰陽，固元陽。五色霞光簇太陽。雲中子抱陽。”[②]該詞表達了馬丹陽對教門祖師的崇敬和感激，宣示了全真教的尚陽理念，詩中提到了全真教傳承譜系中的四個人，即正陽（鍾離權）、純陽（吕洞賓）、重陽（王嚞）、雲中子（馬丹陽）。回到山東後，馬丹陽藉助齋醮和海市蜃樓大肆宣揚全真教的師承譜系。公元 1183 年 4 月，馬丹陽道過福山、行化芝陽時恰逢山東半島出現海市蜃樓，馬丹陽均曾作詩奉贈道友。詩云：“欽崇教主唐才吕，遵奉講師漢將鍾”，“誰繼重陽師父踵，丘劉譚馬闡家風”。[③]“究内事默而語，話胎仙和且融。融入妙開金口，口傳玄扣玉鐘。離傳吕吕傳王，父傳予麻麥豐。”[④]詩中明確使用譜系傳承的字眼來描述鍾離權、吕洞賓、王重陽、丘劉譚馬之間的關係。舉行齋醮時，馬丹陽也在詞中宣揚這一傳承譜系。《滿庭芳·赴萊州黄籙大醮作》云：“口口相傳，真真相濟，悟來意解心通。玄中妙趣，明月應清風。師祖鍾離傳吕，吕公得、傳授王公。王公了，秘傳馬鈺，真行助真功。”[⑤]也提到“妙行真人，重陽師父，遇師吕祖玄通。”[⑥]綜上所述，明確的譜系意識應該是馬丹陽晚年纔形成的。

劉海蟾在馬丹陽的詩詞集中凡七見。據王頤中集《丹陽真人語録》記：

> 師言：海蟾公本燕國相，一旦悟道，乃絶家累。其詩有“抛離火宅三千口，摒棄門兵百萬家”之語。後但乞食自資，逢場作戲，至與娼妓家擔酒擕榼，不以爲恥。後來一等學道者言：“我從富貴中來。”你比他海蟾公不著。[⑦]

很可能就是因爲劉海蟾棄富貴之家而修道的經歷與馬鈺類似，故丹陽子對其贊賞有加，頻頻倡揚。其《耀州劉公夢海蟾學修行以詩贈之》[⑧]和《從長吟·寄臨洮府權縣武功烏林答》[⑨]作於關中，屬於勸化之作。前者藉助劉公夢見劉海蟾來誘

---

① （金）馬丹陽：《西江月三十四首·贈明月散人》，《漸悟集》卷上，《道藏》第 25 册，第 462 頁。

② （金）馬丹陽：《長思仙·寄長春子丘通密》，《漸悟集》卷上，《道藏》第 25 册，第 460 頁。

③ （金）馬丹陽：《癸卯四月行化，道過福山，因借坡公海市詩韻以述懷，贈諸道友》，《洞玄金玉集》卷四，《道藏》第 25 册，第 584 頁。

④ （金）馬丹陽：《予行化芝陽，特承蓬萊道衆見訪，相別索詩，爲借坡公韻，藏頭疊字贈焉》，《洞玄金玉集》卷四，《道藏》第 25 册，第 584 頁。

⑤ （金）馬丹陽：《滿庭芳·赴萊州黄籙大醮作》，《洞玄金玉集》卷十，《道藏》第 25 册，第 618 頁。

⑥ （金）馬丹陽：《滿庭芳·讚重陽真人出現》，《洞玄金玉集》卷十，《道藏》第 25 册，第 621 頁。

⑦ （金）王頤中：《丹陽真人語録》，《道藏》第 23 册，第 702 ~ 703 頁。

⑧ （金）馬丹陽：《洞玄金玉集》卷三，《道藏》第 25 册，第 581 頁。

⑨ （金）馬丹陽：《洞玄金玉集》卷五，《道藏》第 25 册，第 589 頁。

化劉公從自己修道："海蟾入夢化劉仙，遣汝投予學妙玄。"後者藉助劉海蟾棄榮顯而修道登仙來勸人猛棄家緣。在《贈劉公見惠鞋以詞贈之》《贈劉同監》《牟平縣劉穩欲自焚身遂作此詞急救其性命》三首詞中，馬丹陽向三位劉姓俗衆提出期盼："性不沉流，決繼海蟾的祖劉。""了心休，繼海蟾的祖劉。""功行圓周，相繼海蟾的祖劉。"[①]《贈道友徐司判》鼓勵徐司判"好學淵明解職，傚海蟾納印，慷慨雲遊。"[②]《贈燭律師拐》作於馬丹陽返回山東與友人團聚之時，詩云："叔祖海蟾攜寶拐，功成雲步超三界。馬風得趣贈何人，燭律禪師真自在。"[③]詩中將劉海蟾視爲"叔祖"，很顯然，此時的馬丹陽已經將劉海蟾視爲王重陽的老師，王重陽終南遇劉海蟾的神話顯然已經成爲了全真教的一個教團神話。作者題贈的這個燭律師，馬丹陽另有《繼燭律師韻》指出燭律師口善心慈、道行高超。他是馬丹陽晚年的好友，是馬丹陽書寫《歸山操》的歷史見證人。這一歷史語境對於認定馬丹陽建構王重陽遇師神話的真實性具有重要的意義。馬丹陽晚年纔將劉海蟾納入傳承譜系表明，馬丹陽到晚年纔有明確的譜系意識。

在修道、弘教的過程中，馬丹陽一直在强化吕洞賓和鍾離權的宗教特性。其途徑有二。一是將吕洞賓黄粱夢經典化。黄粱夢是一個著名的文學母題。這個故事由六朝志怪《焦湖廟祝》發展到唐傳奇《枕中記》時，其情節已由廟祝度化商人演變爲吕翁度化書生盧生，人生短暫、人生如夢的主題則一直保持不變。王重陽百端誘化馬丹陽之際，馬丹陽曾於夢中感歎自己性命如瓷碗般脆弱、瓷碗隨即失手落地，醒來後得王重陽指點，隨即賦《卜算子·汝昨晚驚懼纔方省悟》詞云："吕公大悟黄粱夢，捨棄華軒。返本還源。出自鍾離作大仙。"[④]詞中將吕翁度化盧生的故事改造成了鍾離權度化吕洞賓的故事。在修煉和弘教的過程中，馬丹陽不斷將這個改造過的黄粱夢故事經典化。馬丹陽在苦修之際不時用這個故事來砥礪道友："予在環墻調水火，諸公何日絶炎涼。山侗叮囑悟黄粱。"[⑤]爲了確立這個悟道故事的經典性，馬丹陽特意將《燕歸梁》詞牌改爲《悟黄糧》，並作詞表達更改意圖："詞名本是燕歸梁，無理趣、忒尋常。馬風思憶祖純陽，故更易，悟黄粮。百年一夢暫時光，如省悟，棄家鄉。常清常净處真常，累功行，赴蓬莊。"[⑥]不

① （金）馬丹陽：《洞玄金玉集》卷十，這三首詞分别見《道藏》第25册，第614、615頁。
② （金）馬丹陽：《丹陽神光燦》，《道藏》第25册，第629頁。
③ （金）馬丹陽：《洞玄金玉集》卷一，《道藏》第25册，第567頁。
④ （金）馬丹陽：《漸悟集》卷上，《道藏》第25册，第455頁。
⑤ （金）馬丹陽：《寄南京道友》，《漸悟集》卷上，《道藏》第25册，第465頁。
⑥ （金）馬丹陽：《悟黄糧》，《洞玄金玉集》卷七，《道藏》第25册，第598頁。

管這一改造出自王重陽的點化,還是出於馬丹陽的靈機一動,這一改造開啓了一個偉大的宗教傳統和文學傳統。

一是强調王重陽像鍾離權,凸顯他們的外形特徵。馬丹陽凸顯王重陽所戴的九轉華陽巾時曾指出王重陽長得像鍾離權。馬丹陽在一首詩的詩序中指出,"重陽憫化妙行真人,時在崑嵛山居庵,用三尺半青布,造成一巾,頂排九疊九縫。言夢中曾見,名曰九轉華陽巾。師父風貌堂堂,有若鍾離之狀,加之頂起此巾,愈增華潤,誠爲物外人也。故作是詩以讚之。"詩云:"貌似鍾離實在身,自然惺灑好精神。怎知不是紅塵客,九轉華陽青布巾。"①這首詩不僅指出王重陽像鍾離權,而且指出九轉華陽巾具有區分道俗的功能。在勸人入道時,馬丹陽就曾用"華陽巾换皂羅巾"②來表達出家入道的意思。蘇鉉是馬丹陽頗爲得意的一個弟子,馬丹陽曾有詞贈給他,詞云:"雲中子,是蘇公,聽予休要頭髼鬆。頂華陽,巾九峰。當行化,代山侗,雲遊西北訪崆峒。闡善緣,立教風。"③如此,則華陽巾具有區别教門的特質。馬丹陽入道後效法王重陽頭梳丫髻,自稱是頂戴師名,並勸導、鼓勵弟子門人加以效仿。如《踏雲行·贈丫髻姚玄玉》即指出,"丫髻之中,明藏兩吉,師名頂戴休更易。鍾離昔日亦如斯,姚公倣傚寧無益"④。由此詞可知,頭梳丫髻是鍾離權的外形特徵,王重陽、馬丹陽加以效仿,帶有凸顯教門特質的意圖。馬丹陽在勸化弟子時也常常提到丫髻:"訪我投真歸正覺,搜玄索隱做持修。頭分丫髻雲霞友,手顯擎拳風月儔。"⑤"何先生,聽仔細。未到鬖頭,且梳丫髻。亦未至、求乞殘餘,待悟來許你。"⑥由此可知,頭分丫髻還具有宗師印可、教門認同的宗教功能。

馬丹陽還致力建構王重陽的宗教神話,宣揚其神異事跡。在《丹陽神光燦》這部弘道教材中,馬丹陽於開篇《立門户内守》《立誓狀外戒》後便編排有《重陽真人昇霞之前》《重陽真人昇霞之後》宣揚教主丹成功圓。前者謂"重陽師父,遇吕真人,養成神内之神。心起慈悲不住,開闡良因。時時出神入夢,化人人、要出

① (金)馬丹陽:《重陽憫化妙行真人,時在崑嵛山居菴,用三尺半青布,造成一巾,頂排九疊九縫。言夢中曾見,名曰九轉華陽巾。師父風貌堂堂,有若鍾離之狀,加之頂起此巾,愈增華潤,誠爲物外人也。故作是詩以讚之》,《洞玄金玉集》卷一,《道藏》第25册,第559頁。

② (金)馬丹陽:《贈昭然子》,《洞玄金玉集》卷九,《道藏》第25册,第611頁。

③ (金)馬丹陽:《岛鍊子·贈雲中子蘇鉉》,《洞玄金玉集》卷八,《道藏》第25册,第600頁。

④ (金)馬丹陽:《踏雲行·贈丫髻姚玄玉》,《漸悟集》卷上,《道藏》第25册,第457頁。

⑤ (金)馬丹陽:《贈涇陽張先生》,《洞玄金玉集》卷三,《道藏》第25册,第580頁。

⑥ (金)馬丹陽:《贈靈一子》,《洞玄金玉集》卷九,《道藏》第25册,第609頁。

迷津”[①],其身影出没於登州北、東牟郊外和南京;後者謂“重陽師父,預指南京,果然得赴蓬瀛。四假凡軀棄下,真性超昇”[②],昇霞後曾於澮儀橋邊、終南、劉蔣、昆明池濟世度化。他在《贈嚴公》向同門提到“昨宵夢裏,幸遇重陽,授予秘密仙方”[③]。他勸化醴泉的吴郎中云:“傚傚風仙了道,繼史公歸逝,豁豁洋洋。兩箇神仙盡是,與你同鄉。即非遠年傳説,是邇來、親見嘉祥。”[④]馬丹陽還不斷在詩詞中宣示,自己修道弘道期間,王重陽曾下界指點、庇護自己,這個現象可能是馬丹陽在存思内定狀態下出現的證驗。公元 1177 年 10 月 15 日,馬丹陽出環往西北弘道,就是“師父師叔下界來,嘉期直指在西北”[⑤]的結果。弘化途中,王重陽和玉蟾又再次對馬丹陽加以指點,馬丹陽曾寫詩記録此事:“纔過扶風回首促,特訪岐陽誇瞽目。再遇本師得大丹,教立東西南與北。”公元 1177 年 11 月 28 日,馬丹陽再次入環,結束了這次短暫的弘化之旅。回到山東後,馬丹陽又再一次聲稱自己遇到了王重陽。《臘日海上見海市用東坡韻》詠歎 1182 年 12 月 8 日出現的海市蜃樓時提到“重遇重陽仙訓誨,冰清玉潔樂真風”[⑥]。在另外一首詞中,他還提到“風仙同我蓬萊宴,〔賞〕翫蓬萊清淺。海市蓬萊出現,虎嘯蓬萊苑。”[⑦]詞中詠歎的海市蜃樓應該和上首詩提到的海市蜃樓是一回事。馬丹陽將海市蜃樓視爲仙境,自然認定王重陽引自己遊蓬萊閣有接引自己昇仙的意圖,因而在該組詞的末句頻頻表達丹成赴蓬萊的願望:“丹顯蓬萊九轉,堪應蓬萊選”,“仙子蓬萊真樂,不負蓬萊約”,“得住蓬萊洞府,侍奉吾師父”。[⑧] 在《洞玄金玉集》卷十中,馬丹陽又用三首《滿庭芳》贊歎王重陽顯化的神異事跡。《滿庭芳・讚重陽真人顯異》提到四件事:一是王重陽於南京仙化的當晚教訓臧公;二是在岐陽鎮頂冠下界,傳授馬丹陽丹道;三是在華亭城西給馬丹陽布氣治療馬丹陽疾病;四是顯形於文登上空的雲中,不久便返回天宫。《滿庭芳・讚重陽真人出現》有兩首,第一首上片預言登州畫橋一紀後將拆毁重修,下片敘述王重陽在登州顯形情境;第二首贊歎王重陽“遇師吕祖玄通。十年了道,歸去得乘風。一紀三番下界,性正直、凡事

① (金)馬丹陽:《重陽真人昇霞之前》,《丹陽神光燦》,《道藏》第 25 册,第 623 頁。

② (金)馬丹陽:《重陽真人昇霞之後》,《丹陽神光燦》,《道藏》第 25 册,第 623 頁。

③ (金)馬丹陽:《贈嚴公》,《丹陽神光燦》,《道藏》第 25 册,第 626 頁。

④ (金)馬丹陽:《贈醴泉吴郎中》,《丹陽神光燦》,《道藏》第 25 册,第 628 頁。

⑤ (金)馬丹陽:《丁酉下元日出環牆》,《洞玄金玉集》卷一,《道藏》第 25 册,第 562 頁。

⑥ (金)馬丹陽:《臘日海上見海市用東坡韻》,《洞玄金玉集》卷四,《道藏》第 25 册,第 583 頁。

⑦ (金)馬丹陽:《桃源憶故人・重陽師父相引登蓬萊閣》,《洞玄金玉集》卷十,《道藏》第 25 册,第 615 頁。

⑧ (金)馬丹陽:《桃源憶故人・重陽師父相引登蓬萊閣》,《洞玄金玉集》卷十,《道藏》第 25 册,第 615 頁。

依公。天上現，無爲手段，超顯自然功"[①]。

建構王重陽昇仙顯化事跡的同時，馬丹陽還在建構王重陽教團的昇仙顯化事跡。根據身份來看，具有昇仙顯化事跡的教團成員可以分爲三類。一類是馬丹陽的師叔。和德瑾是馬丹陽的師叔，王重陽視爲活神仙，馬丹陽侍奉他昇霞時曾見"滿室祥煙"。和德瑾羽化後，馬丹陽堅信他已入仙界："樸住虚無撮住空，豈分南北與西東，丹砂只在笑談中。性命不由天地管，一聲珍重別山侗，羽輪飈駕赴蓬宫。"[②]"經年忽然空裹，便貽子、畫釣詩篇。專誡我，莫教失見，休要誇玄。"[③]和德瑾羽化於公元 1170 年 9 月 14 日，一年後下界訓導馬丹陽時應該是公元 1171 年 9 月。公元 1177 年，馬丹陽的這個師叔還和王重陽一道，下界指導馬丹陽的弘化活動。和德瑾羽化後，還曾入臨潼縣開綵帛鋪張公夢中，告以藥餌治療之法，治癒了張公久治不愈之症。1174 年 9 月 9 日，張公特意來到和德瑾墓前，燒香致謝。馬丹陽爲作《贈張公(原文中有序無題)》，贊歎師叔"奇哉妙矣稀有"之神跡，奉勸張公"譬無常，決烈疾些拂袖"。[④] 在這樣的氛圍下，張公可能皈依了全真教。一類是王重陽的弟子或曾親炙王重陽的法師。前者如史處厚。他於公元 1174 年 6 月 15 日羽化，次年，馬丹陽遷葬劉蔣。馬丹陽作贊詠他功成仙去："風仙來度，顯出嘉祥。歌舞三日，辭別街坊。唯云歸去，趁赴蓬莊。復入菴内，奄然而亡。觀者雲集，事理匪常。一靈真性，班列仙行。"[⑤]後者如劉法師。劉法師"親曾遇，重陽師父，傳授入希夷"，經過苦修，自覺功行圓滿，特來向馬丹陽辭行，馬丹陽確信他"長生得，携雲仙去，跨鶴赴瑶池"。[⑥] 一類是馬丹陽的弟子。馬丹陽詩云："爨公曾拜我爲師，一志堅持不暫移。了了根源蟬蜕後，偶然下界却留詩。"[⑦]該詩詩題指出，"李濟川夢得爨先生傳詩一絶，予因和之，以贊美焉"。

在弘教的過程中，馬丹陽以"全真"相號召，修造各種紀念性宗教建築，確立王重陽的宗教神聖性。馬丹陽的詩詞顯示，全真教的庵、堂均以"全真"命名，用以彰顯教派特性。馬丹陽在劉蔣建庵，庵中有堂有塔有墓，堂中塑王重陽神像。其《望蓬萊》詞云："馬風子，業障忒愚頑。不認洞天真供養，却迷俗禮假修完。心

---

① (金)馬丹陽：《讚重陽真人出現》，《洞玄金玉集》卷十，《道藏》第 25 册，第 621 頁。

② (金)馬丹陽：《甎丹砂(本名浣溪沙・讚師叔玉蟾普明澄寂和公真人辭世)》，《洞玄金玉集》卷九，《道藏》第 25 册，第 610 頁。

③ (金)馬丹陽：《詠和師叔辭世》，《丹陽神光燦》，《道藏》第 25 册，第 623 頁。

④ (金)馬丹陽：《丹陽神光燦》，《道藏》第 25 册，第 627 頁。

⑤ (金)馬丹陽：《讚史先生》，《洞玄金玉集》卷六，《道藏》第 25 册，第 591 頁。

⑥ (金)馬丹陽：《混元劉法師昇化以詞讚之》，《洞玄金玉集》卷十，《道藏》第 25 册，第 621 頁。

⑦ (金)馬丹陽：《洞玄金玉集》卷一，《道藏》第 25 册，第 563 頁。

意怎清閑。著外境,欲要塑師顔。建塔修堂並立石,不思施主出錢難。罪業積成山。"[①]由於强調苦修,馬丹陽對修堂塑像這類消耗錢財的舉動深感不安,但是,全真教的偶像崇拜還是在劉蔣確立起來了。此後各地的庵、堂多有以全真命名者。如,鄠縣建有全真堂[②],長安建有全真庵,馬丹陽曾在其中勸化李先生[③],山東老家也建起了全真庵[④],黄縣建起了金玉庵,庵中建堂號全真[⑤]。文山七寶庵裏也設有全真堂。[⑥] 王重陽途經之地,凡有神異事跡者,也先後建起了各類紀念性建築。崑崙山建有契遇庵,王重陽曾爲庵中之池命名[⑦]。王重陽《遇仙亭》[⑧]《壬寅九月二十二日題重遇亭》詩表明,當年馬丹陽契遇王重陽的怡老亭已經改名爲遇仙亭,馬丹陽返回山東後重遇神仙王重陽的地方也建起了重遇亭。

馬丹陽建構教派傳承譜系的同時,頻頻以功成禮拜本派仙真、或本派仙真接引丹成者來砥礪自己、勸化道俗二衆。在《丹陽神光燦》的開篇,馬丹陽以《立門户内持》宣示本派的清静家風,該詞末尾指出丹成功圓時"禮重陽師父太原"。馬丹陽的詩詞集中,有十多處提到功成禮"太原"的表述:"陽純禮太原"(《長思仙(長相思)二十三首》),"火鍊烹成大藥,然同禮太原真"[⑨],"功行周圓蓬島去,侍香鍾吕太原前"[⑩]。王重陽詠茶度化馬丹陽時,《丹陽續韻》曾有"禱告太原公,免了睡魔廝翫"[⑪]的表述。馬丹陽和王重陽《心月照雲溪》詞曾指出:"援其性命,出自太原公,掌元初,成圓相,踏碎根源路。"[⑫]《雲禪求問》云:"訣傳來清有驗,風相繼,太原公。"[⑬]《酬于天錫彎竹杖》亦云:"人人休訝棄田園,此箇扶風遇太原。"[⑭]可知,"禮太原"就是禮拜王重陽。《南柯子》詞顯示,"功成禮太原"應該是王重陽對馬丹陽的親切期盼:"王與馬相見,心交應宿緣。太原梁苑已昇天,記得當初

---

① (金)馬丹陽:《望蓬萊·道友修庵》,《漸悟集》卷上,《道藏》第25册,第462頁。
② (金)馬丹陽:《贈鄠縣修全真堂會首許典史連珠》,《洞玄金玉集》卷二,《道藏》第25册,第569頁。
③ (金)馬丹陽:《京兆全真庵》《贈長安李先生》,《洞玄金玉集》卷八,《道藏》第25册,第603頁。
④ (金)馬丹陽:《全真庵丹井》,《洞玄金玉集》卷九,《道藏》第25册,第611頁。
⑤ (金)馬丹陽:《滿庭芳·黄縣金玉庵》,《洞玄金玉集》卷十,《道藏》第25册,第619頁。
⑥ (金)馬丹陽:《文山七寶會衆創庵告名因而示詞》,《洞玄金玉集》卷十,《道藏》第25册,第622頁。
⑦ (金)馬丹陽:《立于疃契遇庵池名》,《洞玄金玉集》卷二,《道藏》第25册,第568頁。
⑧ (金)王重陽:《遇仙亭》,《洞玄金玉集》卷四,《道藏》第25册,第586頁。
⑨ (金)馬丹陽:《藏頭拆字》,《洞玄金玉集》卷二,《道藏》第25册,第573頁。
⑩ (金)馬丹陽:《和三水縣王知觀》,《洞玄金玉集》卷三,《道藏》第25册,第581頁。
⑪ (金)馬丹陽:《無夢令·丹陽續韻》,《重陽教化集》卷一,《道藏》第25册,第776頁。
⑫ (金)馬丹陽:《心月照雲溪·丹陽續韻》,《重陽教化集》卷一,《道藏》第25册,第775頁。
⑬ (金)馬丹陽:《雲禪求問》,《洞玄金玉集》卷二,《道藏》第25册,第574頁。
⑭ (金)馬丹陽:《酬于天錫彎竹杖》,《洞玄金玉集》卷二,《道藏》第25册,第568頁。

留語再相傳。守服須三載，持心更五年。誘人歸善行功全，此箇扶風重禮害風仙。”[1]在其他一些場合，馬丹陽的表述就更爲直接：“恁時節，禮風仙同上大羅。”[2]“響喨丹成蓬島去，重陽師父遠來迎。”[3]馬丹陽還强調，功成後可以到仙境去參拜王重陽的師父、師叔們，王重陽的師父師叔也會在仙境接引修真證果者。馬丹陽詩詞的末尾常常有如下表述：“神光燦，跨雲歸參禮洞賓。”[4]“乘雲去，訪重陽師父，師祖純陽。”[5]“營養身中神内神。功成禮洞賓。”[6]“與山侗，去蓬瀛禮吕公。”[7]“活樂丹成蓬島去，和公師叔遠來迎。”[8]“九轉丹成蓬島去，專參的祖海蟾劉。”[9]從這些禮拜對象、或接引者的構成來看，馬丹陽已經建立起了一個具有自身教派特色的神靈體系。在馬丹陽的心目中，本派師真鍾離權、吕洞賓還是上天派來考核修道者的。他曾“夢遊蓬島逢鍾吕”[10]，獲得一枝白筆，期盼能够迎三清舉。而夢中的鍾離權、吕洞賓是“天差作試官”，負責“考校實修持”。[11]

馬丹陽建構全真教的神靈譜系、傳承譜系，不僅出於偶像崇拜、教派認同的需要，更有宗教儀式實踐方面的觸動。神譜的建構和儀式的設計是相輔相成的，因爲任何儀式都要祈禱、恭迎神靈降臨，一套儀式必然有一個神靈譜系相呼應。

全真教的庵、堂除了用來修行，肯定也用來舉行宗教儀式。且來看看馬丹陽對全真庵、堂的描述吧：“欲要塑師顔。建塔修堂並立石。”[12]“七寶庵中，三清門裹，全真堂建相當。東西廊舍，堪可做雲房。鑿石名爲丹井，水甘美、有若瓊漿。玄玄處，修真環堵，幽雅不尋常。雲朋，並霞友，微中講論，妙裹斟量。處身心清静，便是仙方。調息如同龜息，命燈内、性月圓光。齋場上，文山道友，唱此《滿庭芳》。”[13]劉蔣祖庵設置表明，馬丹陽西入關中便開始了偶像崇拜，而偶像崇拜必然會催生宗教儀式。七寶庵齋場上唱《滿庭芳》，這表明全真教教内活動是要舉行宗教儀式的。至於這些内部儀式是個什麽樣子、是承襲傳統道教還是自出機杼，

① (金)馬丹陽：《南柯子·七夕吟》，《漸悟集》卷下，《道藏》第25册，第468頁。
② (金)馬丹陽：《贈王知玄》，《丹陽神光燦》，《道藏》第25册，第624頁。
③ (金)馬丹陽：《十報恩》其十，《洞玄金玉集》卷七，《道藏》第25册，第595頁。
④ (金)馬丹陽：《贈湖口王先生》，《丹陽神光燦》，《道藏》第25册，第627頁。
⑤ (金)馬丹陽：《贈姚守清李守静》，《丹陽神光燦》，《道藏》第25册，第632頁。
⑥ (金)馬丹陽：《長思仙·贈六曲社丁李張三道友》，《漸悟集》卷上，《道藏》第25册，第461頁。
⑦ (金)馬丹陽：《調笑令·别南京拆字》，《漸悟集》卷下，《道藏》第25册，第478頁。
⑧ (金)馬丹陽：《十報恩》其九，《洞玄金玉集》卷七，《道藏》第25册，第595頁。
⑨ (金)馬丹陽：《寄呈高陵劉伯虎殿試》，《洞玄金玉集》卷三，《道藏》第25册，第580頁。
⑩ (金)馬丹陽：《木蘭花令·夢得一枝白筆》，《漸悟集》卷下，《道藏》第25册，第471頁。
⑪ (金)馬丹陽：《帶喝馬一聲》，《漸悟集》卷上，《道藏》第25册，第459頁。
⑫ (金)馬丹陽：《望蓬萊·道友修庵》，《漸悟集》卷上，《道藏》第25册，第462頁。
⑬ (金)馬丹陽：《文山七寶會衆創庵告名因而示詞》，《洞玄金玉集》卷十，《道藏》第25册，第622頁。

由於材料的限制,我們已經不得而知。

當馬丹陽成爲信衆眼中的得道高人後,馬丹陽不得不滿足社會信衆的宗教需求而參與各種宗教儀式。學界一般認爲,全真教因襲了傳統道教的宗教儀式,不過,從馬丹陽的詩詞可知,馬丹陽對於儀式實踐經歷了一個被迫接受——主動改造的過程,並確立了本派仙真在儀式活動中的絶對地位。

早在關中時期,馬丹陽就接觸過宗教儀式,並開始在儀式實踐中建構全真教神譜。仵壽之生日設醮,曾請馬丹陽撰寫青詞。這對於擅長詩詞的馬丹陽來説,不是一個什麽困難的事情。事實上,他的青詞也寫得不錯:“謹寫青詞,專修黄籙,香茶酒果並香燭。鐘聲磬韻透青霄,科儀款款當宣讀。瑞氣氤氲,祥煙馥郁,金童玉女傳言速。不惟壽永過松筠,仁人可以同仙福。”[①]“遍室清涼,滿堂功德,四方八表無遮塞。靈光萬道出崑崙,人前豈敢誇仙格。緘口無言,灰心有則,姓名已録華胥國。逍遥自在看長安,金花玉蘂親收得。”[②]不過,第二首青詞已經染上了全真教丹道修煉的色彩,這似乎昭示著馬丹陽一旦參與儀式實踐必然會添加全真教的成分。公元 1180 年 8 月 24 日,馬丹陽在長安舉行祈雨儀式,作有兩首詩。詩云:“赤脚馬風祈禱雨,心香裊裊投仙府。一犁霑足待何時,五五不離二十五。”“苗將枯槁萬民愁,爇起心香瑞氣浮。再禱三真齊下界,沛然一澤好收秋。”[③]詩中顯示,馬丹陽舉行祈雨儀式時,祈禱的仙真是所謂的“三真”。這個“三真”應該就是馬丹陽經常提到的三位全真教祖師鍾離權、吕洞賓和王重陽。馬丹陽在《長思仙·寄長春子丘通密》中提到過“三師”的概念:“遇重陽,夢純陽。爇起心香禮正陽。三師助我陽。”[④]“三師”和“三真”應該是一回事。回到山東後,文山孫會首曾送給他一幅《三仙圖》,他曾賦詩題詠:“侗得遇妙玄傳,志修持一紀年。載環墻常念汝,男了了好修仙。”[⑤]畫中的“三仙”“三師”“三真”應該是一個概念。公元 1180 年已經到了生命的晚年,將教派仙真和宗教儀式結合起來的想法肯定已經成熟,因此藉助長安祈雨的機會作了一次實驗。

公元 1182 年 4 月,馬丹陽回到故鄉寧海,家鄉父老將其視爲高道,頻頻邀其主持齋醮。馬丹陽對於繁複的黄籙齋儀式並不熟悉,苦惱不已,却無法推辭。如他在《發嘆歌》中説自己是“無爲清浄士,未嘗趁醮和天尊,不會登壇行法事”,

---

① (金)馬丹陽:《踏雲行·仵壽之生日設醮索詞》,《漸悟集》卷上,《道藏》第 25 册,第 458 頁。
② (金)馬丹陽:《踏雲行·仵壽之生日設醮索詞》,《漸悟集》卷上,《道藏》第 25 册,第 459 頁。
③ (金)馬丹陽:《庚子八月二十四日長安祈雨》,《洞玄金玉集》卷一,《道藏》第 25 册,第 563 頁。
④ (金)馬丹陽:《長思仙·寄長春子丘通密》,《漸悟集》卷上,《道藏》第 25 册,第 460 頁。
⑤ (金)馬丹陽:《題文山孫會首畫三仙圖》,《洞玄金玉集》卷二,《道藏》第 25 册,第 574 頁。

“奈何道友求追薦，孜孜禱我救陰囚”，“具説宰公投尺牘，邀予掌醮救亡靈”。①在《赴登州黄籙大醮》中也説自己“忘人我，清貧爲樂，怕底是塵囂。人來，求追薦，千言萬語，苦苦相邀”②。《濟度歌借東坡韻》也説到人情難却的無奈：“人來請我求追薦，再三再四難阻面。”③這種態度説明，馬丹陽對黄籙齋醮是没有興趣的。因爲全真教强調精神永恒，對亡靈没有興趣。馬丹陽不願參加黄籙齋醮儀式還在於他認爲丹道修煉比這種拯救亡靈的儀式重要的多。他應邀主持齋醮時還“惟恐後進相傚顰，趕齋赴醮不修道”，特意勸告道俗二衆：“救亡靈，事最好，有些小事當分剖……不修道，怎了仙，了仙須鍊氣綿綿。”④他甚至作詩奉勸從事齋醮法事的道士：“行法籙，救疾苦。足知賢家，行深昭著。更宜乎、急急修真，認氣神宗祖。鍊汞鉛，調龍虎。木金間隔，逗流子午。得自然、結就靈珠，指蓬萊歸去。”⑤在馬丹陽看來，與了生死的丹道修煉相比，從事齋醮根本不值得一提。

馬丹陽主持黄籙齋醮，僅僅是内視加持而已。這在詩詞中有大量表述：“幸遇黄冠行法事，助他清醮謹讓災。加持潔己居環堵，追薦亡靈上玉臺。”⑥這是説，黄籙齋醮的各種具體法事由專門的法師完成，他的工作衹是在全真庵的環堵内加持齋醮。具體工作就是默念道經：“尋思地獄心寒顫，救拔亡靈經念。”⑦“邀我加持，默念經，救亡靈。”⑧“環牆結夏應加持，日禱一齋非下賤。真經默念起慈悲，救苦咄開地獄門。”⑨由於馬丹陽既不宣念道經，也不行法，行法高功還曾寫詩相嘲：“講師戲我來干鑁，笑没丹經潤火淵。”⑩這可反面印證馬丹陽參與齋醮僅僅是默默念經而已。

就在這個加持工作中，馬丹陽用全真教理念改造了黄籙齋醮的神靈譜系和終極拯救。且來看看相關詩詞吧：“行法事，請黄冠，潔己登壇作内觀。予應加持處環堵，默禱本師天僊官。天僊官，重陽也，發嘆起慈行憫化。千重地獄枷鎖開，一切亡靈罪情舍。罪情舍，暨孤魂，同遊紫府入僊門。不夜鄉中得真樂，長春洞

① （金）馬丹陽：《發嘆歌》，《洞玄金玉集》卷六，《道藏》第25册，第592頁。
② （金）馬丹陽：《赴登州黄籙大醮》，《洞玄金玉集》卷十，《道藏》第25册，第622頁。
③ （金）馬丹陽：《濟度歌借東坡韻》，《洞玄金玉集》卷六，《道藏》第25册，第591頁。
④ （金）馬丹陽：《發嘆歌》，《洞玄金玉集》卷六，《道藏》第25册，第592頁。
⑤ （金）馬丹陽：《贈文登宋法師》，《洞玄金玉集》卷八，《道藏》第25册，第608頁。
⑥ （金）馬丹陽：《加持馬從仕宅醮》，《洞玄金玉集》卷三，《道藏》第25册，第582頁。
⑦ （金）馬丹陽：《赴黄籙醮贈道衆》，《洞玄金玉集》卷十，《道藏》第25册，第617頁。
⑧ （金）馬丹陽：《戰掉醜奴兒》，《洞玄金玉集》卷七，《道藏》第25册，第598頁。
⑨ （金）馬丹陽：《濟度歌借東坡韻》，《洞玄金玉集》卷六，《道藏》第25册，第591頁。
⑩ （金）馬丹陽：《赴萊陽黄籙加持高功李講師見貽詩韻》，《洞玄金玉集》卷二，《道藏》第25册，第568頁。

裹捧金罇。"[①]"神默禱本師真,此申聞陰府詣。下孤魂滯魄甦,天超度如舟濟。聲歌詠九皋禽,有青鸞赤鳳唳。"[②]"便加持齋戒,遥拜雲寮。禱告重陽師父,救亡靈、得上青霄。鸞鶴引,孤魂滯魄,相從總逍遥。"[③]"崑崙三髻馬風歌,得遇修仙厭事多。我處無爲酬本願,人求追薦苦相魔。加持助醮居環堵,救拔亡靈上大羅。滯魄孤魂誠有幸,一齊超度喜無過。"[④]這些詩詞傳達了兩個信息。一是王重陽改變了傳統齋醮儀式的救度功能,希望自己的加持能够使所有孤魂滯魄超昇仙界。這個改變應該是馬丹陽將全真教修真成仙理念强烈投射到儀式中的結果。其二是加持時祈禱全真教祖王重陽前來救度。赴萊州黄籙大醮時,馬丹陽曾作有一首詞,詞的上片提到全真教的傳承譜系,下片述説自己應邀加持的情形。這説明這些全真教傳承譜系中的仙真鍾離權、吕純陽、王重陽都是馬丹陽加持齋醮時祈請降臨的神靈。馬丹陽的詩詞創作表明,這些仙真也真的在馬丹陽的祈禱下降臨齋醮現場。如黄邑修設黄籙,邀請馬丹陽作度師,馬丹陽加持於全真庵時,"祖純陽曾禱現,父風仙昔嘆工"[⑤]。加持萊州齋醮時,馬丹陽發現自己的虔誠祈禱"逢感應,醮儀纔罷,仙現雲中"[⑥]。

隨著參與齋醮的感受越來越深,馬丹陽逐漸認同了黄籙齋醮儀式,並把參與齋醮儀式當做一種宗教濟世的行爲。他在《贈萊州醮首王永暨衆道友》組詩中的《受罪》《追薦》《超度》《請聖》《法事》《圓滿》等篇目中描述、評論了黄籙齋醮法事的緣起和過程,説明他對法事已經有了深入的瞭解。關鍵是,馬丹陽對加持齋醮的態度發生了根本性的轉變:"居環堵,一餐薄粥,須辦十分功。加持,非草草,玉山踏碎,金藏頤中。"[⑦]

馬丹陽從公元1182年4月回到山東寧海到公元1183年12月羽化,這不到兩年的時間内,年邁多病的馬丹陽不可能建構新的齋醮儀式,但他改變齋醮神譜和救度功能的做法却確立了全真教自己的齋醮理念,並爲教團所遵循。金大定二十八年(1188)二月,金世宗遣使徵召王重陽門人,"命丘主萬春節醮事,職高功。五月見於壽安宫長松島,講論至道,聖情大悦,命居於官庵。又命塑純陽、重

① (金)馬丹陽:《發嘆歌》,《洞玄金玉集》卷六,《道藏》第25册,第592頁。

② (金)馬丹陽:《慈惠歌》,《洞玄金玉集》卷六,《道藏》第25册,第592頁。

③ (金)馬丹陽:《赴登州黄籙大醮》,《洞玄金玉集》卷十,《道藏》第25册,第622頁。

④ (金)馬丹陽:《文登縣黄籙醮贈道衆》,《洞玄金玉集》卷七,《道藏》第25册,第596頁。

⑤ (金)馬丹陽:《黄邑修設黄籙邀予作度師既至加持於全真庵借東坡海市詩韻以示道衆》,《洞玄金玉集》卷四,《道藏》第25册,第584~585頁。

⑥ (金)馬丹陽:《贈辛五翁姜四翁》,《洞玄金玉集》卷十,《道藏》第25册,第622頁。

⑦ (金)馬丹陽:《贈萊陽縣衆醮首》,《洞玄金玉集》卷十,《道藏》第25册,第622頁。

陽、丹陽三師像於官庵正位”[①]。金世宗“命塑純陽、重陽、丹陽三師像於官庵正位”這一事實説明,全真教傳承譜系得到官方確認,全真教神靈已經成爲官庵中的主神,這意味著這個主神亦是宗教儀式中祈請的主神。這説明,馬丹陽對傳統齋醮儀式的全真化改造已經得到官方認可。

(二)其他全真教二、三代弟子的神譜建構

除馬丹陽外,全真教的其他二代弟子詩文中,也參與到教派傳承譜系的建構活動中來。下面分别簡述之。

譚處端提出“鍾吕海蟾爲宗祖,擊玉鐘兮動金鼓。”[②]其《酹江月》詞更進一步説:“吾門三祖,是鍾吕海蟾,相傳玄奥。師父重陽傳妙語,提挈同超三島。”[③]這顯然是對王重陽奉“鍾、吕、劉”爲全真道祖師的傳統的繼承,“提挈同超三島”一語則是與馬鈺一樣將王重陽以鍾吕弟子的説法列入仙班。

王處一也在詩文中宣説鍾吕傳授重陽的傳承譜系。其《全真》詩:“我師弘道立全真,始遇純陽得秘文。性滿虚空凝皓彩,丹成表裏結祥雲。頓超法界留玄教,傳化人天贊聖君。救拔群生諸苦難,自然寰海普知聞。”[④]並且提出王重陽度化七真是得到吕洞賓授意:“吕真遺訓,一指遇重陽。拂袖西秦順化,真功就、復返吾鄉。”[⑤]王處一更多地是把馬丹陽納入這一傳承譜系中來:“的祖純陽,隨時顯異,密傳師父仙宗。重陽憫化,遺教馬扶風。”[⑥]“三人遭大遇,性命安閑處。清裏得真歡,相投真實語。真實語,鉛散漢鍾吕。結就紫金丹,汞中得真趣。重陽道論量,仁馬居環堵。神氣永綿綿,明中自歌舞。自歌舞,出現真龍虎。”[⑦]除了提出“吕洞賓→王重陽→馬丹陽”的譜系,從以上詩詞還可看出,王處一認可乃師重陽所遇仙真爲吕洞賓,並且這些遇仙經歷是吕祖“隨時顯密”的神通所致。王處一詩詞中提及劉海蟾僅有一次:“欣欣舞拜純陽。又虚妙天師同正陽。命海蟾引進,旌陽元妙,古任安尹喜,關令丹陽……絶蕩冤魔顯玉陽。諸仙會,講無生天理,空外真陽。”[⑧]這裏王重陽甚至建構了包括自己在内的“鍾離權→吕洞賓→王

① (金)金源璹:《終南山神仙重陽真人全真教祖碑》,李道謙集:《甘水仙源録》卷一,《道藏》第19册,第725頁。

② (金)譚處端:《水雲集》卷上,《道藏》第25册,第852頁。

③ (金)譚處端:《水雲集》卷中,《道藏》第25册,第852頁。

④ (金)王處一:《雲光集》卷一,《道藏》第25册,第649~650頁。

⑤ (金)王處一:《滿庭芳·讚丹陽公》,《雲光集》卷四,《道藏》第25册,第681頁。

⑥ (金)王處一:《滿庭芳·丹陽昇霞作黄籙醮罷憶師遂作》,《雲光集》卷四,《道藏》第25册,第682頁。

⑦ (金)王處一:《雲光集》卷三,《道藏》第25册,第677頁。

⑧ (金)王處一:《雲光集》卷四,《道藏》第25册,第680頁。

重陽→馬丹陽→王玉陽”傳承序列。

按吕洞賓的生年,學界一直未有定論。馬曉宏《吕洞賓神仙信仰探源》考證宋代王常《真一金丹訣》謂吕洞賓是唐太宗時人,張邦基《墨莊漫録》寫吕洞賓爲唐僖宗時進士。① 尹志華、張廣保則通過對《仙鑒》《金蓮正宗記》《金蓮正宗仙源像傳》《上陽子金丹大要列仙志》等道教典籍中關於吕洞賓生年記載的勾稽,推斷其可能爲唐貞元年間人。② 李裕民《吕洞賓考辨——揭示道教史上的謊言》舉出《國史》及《宋史・陳摶傳》等文獻中關於吕洞賓生平的記載,推斷吕洞賓爲五代宋初人。但無論以上述哪一種判斷爲準,吕洞賓都不可能出現在王重陽生活的宋金時代。誠如鄺國强教授所言:“無論鍾吕生於唐抑顯於宋,亦無論鍾爲吕師或吕爲鍾友,對全真二祖思想之形成,並無太大的影響,唯一的影響衹是鍾吕二人神仙形象的塑造。”③馬丹陽等人宣説王重陽甘河、醴泉得遇吕洞賓,並授其點化,顯然是把吕洞賓視爲神仙的一種神聖敘事。這一神聖敘事恰反映了全真教第二代弟子關於宗派神譜的有意識建構。

丘處機詩文中提及鍾、吕、劉三者師承關係的次數並不多,其中《鍾吕畫》一詩云:“無我無人性自由,一師一弟話相投。談經演法三山坐,駕霧騰雲萬裏遊。”④“一師一弟”説明鍾吕的師徒關係。而《長春真人西遊記》卷下所載丘處機在燕京時所作詩:“燕國蟾公即此州,超凡入聖洞賓儔。一時鶴駕歸蓬島,萬劫仙鄉出土丘。”⑤説劉海蟾“超凡入聖洞賓儔”,是繼承王重陽以來之全真傳承譜系,把劉海蟾視爲與吕洞賓同輩之“超凡入聖”的仙侶。關於王重陽的遇仙神話,丘處機《金蓮出玉花・得遇行化》云:“重陽師父,昔日甘河曾得遇。大道心開,設教東遊海上來。”⑥這裏宣説了其師甘河遇仙的事跡,並暗示重陽山東行化是授仙人旨意,但並没有説明所遇仙真是誰。而丘處機詩文中更多提及的是王重陽與全真二代弟子的師徒授受關係,及王、馬、譚的仙化。《度世吟》有:“憶昔重陽泛天角,清吟欲序乾坤樸。鈞拔扶風人不知,測量大海余先覺……師居東海乃猶龍,馬入西秦還變豹。”⑦描述了王重陽度化馬丹陽及丘處機本人的事情。《步虚

① 馬曉宏:《吕洞賓神仙信仰探源》,《世界宗教研究》1986 年第 3 期。

② 尹志華:《吕洞賓生平事跡考》,《中國道教》2007 年第 4 期;張廣保:《唐宋内丹道教》,上海:上海文藝出版社,2001 年,第 116 ~ 118 頁。

③ 鄺國强:《全真北宗思想史》,廣州:中山大學出版社,1993 年,第 38 頁。

④ (金)丘處機:《磻溪集》卷二,《道藏》第 25 册,第 817 頁。

⑤ (元)李志常述:《長春真人西遊記》卷下,《道藏》第 34 册,第 497 頁。

⑥ (金)丘處機:《磻溪集》卷六,《道藏》第 25 册,第 841 頁。

⑦ (金)丘處機:《磻溪集》卷三,《道藏》第 25 册,第 822 頁。

詞》:“曠蕩修真教,飄飖出世門。先師開户牖,歸馬動乾坤。”[①]“先師開户牖”是指王重陽創立全真教,“歸馬動乾坤”則肯定了馬丹陽承師衣鉢將教派發揚光大的功績。《青蓮池上客·入關》:“重陽羽化登仙路,兄弟如何措。各各勤修生覺悟,通無入有,静思忘念,密考丹經祖。”這首詞可能是作於丘、劉、譚、馬爲王重陽守喪之後,宣説了師父羽化後,已然位列仙班,“兄弟”應是指他們“四子”,强調了他們是得重陽之嫡傳的師承關係。其《長春丘真人寄西州道友書》云:“我無宿骨,雖遇明師,萬苦千辛,至今未了。丹陽、長真皆是宿緣,則十年五載之間,天外飛騰自在。”[②]這裏明確肯定了馬丹陽與譚處端的得道飛昇。而《長春真人西遊記》卷下記載丘處機曾謂門人曰:

> 昔丹陽嘗授記於余云:“吾没之後,教門當大興,四方往往化爲道鄉,公正當其時也。道院皆勑賜名額,又當住持大宫觀,仍有使者佩符乘傳,勾當教門事。此時乃公功成名遂歸休之時也。”丹陽之言,一一皆驗,若念符契。[③]

此處,丘處機一面把馬丹陽描述成具有“所言皆驗”先知神通的仙人,一方面也標榜了自己是已得道飛昇的師兄馬丹陽印可的掌教傳人。

要之,馬、譚、王、劉繼承了王重陽的傳統,認定鍾離權、吕洞賓、劉海蟾爲全真教祖師,同時完成了乃師王重陽的仙化,並在此基礎上建構了“鍾離權→吕洞賓→王重陽→馬丹陽”的傳承序列。

第三代及以後之全真教弟子關於教派傳承譜系的繼承與建構,主要可分爲三個部分:

一是對於王重陽遇仙神話的宣揚與細化,確認王重陽在甘河、醴泉所遇仙人是吕洞賓;有如《金蓮正宗仙源像傳·重陽子》云:“金正隆四年己卯六月望日,於終南縣甘河鎮酒肆中遇二人……其所遇者,蓋吕純陽也。”[④]趙道一《歷世真仙體道通鑒續編》卷一《王嘉》:“金海陵煬王正隆四年……六月,師醉於甘河鎮,會二人被髪披氊,其年貌同一……其所遇者,蓋唐純陽子吕仙翁之化身也。”[⑤]李道謙《七真年譜》:“正隆四年己卯,重陽祖師年四十八。此年六月望日,師飲酒於終南

① (金)丘處機:《磻溪集》卷三,《道藏》第25册,第823頁。
② (金)丘處機:《長春丘真人寄西州道友書》,《真仙直指語録》卷上,《道藏》第32册,第436頁。
③ (元)李志常述:《長春真人西遊記》卷下,《道藏》第34册,第498頁。
④ (元)劉志玄:《金蓮正宗仙源像傳》,《道藏》第3册,第371~372頁。
⑤ (元)趙道一:《歷世真仙體道通鑒續編》,《道藏》第5册,第414~415頁。

甘河鎮,會二仙人……其所遇者,純陽呂真君也。"①同時他們也反復認證"鍾離權→呂洞賓→王重陽"的傳承譜系。如馮志亨《創建重陽觀記》云:"正陽以是而傳之純陽,純陽以是而傳之重陽,重陽以是而傳之丹陽。由甘河受記而名之,譬若以燈傳燈,而明繼明也。"②這裹繼承了鍾呂傳重陽的授受關係,並將此譜系進一步延續到馬丹陽。需要强調的是,三代以後的全真教徒關於鍾呂至重陽的教派傳承譜系的建構在繼承前兩代傳統的同時,也出現了一些新變。如國師尹的《重陽教化集序》即在王重陽的師輩當中加入了陳摶:"自太上出關之後……下逮鍾離處士、呂洞賓、陳圖南者,皆相繼而出。於今得重陽真人及丹陽先生,亦接踵於世……其仙風道骨,洒落不凡。"③更重要的是關於劉海蟾的師承問題的描述。秦志安《金蓮正宗記》,劉天素、謝西蟾《金蓮正宗仙源像傳》仍堅持劉海蟾爲鍾離權弟子,但趙道一《歷世真仙體道通鑒》和苗善時《純陽帝君神化妙通紀》的記載則出現了變化。《歷世真仙體道通鑒》卷四十九《劉玄英》云:

> 劉玄英,字宗成,號海蟾子。初名操,字昭遠,後得道,改稱焉。……一日,忽有道人來謁……但自稱正陽子。海蟾順風請益,道人爲演清静無爲之宗,金液還丹之要。……一雲爲燕丞相,一旦遽悟,棄官學道,後遇呂洞賓得金丹之秘旨,自此往來終南、泰華間。④

《純陽帝君神化妙通紀》卷三《襲明印第九化》則記:

> 純陽帝君……以易理參同點化陳希夷先生與燕國相劉玄英,即海蟾帝君也,皆師事之。海蟾帝君始遇正陽帝君示累卵之危,頓悟入道,後隱華山修證。後純陽帝君……作《仙統秘訣》三篇,授海蟾劉君。⑤

按照他們的描述,劉海蟾不僅得到過鍾離權的點化,還曾授教於呂洞賓:《歷世真仙體道通鑒》呂洞賓授予劉海蟾"金丹秘旨",《純陽帝君神化妙通紀》則説呂洞賓"作《仙統秘訣》三篇,授海蟾劉君"。

對此,張廣保教授分析認爲劉海蟾師事呂洞賓一説在宋元時期流行,但這種

① (金)李道謙編:《七真年譜》,《道藏》第3册,第381頁。
② 閻鳳梧主編:《全遼金文》卷中,第2664頁。
③ 閻鳳梧主編:《全遼金文》卷中,第1805頁。
④ (元)趙道一:《歷世真仙體道通鑒》卷四十九,《道藏》第5册,第382頁。
⑤ (元)苗善時編:《純陽帝君神化妙通紀》卷三,《道藏》第5册,第711頁。

説法經不起推敲。他依據道教文獻中吕、劉二人傳記提出，吕洞賓早於劉海蟾拜鍾離權爲師，作爲師兄可能代師教授劉海蟾。故不能單純憑藉傳授道法一點，將劉海蟾列入吕洞賓門下。[①] 但張教授用以證明劉海蟾師事鍾離權的文獻皆出自王重陽一脈的全真北宗，似有以偏概全之嫌。趙衛東教授就此問題的解釋更爲圓融。他推斷宋金之時，即認定劉海蟾師承吕洞賓，所以《混元仙派圖》纔把劉海蟾列爲吕洞賓弟子。後來北方的王重陽視劉海蟾爲師叔，纔有了劉海蟾師事鍾離權之説。由於王重陽在全真教中的地位，全真教徒對劉海蟾師承鍾離權堅信不疑。但南方教派依然繼承了劉海蟾是吕洞賓弟子一説。由於南宋、金代南北隔絶，信息難通，所以兩種説法分而共存。元統一後，北方全真教徒如趙道一、苗善時等人瞭解到海蟾師洞賓的説法，他們堅持先師建構的譜系的同時，也不能無視南方的説法，遂將其收録存疑。[②] 可見，劉海蟾成爲全真教祖師，是因王重陽稱其爲師叔，而爲馬丹陽等二代弟子所繼承並繼續流播所造成的。這也從一個方面證明了全真教傳承譜系是由王重陽首倡，經馬丹陽等人有意識建構而開始形成的。

二是進一步强化"王教馬受"的法脈，完善關於二者昇仙神話的建構。在他們的著作中記録了很多關於王重陽的神異事件，歸納起來有幾個特點：一是對他天賦異稟的描述，如姬志真《重陽祖師開道碑》謂："重陽祖師……姓王氏，諱嚞，字知明，道號重陽子……骨相魁梧，神襟逸邁，冥通廣漠，密契参寥，智徹真源，行超法海。大量以虚無爲體……玄功與造化爲儔。"[③]二是對他度化七真時現示的神通的記載，如趙抗《重陽教化集序》云："入環堵，令丹陽日親饋一食……當隆冬積雪之際，和氣滿室，居百日而方出。嘗入夢於丹陽，而警之以天堂地獄。"[④]馬大辨《重陽分梨十化集序》也記述此事："重陽真人……鎖庵百日……蟬蜕仙去，丹陽盡傳其道。"[⑤]劉孝友《重陽教化集序》："重陽謂吾道之玄微授先生者已竟，乃蟬蜕仙去。"[⑥]三是對其體道登仙，貴爲教宗的認可與崇拜，如秦志安《復建十方重陽延壽宫碑銘並序》："主盟師席，功滿丹成，闆然厭世，超然上仙，乘彼白雲，至於帝鄉。"[⑦]這些對王重陽的神化背後的依據都是隨遇仙神話建構起來的教派傳承

---

① 張廣保：《唐宋内丹道教》，第 198 頁。
② 趙衛東：《金元全真道教史論》，第 227 頁。
③ （金）姬志真：《重陽祖師開道碑》，閻鳳梧主編：《全遼金文》卷下，第 3513 頁。
④ （金）趙抗：《重陽教化集序》，閻鳳梧主編：《全遼金文》卷中，第 1807 ~ 1808 頁。
⑤ （金）馬大辨：《重陽分梨十化集序》，閻鳳梧主編：《全遼金文》卷中，第 1796 ~ 1797 頁。
⑥ （金）劉孝友：《重陽教化集序》，閻鳳梧主編：《全遼金文》卷中，第 1786 ~ 1787 頁。
⑦ （金）秦志安：《復建十方重陽延壽宫碑銘並序》，閻鳳梧主編：《全遼金文》卷中，第 2824 頁。

譜系，而這種對王重陽的神化又反過來强化了這一譜系的神聖性及權威性。並且爲後來全真教徒後輩神化前輩，不斷接續神譜創建了範例。後來全真教内部對於七真的神化改造，並將他們納入這一師徒授受譜系，就是參考王重陽的神化方式進行的。全真三代之後的教徒確立並鞏固馬丹陽在全真神譜中的位置，主要是通過仿照王重陽“甘河遇仙”經驗建構了馬丹陽遇王重陽的“遇仙”神話。這些“神話”一是突出馬丹陽的天生不凡，如馬大辨《重陽分梨十化集序》謂：“丹陽先生……家貲巨萬，子孫詵詵……不爲利禄誘。性好恬淡，樂虚無。嘗謂其人曰：‘我因夢遇異人，笑中得悟。’”[①]張子翼《丹陽真人馬公登真記》則稱：“（丹陽）真人，間世之異人也。稟天仙之姿，應期運之數，明哲聰敏，沖粹夷曠，學窮六藝，行包九德，夫其器量宏深，襟宇闊達，邈乎人不可及矣……往劉錫之居，復書一絶，有‘風馬昇仙’之言。”[②]趙抗《重陽教化集序》云：“丹陽……不喜進取，好虚無，樂恬淡，已深悟玄元之理。”[③]二是宣揚馬丹陽得遇王重陽點化是因其“夙有仙緣”。劉孝友《重陽教化集序》：“重陽真人自終南來，一見先生，謂宿有仙骨，可與爲閬苑蓬壺逍遥侣。”[④]劉愚之《重陽教化集序》：“丹陽先生其能終始是道，而得至於仙者與！……重陽真人徒步出關，直造寧海，且謂與先生有宿昔之契……先生乃懼而悟……乘雲馭風，飄飄爲神仙中人矣。”[⑤]范懌《重陽教化集序》：“丹陽先生遇重陽真人，顧不異哉？真人一性靈明，夙悟前知……不辭徒步之遠，而有知己之尋……丹陽先生馬公繼踵而至，不差頃刻，可謂不期而會焉。”[⑥]三是對馬丹陽傳承王重陽衣鉢繼任二代教主之地位的認可和傳教功績的稱揚：“先生……之終南訪重陽舊庵所，築環堵而居，遵師踵武，養道闡教。”[⑦]“以性命道德爲重……日從事於重陽，視富貴如浮雲，棄子孫如敝屣……自丹陽得遇，殆今一紀有餘，闡揚其教，四民瞻禮，多入道而從。”[⑧]“目擊而存，不言而喻，此上士之趣，實丹陽先生得之也。先生以先覺之明，開發愚徒，穎悟後進……先生其化人之心也深，念人之意也重，豈不若菩提寶樹，布清影於恒沙；般若神舟，濟塵勞於苦海者

---

① （金）馬大辨：《重陽分梨十化集序》，閻鳳梧主編：《全遼金文》卷中，第 1796 ~ 1797 頁。
② （金）張子翼：《丹陽真人馬公登真記》，閻鳳梧主編：《全遼金文》卷中，第 1854 ~ 1855 頁。
③ （金）趙抗：《重陽教化集序》，閻鳳梧主編：《全遼金文》卷中，第 1807 頁。
④ （金）劉孝友《重陽教化集序》，閻鳳梧主編：《全遼金文》卷中，第 1786 ~ 1787 頁。
⑤ （金）劉愚之《重陽教化集序》，閻鳳梧主編：《全遼金文》卷中，第 1791 ~ 1792 頁
⑥ （金）范懌：《重陽教化集序》，閻鳳梧主編：《全遼金文》卷中，第 1812 頁。
⑦ （金）劉孝友：《重陽教化集序》，閻鳳梧主編：《全遼金文》卷中，第 1787 頁。
⑧ （金）趙抗：《重陽教化集序》，閻鳳梧主編：《全遼金文》卷中，第 1807 ~ 1808 頁。

歟！"[1]從此可以看出，神化馬丹陽與神化王重陽的基本要素是一致的。一是强調得遇仙師點化，並收爲門徒；二是强調本人的仙資深厚；三是强調其精進修行，證悟登仙，並普度世人，光大宗門，故而受人崇敬，被納入神譜。

三是對於七真中其他幾人的神化。關於全真教"七真"構成變化及形成過程的問題，馬頌仁《七真各自思想特色、活動的再評價——兼論四哲、七真説的出現過程》、張廣保《蒙元時期全真宗祖譜系形成考》[2]及趙衛東《全真道"五祖""七真"的形成過程》[3]等論文均已做出詳細探研。如張廣保所言：

> 在現存早期全真文獻例如教祖王嚞《重陽全真集》、馬鈺《金玉集》《漸悟集》《神光燦》《重陽教化集》、丘處機《磻溪集》、譚處端《水雲集》、劉處玄《仙樂集》，甚至王處一《雲光集》、郝大通《太古集》都很少見有"七真"一語，諸書也很少將上述七人並論。與此相反，在諸種文集及同期或稍後之有關碑銘中却頻繁出現四子、四士、四仙等詞，有時亦有將丘、劉、譚、馬並列，進一步指實四子、四士者。這説明在早期全真道發展歷史中，其核心人物除祖師王嚞之外，接著就是嫡傳四大弟子：丘處機、劉處玄、譚處端和馬鈺。而七真作爲核心層面的形成乃是較後之事，是全真道進一步發展之後，其内部勢力重新整合的産物。[4]

丘、劉、譚、馬爲王重陽守喪後，四人與王、郝、孫之地位開始出現分别，當時在朝野影響甚大的王處一爲標榜自己亦是重陽嫡傳，遂提出"七真"問題，"七真"形成過程自此開始。按趙衛東教授將這一形成過程劃分爲：提出、與"四子"説對峙、調和、轉變和"七真"説確定五個時期。而對於他們的神化則是在全真第三代弟子手中一直進行著的。其情形與神化馬丹陽大體一致。下面我們分别舉一些文獻來證明：

對於丘處機的神化。由於丘處機與成吉思汗西域論道，遂在"國朝啓運之初……首被徵聘，仍付之道教，天下翕然宗之"[5]。所以他在全真教發展史中的重要性甚至超過王重陽和馬丹陽，被納入全真譜系是理所當然的。關於神化丘處機

---

① （金）甯師常：《丹陽神光燦序》，閻鳳梧主編：《全遼金文》卷中，第1652頁。

② 馬頌仁、張廣保的論文收録於盧國龍編：《全真弘道集》暨《全真道——傳承與開創國際學術研討會論文集》，香港：青松出版社，2004年，第250～257、91～215頁。

③ 趙衛東：《全真道"五祖""七真"的形成過程》，香港：青松出版社，2009年。

④ 張廣保：《蒙元時期全真宗祖譜系形成考》，載盧國龍編：《全真弘道集》，第93頁。

⑤ （金）宋子貞：《順德府通真觀碑》，閻鳳梧主編：《全遼金文》卷下，第2830頁。

的文獻也爲數頗多。關於他天賦異禀的記載，如姬志真《長春真人成道碑》云："丘氏……宿稟仙姿，聰敏博達，神襟逸邁，識度不凡。未弱冠之一年，穎然頓悟。"①關於他夙有仙緣，得遇重陽真人度化的言論，如陳大任稱其："未冠一年，遊崑嵛山，遇重陽子王害風，一言而道合，遂師事之……居磻溪廟六年……聲名藉甚。"②姬志真也説他初遇王重陽便"目擊神會，遂師事焉"③。關於其精進修行，自度度人，受人敬仰的資料，如移剌霖《磻溪集序》云："夫至道之妙……必賴至人爲馴致計……丘公《磻溪集》，片言隻字，皆足以警聾瞽而洗塵囂也。"④元好問《清真觀記》載："修武清真觀在縣北馬坊，全真諸人爲丘尊師所建者。大定初，丘自東萊西入關，隱於磻溪，十數年不出，天下以爲有道者。"⑤

對於劉處玄的神化，如秦志安《長生真人劉宗師道行碑》："天不負仁，自紅霞丹景中，選擇其仙才之精明者，降瑞於掖城。既挺世也，謹事孀母，特以孝聞……忽於鄰居壁間人所不能及揮灑二頌……先生歎賞其筆力之遒勁，疑神物之所化成。"⑥

對於譚處端的神化，如范懌《水雲集序》云："譚公先生……生而穎悟，識度不凡……爲人剛正有操行，鄉里敬憚之……重陽憫化妙行真人……得丹陽子馬公、長真子譚公於東萊……四子殯葬禮終，挈徒而西至終南山，即真人之舊隱，傳襲其道，十有餘年……先生中年遇師學道，蟬蜕登真。"⑦

對於郝大通的神化，如馮璧《太古集序》謂："（郝大通）爲人聰明照了，八窗玲瓏……道俗瞻依，風聲千里，雲集檀施……祖師重陽真人，大定丁亥，自秦抵齊，抵寧海，一見師即以神仙許之……一日至灤城南，神人授師《大易》，忽大開悟。"⑧

就是在這樣的以詩文著述爲主要途徑的神化過程中形成了"七真"的崇拜。如姬志真《七真圖像跋》云："寫真繪像，是敬是仰……先天不朽，真容如舊，得之孰見，傳之孰受。"⑨這"七真"自然也都進入了由王重陽開創的全真教譜系當中。

---

① （金）姬志真：《長春真人成道碑》，閻鳳梧主編：《全遼金文》卷下，第3521頁。
② （金）陳大任：《磻溪集序》，閻鳳梧主編：《全遼金文》卷中，第2125頁。
③ （金）姬志真：《長春真人成道碑》，閻鳳梧主編：《全遼金文》卷下，第3521頁。
④ （金）移剌霖：《磻溪集序》，閻鳳梧主編：《全遼金文》卷中，第2120頁。
⑤ （金）元好問：《清真觀記》，閻鳳梧主編：《全遼金文》卷下，第3220頁。
⑥ （金）秦志安：《長生真人劉宗師道行碑》，閻鳳梧主編：《全遼金文》卷下，第2821頁。
⑦ （金）范懌：《水雲集序》，閻鳳梧主編：《全遼金文》卷中，第1814～1815頁。
⑧ （金）馮璧：《太古集序》，閻鳳梧主編：《全遼金文》卷中，第2390～2391頁。
⑨ （金）姬志真：《七真圖像跋》，閻鳳梧主編：《全遼金文》卷下，第3512頁。

之後便有了對這一完整譜系的仔細梳理。如劉祖謙《終南山重陽祖師仙跡記》載：

> 師咸陽人，姓王氏，名嚞，字知明，重陽其號。母孕二十四月而生，美髮髯，目長於口，形質魁偉……正隆己卯間，忽遇至人於甘河，以師爲可教，密付口訣及飲以神水。自是盡斷諸緣，同塵萬有，陽狂垢汙，人益叵測……及丹陽嗣後，從之者益衆，其徒遂滿天下。丹陽東歸，長春因劉蔣故庵，大加營葺。玉陽又請額爲"靈虛觀"。凡住持者，始受度爲道士……密國公璹贊云："全真道東，四子傳化。四子爲誰？丘劉譚馬。德其亞者，王郝與孫。共成七賢，替我真人。玉陽長春，大啓其門。遭遇聖朝，爲王之賓，瀛海渺然，仙跡宛存。"……其師資道業，概可見矣。①

這裏追述了自吕洞賓傳王重陽到王重陽傳"四子"再到丘處機光大門户的全真教發展史，也清理了這一整段的全真譜系。再如馮志亨《創建重陽觀記》：

> 道之爲教，其功莫量。賢聖迭起，振領玄綱。裴、魏、楊、許，蘇、茅、周、張。名動天壤，範謨帝王。天元慶會，乃生重陽。甘河得遇，全真起堂。丘、劉、譚、馬，分處一方。金蓮結子，並蒂聯芳。長春遺美，清和載揚。東西二觀，玄門益光。乙未之春，鶴車遠翔。張侯敦請，駐於定襄。②

在追述全真教發展史的同時，還將全真教的譜系與整個道教的譜系勾連起來，標榜了全真教的道教主流地位，亦可見在當時全真教的影響之大。

綜上所述我們可以得出結論：全真教詩文集中的鍾吕譜系，並非第三代弟子的假託，而是王重陽和七真的有意識建構。他們借助鍾吕傳説在宋金時代的流行，改造鍾吕譜系，並以遇仙神話，師徒授受的模式將全真教的領袖排輩納入這一譜系當中，從而借此自神其教，光大門户，闡揚教義。第三代以後的弟子們則是接過了先師們的事業，參考他們的方式將這一譜系不斷接續、完善下去，從而形成了以鍾吕爲首的全真教傳承譜系。

（責任編輯：張　琰）

---

① （金）劉祖謙：《終南山重陽祖師仙跡記》，閻鳳梧主編：《全遼金文》卷下，第 2654～2656 頁。

② （金）馮志亨：《創建重陽觀記》，閻鳳梧主編：《全遼金文》卷下，第 2664～2625 頁。

身患、無身、真身及等觀一切

——王重陽對老子"身體"説的體證及發展

□蕭進銘

摘要:今日學界對於老子的身體觀,已出現不少研究論著,但對於王重陽的同樣主題,探討還相當有限;將老子與王重陽二人身體觀合併討論,仔細去分析、比較二人身體觀的具體關係和異同,則更是稀罕。筆者以爲,二人之身體觀及身體修煉理法,的確存在相當密切的關係;將此二人之身體思想、煉養工夫進行全面、深度的比較、分析,除了有利於二人身體思想的認識外,也可看到内丹對於老子思想之獨特、深刻的體證及詮釋,甚至也可由此進一步反思老子和中國古代宗教、哲學之不同於西方科學、思辨哲學的根本特質,以及人類除了科學、感官知覺及理性思辨外,是否還存在超感官、超理性以了解宇宙、生命的另一種認識進路。

本文以爲,老子的有身及無身之説,對於後世的道教、内丹及王重陽影響極爲深遠,甚至可如佛教的無明説及基督宗教的原罪論一般,被看作道教神學最爲核心的問題之一。重陽的凡軀與真身之論,正是老子有身、無身之説的深刻發展。無論是凡軀、真身的具體内涵、由來、本質、關係及轉化之道,重陽立基在自身内丹修證的根本基礎之上,除了承繼老子的有身、無身説外,更融入佛教等其他思想,而進一步拓深老子及道教的身體説,並對後世産生相當深遠的影響。此乃重陽身體説的重要貢獻所在。

關鍵詞:身患　無身　真身　身體轉化　等觀一切

作者簡介:蕭進銘,臺灣淡水真理大學宗教文化與組織管理學系助理教授。

一、問題意識及研究回顧

對於已落入後天、經驗、相對、無明、虚妄等境地,抑或有所憂患、好惡、偏倚、執持、染著之身體、知覺、意識的修煉、轉化，使其得以復歸至原初、本有的清净光明、純粹中正、無所住著和偏倚之面目或狀態，自中國先秦以降，即是儒、道等諸家學術，以及印度傳入之佛教所普遍關注的根本、核心主題。此問題之所以關鍵、重要，其主要原因就在於，人類在世的一切思想、行爲、表現、命運或際遇，以及人類世界之社會、政經、文明、文化、理論、藝術的創作、互動及發展演變，其始初的源頭或基礎，本皆源自人的身體、知覺、意識或意向。由是，如果此根源或基礎之發動處，即有所昏蒙、遮蔽、染著、扭曲或偏倚，則其所覺知、認識之世界、事物、現象，自亦不免帶有扭曲、偏倚或不真實的特質，而非事物、現象之本來真實面目；若順此染著、偏倚而持續發展、作用，未能及時調整轉變，則其最終所造就的結果，自亦不免有所染著、偏倚，抑或不免滋生出其他的各種弊端。人類生命及社會、世界一切矛盾、衝突、對立的出現，實即皆溯源於此。《道德經》一書之“滌除玄覽，能毋疵乎？”（第 10 章）[①]“以無事取天下”（第 57 章），“將欲取天下而爲之，吾見其不得已”（第 29 章）等論說；《莊子》書中之“至人用心若鏡，不將不迎，應物而不藏”（《應帝王》），“緣督以爲經”（《養生主》），“莫若以明”，“得其環中，以應無窮”（《齊物論》）等主張；《大學》之强調“格物、致知、正心、誠意”，乃是“修身、齊家、治國、平天下”的根本基礎；《中庸》之以“喜怒哀樂未發”之“中”，乃是“天下之大本”；《易傳・繫辭傳》所謂“幾者，動之微，吉之先見者也”[②]，“聖人以此洗心，退藏於密”[③]，《管子・心術上》第三十六、三十七所謂之“人迫於惡，則失其所好；怵於好，則忘其所惡；非道也。……恬愉無爲，去智與故，言虛素也”[④]，“凡民之生也，必以正平。所以失之者，必以喜樂哀怒”[⑤]。以上所引諸家各種説法，儘管在遣詞用字上容或存在些許差異，但它們却同樣反映出一種共同的思維

① 本文之《道德經》章數，係以王弼本（樓宇烈校釋：《老子、周易王弼注校釋》，臺北：華正書局，1983 年）爲主。各章經文之文字，則同時參酌帛書及郭店之《老子》。

② 樓宇烈校釋：《老子、周易王弼注校釋》，第 563 頁。

③ 樓宇烈校釋：《老子、周易王弼注校釋》，第 552 頁。

④ 陳鼓應：《管子四篇詮釋——稷下道家代表作解析》，北京：商務印書館，2006 年，第 164 頁。

⑤ 陳鼓應：《管子四篇詮釋——稷下道家代表作解析》，第 181 頁。

模式、認識論觀點①及身心操持工夫。這樣一種被通稱爲“心性論”的思維主張，視心識、知覺或身體爲人類一切思想、行爲，甚至是生發宇宙一切萬法的根本源頭或基礎；若此基礎根源純粹中正、無所分別、偏倚或染著，則生命及萬法自得均齊統一，由是亦無一切問題或矛盾、衝突的發生；反之，則否。② 也正因存在如是的一種思維主張，由是，如何在心識、知覺或身體這樣的根本源頭處，即得滌除疵蔽、截斷衆偏，使心識、知覺或身體得以回復其本有之清净光明、純粹中正或無染無偏，便一直是中國古代諸家哲學之根本關懷所在。如是的關懷，也使得旨在尋求净化或轉化身心、知覺、意識之各種修證方法或技術的“工夫論”或“修養論”，連同“心性論”思維，而成爲中國傳統哲學歧異於西方科學、思辨哲學的重大特色所在。

中國古代以“心性論”“工夫論”爲主流的獨特哲學、文化，及至十九世紀以降，在與西方異質的宗教、哲學、科學、科技及文明、文化的全面接觸與交流當中，除面臨極大的衝擊和挑戰外，長期以降，亦深受其浸潤及影響。相關的哲學工作者，每每以西方各種不同哲學流派（比如，歐陸理性論、英美實證、經驗哲學、馬列哲學、結構主義、現象學、後現代哲學……）的理論或方法，來嘗試比較、理解或重整、重建中國古代各家哲學。近二三十年來，德、法身體哲學及身體現象學陸續被譯介到華人世界，由是，此語域的哲學工作者，遂又出現從“身體”的向度來比

① 中國古代儒、釋、道心性説的知識論，誠如牟宗三先生所指出，實存在執心、分别心、有爲心、感性、知性與無執心、無爲心、無分别心、智的直覺兩種根本類型，且都極力推崇後者（牟宗三：《現象與物自身》，臺北：臺灣學生書局，第 1 ~ 17 頁）。牟先生如是的觀點，筆者以爲，的確有其洞見處。在本文所探討的老子及王重陽二人，都可看到這兩種不同類型的認識之道，且都同樣力主後者。不過，筆者雖贊同牟先生如是的説法，但並不全然接受牟先生對於老子、道教的一些詮釋。

② 先秦各家哲學如是的思維主張，在後世宋明之理學、心學，以及道教的重玄、内丹之學，不僅得到完全的繼承，而且有更爲細緻、透徹的闡述及發揮。即便是中國化佛學的重要代表——禪宗及天台、華嚴等宗，亦同樣可以看到如是的一種思維模式。《信心銘》所謂“二由一有，一亦莫守。一心不生，萬法無咎”［（宋）普濟：《五燈會元》（上），北京：中華書局，1994 年，第 49 頁］之説，即爲顯例。如是一種思維模式，通常視心、性、天、道、神、良知、佛性或如來藏爲生發一切法相之總根源；這樣的一種“心性論”思維，其實也可被稱爲“種子論”或“胎藏論”。有關“心性論”與“種子論”或“胎藏論”之關係的進一步闡析及論述，請參閲拙稿《外景之設，本乎内景之妙：臺灣北部正一派朝科“黍珠”説源流及其思想義蘊》一文，發表於 2013 年 10 月 5 日由真理大學宗教文化與組織管理學系與臺灣道教明德弘道會主辦之“首届臺灣道教學術研討會——道教齋醮儀式與臺灣社會文化”。

較、格義中西哲學，抑或重新索探中國古代哲學相關議題的風氣。[①] 相對於早期傳入的理性論、經驗論、康德哲學或馬列唯物主義等學説，身體哲學或身體現象學所屢屢强調，抑或極力恢復"知覺""身體主體"或"身體技藝"的優位性、重要性，以及身心二元論的超越，和中國古代之"心性論"的思維模式及對於"工夫論"的重視，的確存在更多雷同，抑或可以相互呼應之處。不過，兩者間所存在的差異，顯然也不會少於相似處。[②]

本文所主要探討的主題，乃是老子本人的"身體""工夫"之説，以及金代内丹家王重陽對於老子如是之説的體證、詮釋及發展。在此主題上，就筆者所見，

① 中文學界相關研究的整理與回顧，可參閲黄俊傑：《中國思想史中身體觀研究的新視野》，《中國文哲研究集刊》第20期，2002年5月，第55～66頁；周與沉：《身體：思想與修行》，北京：中國社會科學出版社，2005年，第22～54頁。歐美學界相關研究情形，可參考陳景黻：《當代歐美學界中國古代身體觀研究綜述》，《臺灣東亞文明研究學刊》第9卷第1期（總第17期），2012年6月，第183～212頁。

② 西方身體哲學或身體現象學的出現，主要乃是欲對治或超越笛卡兒偏頗、錯誤之身心二元論主張（如是的二元論，正是西方科學之得以出現的根本假設之一）以及近世以降之西方主流哲學、文化過於偏重科學、科技、理性、思維或意識主體的價值、分析及探討，而忽略，甚至是貶抑、鄙視身體、肉體、感性、女性或自然、大地的地位、重要及價值。這樣的偏頗强調及發展，的確是現代世界諸般問題的根本源頭之一。相對西方的如是情形，中國古代以心性論爲主體的哲學及文化，其所欲對治的問題，則有所不同。儘管如論者所已指出，類似儒道的哲學，實亦帶有"心神的優位性、主宰性""重心不重身""重神不重形體、感官"等等類似"身心二元論"色彩的主張；（何乏筆：《修身・個人・身體——對楊儒賓〈儒家身體觀〉之反省》，《中國文哲研究通訊》第10卷第3期，第302～305頁。）但這樣的"身心二元"傾向，相對於笛卡兒式的二元論，除内涵有所歧義外，也衹能説是一種"相對""暫時""軟性"，而非"絶對""永恒""硬性"的"二元論"。再者，這種狀似"身心二元"的傾向，除是特别針對"工夫"階段而權宜立論，抑或正是"工夫"所欲對治、超克的生命"病根"、妄執或偏倚外，並非是人類生命之真正本質、實相。换句話説，對於儒、釋、道三教的某些心性論（比如，老莊、禪宗）來説，身心、形神二者，其實就像陰與陽的性質及關係一般，不僅存在共同的根源，兩者亦非完全異質，抑或是截然對立的兩橛，反之，而是一體兩面，互爲根源，且在共同源頭（道或陰陽不測之神）的層次上，身心本是一體而無分。工夫操持所欲對治的根本問題，正在於洞察或超越將身心、形神、形上與形下二者視爲對立二元的不當認識或錯誤知見，使生命、身心得以回歸原本的完整及統一。衹是這樣的一種理想、幽微或究竟之説，在現實文化的發展當中，却未必被真正、徹底的認知、落實及體現；（比正如孔子在《論語・雍也》所謂："中庸之爲德也，其至矣乎！民鮮久矣。"）反之，則是常常出現偏頗、扭曲、誤解或誤植、誤用的情形。比如，類似過度揚心抑身、執無（空）毀有、執聖毁俗或執一（中）無權的傾向，即是其中之典例。如是的"偏執於一邊"，正是中國心性論向來所欲對治之獨特形式之"身心二元"問題。是以，從身體觀、超越身心二元及身心之基礎等角度來説，中西方哲學的認識、所須面對的問題，以及所採取的方法或手段，實存在同異互見的情形。藉由兩者間的深入對勘及比較，自然有助於深化認識彼此的主張及特質。

至少已有尉遲淦、丁亮、蔡璧名、王志楣、左克厚、陳盈慧等人,曾分别撰寫過專論;[①]其中以丁亮積累較豐、著力較深。有關老子及王重陽的身體觀和修證工夫的内蘊,經過上述諸賢的挖掘闡析,實已有逐漸深刻化及明朗化的趨勢。以"身體觀"一主題來論,正如有無,或有爲、無爲二者,乃是老子哲學最根本及最核心的两個認識和綱領,無論是在常道的創生流衍,抑或宇宙法相的分類分判,還是在於政治、社會等人類心行志意的造作表現上,實都可區判出有爲與無爲這两個基本的結構及類别;在有關"身體"的闡述上,老子自亦不例外。有不少研究者,皆已或隱或顯的指點出,老子的"身體"觀,實含蘊著"有爲"與"無爲"或"有身"與"無身"這两種不同的類型或層次,而且也曾分别針對此二種不同身體的由來、内涵及相互關係,進行更細微的比較和闡析。[②]

老子哲學另一個核心關懷或基源性問題,乃是如何轉化已落入有爲、有執的生命意識及人文事物爲自然無爲、原始純粹,由是而有虚静、守一、守中、玄德、摶氣、致柔等各種不同修證工夫或方法、技藝的提出,以保障人類生命復歸於無爲道體、本體之可能,此即中國傳統哲學所謂的"工夫論"。在上列諸人的相關論文當中,也或簡或繁的涉及有爲身轉化或返歸爲無爲身的修證工夫及轉化歷程。丁亮及蔡璧名二人之文,於此點上,著力最深,且亦分别提出其個人獨特的見解。前者於《〈老子〉文本中的修身與無名》一文中,深入分析老子哲學中無名與無欲、無身間的細緻關係,並且主張,可以藉由無名、不言或貴言等修鍊工夫,而達到無欲、無身的理想。[③] 至於後者,則慧眼獨具,另闢蹊徑,主張太極拳和皮拉提

① 各論著題名及出處如下:尉遲淦:《從身體觀看老子政治哲學的當代意義》,《鵝湖》23卷9期,1998年,第35~43頁。丁亮:《〈老子〉文本中的身體觀》,《思與言》44卷1期,第197~246頁。丁亮:《〈老子〉文本中的修身與無名》,《臺灣人類學刊》7卷2期,2009年12月,第107~146頁。蔡璧名:《"守静督"與"緣督以爲經"——一條體現〈老〉〈莊〉之學的身體技術》,《臺大中文學報》第34期,2011年6月,第1~54頁。王志楣:《從有身到無身——論〈老子〉的身體觀》,《彰化師大國文學誌》15期,第1~20頁。左克厚:《論老子的身體意識》,《青海民族大學學報》(社會科學版),2010年第4期,第143~147頁。陳盈慧:《凡軀與真身:王嚞對傳統道教身體觀的詮釋與轉移》,《中國學術年刊》35期,2013年3月,第63~89頁。有關王重陽身體觀的專論,至今爲止,似乎衹有陳盈慧一文。

② 比如,楊儒賓的"個體"與"超個體"(楊儒賓主編:《中國古代的氣論與身體觀》,臺北:巨流圖書公司,1993年,第21頁),尉遲淦的"有爲身"與"無爲身"(尉遲淦:《從身體觀看老子政治哲學的當代意義》,第38~39頁),丁亮的"有身"與"無身之身"(丁亮:《〈老子〉文本中的修身與無名》,第133~138頁),王志楣的"有身"與"無身"等等説法,皆同樣肯定老子的身體説,實存在"有爲"與"無爲"這兩個層次。本文亦大致接受如是的觀點,衹是在有爲身、無爲身的由來以及内涵、特質、關係及轉化之道等問題上,筆者的某些説法,稍有不同於此數者。

③ 丁亮:《〈老子〉文本中的修身與無名》,第124~138頁。

斯之“尾閭中正神貫頂”“維持身體中心綫”之修練方法，和老莊書中所謂“守静督”及“緣督以爲經”工夫，實有若合符節之處，由是而可以相互援引釋證，並使二書所言之“督”字，回復其“督脈”之本義及修持之道。①

總體來説，經由衆人持續的努力，有關老子及王重陽之身體觀、工夫論、身體經驗或身體鍛煉技藝等主題的探討，儘管其中仍存在一些值得進一步商榷的地方②，但整體而言，已呈現出日益深化、明晰、細緻及多元向度的發展。不過，從另方面來看，無論是老子之身體、意識、知覺、道體的内涵及彼此間的相互關係、有爲身之由來、形成、固著、本質及其與無爲身的異同及關係、從有爲身轉化、歸返爲無爲身之具體方法、次第、歷程及身心經驗，還是内丹與老子的關係、内丹對老子身體、工夫思想的詮證和發展，以及王重陽本人之身體、工夫相關論述的闡析上，其實都還有極爲廣大的拓展、深掘或演繹、發展空間。特别是後者，現今學界的關注程度及相關探討，仍相當稀少。事實上，無論是整體道教（比如，天師、上清、靈寶、清微、净明等道派），還是内丹家對於老莊書中所提出之身體、工夫論述，經過千百年來無數道衆的長期實踐及體證，儘管並不一定完全如實相應，但

---

① 蔡壁名：《“守静督”與“緣督以爲經”——一條體現〈老〉〈莊〉之學的身體技術》，第1～54頁。

② 比如，蔡壁名力主老莊書中所言之“督”，應即指“督脈”而言，並且援引太極拳與皮拉提斯對於挺立身體中心綫的强調、内涵及具體操作方法，來補充老莊書中之相關工夫論述的不足。對於蔡氏如是的觀點，筆者有所贊同，但亦有其保留處。所贊同者，乃是太極拳與皮拉提斯的理法及鍛煉，的確和莊子“緣督以爲經”之説，有其異曲同工處，人們的確可以經由此二種技藝的鬆損鍛煉，而使生命、身體逐漸回返於接近中、道或自然無爲狀態，此爲蔡氏觀點的重要貢獻所在。但對於蔡氏在論述上，捨棄老莊書中大量的工夫理法論述，未去深探“緣督以爲經”與“摶氣”“抱一”“守中”“致虚”“守静”“心齋”“坐忘”及“得其環中，以應無窮”等等工夫的相應關係，反直接徵引千年後所發展出來之太極拳與皮拉提斯二藝來印證或補述其力主之“督”即“督脈”觀點，此在論證策略上，實有其孤單或薄弱處。事實上，如果我們從老莊之整體工夫論説，以及後世内丹或養生家之修煉理法來看，儘管督脈的確含藴蔡氏所謂“人體中心綫”之意，藉由督脈的中正挺立，也確實可以達到蔡氏文中所言之各種效益，但督脈一脈，却絶少成爲各類煉養家從事身心修煉時所特别關注的焦點。倒是向來被道士、丹家或養生家肯定爲人體宇宙之中心或生化根源的黄中、黄庭、太一或玄關、玄牝[其亦含藴著人體“中心”（形上、超越或根源意義下的“中心”）之意]，纔會被視爲生命修持轉化的核心關鍵所在；任督二脈的重新開通及真正挺立，也衹有藉由黄中、玄關、玄牝或先天炁的重新開啓方有可能（如《易傳・坤卦・文言》及丹家所謂“君子黄中通理，正位居體”，“氣滿任督自通”。事實上，作爲氣之通道的經脈，如果無氣，亦無法真正通暢或挺立；反之，若神氣充足，則亦自能通貫挺拔。據此而論，儘管維持人體中心綫的挺立，確實有其重大效益，但能否做到如老莊或太極拳《十三勢歌》所謂“深根固蒂”，“其息深深”，“得其環中”，“命意源頭在腰隙”，或許纔是問題的真正關鍵所在）。由此來看，向來以“中”（無形、無體、無象，但又作爲宇宙萬物及生命意識之總根源的“中”）釋“督”的注解方向，除較符合《莊子》之原意外，也較能和類似“守中”“玄牝”及“得其環中，以應無窮”等説法相互呼應和連結，甚且也能以此含攝以“督脈”釋“督”之説；若單以“督脈”來釋“督”之説，則反可能窄化莊子之意，亦恐未指出煉養修持的真正根源關鍵，且在老莊書中，亦難以找到可與其相互呼應的説法。事實上，以“中”釋“督”，亦同樣可以開展出一套可以進行具體操作的實踐工夫，比如，内丹即是一要例。本文之所以將老子與王重陽結合論述，正是希望挖掘出内丹家對於老子身體、工夫的親證、實證及精微深刻的繼承和發展。

確實已積累相當豐碩、深刻、珍貴的文獻資料及實證經驗，並使老莊書中之如上思想，呈現出極其豐富多元、寬廣深刻的詮解及發展。這些道教經典文獻及實踐經驗，對於我人在了解老莊之身體、工夫相關論述上的重要性及深刻程度，絶不下於類似王弼、郭象等文人老莊注解家；衹是受限於時代整體思想氛圍（比如，科學實證及將道家、道教過度區隔的觀念）及時間、投入等因素，還絶少被嚴肅、認真及深入的評斷和探討。本文主題之所以選擇王重陽對於老子“身體”説的具體實踐、體證、詮釋及發展，乃基於類似王重陽這樣的丹家，其内丹或生命修行之根本初衷，本即要對治及解決類似老子所謂“身患”的問題。在經過長期的身心實踐及修證鍛煉後，王重陽對於老子的“身患”問題及“無身”和身心意識轉化工夫之説，除已得到超越及解決外，也發展出其個人相當獨特和深刻的見解。這些獨特深刻的見解，不僅對於人們在了解老子“身體”及各種思想上，皆頗有啓示外，對於了解人類身心、社會、本體及自然宇宙之真理、道理，亦同樣擁有相當重要的價值，非常值得學界及衆人認真加以對待和探討。本文之作，乃是一個嘗試，也期待真能産生一點抛磚引玉的作用。

二、老子的身患、無身説及身體、意識的轉化之道

（一）有與無/有爲與無爲——老子的道論、宇宙論或存有論的基本架構

老子本人對於宇宙、生命有著極其完整、一貫的思維，如是的思維，既體現在其對於自然宇宙、萬有萬物的整體認識上，也體現在其對於人類生命、身體、意識及歷史、政治、社會和文化等人文現象的思考上。前者相較於後者來説，實更爲根本和基礎。是以，如果我們能適切理解老子的道論、宇宙論或存有論，則自亦能貼切的理解老子的“身體”“工夫”等觀點。

《道德經》第 1 章及第 40 章言：“無名天地之始，有名萬物之母。……此两者，同出而異名，同謂之玄。玄之又玄，衆妙之門。”“天下萬物生於有，有生於無。”由此二章可知，“有與無”或“有名與無名”，實是老子整體思想、道論、存有論、宇宙論、身體論、社會論或人性論最根本的两個概念或結構。從“此两者，同出而異名，同謂之玄”一語來看，有與無或有名與無名二者之質性及彼此間之關係，確如牟宗三先生如下所言，“《道德經》通過無與有來了解道，這叫做道的雙重

性。道隨時能無,隨時又有徼向性,這就是道性”[①]。於此再進一步開展析述,則道本身既是無,亦是有,無中含有,有中含無,有即是無,無即是有,故不可定執其爲有,亦不可定執其爲無。以其“視之不見,聽之不聞,摶之不得”(《道德經》第14章),無形、無相、無味、無體、無狀、空虛、恍惚、玄微,不可以知知,不可以識執,玄玄兮而難以稱名,是故謂之“無”;在另一方面,又因其虛無無形當中,却又含蘊著精、物、象、信等事物[②],而爲創生化育一切萬有之無盡玄妙母體、種藏或本源,故亦稱爲“有”。有、無二者,在老子的體證、詮解當中,名稱雖然有異,但源頭、本質則爲一,皆同樣稱爲“玄”。萬法萬物的無盡創生及微妙變化歷程,即皆從此亦無亦有、非有非無之“大道”“玄體”當中不斷流衍生化而出;有與無及因玄、道所生化而成之萬有和萬物,亦在此層次及此義理上而真正通貫統攝爲一體。

有、無所共稱之“玄”,既如此重要,則對此“玄”字的進一步剖析,自頗有助於窺探老子道論、存有論、宇宙論及有無論的更深義蘊。從“玄德”“玄同”“玄牝”“玄之又玄”等詞語來看,老子顯是用“玄”字來彰顯道之混沌、希微、無住、無限、超越、變動不居、不可稱名、不可知爲及執持等本性或體性。比如,《道德經》第56章所言“和光同塵”之“玄同”,其所具體指涉的,乃是一個體道者的生命所實際體現出來之既身處世間,但又超離於世間,不爲世間法相所迷惑和制約的微妙存在狀態;這樣的存在狀態,和大道之既通貫遍在於一切萬物之中,但又超離於萬物,且不爲萬物所框限的存有屬性,完全一致。故作爲形容詞用的“玄”,乃指謂道之無體、無住體性;若作名詞使用時,則“玄”即“道”之異稱,《抱朴子内篇》爲首之《暢玄》篇,即是以道爲玄之一範例。

《道德經》第1章稱“無”或“無名”爲“玄”,較易理解;但其又謂乍看下似爲“實有”或隱含“實性”之“有”爲無住、無相、無體之“玄”,則其中意蘊爲何,便頗值玩味和進一步推敲。其以有之本質爲“玄”,實即含蘊因“有”而進一步生成之宇宙“萬有”“萬物”,儘管形狀、樣態萬千,各有不同,亦可分别予以稱名、指謂或

---

① 牟宗三:《中國哲學十九講》,臺北:臺灣學生書局,1989年,第98頁。筆者雖贊同牟先生以有、無二者同爲道性之説,但並不完全認同牟先生類似“無有混在一起就是玄”(同前書,第101頁;筆者以爲,老子係將有無皆同稱爲“玄”),“玄祇能用在人生的實踐、精神生活方面”(同前書,第100頁),“道家之生,乃是不生之生”,“道家的形而上學是境界形態的形而上學,非實有形態的形而上學”(同前書,第103頁)等等論斷。依個人之見,老子所言之道、玄,皆具有非主非客、非有非無、超越主客、有無二元之意;牟先生以“主觀”“境界形態”來定性道家的存有論,實仍落入老莊所欲超越之主客、有爲與無爲對立之虛妄二元之境。

② 《道德經》第21章:“道之爲物,惟恍惟惚。惚兮恍兮,其中有象。恍兮惚兮,其中有物。窈兮冥兮,其中有精。其精甚真,其中有信。自今及古,其名不去。以閲衆甫。吾何以知衆甫之狀哉? 以此。”

實指，但就其本質、本體層次來説，皆同樣爲無、爲玄、爲道，因而與"無"並無根本性差别。换言之，依老子此意，對人類來説，萬有、萬物表面所顯現出來之殊相、差别相，其實皆衹是形式、相對、暫時、表象，抑或是依待於人特有之知覺方式（知、私、分别或有爲、心識）方能成立；如是的殊相、差别相本身，並無永恒、固定或不易之真性、實性，無、玄或道，方纔是其真正的本質、本體。這就像自大海當中所不斷湧現及落下之海浪，儘管形式、樣態千差萬别，其中無有任何兩兩相同者，但它們皆同樣源自大海，且其本體、本質亦同樣是海水，至於其千變萬化、無窮無盡之形式、相狀，皆衹是短暫、不定及變動不居，也因而並無永恒不易之實性。《莊子·德充符》所謂："自其異者視之，肝膽楚越也。自其同者視之，萬物皆一也。"正可用來精要體現老子如上之意藴，而看似千差萬别之萬有、萬物，之所以本質爲一，主客二元之區隔、對立的主張，並不真實，其故亦在於此。

老子以有爲玄、爲無、爲道這樣的認識，顯然和常人、常識及笛卡兒等哲學家之以我爲實、爲主體，以物爲客觀、具體、實有、佔據一定空間及各具差别相，由是而有主客、身心二元之差别、對立的認知有所出入。事實上，依老子之道論、存有論，世人、科學家及某些哲學家之肯定主客、二元對立之現象，抑或以自我、自身、萬有、萬物之具體、差别性相爲實有，且各具固定不變之本性，並非事物之本來面目或實相，而是源自人類自己本身妄生、妄起之知、執、分别、造作、有欲或有爲。换言之，主客、内外、後天先天二元對立的印象或主張，究極來説，乃是一種人類意識在落入分别、有爲層次後所生起之妄執、妄象；萬有、萬象本即是統體爲一，但因人自身莫名生起的妄執、分别，纔誤認、誤執爲二、爲實，並由此滋生出種種的問題。人類、人文社會及自然宇宙萬物、萬有，究極來説，本皆源生自那一個既有亦無、非有非無之道，且在道之持續長育、養覆、支持下，方得以維持、成就。在道之視野的觀照下，人類、社會及自然宇宙萬物、萬有，儘管表面上存在著相對的差别相或差别性，但其實質、本體，其實皆是道，人類、社會及自然宇宙萬物、萬有本即是統一，本即是一體，本無絶對的分别、差異或貴賤，其故即在於此。但人類對於萬有、萬象，却莫名的生起欲愛、執持、知爲或分别之心，由是而誤執、誤認自然、人文之萬有、萬象，皆各具絶對、固定、不變之差别性相，並有主客二元對立之表面印象産生，同時也不斷去造作各種分别、對立、衝突之事，此乃人類自己本身之欲愛、執持或妄心、分别所導致，並非萬有、萬象之本來、真實面目。人類生命、社會及與自然萬物的種種矛盾、衝突或對立，其根本的源頭，即來自於此。對於這樣問題的根本源頭，老子稱之爲"知"（分别知）、欲、私、有爲、有身或有執。

據此，依老子的道論或存有論，包含人類身體、生命或人文事物在内的宇宙萬法、萬物，歸結來説，衹存在著两種法相或存有，一種是有爲法，一種是無爲法。自然、大道或體道聖人本身乃是無心、無爲、無作、無執、無分别，抑或“爲無爲，事無事，味無味”(《道德經》第 63 章)，“生而弗有，爲而弗恃，長而不宰，功成而弗居”(《道德經》第 2、51 章)；但常人的作爲，却常是有心、有爲、有作、有執，抑或“爲有爲，事有事，味有味”，“生而有之，爲而恃之，長而宰之，功成而居之”。有心、有爲及有作之法、事，因起於人類自己本身之欲執、知爲或造作，故其本質、本體，終究來説，亦屬空幻、虚無，衹因人類自己本身的不斷記憶、執持及分别，所以纔能持久不斷的延續或存在下去。若是不再執持及分别，則本爲空幻之有爲、有作的法相事物，即完全不存在，也根本不會去影響或制約人類的生命或意識。是故，究極來説，這個宇宙内外，真正存在或真正具有實相、實性的，其實就衹有自然、大道及無爲之法而已。

對於有爲及無爲二法之對列比較，《道德經》一書中，實舉目皆是、隨處可見；①而對於有爲、無爲二法間之取捨評判，《道德經》一書中所屢屢出現之“去彼取此”一語，即清楚反映出老子本人力主“捨除有爲，返歸自然、無爲”的根本立場。兹先舉《道德經》第 51 章爲例以做説明，該章經文言：

> 道生之，德畜之，物形之，勢成之。是以萬物莫不尊道而貴德。道之尊，德之貴，夫莫之命而常自然。
>
> 故道生之，德畜之，長之，育之，亭之，毒之，養之，復之。生而不有，爲而不恃，長而不宰，是謂玄德。

此章旨言，道之生化萬物乃是一個“道生、德畜、物形及勢成”的不斷創生及衍化歷程，且在化生出萬物後，又持續不斷予以支持、長育及養護，使萬物皆得以成就及滿全。道之如是的生化歷程、規律及作爲，皆是自然而然、無爲而爲，其間並無任何的刻意、有爲、矯情或造作，也無任何的存有去指揮它、設計它、操縱它或支配它。天道雖然生育萬物，却無意佔有萬物；雖成就萬物，但並不自恃己功；雖長養萬物，但並無心去支配或控制。② 也正因如此，大道天地可以長久且持續不斷的創生萬物，却又不會爲萬物所束縛或制約。老子透過此章及第 7、34 等章，來闡釋大道及天地之自然、無私、無爲、無執、無功、無恃、不仁、不自生等等體性及特質，這樣的體性，既是人所應當去學習、效法的典範，也是人類之生命、身體或

① 比如，《道德經》第 2、3、12、13、20、29、38、49 章等。

② 同樣相近的思想，亦見於《道德經》第 34 章。

意識之本來、真實的實相或面目；衹因人自己迷失、遺忘或妄生分別、造作之心，由是而開始墮入有爲、有執之虛妄境域。是以，如何從有爲、有執的虛妄生命存在狀態，而重新返歸於原始、自然、無爲或真實的狀態，乃成爲老子哲學及工夫修證理法所欲成就和解決的根本問題。

（二）有身、身患與無身——老子的两種身體説

經由上節的反復析辨，我們得出有爲法與無爲法或有爲性的存有與無爲性的存有乃是老子道論或存有論的根本主張及架構。天道的生化及運行，乃是自然、無心及無爲；而人道、常人的作爲，則常是有心、刻意、造作及有爲，由是而有種種問題的產生。[①] 正因有爲法或主客、心物、身心、有無等二元性的出現，乃源自人類自身的刻意造作及不斷執持，故其本質、本性實爲空幻、虛無；也正因其本質爲空幻、虛無，是以纔有真正損化及破除、消滅的可能性。

老子有爲與無爲之説，除是其道論或存有論的根本主張或架構外，也充分體現落實在其人性論、身體論、政治論、社會論及《道德經》各章的經文當中。相對於"有爲與無爲"之説，《道德經》經文中所常見之"雄與雌""白與黑""强與柔""動與静""光與明""有心與無心""有欲與無欲""有身與無身""有知與無知"或"有言與無言"等等對列語詞，其實皆是其"有爲與無爲"之説的翻版或具體運用。换句話説，在老子的人性論、身體論、政治論、語言論或社會論當中，亦同樣普遍存在"有爲與無爲"這樣的根本框架或主張。以本文所主要聚焦探討的"身體觀"來説，"有身與無身"無疑即是老子身體之説的根本架構；而這樣的語滙及架構，依老子之思想、文義，實又可以"有形有象的身體與無形無象的身體""有爲的身體與無爲的身體""偏執的身體與無偏執的身體""染著的身體與純粹無染的身體""分别的身體與無分别的身體"或"人文、社會、歷史的身體與自然、原始、無歷史的身體"等等名相來替代或詮解。"有身與無身"的説法，在前人的許多研究當中，實早已指點出，並有進一步的析論；問題是两者各自之内涵、特質、本質、由來及两者間之確切關係到底爲何，以及如何轉化有爲身爲無爲身，其中實仍有不少值得深入加以索探、分辨的地方。以下即依循上列問題，分别進行討論。

1. 有爲身與無爲身——老子的两種"身體"説。

根據學者的考索，中國先秦時期各典籍中所見之"身"，從甲骨文、金文、篆文

---

① 牟宗三：《中國哲學十九講》第 91 頁言："基督教首出的觀念是原罪，佛教首出的觀念是業識，是無明；道教首出的觀念就是造作。"

等字形來看，本即具有身體或形軀之原初意涵，除此外，亦同時具有心理上之私我、自我、個體意識，抑或是個人性、差別性之衍生意義。[1] 此身體我與心理我顯然密切相關，根本無法加以切割，而可統稱爲“經驗性自我”；若依中國古代乾坤、陰陽學説及醫學、風水、人體相學之有其形象、姿態，則亦必有其相應之神氣或意識的形氣、形神一體論，同樣可以得出這樣的主張。於此若再進一步析論，則此“身”或“我”，包涵著人之有形、具象的肢體、外貌、五官、五臟六腑、神經、細胞、血管、血液等等生理性之結構、組織，以及欲望、情緒、知覺、思辨、認識、自我意識等等心理及無形的功能、作用。如是之“身”，也即是老子所謂具有“大患”或“私我、分别”性質之身[2]，另依上文所言，亦可稱爲“有爲身”。

除上述之身外，《道德經》及《韓非子・解老》，亦皆提到另外一種身，如是之身，依其各經文涵意，則可另外稱之爲“道身”“無爲身”“無身之身”“無私、無我、不自生之身”（《道德經》第 7 章）或“整體統一、無分别之身”。《道德經》第 13 章言：“吾所以有大患者，爲吾有身，及吾無身，吾有何患?”由此經文，即可見到老子在有身之身外，另外還提到一種無身之身。對於此“無身之身”之更爲具體的描繪和闡述，則見於《道德經》第 10、20、28 及 55 章；此數章所言及之如“嬰兒”“赤子”一般的“身體”，乃是一種柔弱、統一、混沌、和諧、清明、無分别及精氣充滿之身體。《韓非子・解老》所謂：“神不淫於外則身全，身全之謂德。德者，得身也。”[3]文中所謂之“身全”或德全之“身”，同樣指謂一種精神内斂、生命完全在己、形神完整統一的身體，此和《道德經》所言之“抱一無離”“沌沌未孩”“無知於牝牡之合”的身體，實無两樣。

老子如是的两種身體之説，正如上所言，和其有爲與無爲之道論、存有論，不僅完全相互呼應，而且有爲法之出現及持續存在，和此有爲身密切相關。换句話説，如果不存在有爲身，則即無有爲法之出現及持續存在。如果有爲法本身具有執持、造作或刻意等性質，由是而本質爲空無、虚妄；則私我性、分别性、欲執性之有爲身，自亦和其所不斷造構的有爲法一般，其本質同樣爲空無、虚妄，也因而同樣可以逐次的予以消損、解構，使其終歸於空無。下一節，即針對此點做更進一

---

① 《爾雅・釋詁下》：“身，我也。”（郭璞注，邢昺等疏：《爾雅注疏》卷二，《四部備要》，臺北：臺灣中華書局，1965 年，第 1 頁上）；丁亮：《〈老子〉文本中的修身與無名》，第 115 ~ 116 頁。

② 《道德經》第 7 章言：“天長地久。天地所以能長且久者，以其不自生，故能長生。是以聖人後其身而身先，外其身而身存。非以其無私邪？故能成其私。”由此章，即可見出，老子所謂的“身”，即含蘊著“私”“我”或分别、個體、自我的意涵。

③ 陳奇猷：《韓非子集釋》（一），臺北：漢京文化，1983 年，第 326 頁。

步的闡析。

2. 老子有爲身及“身患”説内涵的進一步釐清。

《道德經》第 13 章言:“寵辱若驚,貴大患若身。何謂寵辱若驚? 寵爲下,得之若驚,失之若驚,是謂寵辱若驚。何謂貴大患若身? 吾所以有大患者,爲吾有身。及吾無身,吾有何患? 故貴以身爲天下,若可寄天下;愛以身爲天下,若可託天下。”根據此章,老子以爲,人類生命之最值得憂患、戒慎處,即在於我們擁有這個具有私我性或分别性知覺判斷的有爲身體。貴者,《河上公章句》言,貴即畏也。[①] 有爲身之可畏戒或可憂患處,正以其有寵辱、貴賤、善惡、得失、禍福等等相對、表象、分别、虚妄之心識或感受的産生;既有此相對、分别、有爲心識之生起,則原本清浄無染、整體統一、無執無偏之玄鑒、心君,即爲其所掩蓋、遮蔽。心君、玄鑒既爲分别心識所遮障,任由其主宰、作用,則生命即難以泰然清明、定静均平;心君、生命既難以泰然清明、定静均平,即無法清楚洞見天下事相之隨時遷變、無常變易的根本本質或本來面目,並適切加以對待和處置。换個方式來説,就像人們如果戴上一副有色的眼鏡,則其看待這個世界及萬物萬象,也自然是有色,而非其“本來之顔色”[②]一般;同樣的,如果我們的本心或生命,皆被相對、分别、有爲、虚妄的有爲心識所主宰,則其看待及處置世界的萬事萬象,也必然是有所偏頗、扭曲、虚妄,而非事物之本來、真實的面貌。在老子看來,如是的有爲、分别心識,正是人類生命及人文社會一切問題之最根本源頭;若於此根本源頭處,不予以釐清、導正或轉化,不能使虚妄、有爲之身體、心識重新歸返於清静、無爲或中正、持平,則隨之而來的種種言行、作爲,也自然難以避免扭曲及偏頗,由是問題也無法真正得到解决。

是以,老子方勸一國之君主、王公或世人,對於自己這個有爲性的身體、心識以及因此身體、心識而生起之寵辱、貴賤、善惡、得失……帶有相對、虚妄及表象性質之知覺、判斷或感受,皆應當以戒慎定静,抑或以平等超然的心態予以對待。若有幸得到榮寵,不當因之而心喜;若一旦失去榮寵,亦不須因之而感到失落;其原因無它,寵辱、得失等等知覺感受,皆是由偏頗失平之能知與所知二者相互依待、支持而生,由是而不免具有相對偏頗或虚妄不實的特質。如此,方能真正維持其心君之均平泰然及清浄無染,並能因此洞察照鑒事物之本然實狀及變化情

① 王卡點校:《老子道德經河上公章句》,北京:中華書局,1997 年,第 48 頁。

② 此處所謂之“本來之顔色”,其實仍是常人能知之視覺知覺下所意識到之顔色。這樣的顔色,顯然仍具有人類所特有之感官知覺的特殊性或相對性;與人類之感官知覺方式有所不同的昆蟲、動物,其所見之事物顔色或相狀,即有所不同。故此處所謂之“本來之顔色”,衹是個比喻。

形。故此章最後做出總結言:"貴以身爲天下,若可寄天下;愛以身爲天下,若可託天下。"此言意謂,衹有當一個人能真正超然於有爲身識之相對、分别虚妄感受,不以有爲身識之虚妄分别感受,而是以清静、無爲、無執之泰然心君去面對天下一切事務之時,方能真正將天下交代或託負給他。

《道德經》之此章,和第 26 章所謂"重爲輕根,静爲躁君。是以君子終日行不離輜重。雖有榮觀,燕處超然。奈何萬乘之主,而以身輕天下? 輕則失根,躁則失君",以及第 29 章所言"將欲取天下而爲之,吾見其不得已。天下神器,不可爲也。爲者敗之,執者失之。夫物或行或隨;或嘘或吹;或强或羸;或載或隳。是以聖人去甚,去奢,去泰",其實都有其相應及共通的旨趣;若一併參看,則對於第 13 章及《道德經》全文旨意之掌握,應當更爲清楚明瞭。[①]《道德經》一書,自古即有帝王南面之書的稱呼,從此章及他章之義理合併觀之,《道德經》第 13 章之主旨或主要勸誡、教導的對象,應當是古代的君王、統治者或輔佐君王治理天下之人。及至後世的道教或内丹,進而將之詮解爲人類生命之普遍存在的根本問題,其中自有其擴充解釋、運用及深廣發揮的地方;[②]不過,從此數章之義理及老子治身、治國之道本即同一的思維來看,老子之此論,也的確和第 2 章起首所言之"知"一般,皆同樣觸及人類生命、意識之最根本的問題,也因而可以套用到一切人身上。此問題即是上文多有提及之具有"私我、個己、相對、有爲、分别、表象、二元或虚妄等性質之身體、知覺或意識",第 13 章所言之"身患"的核心内涵,其所指涉的,正是人類莫名生起之分别性心識。這樣的問題,若再進一步予以分類、解析,則可再細分爲對己和對世界的問題。[③]

在對己問題方面,私我、自我、個人、有爲、相對、分别、二元、表象、虚妄……

---

① 《管子》之《内業》《白心》《心術》等篇章,亦同樣是專言一個理想的君王或統治者,所應當具有之心性狀態及身心修爲。此數章之觀點(如《心術上》第三十六所謂:"動則失位,静乃自得。……有道之君,其處也若無知,其應物也,若偶之,静因之道也。……心術者,無爲而制竅者,故曰君。")(陳鼓應:《管子四篇詮釋——稷下道家代表作解析》,第 135 頁),和《道德經》書的主張,實完全一致,另外也提出一些《道德經》書所未言及的概念或説法。(比如,因循之説)故同樣可與《道德經》一書的觀點相互訓釋。

② 《道德經》第 13 章所提出之"身患"説,有些類似佛教的"無明"或基督宗教的"原罪"説,而成爲後世道教各派教法和神學所欲對治、解決或超越的人類生命根本問題。是以,老子之此説,在後世道教各派當中,實得到相當深刻、豐富及多元的詮釋和發展。比如,漢魏六朝的天師道、上清、靈寶二經派的理法教義,皆可看到老子"身患"説、身體觀及身體修煉之道的深刻影響。而晚出之内丹,則更是其中的集大成者。有關此點,下文將有更進一步的析論。

③ 此處所言之"對己"與"對世"的區分,乃是相對、暫時,抑或基於理解及討論的方便所做出的便宜性分類。從下文對此二類問題的進一步闡析,即可清楚見到,自己與社會、世界,抑或主體與客體,原本即無法截然的切割開來。换言之,有爲性或二元性之身體、知覺或意識本身,其實就是能知的我身與所知的世界法象二者交相作用後而形成,兩者根本無法截然區分。

之身體、意識的產生、支配或持續存在，首要及最爲根本的問題，即是使原本完整、統一、純粹、自然、無爲的整體生命或身體、意識，開始陷入支離、二元、生死、矛盾、衝突、不安、不定或虛妄、不實的存在狀態。因著這樣問題的出現，也接著衍生出其他的種種問題；偏頗、虛妄、扭曲或固執的看待自己、他人的生命及萬事萬象，便是其中之一。申言之，因著如是虛妄二元狀態的陷入或執持，也使得人類本身無論是在知覺、感受、對待自己或他人的生命，還是在看待或處置萬事萬物之時，也都不免帶有二元、衝突、矛盾、對立、支配、欲執或虛妄的特質。此爲知覺或知識論上的問題。第三，因著這樣二元支離狀態的陷入，也會跟著出現《道德經》第 12 章所謂，使感官知覺不斷追逐、執持於物境，終而使身體、生命、意識出現狂盲、不安、病痛，甚至是衰亡、死滅的結果。

在對待他人或世界的問題方面，由於二元、有爲性的身體或生命、意識，本即夾雜著欲執、矛盾、對立、偏頗或支配的特質，是以，因此身體或意識所發動或造作的行爲，也自然不免同樣帶有這樣的性質。人類社會、國族間所存在的種種矛盾、對立、爭戰、衝突，以及人類近現代對於其所根源、依存之自然母體的嚴重侵襲或破壞，追根究底，其根本的原因或其在人類意識上的根源，其實就在於此二元性、有爲性的身體或意識。① 是以，如果要根本解決人類生命、社會或自然生態環境的問題，實有需要設法轉化或損除這種後天不斷積累、執持的私我、有爲、二元、分別的身體及意識，使生命得以重新復歸其無爲、自然及與萬物、萬法統一、無分別的本初狀態。

3. 有爲性之身體或意識的由來、本質及固著。

在上文，我們深入剖析有爲性之身體、意識之私我、個人、相對、二元等等特性及老子“身患”説之具體的內涵，於此，我們想進一步去探討，如是的有爲性之身體或意識，到底從何而生？其真正的本質、本性又爲何？申言之，《道德經》一書或其他先秦時期的道書、儒典當中，是否曾清楚解釋人類之自然、無爲、與道一般的身體、意識，是出於什麼樣的原因、機緣，抑或是在什麼時期、階段，而開始翻轉成有爲性的身體或意識，並且如何的不斷延續及固著下去？祇有當我們更清楚了解上述問題的答案，纔能進一步去瞭解老子所提出之超越、解決的方法爲

---

① 西方許多深層生態學家都一致指出，地球生態危機的根本源頭之一，即在於人類思想、文化、意識所普遍存在的人類中心觀及二元性思維。比如 Lynn White, *The Historical Roots of Our Ecological Crisis*, Science, 1967, 155: 1203 ~ 1207; John B. Cobb, Jr.《後現代基督教探索生態公義》，收於 Dieter T. Hessel 主編，臺灣生態神學中心文字組翻譯：《生態公義——對大地反撲的信仰反省》一書，臺北：臺灣地球日出版社，1996 年。事實上，人類中心觀的根本源頭，即在於老子及本文所謂“私我、分別或有爲”的身體或意識。

何,以及檢討反省這些方法是否合宜、適切?

對於"有爲性、私我性之身體或意識到底從何而來"的問題,《道德經》在第2、18、28及38章,皆曾提出解釋及説明;在老子看來,人類對於現象世界不知所以,抑或是無故、莫名生起的二元、分別心智,正是人類"有爲性、私我性之身體或意識"的真正源頭或基礎。首先來看《道德經》第2章如下之言:

> 天下皆知美之爲美,斯惡已;皆知善之爲善,斯不善已。故有無相生,難易相成,長短相形,高下相盈,音聲相和,先後相隨,恒也。
>
> 是以聖人處無爲之事,行不言之教,萬物作而弗始,生而弗有,爲而弗恃,功成而弗居。夫唯弗居,是以不去。

《道德經》此章,可謂老子之"相對論"或"齊物論"。《莊子・齊物論》即把此章所含蘊之相對、分別法相本是互依互待而産生,並無固定不變之本性,也因此,宇宙萬法、萬有本即爲整體統一的旨意,發揮得淋漓盡致。此章前半,旨在剖析,舉凡有無、難易、高下、美醜、善惡等等一切分別對立的認識或判斷,都是相互依待而生,無論是美是醜,是難是易,是善是惡……皆無固定不變之實質本性,也非萬物、萬象原初的本質、本來面目,反之,而是源自於人類自身莫名生起之"知"或分別心識。① 換句話説,包含人類生命在内的萬有、萬象本身或原初面目,究實言之,其實並無高下、美醜、善惡等等二元對立之相狀或質素;這些相對、分别的認識,事實上,衹存於人自己的意識當中,而其始生或據以存在的根基,則是來自人類自身之"分別心""分别知",然後再加諸在萬有、萬相之上。這就像人如果戴上一副紅色的眼鏡,則其所看到宇宙之萬有、萬相,也自然呈現出紅色一般。也正因爲這樣,纔使人類原本整體無分、自然無爲的生命、身體或意識,開始陷入自己虚妄構造的二元、分别、有爲的狀態當中,並誤執、誤認自身生命或宇宙萬法都分别具有有無、善惡、美醜等固定不變的本質。一旦此根基或心識被打破,則自身生命及宇宙萬法萬象,自然歸復於原始的整體及統一。②

當然,在此章經文當中,老子似無直接、具體、清楚地説明或交代此分别、二元性的心智或意識,最初是始於何時,且其本質又爲何。不過,從有爲、有知、有

---

① 《莊子・齊物論》所言"是非之彰也,道之所以虧也。道之所以虧,愛之所以成"的説法,顯然也呼應著老子如是的主張。

② 如是的知識論,和巫師唐望所言:"這世界看起來會如此客觀實在,是由於我們意識與知覺的特性所造成……如果有不同特性的知覺出現,這客觀實在的世界便會改變。"(Carlos Castaneda:《寂静的知識》,魯宓譯,呼和浩特:内蒙古人民出版社,1998年,第15頁。)頗爲相近。

執……皆可被逐次損化除去,終而至於完全盡斷,實可反向推知,在老子的體認當中,此二元分別意識或心知本身,本屬無根或妄幻,其出現,亦是因物境法相之刺激、牽引而莫名、無端抑或隨機、隨時而產生;[①]蓋若二元、分別意識的本質爲真實或實有,即自無完全泯除、滅盡之可能。當然,從二元分別意識之虛妄不實,並可徹底泯除滅盡之事實,亦可推知,人類的生命,在此虛妄分別意識之先或背後,其實還存在一個純粹、無染、自然、無爲、無分別之元初意識、玄妙智慧(智性直觀)或本來面目;此元初意識,其實即是老子所言之道、樸、無本身,也即是宇宙、生命所共同擁有之同一根源、本體。[②]

老子在一針見血的指出有爲、分別心知之相對、虛妄、本無實性的本質、實相後,即在第二章後段進一步提出對治、超越及破除有爲、分別心智的方法或藥方——無爲、不言之教及玄德之行。《道德經》書中所提出之生命、意識解脱法門或歸復本體、道體的方法,實有多種,此在下文當中,將有更進一步的討論,第二章後段所特別强調的,是其所謂"不言之教"及"玄德之行"。言語之根基,乃在於意念之發動,意念之發動,乃在於有爲、有欲,若無爲、無有、無欲,即無意念之發動,亦無言語之進一步形成、表出。是以,老子所謂"不言之教",和"不言之教"之上所言之"無爲之事",其實是同一回事,乃是同一旨意的另一異詞或反復宣説,以增進讀者對其意義的理解和把握。[③] 於此若再對照《道德經》中所謂"希言自然"(第 23 章)[④],"太上,不知有之;其次,親而譽之;其次,畏之;其次,侮之。信不足焉,有不信焉!悠兮其貴言。功成事遂,百姓皆謂我自然。"(第 17 章)"天

---

① 以人類當下的知覺狀況爲例,當人們最初看見或接觸到某物之時,並不一定便會開始産生欲執、佔有或愛憎、分別之心,但在持續一些時間後,便有可能在某些情境(比如,四下無人)或過往記憶(比如,突然想起自己缺少某物)的牽引、觸發下,而開始對該物産生欲執、佔有或愛憎、分別之心(比如,想據爲己有或購買此物),並進一步採取行動。(比如,偷竊或購買)筆者以爲,老子所謂之"知"或分别心智的生起,應當即是如是一般的情形;故其産生,往往是帶有無根、無故、無端或隨機的特質,再進而加以固著、執持而産生行動或持續積累而難以打破。也正因如此,其本質、本性乃是無實、無定。

② 筆者以爲,老子所以爲"有爲、分别心智"的内涵及出現情形,和佛教所言之"無明"及《大乘起信論》所闡述"無明"的生起情形,十分相似。該論言:"是心從本已來,自性清净,而有無明,爲無明所染,有其染心,雖有染心,而常恒不變。……所謂心性常無念故,名爲不變,以不達一法界故,心不相應,忽然念起,名爲無明。"(高振農:《大乘起信論校釋》,北京:中華書局,1996 年,第 61 ~ 62 頁。)義理屬於"真常唯心"經典之《大乘起信論》,其由一心生出生滅、真如二門的説法,和同屬真常唯心、如來藏説之禪宗心性論,實完全一致。禪宗之教法,之所以和老莊十分相契,也曾深受老莊之影響,以及全真之所以和禪宗有相當密切的親緣關係,其原因無它,就在於此數者皆具有相似之"罪過論"及"心性論"。

③ 如是的表達方式,在《道德經》中實隨處可見,俯拾皆是。比如第 43 章所謂:"天下之至柔,馳騁天下之至堅。無有入於無間,吾是以知無爲之有益。不言之教,無爲之益,天下希及之。"

④ 此猶如莊子及孔子及所謂之"天地有大美而不言","天何言哉,天何言哉!四時行焉,百物生焉,天何言哉!"(《論語·陽貨》)此實爲"智者所見略同"或"十方智者,皆入此宗"之一例。

之道,不争而善勝,不言而善應,不召而自來"(第 73 章)等等説法,則我們即可推知,老子所推崇之"不言之教",其實即是道、天地所取法、依循的"自然之教""自然德行"。此"自然之教""自然德行"的進一步解釋及説明,即第 2 章最後所言之"萬物作而弗始,生而弗有,爲而弗恃,功成而弗居"。在老子的體認中,天地宇宙,無言無語,自然運行;其雖生化萬物,却不以萬物爲其所始生,也不以萬物爲己有;其雖運行天地,照日成風,行雲施雨,使萬物得以潤澤滋長,却從未居功,也從不矜恃己能。也正因如此,纔能天長地久,運行不息。天地、自然、無爲之道如此,人之道則不然,總是有爲、有執、有作、有恃、有功、有言、自矜、自恃、自是、自彰、自誇……因此纔使生命、意識及天下、國家,皆陷入虛妄、無止盡的對立、紛爭之中。無論是自身生命的超越解脱,還是國家社會的和諧平衡,皆當取法於自然天地,棄有爲、有欲、有言,而取無爲、無欲及無言。《道德經》第 2 章的主旨在此,整部《道德經》的主旨,也同樣在此。

《道德經》第 2 章雖然没那麽直接、明確的指出人類虛妄之二元、有爲、相對、分别性之心智或身體之初始由來及不斷固著、定執,終而至於積重難返、難以打破的情形,但在第 18 及第 38 章之如下經文當中,即可見到對此問題的更進一步闡述或説明:

> 大道廢,有仁義;智慧出,有大僞;六親不和,有孝慈;國家昏亂,有忠臣。
>
> 失道而後德,失德而後仁,失仁而後義,失義而後禮。夫禮者,忠信之薄而亂之首。

從《道德經》的這兩段經文,可以見出,類似仁智、禮義等有爲、分别、相對性之心智、身體①、教化或社會道德、價值規範之建立,乃是在整體無分之大道或生命、意識被打破後,纔開始出現,抑或是被强調。② 在老子看來,如是一般的有爲、分别性的心智、教化或社會禮制規範的創置或建構,不僅無法使生命得到真正的清静或自由,以及使人類社會、世界減少紛争、對立或衝突,甚至還是造成人類生

---

① 如是的"身體",正如許多學者所指出的,乃是一種社會化、人文化的身體。這樣一種社會化或人文化身體的内涵或外形,顯然會隨著具體社會、文明或文化的不同,而不斷的轉化或改變。由是亦呈顯出如是身體的相對性或虛妄性。

② 孔孟二儒所言之做爲人類生命、宇宙天地或人文禮制之根本基礎的"仁",其實也和老子所言之"道"一樣,皆具有絶對、無爲或根源性的意義。祇有當仁被外化、形式化、禮制化或規範化,致使其内涵、真諦被遺忘時,纔成爲相對、有爲之法。孔子《論語 · 八佾》所謂:"人而不仁,如禮何? 人而不仁,如樂何?"及《孟子 · 盡心上》所言之"仁義禮智根於心",都含蘊此理。

命、意識、身體或社會、世界愈加紛擾、動亂或不安、不定的根本源頭。故老子、莊子等道家皆主張,若欲使生命、社會或世界回復真正及恒久的清静、和諧或安定,實應當"去彼取此","不尚賢,不貴難得之貨,不見可欲"(《道德經》第3章),"絶聖棄智,絶仁棄義,絶巧棄利"(《道德經》第19章),捨棄有爲、相對、分别之人文禮制及倫理規範,而返歸於無私、無知、無欲、無爲、清静和素樸。① 此乃《道德經》前後一貫的核心宗旨。

從第38章之文,我們還可讀到,在老子看來,人類生命或社會之從自然無爲、素樸未分之道,到人文、相對、有爲、分别之禮義的出現,乃是一個逐次下墮,甚至是每況愈下之不斷積累、固著的發展歷程。至於其最初出現的時間,到底是從何時開始,此章及《道德經》一書,並未有明確之交代。如果我們從人類之人文文字、文明、文化之開始出現的時間來看,則可大略推估,人類之生命、意識或社會,從自然、原始、無爲、樸拙之狀態,開始出現有爲、分别、二元之狀態,即大約是在人類社會從施行漁獵、採集之舊石器時代,開始進入到定居性農耕生活,文字②及各種家用、農用之工具、器具不斷被發明和廣泛使用的新石器時代。如是説法,若參酌搭配《道德經》第28章的"樸散則爲器",第2、43章"不言之教"的説法,以及第80章所描述之"小國寡民,使有什伯之器而不用"的理想國度説,則老子所希望人類生命或社會可以回歸或重新回返的時代,也大約類似那一個不使用書寫文字及各種文明工具、器物之原始樸拙的舊石器時代。

《道德經》書中如是之説,在《莊子》外篇的《駢拇》《馬蹄》《胠篋》《在宥》《刻意》《繕性》等篇,對於人類生命、意識、社會之由自然原始狀態,逐次下墮至二元、分别、有爲狀態的歷程,即出現更具體、更細緻的闡述。比如,《馬蹄》及《繕性》所言之,"至德之世,其行填填,其視顛顛。當是時也,山無蹊隧,澤無舟梁,萬物群生,連屬其鄉;禽獸成群,草木遂長。是故禽獸可繫羈而遊,鳥鵲之巢可攀援而

---

① 《道德經》中表達出如上意旨的章節,實隨處可見,比如,第3、19、57章等。

② 語言、文字的出現,無疑是人類生命、意識及其文明、文化發展演變過程中,一個相當重大及關鍵性的轉折。本文所言之生命、意識、社會從自然無爲、素樸混沌狀態,轉變爲二元、分别、有爲的狀態,其根本的分割點,應當就在於文字的發明及使用。漢代緯書《春秋元命苞》中所謂,倉頡創造文字時,天地間所出現之"天爲雨粟,鬼爲夜哭,龍乃潛藏"等巨變的神話,即含喻著,文字的發明,的確是人類歷史中極爲驚天動地的大事。因文字的發明,正標示著人類生命、意識與其自身本體及自然宇宙母體的分離與斷裂。倉頡造字神話中的"龍",其實即是"道"的象徵,文字發明後"龍乃潛藏"的説法,實即表示,人與自然之混融爲一的樸拙狀態,已被打破。從此以後,人類意識及文明、文化,即逐漸走上一條遠離自身本體及自然宇宙的發展道路,且漸行漸遠。有關此點的詳細討論,請參閲拙文《内丹、道之密教與現代科學、社會——臺灣黄龍丹院的丹法與發展》,收入李豐楙、翁太明、龔瑞璋主編:《丹道實踐:近代人文與科技相遇的養生文化》,臺北:政大出版中心,2013年,第45~51頁。

闕。夫至德之世,同與禽獸居,族與萬物並,惡乎知君子小人哉！同乎無知,其德不離;同乎無欲,是謂素樸;素樸而民性得矣"。"古之人,在混芒之中,與一世而得澹漠焉。當是時也,陰陽和静,鬼神不擾,四時得節,萬物不傷,群生不夭,人雖有知,無所用之,此之謂至一。當是時也,莫之爲而常自然。逮德下衰,及燧人、伏戲始爲天下,是故順而不一。德又下衰,及神農、黄帝始爲天下,是故安而不順。德又下衰,及唐虞始爲天下,興治化之流,澆淳散樸,離道以善,險德以行,然後去性而從於心。心與心識知而不足以定天下,然後附之以文,益之以博。文滅質,博溺心,然後民始惑亂,無以反其性情而復其初。由是觀之,世喪道矣,道喪世矣。"類似老莊如是一般之人類生命、意識、社會、文化自一種自然原始、素樸無分的狀態,逐次下墮至二元、分别、有爲狀態的説法,並非老莊所獨有,在《禮記·禮運篇》的"大同、小康社會"、《舊約聖經·創世紀》之伊甸園神話,以及包括臺灣原住民在内之許多原始民族的原始樂園神話當中①,都可見到。是以,如是的説法,實是人類文化所普遍存在的通論。我們甚至可以説,從"樂園"下墮成"失樂園",再企盼從"失樂園"的狀態,再尋求重新回返到"樂園"之中②,實是貫串在人類各大宗教、哲學當中的一條相當根本而重要的思想主軸;老莊及道教,正是其中一個相當典型的範例。

在這樣逐次下墮的發展歷程當中,人類的生命、身體及意識,自亦不斷的受其薰陶、形塑、訓化及影響,而隨之不斷的發展、演變或固著化。以本文所主要關注的"身體"來説,對於人類原始自然無爲統一之身體或生命的具體描述,如上所言,乃見於《道德經》書中有關嬰兒、赤子或聖人形象及自然天地的描述。從這些描述中,我們可以約略地勾勒出一個渾淪統一、柔軟沖和、無朕無兆、無著無象、無歷史記憶,與自然天地和人類社會玄同爲一體之原始性身體或生命。如是一般的身體或生命,除在莊子的至人、真人或聖人之説當中,可以見到更豐富精微的闡述及發揮外,在當代許多人類學者對於原始民族之身體或生命、意識的描述當中,亦同樣可以見到類似的形象。比如,列維·布留爾曾引用人類學家克雷特的話説:"克雷特在其近著《印度尼西亞的萬物有靈論》中,認爲必須在原始社會的進化中劃分兩個連續的階段:一個是人格化的靈被認爲是賦予每個人和每個物(動物、植物、圓石、星球、武器、用具等等),並使他(它)們有靈性;另一個階段

① 有關此點的詳細討論,可參閲楊儒賓:《道家的原始樂園》,收入李亦園、王秋桂主編:《中國神話與傳説研討會論文集》(上),臺北:漢學研究中心,1996年,第125~170頁。

② 此以老莊及道教的説法,即是從道、樸、一、無、自然、原始、無爲的狀態,墮入到物、器、二、有、人爲、人文、有爲的狀態,再尋求重新回歸到從道、樸、一、無、自然、無爲的原初狀態。

在這之先,那時還没有進行人格化,那時,好像有一個能够到處滲透的彌漫的本原,一種遍及宇宙的廣布的力量在使人和物有靈性,在人和物裏發生作用並賦予他(它)們以生命。我們在這裏見到了杜爾克姆和毛斯也堅決予以支持的馬利特(Marett)的那個前萬物有靈階段。克雷特補充説,這兩個階段的劃分符合於社會集體的思維中的差别。在靈魂和靈還没有人格化的時候,集體的每個成員的個人意識仍然是與集體意識緊密聯繫著的。它不是與這個集體意識明確分開,而是完全與它結合,甚至不和它矛盾;在它裏面佔統治地位的,是不間斷的互滲。衹是在後來,當個體開始清楚地意識到作爲個人的自我,當個人開始清楚地把自己和他感到自己所屬的那個集體區别開來,衹是在這時候,自己以外的人和物纔開始被人意識覺得是在活著的期間和死後都具有個體的精神或靈。"①此外,列維-斯特勞斯在《野性的思維》一書中亦言:"這裏的土著具有敏鋭的官能,他們精確地注意到了陸地和海洋生物的一切物種的種屬特性,以及像風、光和天色、水波和海浪變化、水流和氣流等自然現象的最細微的變異。……尼格利托矮人完全是其環境中的固有部分,而且更重要的是,他們始終不斷地研究著自己周圍的環境。……他們注意到細微的區别……他們給該地區的每一種針葉樹都取一個名字,儘管各種樹木之間的區别微不可辨。普通的白人則不能區分它們。……人們也許真有可能把一篇植物學論文翻譯成特瓦語。"②"夏威夷人與自然現象中活的東西的合一,即與神靈和其他有靈性的人的合一,用聯繫(rapport)這個詞來描述是不恰當的,當然用交感(symathie)、移情(empathie)、反常或超常、神秘或神奇等詞來描述也是不恰當的。它並不是超感的,因爲這有一部分與感覺有關,而有一部分又與感覺無關。它正是自然意識的一部分。"③儘管《道德經》書中所描述之赤子、嬰兒或聖人的形象,並不一定能完全等同於原始人,但從列維·布留爾及列維—斯特勞斯對於原始民族之異質於現代人之感官知覺和探索環境方式的描述,以及其與自然環境之混融一體的存在或精神、意識狀態,的確和《道德經》所描述之赤子、嬰兒或聖人的知覺方式及精神意識狀態,頗有幾分神似。從《道德經》一書中類似"無身""明白四達""無爲而無不爲""無有入無間"等説法,我們可以清楚見到,當一個人如果能真正捐除捨棄其社會、人文化之分别、有爲、二元的身體、意識或感官知覺方式,則其身體、意識或知覺,也自然因此

① 〔法〕列維-布留爾:《原始思維》,丁由譯,北京:商務印書館,1995 年,第 432 頁。
② 〔法〕克洛德·列維-斯特勞斯:《野性的思維》,李幼蒸譯,北京:商務印書館,1987 年,第 6~9 頁。
③ 〔法〕克洛德·列維-斯特勞斯:《野性的思維》,李幼蒸譯,第 45 頁。

而能重新歸返或開啓一種自然原始、混沌無知、非文字性，且無所限制的智性直觀知覺方式或狀態。這樣的知覺或精神意識狀態，確實和上文所引之原始人有些類似。由此來看，當人類的社會、文化從樸素無分、自然原始的舊石器狀態，進入到文字、工具、知識、歷史、文化等人文事物不斷出現和積累之新石器時代以後，人類自然原始的身體、知覺或意識方式，也會同樣跟著出現一種根本性的轉化，蛻變成一種具有社會、人文、歷史、記憶、分别、二元的有爲性身體。從非文字性的原始混沌的直觀性思維，轉變成間接性的文字、符號思維，便是其中的一個重大關鍵。因著這樣的轉變或依賴，也致使文明人之感官知覺及行爲模式，逐漸不再如原始人或野生動物一般的直接、細緻及敏鋭；到最後，間接性、二元性、分别性、有爲性或工具性之文字、符號的分析思辨方式，遂至完全取代了原始、自然、無爲的直覺、直觀。這種情況，到了老子所身處的春秋時代，更是已積累了相當豐富、漫長的歷史、傳統、文化、知識、禮制、風俗及物質文明，則人的身體、生命、思想、意識及行爲要真正超脱這些人文事物的影響、形塑及制約，顯然更加困難。然而這樣一些人文、有爲事物的不斷積累、傳承、執持、記憶或造作，其所帶來的並非真正的清静、和諧與安定，反之，而是無止盡的紛擾、對立或不安，故仍要設法予以轉化、超越或擺脱，使身體、生命、意識或社會，得以回復到其自然原始的狀態。其中的超越、轉化的方法或工夫，即是下節所要進一步探討的主題。

（三）從有爲身轉化爲無爲身的工夫、方法及身心經驗和歷程次第

本質爲空無、虚妄之私我、有爲、二元、分别……之身體、生命或意識，既是人類生命及社會之種種問題的根本源頭，則如何損除、打破或超越有爲性的身體或意識，使身體、生命或意識復返於原始的自然無爲，自然成爲老子哲學及工夫修證理法的核心關懷所在。有關工夫修證之理法，因《道德經》一書中，實隨處可見，同時也是老子哲學非常核心關鍵的主題，因此，幾乎所有討論老子思想的論著，或多或少、或精或粗、或淺或深的都會論及。本文此處，基於著重在老子與王重陽丹法之關係的探討，也鑒於較少見到完整、系統的歸納、重整《道德經》一書的工夫修證理法及專論各方法的細微内涵，故本節之討論，將以此爲主要考量。

翻開《道德經》一書，我們幾乎都可在每一章，看到老子所提示之如何由有爲返乎無爲的基本原則與方法。比如，第 1 章之“常無以觀妙，常有以觀徼”，第 2 章之“作而弗始，生而弗有，爲而弗恃，功成弗居”之“玄德”説，第 3 章之“虚心實腹，弱志强骨，無知無欲”，第 4 章之“（不言）守中”，第 7 章之“後身、外身、無私、不自生”，第 8 章之“處惡不争”，第 10 章之“抱一、摶氣、滌心、爲雌、無知、無爲”……這些看似雜多、不同的方法或原則，總歸來説，都是在“去此取彼”或“捨棄有

爲而歸返無爲”，使身體、生命或意識，可以回復其原本的清静、素樸或統一；但在具體操作及方法種類上，則可再多概略區分出幾種不同的進路或類型。以具體操作的向度或著力點來説，由於人類之經驗性、私我性或有爲性之身體，實含括有爲性的心念、欲念、思想或意識、有爲性的言語表達和身體行爲等三大部分。① 此三者，實以心念、欲念、思想、意識爲主導或主軸，言語、行爲則爲隨順心意之主導、發動而進一步生發之表現；不過，話雖如此，此三者間之關係，實皆密切相關，相互連動，不但無法截然切割，且應當三者同時操作或攝理，缺一而不可。换句話説，人們既可藉由對言語、行爲、行動之規約禁制，進而達到心思、意識之静定和轉化的目的，也同樣可以藉由對於源頭性之心思、意識的制約、洗滌、静定或轉化，而達成約制、净化或轉化其言語、行爲的目標。若欲徹底或更爲有效的達成轉化有爲爲無爲的終極目的，則此三向度，實皆須同時著手及進行，缺一都不行。據此，我們實可將《道德經》一書中所提及之各種不同的修持工夫或方法，根據人類生命之整體作用和表現，大致歸納爲心意之道（工夫）、言語之道（工夫）或身體之道（工夫）三大進路或種類。如同上文所言，此三種道路或修持工夫，在具體操作或適應不同根器、特質上，或許有主從、先後或主輔的差别，但三者其實都可同時並行，而且也最好能同時兼行並爲，則成效方能最佳。

在心意之道或修心工夫方面，我們可以看到，老子反復的勸誡人要少私寡欲、虚心弱志、無知無欲、無私無我、無執無爲、無心無事、無自是自見自伐自矜、去甚去奢去泰、致虚守静、燕處超然、抱一守中或滌洗玄鑒等等。如是不同的名詞、方法及原則，儘管看似相當的豐富及多元，但同樣皆互有交涉或關連，且皆以達到心意之清静、安定、統一或無住無爲爲根本目的。因此，從任何一個方法或原則入手和持續施行，都可達到静心或定心的目標，但亦當同時兼行並作，且須與言語及行爲之道，相互合作或搭配，方能更爲得力或有功。

在言語之道或言語的修持工夫方面②，希言、少言、貴言或不言等原則，乃是《道德經》一書所特别著重强調的一些言語修持工夫。“言爲心聲”，言語之發動、表述，必源自内心之有所分别、感觸、意欲或擾動，方纔進一步出現；若内心静定、無欲、無動或無分别，則亦自無言、無語。是以，人類通常之言語發動或表現，依老子之思想，其實即是一種分别、有爲、有作之表徵；而過多的有爲、有作或言

---

① 此三者，即猶如佛家所言之“身、語、意”三者。

② 於此主題，丁亮的《〈老子〉文本中的修身與無名》一文，有細緻之闡述，可參考。但其以爲“名的分别性乃欲望好惡分别的根源”（第115頁），恐有顛倒因果、次序之問題。

語表現,其所導致的結果,則往往是心神、意識或社會的更加混亂或動盪。如是,若欲使生命、意識或政治社會恢復其原本的清静無爲、和諧安定,則實應如天地自然一般的爲無爲,事無事,味無味,希言、貴言、不言或謹言、慎言、適言、信言、美言、多做少言。藉由如是一般的語言操持或戒謹修爲,則自然也能連帶反饋成心意的清明、静定、統一或無分别。

在身體、行爲之道或身體、行爲的各種修持鍛煉工夫方面,老子主要提出類似第2及第51章所言之"作而弗始,生而弗有,爲而弗恃,功成而弗居"之"玄德"説,此外,也提示一條反轉身體感官知覺運作以及内氣之操持煉養的道路。首先來看"玄德"説。老子所特别標舉的"玄德"之行,其實即是一種無爲(無所爲而爲)行、無執行、離欲行、清净行、自由行,抑或是行動、作爲之時,完全不執持於任何的欲望、意向、目的,也不執持於行爲所產生之種種效應或結果。① 比如,幫助他人之時,衹是爲所當爲,完全不求回報,亦不自恃有功,抑或帶有任何的目的,即是一例。如是的清静、無爲、無執或離欲之行,顯然是對反於常見於一般人之由分别、有爲、造作的思想、意識或身體所進而發動、展現之有執、有欲或有爲之行。在老子看來,大道之生化天地萬物以及天地之運行變化規律,正是一種自然、無爲行的根本典型或原型,也是人所當效法學習的根本對象。比如,太陽提供地球所有生物的生長能量,但完全不求回報;也正因其完全不求回報,是故能全心全意的持續作爲,完全無任何的心理負擔。如是之故,反而能長長久久。② 人類原始、自然的行爲,亦是如天地自然一般的無爲、無欲;及至樸散爲器、人文大興之後,人類的欲心、機心、執心、有爲、分别、工具之心(理性)日增,各種的行

---

① 老子所言之"玄德",和印度瑜伽的karma yoga(行爲之道)之説,以及佛教《金剛經》所謂的"不住相布施",都有其十分相近之處。此數者,皆同樣强調一種完全不住著於任何目的、意欲、事物及行爲結果的離執行爲。藉由如是行爲的實踐,將能使生命、意識真正超然於世間法相之上,也不被世間法相所束縛,進而與真理、真道合一。比如,《薄伽梵歌》言:"你有權履行你的規定職責,但無權享受行動的結果。永遠别以爲你的活動結果是你自己造成的,永遠别執著於不履行你的職責。平静地履行你的職責,拋開對成敗的執著,這種平静稱爲尤嘎(yoga)。"(聖恩A·C·巴克提維丹塔·斯瓦米·帕布帕德:《薄伽梵歌原意》,臺北:巴帝維丹達書籍出版,1997年,第133~134頁。)"誰能在活動中看到不活動,在不活動中看到活動,誰就是明智的人。他儘管從各種各樣的活動,却處在超然的境界中。不帶絲毫感官享樂欲望去活動的人,掌握了完整的知識。聖人説,這種活動者的報應,已被完美的知識之火燒成了灰燼。他儘管從事各種活動,却永遠獨立,永遠滿足,完全不執著活動的結果。因此,他從事的活動不是功利性活動。有這樣理解力的人,用完全被控制住的心意和智力去活動,擯棄一切擁有感,衹爲維持生命而活動。這麼活動的人没有惡報。他滿足於自動到來的好處,擺脱了二元性。他不嫉妒,平静地對待成功與失敗;雖然活動,却永不受束縛。完全處在超然知識層面的人,不受物質自然三種屬性的影響,其活動全部融入超然真理。"(《薄伽梵歌原意》,第232~236頁。)

② 《道德經》第7章:"天長地久。天地所以能長且久者,以其不自生,故能長生。"

動、作爲,總是不免夾雜著某種目的、欲求或算計①,甚至是爾虞我詐、勾心鬥角、交相攻賊。如是的有爲、有欲、有執之行,不僅使人類的生命、意識總是難以真正擺脱個人或集體之歷史、經驗或記憶的制約②,也會使人一直期待或生活在尚未發生或尚未到來之"未來事件",而難以真正活在當下或專注於當下,再者,也極難避免受到當下外境事物的牽引或擾動,由是而難以獲得真正的平安、静定或專一,同時也是造成整個社會、世界不斷紛擾、對立或動盪的主要原因。欲徹底免除人類之行爲、行動所導致之個人生命、意識及整體社會的紛擾或不安,老子遂提出了無執、無欲、無爲的"玄德"之行。從《道德經》第 2 章之經文來看,藉由玄德之行的長期實踐,將可使人真正超脱分别善惡的二元性心識,使生命、意識獲得真正的力量、平安與静定,進而歸返契合於自然無爲、清静統一的道。

在身體或内氣的修行煉養之道上,老子提出了一條節制及反轉有爲性感官知覺作用的向外發動,進而反觀内照、虚静無爲以尋求合契於沖氣、道氣,並藉此徹底轉化有爲性身體、意識爲無爲性身體、意識的煉養方法。欲行持如是的方法,首先應當從節制及反轉有爲或分别性之感官知覺的作用入手。《道德經》第 10、12 及 52 章所言之"天門開闔,能爲雌乎?""爲腹不爲目","塞其兑,閉其門"等經文,都指出此點。和言語、行爲之發動或表現一樣,常人之各種感官知覺功能的作用,比如,對於五色、五音、五味的追逐,皆是因有欲執、分别方纔不斷爲之。换言之,一般人之感官知覺的發作,其本身,便是一種帶有分别、有爲或造作特質的行爲。若人任其發作、使用,而不能節制或戒慎而爲之,則不僅心神、意識難以恢復其原本的清静無爲、素樸統一本性,而且也會加速自身之身體形軀的痛苦、衰亡,以及家庭、社會或國家的動盪和不安。是以,爲了使身體、意識、生命、社會回復其原本的清静、無爲、和諧或統一,實有必要"虚心實腹","去彼取此",從節制及反轉感官的向外發用做起。

---

① 各種工商業或資本主義所主要植基之工具理性的特質,即是如此。

② 人類之執持於個人或集體過去的經驗、歷史或記憶,説到底,還是因爲人尚有欲執或分别之心。這樣的執持,無疑會使人的身體、生命或意識,一直難以擺脱過去經驗的束縛及制約,獲得真正的開放及自由。《道德經》第 10 及第 48 章所言之"滌除玄覽,能無疵乎?""爲道日損"的心地工夫,其所要滌除或損化掉的内容,過去的經驗或記憶,應當是其中主要的一種。到了《莊子・大宗師》的"至人用心若鏡,不將不迎,應而不藏,故能勝物而不傷"以及《管子・心術上》所言之"去智與故,言虚素也。"(陳鼓應:《管子四篇詮釋》,第 164 頁)即清楚標舉出損除或不執持過去經驗的重要性。其中的"藏"與"故",即指過去的經驗或記憶,也相當於佛家所言之"過去心"。人類人文、社會性身體之延續、固著,和此歷史、過去經驗、記憶的傳承、教化及執持密不可分。由是,在人的社會身體當中,實含蘊著歷史身體的内涵。比如,一個人雖活在當代社會,但其身體言行,却還延續著前代的遺風。

分别性、有爲性的感官知覺作用真正得到節制、反轉或止息後,《道德經》一書,還特别提到藉由"摶氣"或煉氣、養氣的方式,以達到徹底轉化分别性、有爲性身體或感官知覺作用爲無爲性或無分别性之身體或知覺作用的獨特修持方法。如是一般的修持方法,實是人類如何轉化有爲身體爲無爲身體的重大關鍵,也是完整及深入了解老子思想所不可或缺的重要内核,然因《道德經》一書相關的論述本較爲零散、稀少或抽象、簡單,因此,至今爲止,還較少見到系統或深入的探討。筆者以爲,如是的議題,若結合《道德經》各章經文及上文所言之身、語、意三方面的修持之道,同時參酌先秦時期和後世的煉氣養氣的同類論述和理法,則應當可以較爲完整、精確的重建老子之摶氣、煉氣以轉化身體、意識的修行法門。

《道德經》第 42 章言:"道生一,一生二,二生三,三生萬物。萬物負而抱陽,沖氣以爲和。"從此章可知,在老子的修持體證中,包含人類身體、生命在内的一切宇宙萬物,皆是以氣爲根本,抑或是由氣所摶聚構作而成。而此氣,除了陰氣、陽氣外,更重要的是陰陽不測或非陰非陽且作爲陰氣、陽氣之根源基礎的沖氣或和氣。[①] 此沖氣或和氣,若參照"道生一,一生二,二生三,三生萬物"之説,以及第 55 章的"知和曰常,終日號而不嗄,和之至也"等經文對於"和"字的定義或使用情形,我們實可以説,《道德經》第 42 章所言之"沖氣"或"和氣",其實即是生化宇宙萬物及人類生命的道氣或常道,甚至也是《黄帝内經》及後世道教内丹所常言的"真氣"或"先天一炁(氣)"。《道德經》第 10 章所言之"摶氣致柔"工夫,其所摶聚煉養之氣,即是此"沖氣""和氣"或道氣。蓋此"沖氣""和氣"或道氣,本即是人類及萬物所共同的根源本體,且其本質本爲自然無爲,是以,惟有煉養此沖氣或道氣,方能使有爲性的身體、生命或意識,得以再度回返至其自然原始,抑或是如嬰兒、赤子的柔弱無爲、完整統一狀態,且能因此而重新開啓出一種既可以遍入於萬物,却又超離於萬物,且可與萬物相互靈應感通的無限微妙直觀知覺。第 43、47 及 48 章所謂之"天下之至柔,馳騁天下之至堅,無有入無間","不出户,知天下;不闚牖,見天道","無爲而無不爲"等文,其中都同樣指謂著如是一般的一種無限的直觀知覺能力。類似這樣的一種無限知覺能力,我們在《管子·心術下》及《易傳·繫辭傳》所言之"形不正者德不來,中不精者心不治。正形飾

① 《太平經》言:"元氣有三名,太陽、太陰、中和。……中和者,主調和萬物都也。"(王明:《太平經合校》,北京:中華書局,1985 年,第 19 頁。)《太平經》中如是的元氣觀,和老子的負陰抱陽、沖氣以爲和之説,實如出一轍。

德,萬物畢得。翼然自來,神莫知其極。昭知天下,通於四極”①。“無思也,無爲也,寂然不動,感而遂通天下之故”②等文,亦同樣可以見到;在下文所要探討的王重陽及許多的道教、佛教、印度瑜伽的修行者或經典當中,亦隨處可見。因此,如是的知覺能力,除是東方許多宗教所共同肯定及尋求恢復之人類原始的能力外,在前文所引原始民族的知覺認識方式,亦可見到類似的情形。在老子看來,如是的一種身體、存在狀態或直觀知覺能力,乃爲人類本來所有,但在語言、文字發明及人文器物大興之後,如是的一種身體或能力,亦隨之而轉化成有爲性、表象性或二元性;藉由如上所列舉之各種修持方法,將可使人類的身體、知覺或意識,重新恢復其本然的實狀。

在此專一摶煉沖氣或道氣的工夫歷程當中,另還應當進一步去追問的是,除了節制及反轉有爲的感官知覺作用外,還應當要怎樣去具體操持,纔能真正重新去開顯此沖氣或道氣?且當此沖氣或道氣顯露之時,身心、意識的具體經驗、感受及轉化情形又到底爲何?對於第一個問題,筆者以爲,答案就存在於前文所言之“心意之道”或心意的修持工夫上頭;由此亦可看到,老子之身體的修持之道,本即與心意的修持之道相關,且應密切配合,同時並行,方能真正成事。析言之,當人“爲腹不爲目”,“塞其兑,閉其門”,將自己的感官知覺作用反轉向内之時,同時應當兼行類似“致虚守静”“抱一守中”“滌除玄鑒”等心地修持工夫,使原本分别、有爲、躁動、不安、不定的心識,得以逐漸的平静安定下來,最後達到“虚極静篤”“無疵無執”“無作無爲”的虚一定境。在老子的描述中,道本身的特質即是無爲無作、清静自然的,是以,當修持者的心意,藉由感官作用的止息及心意的完全無爲定静,則自然能重新凝聚或引動做爲人類生命之本源、本體的沖、和氣或道氣,進而根本及徹底的轉化分别、有爲的身體、意識爲自然無爲的身體或意識。如是的心地操持工夫,在《莊子》的“心齋”“坐忘”“守一”等工夫,以及《管子·心術上》及《黄帝内經·素問·上古天真大論第一》所言之“心術者,無爲而制竅者也”,“恬惔虚無,真氣從之,精神内守,病安從來?”③都可找到十分相近、相應的説法。筆者以爲,類似《道德經》第6章所言之“谷神不死,是謂玄牝。玄牝之門,是謂天地根。綿綿若存,用之不勤”,以及第14、16、21及25章,對於道之内涵、屬性或存在樣態的描述,正是老子本人在抱一守中、爲道日損而臻至於虚

① 陳鼓應:《管子四篇詮釋——稷下道家代表作解析》,第167頁。

② 樓宇烈:《老子、周易王弼注校釋》,第550頁。

③ 《黄帝内經素問補注釋文》,《中華道藏》第20册,北京:華夏出版社,2004年,第7頁下。

極静篤，在窈冥惚恍之中所親證到的道體相狀。换句話説，類似如上這些章節所描述的道，絶非是老子經由思辨推理方式而得到，反之而是老子本人在工夫修持歷程當中，終而冥契於道體、合同於大通的體道、悟道、證道經驗，抑或是哲學、宗教學上所言之與終極、絶對實在達到完全合一狀態之“密契（神秘）經驗”（mystical experience）。如是的密契經驗，自 William James 以降，學界已積累爲數衆多的研究，其中所普遍主張之密契經驗所具有之合一、知悟、不可言説、清净光明、自在喜悦……特質，在《道德經》的這些章節文字當中，皆可找到相似的説法；[①]而學界研究密契主義的論著，也幾乎一致的將老子、莊子、管子或後世的内丹理法，都定位爲密契主義。從本節對於老子工夫修持理法的完整剖析，亦同樣可以充分支持此點；而這也幾乎是後世包含内丹家、道教修行者所普遍存在的同類看法。從《道德經》來看，當一個修行者能真正開啓玄牝、親證道體，則其原本有爲、有限、二元、分别的身體、知覺、生命或意識，也會因此而得到徹底的摒棄或超越，取而代之的乃是一種無爲、無限、整體統一，及與萬物萬象無所割離分别之無限身體、知覺、生命或意識。[②] 這樣的身體（生命或意識），我們或可將之稱呼爲道身、無爲身、宇宙身、無形身、無限身、微妙細身、無體之體、無身之身或自然原始之身。第 43 章所言之“天下之至柔，馳騁天下之至堅，無有入於無間”，即是對於如是身體、知覺或意識所具有之無形無限，既可遍入於萬物，又可感通於萬物之微妙功能的具體描述。得母之所以能知子，無爲之所以能無所不爲，皆是因爲人類的生命、身體、知覺或意識，在體道、證道之後，亦得到根本及徹底的轉化。

三、通論老子身患、身體説、《道德經》對於道教、内丹及王重陽的影響

（一）老子“身患”、身體説對於道教各派的深遠影響

“吾所以有大患者，爲吾有身；及吾無身，吾有何患？”老子《道德經》第 13 章及其他相關章節所述及的身患説、身體觀及身體煉養轉化之道，不僅是老子所謂

---

① 有關此主題，筆者在《解知與證知》（載《反身體道——内丹密契主義研究》，臺北：新文豐出版社，2009 年，第 13 ~ 50 頁）一文，有較進一步的討論。

② 有關“玄牝”的意義、内涵及開顯經驗，可參閱拙文《玄牝考》（載《反身體道——内丹密契主義研究》，第 345 ~ 398 頁）。

之人類生命根本問題所在①,自漢末天師道以降,也成爲道教各個流派所欲積極對治,抑或是不斷尋求超越、解決的人類生命根本問題。我們甚至可以以此問題爲根本主軸,來深入了解、掌握及比較各個道派之理法、教義的核心内涵及重要特質所在。比如,南朝宋天師派道士徐氏所撰《三天内解經》曾言:“老君《經》云:吾所以有大患者,爲吾有身。及吾無身,吾有何患。此之謂也,深哉畢矣。是知古始,還樸反真,復上古之始無,則與道合同。有形而無體,故真人能存能亡,承虚而行,日中無影,皆是無身。身與無合,故無有體影也。”②徐氏此言,除清楚反映出老子“身患”説已被當時某一天師道派當做是生命之根本問題外,也提出其對於老子所謂“無身”説的一種獨特詮解。在此文之後,徐氏即更進一步闡述天師道的“齋直”説和“大乘之學”的理法和内涵,並主張藉由此二者之修行,以真正成就其所謂“真人無身”或“與道合同”的終極關懷。天師道自漢末創教以來,即以崇奉老子爲核心,且先不論該道對於《道德經》之種種詮解是否合宜、適切,徐氏《三天内解經》如上的説法,無疑相當清楚的映照出老子“身患”及“無身”説對於早期天師道所産生的深遠影響。而其所提出之“齋直”説及“大乘之

① 人類各宗教所分别主張的不同修持法門,無疑皆各有其所欲對治及解決的生命根本問題;此問題的形式及内涵,看似十分多元、多樣,但若深入分析及比較,即可發現,這些看似相當分歧差異的不同問題背後,實皆存在一個極爲相近的根本問題,此一問題,即是“人類現實生命本身所必然具有的有限性”。人類現實或經驗生命的“有限性”,既體現在“死亡”一事的必然到來,也體現在每一生命所必然會遭遇或經歷之衰老、疾病、災難、煩惱、憂慮、挫折、苦悶、無力、所求所欲不得其遂……缺憾。面對現實生命之有限性及必然會遭遇的種種苦難,幾乎每一宗教、教派,皆曾嘗試去指出造成生命有限性的真正原因,由此再提出各種對治或超越的修持法門。比如,印度教的“摩耶”(maya)、佛教的“無明”,基督宗教的“原罪”,老子的“(分别)知”“私”“欲”“有爲”“有執”“身患”,道教上清派的“胎結”“胞結”“三尸”“九蟲”,佛教禪宗的“分别”“憎愛”,宋明儒學的“矜傲”“氣質之性”,内丹的“假身”“識神”“陰魄”“出位之思”……論説,都是各家各教所指謂之生命根本問題所在。針對如是的問題,各宗教也分别提出類似行爲、知識、虔敬、禪定、制氣、持咒(以上屬印度教瑜伽之法)、六度波羅蜜、八正道、三十七道品(以上屬佛教之法)、全心全意愛神、信仰神(以上屬基督教之法)、“抱一”“守中”“虚静”“摶氣”“歸根”“無爲”(以上屬老子之法)、“存思”“守一”及“服氣”(以上屬上清派之法),“無分别愛憎”(以上屬禪宗之法),“性命雙修”“玄關”“谷神”之道(以上屬内丹之法)……對治或超越法門。這些繽紛多元、形態、内涵不一的修持法門,都指向一個相同的目的;此目的即是尋求使生命得以從有限躍入無限,從有生有死、有苦有難的存在狀態,得以進入長生、永生、無生無死或無苦無難、自在喜悦之境況。老子的身患及無身説,衹是其中之一範例;而當我們愈深入探討這樣的一個範例,事實上都可發現許多宗教所共通的地方。比如,老子的身患、有爲心識之説,和佛教的無明及基督宗教的原罪之説,筆者以爲,都有其共通處,也都指出人類生命之根本問題所在。其中最大的差别,就在於此“罪”爲絶對或相對;佛老二教較主張“罪”性本爲空幻、無自性,但基督宗教則以人的原罪有自性,乃是人與神之根本差别所在,並無法完全根絶或除去。

② 《中華道藏》第8册,第548頁上。

學”，則既有承襲漢魏天師道之傳統教法處①，亦有融攝當時所流行之佛教和道教上清、靈寶經派之義理、修持法門的地方，因而遠超出《道德經》之思想内涵，由是而帶有濃厚的綜合、融匯性質。

在天師道之外，儘管尊奉元始天尊、靈寶天尊爲最高神祇的上清、靈寶二經派，對於老子本人及《道德經》的推崇，遠不如天師道來得積極、濃厚，但其教理教義及主要修持方法，也同樣深受《道德經》的影響，且未嘗不能如《三天内解經》般的以老子“身患”及“無身”之説來統攝。比如，無論是上清的存思及守三一法，抑或是靈寶派所特别著重强調的齋儀、戒律之論，事實上，同樣可以説是爲了對治“身之大患”而提出；而修持的最終目的，即在達到老子所謂“無身”、復歸於樸、道、一或嬰兒、赤子般之混沌、中和、自然、無爲之身體的終極理想。《金闕帝君三元真一經》如下説法，便是一具有代表性的例證：“守真一，心樸神凝，混專玄感，所以百念不生，精意不散。但三月内視，注心一神，神光化生身外，與之而遊，是注念不散，專氣致和，由樸之至也，得之速也。自樸散以來，真離之後，華僞漸起，競心亂生，故一不卒見，神不即。”②屬於上清派最重要經典之一的《金闕帝君三元真一經》，其主要的修持法門，即是藉由存思凝守身内三丹田之（三元）上一、中一及下一三位真皇、天帝，使身體當中會導致人墮落或死亡的胞結、胎結、三尸、九蟲，皆得以被解開或驅除，進而使“氣結爲精，精感爲神，神化爲嬰兒，嬰兒上爲真人，真人昇爲赤子，此真一也”③。從這樣的説法，我們可以看到，雖然該經所强調之守三一及守真一修持法門，並未明見於《道德經》④，但其背後的理論基礎或思維模式，實仍離不開《道德經》之樸散爲器、器復歸於樸（道）及抱一無離

① 《老子想爾注》對《道德經》第13章之注解：“奉道誡，積善成功，積精成神，神成仙壽，以此爲身寶。”（《中華道藏》第9册，第173頁上。）可反映出早期天師道主要的修持方法。這樣的修持方法，到了《三天内解經》，已出現一些變化。

② 《中華道藏》第2册，第89頁下。

③ 《中華道藏》第2册，第90頁上。

④ 道教的守三一之法，係由守一法進一步發展而來。若仔細之耙梳探討，道教《太平經》《老子想爾注》《金闕帝君三元真一經》或《抱朴子内篇》所相當重視、强調的“守一”“守真一”及“守三一”修行法門，儘管其中有些内涵（比如，身神説），並未明見於《老》《莊》二書，但其根本源頭，仍然要追溯至《道德經》《莊子》中的“一”“抱一”“守中”“守一”“主之以太一”或“通於一而萬事畢”等教法。《抱朴子内篇 · 地真》在論述“守一”“守真一”時，便常引用《道德經》的“天得一以清”等有關“一”之章節，即是一例證。

等説法;[1]而該經的嬰兒、赤子之説,儘管和《道德經》書中之同類説法似有歧異處,但也未嘗不能被看做是老子嬰兒、赤子之説的一種特殊詮解和發展。[2] 在未深入析辨两者之關係和具體異同前,實不能基於宗教(道教)與哲學(道家)乃是两種不同思維領域的表面印象或預設,而直接、斷然的予以排斥或否定。

漢魏六朝之天師、上清及靈寶三大道派在教義及行持法門上皆深受老子"身患"、身體説及工夫理法影響的情況,在内丹同樣可以見到。《悟真篇·後序》言:"竊以人之生也,皆緣妄情而有其身。有其身則有其患,若其無身,患從何有。夫欲免乎患者,莫若體乎至道。欲體至道者,莫若明乎本心。故心者,道之體也。道之體,心之用也。人能察心觀性,則圓明之體自見,無爲之體自成。不假施功,頓超彼岸。"[3]張伯端此文伊始,即一針見血地點出人類有形身軀之産生,乃因"妄情"而來。[4] 因有此妄身,是以纔有種種的憂患及問題;若能體證本心至道,即可重新開顯生命本有之圓明或無爲性身體,並且根本、徹底的解決所有生命的各種問題。如果説,《三天内解經》《金闕帝君三元真一經》所提出之對治或超越老子所謂"身患"的方法,乃在於"齋直""守一",則張伯端的《悟真篇》,自然是以内丹煉養爲主。在整個内丹歷史及流派發展中,張伯端如是的説法,絶非其一家之見,反之,而是遍佈於内丹之各經典或各流派。比如,見於《太一金華宗旨》末章的如下説法:"吕帝曰:吾因度世丹衷熱,不惜婆心並饒舌。世尊亦爲大因緣,直指生死真可惜。老君也患有吾身,傳示谷神人不識。吾今略説尋真路,黄中通理載大易,正位居體是玄關。子午中間堪定息,回光祖竅萬神安。藥産川原一氣出,透幙變化有金光。……性命關頭忘意識,意識忘後見本真。水清珠現玄難

① 老子樸、器的説法,和其身患及無身之説,其實是二而一,一而二,並無兩樣。在老子思想中,樸即道也,道即是無、無形、無名、無爲;器即物也,器則爲有、有形、有名、有爲。是以,人之有形身,相對於人之無形本體——樸、道來説,即爲具有分别或殊多性質之"器"。由器、物返樸、道,即是由身返道,由有形返乎無形。這樣的思維,無論是《道德經》,還是《三天内解經》《金闕帝君三元真一經》,都可適用,也都可見到。因此,《三天内解經》及《金闕帝君三元真一經》,即或修行方法有所不同,但就理論、思維來説,實如出一轍,皆同樣源自老子。

② 老子的嬰兒、赤子之説,係其身體説及復歸煉養理法的重要一環,故對於道教各派的影響極其深遠。無論是天師、上清、靈寶等漢魏六朝早期道派,還是五代以後興起的内丹,皆曾對於老子的嬰兒、赤子之説,提出各種獨特的理解及詮釋,頗值深入探討。上引《金闕帝君三元真一經》是一著例,王重陽之"衰顔寧再去年時,裹面真人本不衰。莫戀外容著假合,嬰兒相貌示無移"(《重陽全真集》卷十,《中華道藏》第26册,第332頁下),是代表内丹的另一重要觀點。

③ 《中華道藏》第2册,第453頁下。

④ 張伯端此處所提出的"妄情而有妄身"之説,多少有受到佛教教理影響的地方,但也可爲老子"有爲心""有爲身"的義理所涵攝。而由此相關的義理、教法(比如,藉由内丹修證以超越身患問題及其後之圓明、無爲之體的提出),亦可見出内丹對於老子思想的深刻發展。王重陽的丹法,曾深受張伯端的影響,在身體觀方面,王重陽的見解,和張幾無差異。

測，無始煩障一旦空。玉京降下九龍册，步霄漢兮登天關。”①《金華宗旨》如是之語雖短，却透露出不少訊息。一者，它將老子所言之“身患”與佛家之“生死大事”相提並論，視两者爲同一。此在王重陽著作，已可見到。再者，這段文字，亦如同《悟真篇》，皆以老子“身患”説爲内丹修煉所欲對治之根本問題；且身患的超越，則可因谷神、玄關的修煉顯露而得以成就。最後，此語則畫龍點睛般地指點出“黄中”“玄關”乃内丹下手修煉之最爲關鍵所在，以及玄關顯露後的相應内景經驗和修持方法。因此，《金華宗旨》如是簡短數語，不僅可以呼應及補充前引《悟真篇》之文，甚至也將整個内丹修行要義及身體觀要旨，精要點出。當然，我們亦可從此引文，看到内丹對於老子思想的一種獨特詮解。

從以上所列舉天師道、上清派及内丹等幾個重要例證，我們即不難見出，老子《道德經》所提出的身患、身體説及身體、意識的轉化之道，對於後世道教之深遠影響。如果説，“無明”及“原罪”之論，乃是佛、耶二教神學、教義的核心關鍵所在，二教的種種教法，便在指示人們如何超越“無明”及“原罪”；同様地，我們實可將老子所指出之“身患”説，看作是道教各派神學及各種修持法門所試圖超越或對治的人類生命根本問題。相對於佛、耶二教來説，道教在身體或作爲身體根本基礎之精氣神的鍛煉及轉化上，實較近似印度的瑜伽和密宗，於人類各大宗教當中，實有其特殊、獨到或卓有貢獻之處。②

（二）王重陽的師承、思想、丹法的主要來源及《道德經》的影響

有鑒於老子思想與内丹間的密切關係，學界至今仍較少見到系統的深入專論，是以，在正式進入王重陽身體觀、身體修煉理法的討論前，先概觀了解重陽之思想、丹法與《道德經》的關係，實有其必要。

首先來看重陽的師承。在《重陽全真集》當中，王重陽曾多次傳達其主要師承爲鍾離權、吕洞賓及劉海蟾三人③，這様的傳承，後來也都成爲全真道五祖譜系

---

① 《金華宗旨》，《藏外道書》第7册，成都：巴蜀出版社，1994年，第768頁上。

② 道教各派，和其他宗教之不同教派一般，實各有其所力主的不同修持法門，比如，天師、靈寶派特别强調齋戒科儀，重玄派特别强調中道、無爲之智慧，净明、積善等派，則特别强調行爲之踐履。但身體或作爲身體之根本基礎之精氣神的鍛煉及轉化，顯然纔是道教各種修持之核心主軸。道教如是的修持之道，和印度的瑜伽及佛教的密教，實較爲接近。

③ 比如，卷三《酹江月》及卷九《了了歌》的“正陽的祖，又純陽師父，修持深奥。更有真尊唯是叔，海蟾同居三島”（《中華道藏》第26册，第294頁下）；“漢正陽兮爲的祖，唐純陽兮做師父，燕國海蟾兮是叔主，終南重陽兮弟子聚”（《中華道藏》第26册，第323頁中）。

的主要人物。[①] 儘管學界對於王重陽在甘河及醴泉所遇異人是否即是吕洞賓,以及其確切師承到底爲何,自金元以降,即存在一些質疑聲音,今日學者亦仍有持否定之見者[②],但在文獻資料仍然有缺的情況下,無論是正反意見,大概都還很難真正推導出確切不移的定論來。在此情形下,先尊重抑或是先暫時依從王重陽本人自己的説法,大抵還是有其必要。事實上,由於吕洞賓本人的生平事跡及内丹思想、著作到底爲何,亦十分含混模糊,是以,即使王重陽之直接傳法師父並非吕洞賓,抑或傳説中之五篇《秘語》的内容完全不可知,這對我們在了解王重陽本人的思想、丹法上,並不會構成太大影響,我們仍可從其現有的著作當中,嘗試去整理勾勒出重陽所受異人丹法的主要内容以及重陽本人的内丹思想大抵爲何。

整體來説,重陽之内丹理法,主要是承繼自唐末五代以降之鍾吕一系,無論是從重陽本人的説法及内丹論述,還是從其與鍾吕派丹法内涵的比較,都强而有力的支持此點;從古至今,對於此點,也罕有異論提出。不過,除了鍾吕一系丹法這樣的直接傳承外,王重陽至少還參酌、融會類似《道德經》《黄庭經》《陰符經》

---

① 有關全真教五祖譜系的建構發展過程的分析,可參看張廣保:《蒙元時期全真宗祖譜系形成考》,收入氏著《道家的根本道論與道教的心性學》,成都:巴蜀書社,2008 年,第 466 ~ 497 頁;趙衛東:《全真道“五祖”“七真”的形成過程》,收入氏著《金元全真道教史論》,濟南:齊魯書社,2010 年,第 183 ~ 270 頁。關於東華帝君被全真道尊奉爲首祖之過程及原因析探,則可參閱尹志華:《全真教主東華帝君的來歷略考》,收入《齊魯文化研究》第七輯,濟南:山東文藝出版社,2008 年,第 208 ~ 215 頁。趙衛東:《東華帝君與金元全真道》,收入《齊魯文化研究》第七輯,第 216 ~ 221 頁。蕭進銘:《東華帝君信仰源流考察——以宋元全真道爲核心的探討》,發表於 2011 年 5 月 22 日臺北保安宫主辦之“第五屆道教與民間宗教神祇”學術研討會。

② 比如,樊光春的《王重陽終南遇仙的幾個問題》,《華中師範大學學報》(人文社會科學版)第 48 卷第 1 期,2009 年 1 月,第 81 ~ 86 頁。樊氏此文根據金代有關重陽的兩篇傳記,皆未明確指出重陽所遇異人即吕洞賓的情形,因而推論,重陽遇吕洞賓之説,係後世根據王重陽的學術傳承所做出的推斷,無論是重陽本人及其同期道友,皆未曾言此。至於《重陽全真集》卷三《酹江月》及卷九《了了歌》所出現之鍾吕師承説法,樊氏以爲,係對學術關係的確認,和其遇仙之説無關。樊氏如是的主張、推論,儘管不能説全無道理,但仍存在幾個可再商榷的問題。一是見於《重陽分梨十化集》卷下“虞美人”序文重陽所謂“我自甘河得遇純陽真人,因飲水焉”(《中華道藏》第 26 册,第 390 頁中)一語,該如何解釋? 如果此語中之“純陽真人”係後人所添加,則是否有證據? 二是馬丹陽《洞玄金玉集》卷十《讚重陽真人出現》及《丹陽神光燦》《滿庭芳·重陽真人昇霞以前》二詞,曾言,“重陽師父,遇師吕祖玄通”(《中華道藏》第 26 册,第 477 頁下),“重陽師父,遇吕真人,養成神内之神”(《中華道藏》第 26 册,第 479 頁下),顯見在金朝之時,並非完全不存在重陽遇吕祖之説。三是樊氏以爲重陽以鍾吕爲師,是站在“學者”的立場,做學術關係的確認,和其遇師無關。這樣的區隔推論,除有些奇特外,亦有以今日學術觀念,加諸在應該不會以“學者”身分自居抑或關心學術考據問題感之古人王重陽身上的問題。最後,《重陽全真集》卷九《窈窈歌》及卷十二《畫堂春》二詞所謂“教公會得時,也飲清涼水。直待正純陽,方稱重陽子”(《中華道藏》第 26 册,第 323 頁下),“雲水王三悟悟,甘河鎮、祖師遇遇”(《中華道藏》第 26 册,第 347 頁上)等語,雖未直接點出吕洞賓,但若結合卷三、卷九如上之文來看,也未嘗不可作爲重要旁證。

《悟真篇》等道典、丹經[1]及傳統道教、佛教、禪宗[2]與儒家的經典和修證理法，並立基在自己直接修證、體悟的根本基礎上，進而開創出一個具有革新、基礎、綜合及集大成性質之新内丹理法或思想體系。换個方式來説，鍾吕一系的丹法，雖是重陽本人思想建立形成之最直接、也最爲重要的根源、傳承，但對於重陽這樣一個以身心意識之修煉體證爲主的内丹修行者來説，能自己直接去煉養和轉化自家的身心意識，進而證悟真如、元始、道體、本心及宇宙生命實相，無疑纔是最爲根本、也是最爲重要的認識之道；此從重陽如何度化丹陽，以及其他全真諸子個别的修證悟道過程，都可清楚見到此點。當重陽本人得以真正證悟萬法、萬象之根本源頭後，他自然也因此而得以通透了悟宇宙、生命和萬法的本質和實相，以及各種不同經典、教派的異同爲何；其"三教一家""道禪一如"等宗教平等思想的提出，皆源自於此。重陽著作當中，對於如是體悟修證之道的表述，實不勝枚舉，比如，見於如下的兩個例證："真妙裹頭拈密妙，晴空上面躡虚空。東西南北皆圓轉，到此方知處處通。"[3]"重陽子，飲水得良因。洗滌塵勞澄净至，灌澆根本甲芽伸。滋養氣精神。恬淡好，甘露味投真。滴滴潤開三教理，涓涓傳透四時春。"[4]此二例，皆清楚地表達出，當生命、精神或意識，經由内丹的煉養，而得以超脱經驗塵俗，得到澄净純化後，自然可以證悟虚空密妙，瞭知人之元始真性，本可通貫一切，無所限制。生命至於此境，也自然得以通悟三教如是這般之殊途同歸道理。[5] 類似重陽之如是的認識、體證之道，無論是在中國或印度，還是在人類全體文化當中，都絶非單獨個例，反之，而是相當普遍，乃是人類生命中本即擁有之另一種超越、對反於知覺、理性的認識途徑。這樣一種直契道體、本源的方式或進路，即是中國自先秦以降，儒、道經教所謂"無爲無不爲"(《道德經》第 48 章)、"得母知子"(《道德經》第 52 章)、"無思無爲，寂然不動，感而遂通天下之故"(《易傳・繫辭傳上》)、"通於一而萬事畢"(《莊子・天地》)、"知一者，無一不知"[6]……所不斷延續傳承下來的直接修證途徑或認識之道。原始宗教、佛教、禪

---

① 《黄庭經》《陰符經》《悟真篇》等道經，對於王重陽思想、丹法之具體影響情形，筆者在《全真、平等、胎藏與四海教風爲一家(上)——王重陽丹法對於禪宗的融攝及其時代意義》(發表於 2014 年 8 月16 ~ 19 日由山東師範大學齊魯文化研究院、香港青松觀全真道研究中心、山東省棲霞市人民政府主辦之"多元信仰下的全真道國際學術研究會"，會議地點：山東省棲霞市)一文，有較詳細之解析。

② 王重陽所認知及所主要融攝的佛教，主要是禪宗，特别是禪宗臨濟一系的禪法。

③ 《重陽全真集》卷一《結物外親》，《中華道藏》第 26 册，第 275 頁中。

④ 《重陽全真集》卷四《望蓬萊・醴泉覓錢》，《中華道藏》第 26 册，第 302 頁中。

⑤ 在重陽的體悟中，儒釋道三教，其根本歸趨，皆在使生命、意識，可以超塵離世，無所住著或限制。

⑥ 王明：《抱朴子内篇校釋》，北京：中華書局，1985 年，第 323 頁。

宗、印度各大宗教及西方宗教、哲學中的密契主義傳統，亦都主張採取如是的認識之道。[①] 南宋心學代表人物陸象山曾有言曰："學苟知本，六經皆我注腳"[②]，"吾心即是宇宙。東海有聖人出焉，此心同也，此理同也。西海有聖人出焉，此心同也，此理同也。南海北海有聖人出焉，此心同也，此理同也。千百世之上有聖人出焉，此心同也，此理同也。千百世之下有聖人出焉，此心同也，此理同也"[③]。象山如是說法，和重陽上引二詞及其"三教一理"思想，顯然有異曲同工之處，而且也是大多數直契道體、本源之修證傳統所可能共同採取的立場。重陽、象山及密契修證傳統所共同採取之如是認識途徑和融通不同宗教的方式，若借用陸象山上引之話來說，便是："學苟知本，則諸經諸教，皆此人類真心、本性或自然、平等法性之注腳！"換言之，在那些親自體證過宇宙、生命之終極實在之人的了解中，人類各大宗教及各種不同的經典，其所主要揭示及反復宣說的主題，其實就是這一個全人類、全宇宙所共同擁有的存有基源或終極實在。真實、永生、無窮、無限、統一、整體、自由、超絶、自然、平等……乃是此一存有基源或終極實在所具有的特質或法性。在此自然或平等法性的觀照下，萬物、萬教實皆平等一致、無貴無賤。重陽之"三教一家""三教（宗教）平等"背後的根本理據，及其所建構之丹法、道法之所以能擁有綜合、包容、基礎及集大成等特質，其故亦在於此。

在《道德經》對重陽丹法的影響方面。老子《道德經》對於王重陽的内丹及整體思想，曾産生相當深遠的影響。在《重陽全真集》等著作中，重陽除曾多次直接論及老子（或稱"老君"）本人和《道德經》外，使用《道德經》詞彙的情況，亦極爲普遍[④]，由此即不難見出老子《道德經》的深刻影響。此中一個值得注意的現象是，重陽曾有两次將《道德經》與《陰符經》一起並列表述，且說法和張伯端之《悟

---

① 如是認識之道，在猶太、基督教等一神教的密契神學傳統，係稱之爲 Via negationis（the negative way；否定之道）；其所含蘊的，係指一種藉由否定途徑來探索上帝的神學方法。如是的神學主張，由於上帝本身具有迥異於經驗世界的特質，因此，若欲認識上帝，衹能藉由否定或清除經驗世界的内容來達到。（W. L. Reef, *Dictionary of Philosophy and Religion*, Humanity Books, 1983, p611.）

② 陸九淵：《陸九淵集》，北京：中華書局，2012 年，第 395 頁。

③ 陸九淵：《陸九淵集》，第 483 頁。

④ 道、一、玄微、虚静、無爲、自然、長生等詞語不説，類似玄牝、窈冥、希夷、根蒂、抱一……《道德經》較爲獨特的語滙，在重陽著作中，皆隨處可見。這些語滙，大多指謂著内丹修行所欲終極體證的真性、本體，由此也可以見出重陽和一般文人注解家不同，其掌握及詮解《道德經》，實特別强調直契、直取老子之道，並以自身直接修證的經驗，來詮解該語滙的實質内涵。筆者以爲，重陽如是詮解《道德經》的方式，正是老子本人之所以能寫出《道德經》的方式，也因此，更能把握及契合老子或《道德經》之"心髓"。

真篇》相似;[1]這樣的情況,應可作爲重陽曾研讀過《悟真篇》,並且受到張伯端之内丹思想及其對《道德經》之詮解影響的重要證據。[2] 换言之,重陽對《道德經》的重視,以及對《道德經》的詮解角度和運用方式,應當就是承襲且反映出張伯端以及其所屬鍾吕一系内丹的“家學”傳統,由是,也可作爲重陽内丹理法即是傳承自鍾吕派的一條重要綫索。於此,且先看張伯端《悟真篇》如下的詩文:“《陰符》寶字逾三百,《道德》靈文滿五千。今古上仙無限數,盡從此處達真詮。”[3]相對此文,重陽的説法則是:“五千言,二百字。兩般經秘,隱神仙好事。靈中省、悟徹玄機,結金丹有自。”[4]“理透陰符三百字,搜通道德五千言。害風一任害風虔。”[5]當我們將三詩詞一起對照參看,即不難發現,重陽的説法,極可能就是呼應張伯端的《悟真篇》。至於紫陽、重陽等鍾吕一系丹家,到底是從《道德經》當中,參透出怎樣的真詮或玄機,因而得以内結金丹,進而長生飛仙,此三文皆未交代。不過,當我們進一步去搜尋二人著作中之相關説法時,便可知道,鍾吕一系丹士或家學密旨,從《道德經》所領悟到的“真詮”或“玄機”,其實便是指丹士開始修丹的真正下手處爲何。此下手處,在張伯端及鍾吕派丹法中,又有玄牝、玄關、西南、坤宫、歸根竅、復命關……不同稱呼;至於重陽所賦予的名稱,則除玄關、玄牝、西南外,又有“黄庭”“靈根”“元本”“祖宗”“寶瓶宫”等等。張伯端《悟真篇》有言曰:“饒君聰慧過顔閔,不遇明師莫强猜;只爲丹經無口訣,教君何處結靈胎!”[6]此外,又有“要知産藥川源處,只在西南是本鄉”[7]。“舉世謾求鉛汞伏,何時得見虎龍

---

① 日本的蜂屋邦夫已注意到此點,但並未進一步深入去追究其中所隱含之意義及與《悟真篇》所可能存在的關係。詳參蜂屋邦夫著:《金代道教研究——王重陽與馬丹陽》,欽偉剛譯,北京:中國社會科學出版社,2007 年,第 147 頁。

② 有關王重陽丹法與張伯端的關係及異同之處,筆者在《全真、平等、胎藏與四海教風爲一家(上)——王重陽丹法對於禪宗的融攝及其時代意義》一文,有較完整的分析。

③ 薛道光等:《紫陽真人悟真篇三注》,《中華道藏》第 19 册,第 443 頁中。

④ 《重陽全真集》卷八《紅窗迥》,《中華道藏》第 26 册,第 322 頁中。此文中的“二百字”,到底是指《陰符經》,還是指佛教的《般若心經》,目前存在兩種不同主張。蜂屋邦夫對照下引卷十三《浣溪沙》之詩,指出重陽此處的“二百字”,應是“三百字”之誤(《金代道教研究——王重陽與馬丹陽》,第 147 頁。筆者按:其實也不一定是錯誤,或許重陽考慮詩詞行文之韻律流暢,纔刻意寫爲“二百字”),故應指《陰符經》而言。至於唐代劍則主張,此“二百字”乃指佛教的《般若心經》(該經玄奘譯文共有 260 字);是以,重陽此詞,正好顯示出其佛道同尊並修的思想。(同樣主張,亦見於李玉用的《略論禪宗思想對早期全真諸子的影響——以王重陽、馬鈺與丘處機爲中心》,《華岡哲學學報》2012 年第 4 期。李玉用的觀點,應是承襲自唐代劍)筆者以爲,若對照重陽二詩詞及其對《道德經》《陰符經》的整體觀點,蜂屋邦夫之説法,應當較爲可從。

⑤ 《中華道藏》第 26 册,第 352 頁下。

⑥ 《中華道藏》第 19 册,第 443 頁下。

⑦ 《中華道藏》第 19 册,第 415 頁上。

降？勸君窮取生身處，返本還元是藥王。"[①]"要得谷神長不死，須憑玄牝立根基。真精既返黄金屋，一顆明珠永不離。"[②]以上四詩，乃在强調，丹士若欲下手修丹，務必知道，當從何處入手？又從何處得以産藥、結丹？此下手結丹産藥處，張伯端稱之爲"玄牝""西南""坤腹"或"生身處"。張伯端前詩所謂從《道德經》所領悟的"真詮"，自是指此"玄牝"而言。

張伯端的"真詮"如此，重陽所謂的"玄機"又爲何？且先來看《重陽全真集》如下四文："能下手，便曉這元元。爲甚得通三一法，都緣悟徹五千言。立起本根源。"[③]"西南的位，指出芬芳。得善因開，良因闡，吉因昌。"[④]"堪歎西南地順，燒柴都是真銀。"[⑤]"九二玄陰凜凜，白雪遍鋪緣甚。還許潤靈根，接引黄芽悉審。"[⑥]"玄關奪得不追尋，鍊就重陽滅盡陰。"[⑦]爲首的第一闋詞，相當清楚的點出，其從《道德經》所領悟到的"玄機"，便是知道下手修丹的根源或元元所在。此根源或元元，即是此下三引文中分别所言的"西南""靈根"及"玄關"。重陽對《道德經》如是的領悟及對生身根源或下手修丹的稱呼和定位，和張伯端之説，實如出一轍，毫無二致。從這樣的對照分析，我們可以清楚見到，《道德經》對重陽、紫陽這樣的丹家來説，其最重要的啓示及影響之一，便是向其指示出修丹之下手處及全真逍遥、自在超脱之所以可能的依據，使其生命可以依此煉養，進而轉化超脱。是以，《道德經》對其來説，不衹是談玄論道、窮理探義之道經，它更是生命得以真正擺脱生死、煩惱、苦痛，獲得自在長生的神聖救度寶典。重陽之如是的看待、運用及詮解《道德經》，即是承襲自鍾吕一系之家學宗風[⑧]，而張伯端之《悟真篇》，正是其中一重要媒介經典。

除了明示修丹之真正下手處外，《道德經》對王重陽丹法的啓示及影響，還體現在如下幾個重要面向：一、内丹修行所要對治、超越之人類生命根本問題，即人類自身所虚妄生起、造構之知、私、欲、有爲、有執或身之患等。此在《道德經》已清楚點出，並成爲重陽等丹家從事内丹修煉要解決對治及尋求超越的根本問題。

---

① 《中華道藏》第19册，第417頁中。

② 《中華道藏》第19册，第437頁中。

③ 《中華道藏》第26册，第302頁下。

④ 《中華道藏》第26册，第320頁下。

⑤ 《中華道藏》第26册，第326頁中。

⑥ 《中華道藏》第26册，第319頁上。

⑦ 《中華道藏》第26册，第279頁中。

⑧ 有關修丹之下手、結丹處，崔希範《入藥鏡》有"産在坤，種在乾"，"歸根竅，復命關"等説法以暗喻之，《鍾吕傳道集．論朝元第十五》則有"玄牝"之論以明示之。二者之説法，和紫陽《悟真篇》及重陽《重陽全真集》之論，當爲一致，故屬鍾吕一系之原有家學。

有關此點，下文將有更進一步的申論及闡釋。二、《道德經》提供王重陽修丹背後所預設之本體論（道論、形上學）、宇宙論及人體觀，使其修丹立基在一個堅實穩固的基礎之上。就像禪宗修持背後實隱含著佛性、自性或如來藏之實有一般，内丹的修證，亦同樣肯定人類生命的本質、本體即是無或道。作爲宇宙萬物生化之根本源頭的道，既内在於人及萬物之中，亦遍在於一切處，人人皆有之，乃是人類生命之根本源頭及本來真實的面目。悟道證真、長生成仙，正是重陽丹法之終極關懷所在。這樣的道論、本體論，在《道德經》中，最先得到完整的闡述，也成爲内丹修證背後所隱含之根本理論依據。如是道論的表述，在王重陽的著作當中，實俯拾即是，不勝枚舉。[①] 三、《道德經》提示重陽修丹之根本原則與方法。《道德經》所提出"爲道日損""復歸於樸""復歸於嬰兒""虚極静篤""抱一守中""無爲無執""柔弱守雌""無知若愚""塞兑閉門""虚心實腹""深根固蒂"……修道的原則與方法，幾乎都可在重陽的著作當中，找到完全一致抑或彼此相近的説法。比如，"如通顛倒法，何慮不圓成"[②]，"但把五行顛倒使，便教他日遇神仙"[③]等説法，正是老子"復歸""爲道日損""去彼取此"説的另一種表述。[④] 其中之"五行"説，雖未見於《道德經》書，但五行本即是陰陽二維之進一步細分（即少陰、少陽、太陰、太陽），是以並無違逾老子"道生一，一生二，二生三，三生萬物"的宇宙生成論；"顛倒五行"，即是指逆反及回溯如是之宇宙創生萬物的過程，終而至於回返於道。因此，在如是復歸修行原則的背後，同樣含藴著老子之宇宙論。如是逆反復歸的思想，不僅遍見於各種宗教、哲學的密契傳統之中，因而具有普世的性質及人類身體生理的基礎，也是内丹修行過程中通貫前後所一致依循之根本指導原則。

以上所論數點，事實上也是鍾吕一系丹法所共同擁有的基礎理論。重陽所承傳者，既是鍾吕丹法，則自然也承襲鍾吕丹法重視《道德經》的傳統，並依循《道德經》之理法而從事内丹修煉。是以，我們自有理由將重陽等内丹家的思想、丹

① 比如，見於《重陽全真集》卷一之"遵隆太上五千言，大道無名妙不傳。一氣包含天地髓，四時斡運歲展玄。五行方闡陰陽位，二耀初分造化權。窈默昏冥非有説，自然秘密隱神仙"（《中華道藏》第26册，第276頁中）。

② 《重陽教化集》，《中華道藏》第26册，第372頁上。

③ 《中華道藏》第26册，第331頁下。

④ 老子本人的思想和王重陽及世上許多宗教創始人的思想一樣，都帶有相當濃厚之徹底顛覆世俗價值的特色和傾向。世人總以物質法象爲實有、固定或值得追求，但老子、重陽、佛陀、耶穌等人却都是顛倒之、否定之；世人總對萬法生起是非、善惡等分别之心，但老子則勸人當無爲、無分别。《道德經》書中處處可見之"去彼取此"之説，即反映出如是一般的"顛覆"特質。在徹底的顛倒或否定之後，方能超越其上，不爲其所蒙蔽，由是而能平等、平常、平心或無爲的等觀一切法相。

法，視爲是老子《道德經》之非常重要、深刻的體證、詮釋及發展。

四、凡軀、真身及活死人：王重陽的两種身體説及其與老子的關係

前言，老子的身體觀相應其有與無或有爲與無爲之存有論，同樣可區分爲有爲身與無爲身二者。如是的有爲與無爲之身，落在不同的語境或情境，又可分别稱名爲物身（器身）與道身、欲身與無欲身、有形身與無形身、有執身與無執身、分别身與無分别身、人文、社會、歷史身與自然、無爲身……在老子看來，有爲身乃是人於自然、原始、無爲身外所莫名分别、執持、積累、造構而來，並由是而源生出種種的弊病，故爲人類生命及社會之種種問題的根本源頭。但因有爲身是人自己莫名虚妄分别、造作而產生，故其本質，説到底，亦屬空無虚幻，並無實或實性，衹要人能顛倒逆行，損之又損，化之又化，終而完全破除損化此虚妄、有爲之分别心識和身體，則自能由虚妄、有爲之心識、身體，而重新返歸於無爲、無限之自然道身，並由此徹底解決人類生命及社會的問題。

老子如是一般的身體觀及身體煉養之道，在王重陽整體思想、丹法中，儘管名相、語滙、用法或有不同，但其基本的思維及架構，則幾乎没什麼两樣。且因王重陽本人係出生在老子身後一千數百多年的北宋末葉，在此千餘年中，中國境内還陸續傳入以佛教爲主體的各種印度思想、文化，此外，魏晉的玄學及道教的天師、上清、靈寳、重玄、内丹、清微等宗派，以及唐宋的儒學、理學，在與佛教及不同宗教、思想、文化的相互激盪及相互融攝下，亦分别發展出相當精微、深刻的思想。王重陽置身於如是的思想、人文傳統當中，也自然使其思想或身體觀，融攝及發展出一些老子《道德經》中所未見到，抑或並未顯發的内涵或觀點。比如，佛教的無明、五藴、業識、輪迴及禪宗的開悟、公案等理法，即是其中之要例。筆者以爲，這些正是重陽本人承受先前思想、傳統的啓發，以自己内丹實修體證作爲根本基礎，所進一步融攝、發展出來之身體理法的重要貢獻。以下，即依序逐次析論王重陽的身體説，及其既繼承老子及先前道教傳統，而又有所進一步創發的地方。

（一）凡軀與真身：王重陽的两種身體説

如上所論，有爲與無爲之身，乃是老子身體觀的核心主張，與此内涵相近的两種身體之説，在王重陽本人，亦同樣可以見到；衹是王重陽分别賦予此二種身體相當多種多樣的不同名稱，而且，對於此二種身體的具體内涵及其煉養轉化之

道，也開展出一些《道德經》書中所未曾言及，抑或未曾明確言及的內涵和特質。

首先來看"有爲身"。《道德經》的"有身"或"有爲""有執"之身，到了王重陽，依不同語境和用法，則又分别被稱呼爲"人身""色身""假身""外身""身體""凡體""幻體""身軀""凡軀""塵軀""假軀""烏軀""四假""五蘊""陰人""七魄""陰魄""四假身""假合身""假合屍""夢中身""假合形骸""四假身軀""四假凡軀""虚幻身軀"……其中實以"凡軀""四假"二詞，最爲普遍、常用。單從這些不同名相，我們即可清楚看出，在王重陽看來，人類的有形身軀，係由地水火風或色受想行識五蘊所聚合而成，其本質乃是虚假、空幻，並無實在性或真實性。此外，我們亦可看到，重陽對於人體身形的認識，曾明顯受到佛教的影響，而且也直接使用不少佛教用語。①

相對於有爲身或四假凡軀，重陽亦和老子的"無身"説一般，亦明確肯定人類還存在一"真身"，且此"真身"，顧名思義，方是人類真正原初、真實的身體或本體。對於此"真身"，重陽依不同的語境和用法，亦同樣給予如下一般之各種不同名稱："真身""法身""金身""七寶身""物外身""清净身""清净法身""金容丈六身""長生不老身""金仙""胎仙""神仙""大羅仙""全真""元神""真人""陽人""裹頭人""活死人""真性""真如""真靈""真慈""慧眼""道眼""純陽""重陽""本來面目""金體""金玉體""無相身軀""心月""明月""明珠""金丹""紫金丹""嬰兒""毗盧""希夷""虚無""本元""元初""靈明""一點靈明""內真""大道""無爲""無名""玄微""玄妙""妙玄""玄玄""玄玄寶""真空""虚空""空不空""本心""真心""三魂""陽魂"等等。其中以真人、真身、靈明等説較爲常見。相對於"四假凡軀"來説，重陽無疑賦予"真身"更爲多元、多樣和複雜的形容或定性。這樣的情形，也正好反映出"真身"或宇宙、生命本體，在重陽的體證當中，本即是一個徹底超越有形、具象、私我或特殊之肉體形軀，由是而具有無窮、無盡、無法以定指等特質的無限存有，是以，自然可以使用不同的語滙、名相來稱謂它或描述它。② 這和老子曾用無、母、樸、一、玄、玄牝、無爲、無名等等不同名詞來稱呼道的情况，實無二致。從這些不同的稱謂，我們除可看到佛、道家的

---

① 比如，"四假""五蘊"二詞，皆是直接援引自佛教。另見於《重陽全真集》之如下二例："胎生卵濕化生人，迷惑安知四假因。正是泥團爲土塊，聚爲身體散爲塵。"(《中華道藏》第26册，第287頁上。)"堪歎火風地水，爲伊合造成形。教人受苦日常經，撲入味香視聽。"(《中華道藏》第26册，第319頁中。)以上之"胎生卵濕化生人"，"火風地水，爲伊合造成形"，也都是佛教語滙。

② 這種多種稱呼的情況，世界各大宗教對其所信奉的絶對存有，皆可見到。比如，伊斯蘭教《古蘭經》即言："真主有許多極美的名號。"(馬堅譯：《古蘭經》，北京：中國社會科學出版社，1996年，第136頁)

共同影響外，更可以看到"真身"所具有之真實、永恒、清净（静）、光明、玄妙、空無、無名、無相、無窮、無盡、慈悲、智慧、元初、本始等等特質。在重陽的認知中，内丹修煉的根本目的，即在於棄假證真，重新回復、顯露生命本有之真身；"全真"之爲"全真"，也和重新找回此真人、真性或真身密不可分。

在四假凡軀與靈明真身二者之間，王重陽無疑也和老子之"去彼取此"説法一般，堅決主張人們應當徹底捨棄虚妄假身而尋求找回人之本來真身①，並且提出一套相當系統、完整之轉化凡身爲真身的内丹修證方法。相對於老子來説，王重陽對於人之凡軀假體的可憂患或可擔慮處，實要更爲集中及更爲鮮明的强調；我們甚至可以把"身患"及如何超越"身患"的問題，看做是重陽思想或丹法所主要聚焦及尋求解決的生命根本問題。② 老子本人的時代氛圍及其身份背景、③思想關懷，本即較聚焦於政治、社會之統御、治理問題，也未將出世與入世截然切割；④反之，重陽的思想、人格，則具有相當强烈的宗教、出世、棄世或尋求生命之超越解脱性格，絶少關注現實政治、社會的運作，這可能是造成如是差别的原因。重陽如是的傾向，在道教及許多宗教人物身上，都同樣可以見到。

（二）凡軀之由來、内涵、延續、本質及其可憂患處

老子以爲，人類生命之最可憂患之處，即在於有此有爲性之"身軀"，而此有爲性之身軀的根本内涵和由來，則和人莫名生起的私我或分别心識有關。老子如是的思想，亦深深的影響王重陽。正如上文所言，人類肉身假體所引發的種種問題或可憂患處，以及如何超越此肉身假體，實是重陽思想、丹法及身體觀所最爲關注的基源問題，此和老子身體説的影響密切相關；但在對於此假體之由來、

---

① 在王重陽的詩文集當中，隨處皆可見到其力主人們應當棄假身、求真身的詩詞。特别是其住居活死人墓兩年期間所寫之詩文，其最爲根本、核心的主題，便是對凡軀假體的慨嘆及對真身的稱許和追求。"活死人"一名，實即取自假軀之死及真身之活。比如，如下所引二詩，便是相當典型的説法："活死人兮活死人，火風地水要知因。墓中日服真丹藥，换了凡軀一點塵。"（《中華道藏》第26册，第286頁下。）"陽人不合戀陰人，都被陰人損善因。鍊取純陽身七寶，無生路上不生塵。"（《重陽全真集》卷二，《中華道藏》第26册，第287頁中。）

② 比如，如下之詩文，即清楚反映出這樣的思維："人人只會哭家親，誰肯能哀自己身？若把己身哀得慟，無生路上作閑人。"（《重陽全真集》卷二，《中華道藏》第26册，第281頁下。）

③ 司馬遷的《老子列傳》以老子爲周朝的守藏室之史。誠如前文之分析，類似老子第13章所言之身患及無身等説，和《管子》内業、心術等説一般，係特别爲當時之君王或統治者所宣説。不過，即便如此，老子的身體觀，仍具有適用於一切人類的普遍意義，並非衹局限於政治人物。

④ 《道德經》第56章所言之："挫其鋭，解其紛，和其光，同其塵，是謂玄同。"即反映出老子所主張之既在世又超離於世，人世與出世二者，實可混融無間的思想。老子如是的思想，在《莊子·天下篇》則詮解爲"空虚不毁萬物"。相對於老子如是的思想，創立全真教的王重陽，儘管其亦有"萬緣不罣自己靈明，乃是出家"（《重陽真人授丹陽二十四訣》，《中華道藏》第26册，第392頁下）之説，但在實際的作爲上，則較主張修道應毅然決然棄家、捨世，不再參與世務。

内涵、特質及可憂患處,重陽既有承繼老子,但亦有吸收佛教等其他思想而發展出一些不同於老子思想的地方。首先來看重陽對於“人身”之可憂患處的感嘆和認識。有關此點,其所寫的《悟真歌》如下之文,即頗具代表性:

> 余當九歲方省事,祖父享年八十二。二十三上榮華日,伯父享年七十七。三十三上覺婁耽,慈父享年七十三。古今百歲七旬少,觀此遮減怎當甘。三十六上寐中寐,便要分他兄活計。豪氣衝天恣意情,朝朝日日長波醉。壓幼欺人度歲時,誣兄罵嫂慢天地。不修家業不修身,只恁望他空富貴。浮雲之財隨手過,妻男怨恨天來大。産業賣得三分錢,二分喫著一酒課。他每衣飲全不知,余還酒錢説災禍。四十八上尚争强,争奈渾身做察詳。忽爾一朝便心破,變成風害任風狂。不懼人人長恥笑,一心恐昧三光照。静慮澄思省己身,悟來便把妻兒掉。好洗面兮好理頭,從人尚道騁風流。家財蕩盡愈無愁,怕與兒孫作馬牛。五十二上光陰急,活到七十有幾日。前頭路險是輪迴,舊業難消等閑失。一失人身萬劫休,如何能得此中脩。須知未老閒强健,棄穴趖墳雲水遊。雲水遊兮別有樂,無慮無思無做作。一枕清風宿世因,一輪明月前生約。①

重陽此歌,實已將其入道的因緣、考量、現實身體、生命之可憂患處及其修持解脱之道,做了精簡清楚的交代。現實身體、生命及人生之短暫易逝、空幻不實、痛苦煩惱及不斷的造作罪業和無止盡的生死輪迴,正是重陽所以爲的四假凡軀之最大問題所在。如是的問題,其實也可進一步歸結爲“生死大事”或“無止盡的生死輪迴”問題。生死的問題,儘管《道德經》一書即已多處提及,並已暗含人類自然無爲的身體或生命本具“永恒、長生、不死”的特質②,到了《莊子》一書,便成爲相當核心、重要的關注焦點,但在《道德經》及其身體相關論述當中,生死的問題,顯然並未特别被標舉成最核心。③ 至於類似佛教印度教的業報、輪迴之説,在

① 《重陽全真集》卷九,《中華道藏》第26册,第327頁上。

② 如《道德經》第6、7、16、33章的“谷神不死”“聖人外身、後身而能長生”“没身不殆”“死而不亡者壽”等説。

③ 老子所言之“身患”,儘管並未特别凸顯出人類之生死問題,但生死問題,實和生命之各種問題一般,係屬於人身之根本大患之一。而其“無身”“無爲”或無分别之境,若深入探究其内涵,則實亦含藴著“無死生”或“超越生死”之旨意。

《道德經》一書，更是完全未曾言及。[①] 由此可見，《悟真歌》一文及重陽的"身患"説，無疑有其深受佛教影響的地方。不過，在此歌文外，我們亦可看到不少重陽引述《道德經》第13章文句，抑或其他有關身體論述的地方，由此即可見到老子身體説的直接影響。比如，見於如下之詩：

> 無身無爲亦無漏，勿論實腹并虚心。教君一通曉這箇，八脈嬰兒纏錦衾。有誰能令胎仙舞，唯我三疊鳴心琴。[②]

此詩起首之"無身"一詞，即是出自《道德經》第13章，其後的"無爲""虚心實腹"説，則是源自《道德經》第3章。最後的"三疊鳴心琴"及"舞胎仙"典故，則是援引自《黄庭内景經》。在此段文字相當精簡、但涵意却相當複雜晦澀的詩當中，我們可以看到王重陽將《道德經》《黄庭經》及佛教的義理巧妙的融攝在一起，由此亦可見到重陽身體之説的複雜性及複雜來源。在重陽的體認中，老子所言之"無身"，除和其"無爲"之説完全同義外，也和佛教的"無漏"或"漏盡"説相通。[③] 人若能真正做到無身、無爲或無漏，則自能達到《黄庭内景經》起首所言之"琴心三疊舞胎仙"之境地。[④] 而此"胎仙"，和老子的"嬰兒""赤子"之説，則一樣被重陽

---

① 佛教認爲，人之身、語、意之所以會造作業報及不斷生死輪迴，和人之無明、染著、分别有關。老子雖未有"業識""業報"之説，但其有知、欲、私、有執、有爲等説法，和佛教之無明、染著或分别之説，實有其共通處。申言之，依老子之思想義理，人類之生命、意識或身體，之所以會被過去的思想、行爲或經驗所制約或束縛，正和人之有知、欲、私、執、自是、自恃、自矜、居功有關。生命若能如自然天地之運行一般，無私、無知、無爲，"生而弗有，爲而弗恃，長而弗宰，功成而弗居"，則自然不會受到過去之歷史、思想、經驗所制約，並使生命、身體、意識，得到真正的無限及自由。是以，筆者以爲，《道德經》書中雖未見"業報"或多世輪迴之説，但其有爲、爲執等説法，實和佛教的業識論有所共通之處。這也是爲何在禪宗（比如，《信心銘》《永嘉證道歌》的"智者無爲，愚人自縛"，"絶學無爲閑道人"等説）及重陽的思想當中，老子的"無身""無爲"之説，和佛教的"無漏""涅槃"之説，可以被等同或融攝在一起的根本原因。這樣的融攝嘗試，早在魏晉南北朝時已出現，王重陽衹是其中之一。這樣的融攝，也自然拓展了老子有爲、有身之説的内涵。

② 《重陽全真集》卷一《和玉長老古調》，《中華道藏》第26册，第281頁下。

③ 同樣的用法，亦見於如下二詩詞："衝上晴空光猛透，方顯無爲，始見歸無漏"（《重陽全真集》卷四《蘇幕遮》，《中華道藏》第26册，第301頁中）；"金丹一粒無爲漏"（《重陽全真集》卷七《醜奴兒》，《中華道藏》第26册，第316頁下）。由此可見，在重陽的體認中，"無爲""無漏"二詞，意義實完全相同。

④ 《黄庭經》的教法，對於重陽的丹法，影響頗深，該經起首所言之"琴心三疊舞胎仙，九氣映明出霄間，神蓋童子生紫煙"（張君房纂輯，蔣力生等校注：《雲笈七籤》，北京：華夏出版社，1996年，第58頁）即是一典型例證。《重陽全真集》當中，除此詩外，另有"三疊琴心。舞胎仙論淺深，自然見、不須重憊搜尋"（《重陽全真集》卷十一《夏雲峰》，《中華道藏》第26册，第337頁下）之説。而其旨意，都是在講述内丹之煉炁化神，至於陽神、胎仙或真人現形，進而超脱肉體凡身的階段。如是境界的成就，則有賴於《黄庭經》所言之"琴心三疊"的工夫。琴者，和也；疊者，凝結積聚也；"琴心三疊"，即是純和净化真意（黄婆），使三丹田之先天精炁神得以重新凝結爲一，進而蜕化成陽神、聖胎之意。此種工法，重陽又直接稱呼爲"三一法"，其實即是内丹煉養所常言之"三花聚頂"或"三家相見"工夫。

等同在一起。

從以上所引這两段文字，我們可以看到，重陽對於人身之大患，立基在自身生命經驗之深刻體驗、反思的基礎之上，既有承襲老子或早期道教者，亦有深受佛教啓發的地方；且因老子身患説的表述本即較爲含混模棱，也較難爲人所理解，故重陽在表述其所體身患具體内涵時，也相當明顯的凸顯出佛教生死輪迴之説。如是的情形，在本即主張“三教一理”及“三教同修”的王重陽來説，並非特例，反之，而是普見於其各種思想、主張當中，身體説衹是其中一範例。① 而這樣的融合傾向，也自然使重陽的“身患”之説，開展出一些老子思想中所未曾言及的内涵。

人類之四假凡軀既存在如此巨大的憂患，其由來、存續過程及本質，又到底爲何？對此問題，老子的解釋是人類對於物境所莫名生起的知、私、欲、有爲或分别心識，正是有爲身的由來；也正因其爲莫名生起，是以，終極來説，並無真實性。同樣的問題，重陽的答案，與老子並無二致。在重陽看來，人類由地水火風或色受想行識“五蘊”所聚合而成之肉身假體的生成、延續、執持及不斷的在生死當中輪迴流轉，難以出脱，實和人對於塵俗、物境持續産生攀緣、染著、分别、無明、造作或愛憎有關。若人能逐次損除這些分别、染著心念，以及累世以來所不斷執持積聚的業識記憶，則最終自能徹底超離此凡軀和物境，使生命回復其清净光明、無所分别、染著、死生之本來面目。以下所見詩詞，即反映出如是的思想：

人人不作是非人，遠此無由地獄因。三界超昇靈物在，仙宫那得有飛塵。②

---

① 佛道同尊同修及深度融合乃是重陽思想的一重要主軸，無論是其論著、教義，還是教制及修持法門，處處都體現出佛道二家思想緊密結合的現象。對於人之真身與假身的觀點，便是其中一個相當典型的案例。從“色身”“四假”等等帶有明顯佛教色彩之名相的直接使用及相關内容的闡述，無疑可以相當清楚看到佛教影響的痕跡。不過，在此之外，重陽對於人體的認識，同樣有不少是承襲自傳統道教。比如，類似“從來分得三光秀，撲入凡軀土底攢”（《重陽全真集》卷一《文山程法師問内事》，《中華道藏》第 26 册，第 281 頁上）；“聚則爲形散爲氣，晴空來往永無心”（《重陽全真集》卷一《修行》，《中華道藏》第 26 册，第 279 頁中）；“殺却三尸陰鬼盡，一團紅焰覆瓊崗”（《重陽全真集》卷十二《瑞鷓鴣》，《中華道藏》第 26 册，第 348 頁上）；“一息不來四假殭，兒孫攘出臥丘荒。七魄有緣歸地府，三魂無分上天堂”（《重陽全真集》卷十三《玉樓春》，《中華道藏》第 26 册，第 354 頁下）等文中之“三光”“三魂”“三尸”“七魄”等詞，都是傳承自傳統道教，且其重要性，並不亞於佛教。當然，從類似“四假”與“七魄”二詞對仗使用的情形來看，重陽顯然認爲兩者在意義上基本上是一樣的。由此可見，重陽的“身體觀”，兼攝佛、道二教，其成份、内涵，本即相當多元、複雜。

② 《重陽全真集》卷二《活死人墓贈甯伯功》，《中華道藏》第 26 册，第 287 頁上。

本來真性喚金丹，四假爲鑪鍊作團。不染不思除妄想，自然衮出入仙壇。①

識得希夷方見妙，自然是、無煩無惱。妻男孫女長繚繞。愛獄恩山，把身軀緊縛抓。②

世上輪迴等等人，各分神性各分因。百年大限從胎死，五蘊都歸塵下塵。③

《道德經》第2章所言之"天下皆知美之爲美，斯惡已"及《莊子·齊物論》之"是非之彰也，道之所以虧；道之所以虧，愛之所以成"，都一致指出，對於事物境象莫名開始生起是非、善惡等分別性心念，正是清静無爲生命被打破及生命種種問題産生的根本原因。重陽第一段文字所言之"人人不作是非人，遠此無由地獄因"。顯然也含蕴同樣的認識。當然，這樣的説法，也提到老莊書中所未見之地獄或六道輪迴思想。第二、三段文字的表達方式或名詞語滙的使用，雖有所不同，但其所言之"染思、妄想""愛獄恩山"等字眼，其本質，其實仍不外乎"分别或染著性心智(識)"。正是這樣的分别性心智，滋生出生命的種種問題或煩惱；如是，人若能徹底損除這樣的分别、染著之心，則自然也使生命、意識得以自在、解脱。

最後一段詩詞，則進一步精要解釋人之"四假凡軀"的由來、基本結構、輪迴轉换過程、最終結局及空無本質。所謂"世上輪迴等等人，各分神性各分因"一語，除指出人之"四假凡軀"並非衹有一世，而是具有不斷輪迴轉换和長期延續的特質；另外也點出，每一個人的生命，除了"四假凡軀"，實還具有"神性"或"真性"。四假或五蘊凡軀乃是由人累世所不斷妄執、妄作和積累的業因、基因所形塑、外顯而來④，故又可如佛教一般，直接稱呼爲"業報身"。如是的身體，在某生某世持續生活數十年甚或上百年的時間，承受種種的經驗、行爲和感受後，又再度分解滅亡，回歸於塵土，而其所持續累積、未曾斷絶的業因，則將再次造就出下一世的四假、五蘊之身。此即人之"四假凡軀"所具有之不斷輪迴轉换和長期延

---

① 《重陽全真集》卷二《金丹》，《中華道藏》第26册，第285頁下。

② 《重陽全真集》卷五《金鷄叫·警劉公》，《中華道藏》第26册，第306頁下。

③ 《重陽全真集》卷二《活死人墓贈甯伯功》，《中華道藏》第26册，第287頁中。

④ 重陽如是的觀點，並非其首創，隋唐之際的《太上老君内觀經》起首經文曰："天地媾精，陰陽佈化，萬物以生。承其宿業，分靈道一。"(《中華道藏》第6册，第79頁上。)其中的"承其宿業，分靈道一"，和重陽的"各分神性各分因"之説，無疑有其異曲同工處。重陽之説，或有可能受其啓發。而無論是《太上老君内觀經》，還是重陽此説，都有融受佛教及逾越或深化老子身體思想的地方。

續的特質[①],如是的特質,也是老子“有爲身”之説所未曾言及。然這樣的特質之所以會不斷存在、延續,係由人所不斷分别、執持、染著而來,一旦不再分别、執持及染著,則如是的輪迴或存續,便會完全終止或滅絶;其本質、本性終究爲空幻,其故亦在於此。至於“神性”一物,實即人的真身、真心、真性或道心、道性。如是的真身、真心或真性,無疑纔是人類生命之本來真實的本體或面目;人類生命之所以能獲得究竟的超越、自在或解脱,也是因爲有此真身、真心或真性的存在。[②]重陽所立“全真”及其身體煉養之根本關懷,就像老子之“復歸於道、樸、嬰兒”一般,即在於捨棄凡身,而重新開顯此神性、真身,使生命獲得真正的自由。

總而言之,正如老子“有身”或“有爲身”之大患的本質及源頭,即是知、私這樣的分别心識,重陽所謂之“四假凡軀”或導致人不斷在生死當中輪迴的根本原因,説到底,還是在於人之莫名生起的分别或染著之心。因有此分别心識及其長期薰習蘊積的業識記憶,進而形塑、顯化成一個有所分别、染著的“四假凡軀”,而此“四假凡軀”,又對塵俗物境不斷的産生攀緣愛戀、執持染著和業識積累,由是而使生命長期置處糾結於虚妄不實的表象世界或生死輪迴當中,難以出脱。這一切,最初皆源自於莫名生起的妄心、妄念,也正因如此,故無論是分别心、四假凡軀,還是因此分别心、四假凡軀所染著造作的種種境相際遇,其本質,皆同樣爲無常變易或空幻不實。也正因其本質爲空幻不實,故人若能於此有所回頭醒悟,停止染著造作,且不斷的損除長期積累薰染的業識執持,則最終便能重新找回自己本始無染的清净法身或真身。

(三)如何轉化凡軀爲真身:王重陽的身體轉化之道

在重陽的體證中,人類生命及社會最根本的問題,既是在於莫名生起的是非、分别、愛憎、染著之心,以及長期不斷習染、積累、執持而成的虚妄四假凡軀或業識記憶,欲徹底解決生命存在的種種問題,則自然須從逐次的損除如是的分别、染著之心識和身體著手。一旦染著的心識和身體得到完全的净化,則自能轉凡身爲真身,使生命得到究竟的自在及解脱。

---

① 重陽既然完全接受佛教的業識或六道輪迴思想,則其自然也如佛教一般的肯定,一個尚未獲得證悟解脱之人,在其死後及轉化爲下一世的生命之間,必然還會存在一個無形無體的“鬼魂”或“中陰身”狀態。比如,見於《重陽全真集》卷三之如下《川撥棹》一詩:“酆都路,定置箇,凌遲所。便安排了,鐵床鑊湯,刀山劍樹。造惡人有緣覷。造惡人有緣覷。鬼使勾名持黑。没推辭,與他去。早掉下這屍骸,不藉妻兒與女。地獄中長受苦。地獄中長受苦。”(《中華道藏》第26册,第296頁中。)即清楚肯定鬼道衆生之存在。由是,重陽的妄身、假身或凡軀之説,若更進一步剖析、分類,則除了有形有相之四假形軀外,另外還包括無形無體、過度變化的“中陰身”。

② 比如,“輪迴生死如何免,認取亘初真正面”(《重陽全真集》卷十《閻學士寫上四句續和十二句》,《中華道藏》第26册,第332頁下)一語。

重陽所主張的如是修煉原則，和老子實無兩樣；兩者之間，實存在前傳後繼、一脈相承的緊密關係。老子所主張的修煉原則爲“爲道日損”“反者道之動”或“復歸於樸、一、道”；如是的原則，落實在具體的修煉方法及步驟上，即是塞兑閉門，反轉、止息感官的向外發用，同時少私寡欲、無知無爲、無恃無執、致虛守静、抱一守中及滌除玄鑒。如是而持續操持損化，使原本有爲、有執的身體、心識，達到完全寂静及無爲之時，便能重新唤醒或開顯先天無爲之沖氣、道氣或玄牝，終而達到轉化有爲身爲無爲身及無所不爲的微妙境地。老子“復歸”及“爲道日損”的原則，在内丹及王重陽，則轉化成“順則凡，逆則仙，衹在中間顛倒顛”的“顛倒”或“返還”（七返九還）原則；兩者都同樣循行類似基督教神學所言的“否定”之道。如是的原則，落實在具體的行持方法或次第上，同樣是要從身、語、意三方面，抑或是重陽、全真道强調的真（内）功、真（外）行兩方面著手。[①] 在身體、行爲表現方面，無知無欲、如癡似愚，逆反、止息眼、耳、鼻、舌、身等身軀感官知覺的向外發用，使原已有所染著分别的感官知覺，不再攀緣、執持於外境。此外，則應戒除酒色財氣等種種事物，確實踐履遵循濟貧、布施、禁飲酒、殺盗等種種善行或戒律，以及懺悔、消除、改正往昔所造作之種種罪業。在言語方面，則應少言、罕言、無言，不談論風花雪月、俗世是非瑣事。在心意方面，則應清静守中（守竅），抱一無爲，覺照呼吸，存神固氣，使心意不再分别染著或向外攀緣愛戀。一個修行者在如上之身、語、意三方面或内功、外行的相互搭配和切實踐履下，即能使有所分别染著的身體、心識逐漸的静定下來，進而逐次唤醒、開顯先天的玄關和精氣神，由此再進一步凝結、採取、煉養、轉化，終而達到陰盡陽純的重陽、純陽境地。如是的境地，即人之真身、法身或本來真實之面目。

前文曾言，重陽修丹、修道的方法及原則，實深受老子《道德經》的影響，從前文之闡述，的確可以進一步印證如是的説法。當然，和身體説的情況一樣，重陽的修煉工夫論，立基在己身實修實證的根本基礎之上，除承繼《道德經》、鍾吕派丹法及早期道教的相關理法外，也同時融受佛教的一些内涵，由是而發展、演繹出一些《道德經》所未見之教法。以下即針對重陽修煉工夫之主要原則與方法，進行更細部的析論。

---

① 真功真行或功行並重，乃是重陽所立全真道兩大修行主軸。對於真功、真行的概要内涵，重陽在《三州五會化緣榜》一文中，曾引用晉真人如下之語，予以界定：“若要真功者，須是澄心定意，打疊神情，無動無作，真清真静，抱元守一，存神固氣，乃真功也。若要真行者，須是修仁藴德，濟貧救苦，見人患難，常行拯救之心，或化誘善人入道修行，所行之事先人後己，與萬物無私，乃真行也。”（《重陽教化集》卷三，《中華道藏》第26册，第381頁中。）

1.“顛倒”修行之路的具體内涵及操作方法。

在修丹、修道的根本原則或進路方面,“顛倒”“逆返”或“返還”等同義詞語,實可以精要概括之。在老子及重陽的認知當中,現實人類的生命、身體、識及人文世界,本皆已墮入有爲、分別、二元或染著的境況當中,是以,人若欲從有爲而返乎無爲,自應當先“顛倒”而非再順任有爲、分別之存在境況而行之。而其更具體的内涵及作法,即體現在逆反道創生宇宙萬物的次序而歸返於道,以及逆返、棄絶、止息分别、有爲之感官知覺和意欲、思維、思慮等作用,使生命得以徹底超離於塵俗物境,進而從分別、有爲、染著的存在境況,而返回至先天、自然、無爲、無分别之元始境地。比如,見於如下詩詞:

> 堪歎火風地水,爲伊合造成形。教人受苦日常經,撲入味香視聽。①
>
> 教公對景知顛倒,擘碎微塵踏碎空。②
>
> 但把五行顛倒使,便教他日遇神仙。③
>
> 四序傳中氣,三光在上明。如通顛倒法,何慮不圓成。④
>
> 獨我搖頭不管,朝朝居止黄庭。自然闃寂聚真靈。五色霞光覆定。⑤

第一段詩詞主要點出,人類後天由地水火風所聚合而成之四大假軀,因其本具無明、分別、染著等特質,故皆不免容易追逐、執持色聲香味觸法等物境,由是而經受種種痛苦煩惱。如是的思想,在《道德經》的“衆人熙熙,如享太牢”(第20章),“百姓皆注其耳目”(第49章)及孟子的“耳目之官不思,而蔽於物。物交物則引之而已矣”(《孟子·告子上》)等説,都同様可見。修持内丹解脱之道,自當如老莊所言之“塞其兑,閉其門”,“天門開闔,能爲雌乎”(第10章),“以神遇而不以目視,官知止而神欲行”(《莊子·養生主》)般地顛倒而行。

第二段的“教公對景知顛倒,擘碎微塵踏碎空”,即是此“顛倒修行”之路的精要表述。顛倒或徹底翻轉大道創生宇宙萬物之次序以求重新回返復歸於道,乃是内丹,甚至是所有道教修行工夫所依循的根本法則。如是的法則,在五代譚峭所著《化書》中,即可見如下之極其精要的表述:“道之委也,虚化神,神化氣,氣化形,形生而萬物所以塞也;道之用也,形化氣,氣化神,神化虚,虚明而萬物所以

---

① 《重陽全真集》卷八《西江月·四假》,《中華道藏》第26册,第319頁中。

② 《重陽全真集》卷二《馮先生求問》,《中華道藏》第26册,第289頁中。

③ 《重陽全真集》卷十《上兄壽》,《中華道藏》第26册,第331頁下。

④ 《重陽教化集》卷二《贈丹陽》,《中華道藏》第26册,第372頁上。

⑤ 《重陽全真集》卷八《西江月·四假》,《中華道藏》第26册,第319頁下。

通也。古聖人窮通塞之端，得造化之源，忘形以養氣，忘氣以養神，忘神以養虛，虛實相通，是謂大同。”[①]同樣的旨意，亦見於張伯端《讀〈周易參同契〉》的如下詩句：“大丹妙用法乾坤，乾坤運乎五行分。五行順兮，常道有生有滅；五行逆兮，丹體常靈常存。”[②]而無論是譚峭或張伯端的表述，其初始源頭，皆可上溯至老子的“復歸”“爲道日損”及“道生一，一生二，二生三，三生萬物”等思想；重陽的“但把五行顛倒使，便教他日遇神仙”，“教公對景知顛倒”及“如通顛倒法，何慮不圓成”，皆是老子以降之如是思想的另一種表達。

“顛倒”這個根本原則進一步的内涵，即是如張伯端和王重陽所言之“顛倒”、反轉五行或木火土金水等五氣的向外發用，使其重新凝結團聚，達到引文中所言之“三光在上明”（即内丹常言之精神氣重新融結的“三花聚頂”説）、“四序傳中氣”（即内丹“五氣朝元”之説）境地。對於如是之修持歷程，見於《重陽全真集》卷十《問内事》之“修行事理説叮嚀，衹要心中静裹明。眼界不生龍自住，鼻門無閉虎長停。舌根退味心神悦，耳内除聲腎水清。南北沖和同一體，東西交媾滅三彭。木金廝仗盤桓處，嬰姹相隨自在行。結就金丹出頂上，五光射道綵雲棚”[③]。即有更進一步之説明。在此詩中，重陽强調，若人能澄心定意，反轉、節制眼耳鼻舌四感官的向外逐求，則自能使眼肝、鼻肺、舌心、耳腎含藴之木（龍）、金（虎）、火（心）、水等四氣，在中央脾胃已土真意（又稱“黄婆”）的主導媒合下，而得以重新凝結摶聚煉化爲一體。此五行真光、真氣所重新凝結之靈體、真性，即是道，即是人之本來真實之真身、法身。引文最後一段的“獨我摇頭不管，朝朝居止黄庭。自然闃寂聚真靈，五色霞光覆定”。與《問内事》之説法，實如出一轍，全無二致。比較特别的是其中的“朝朝居止黄庭”説。考“黄庭”一詞，首見於漢代邊韶所撰《老子銘》之“出入丹廬，上下黄庭”[④]；到了《黄庭内、外景經》，即以腦中、心中、脾中爲人體之三個“黄庭”[⑤]，即三個身體修煉中最爲核心的關竅或根源中心，其中又以位於中央戊已之脾神“黄庭”，最爲關鍵。王重陽所使用的“黄

---

① （五代）譚峭撰，丁禎彦、李似珍點校：《化書・道化》，北京：中華書局，1996 年，第 1 頁。

② （宋）张伯端撰，王沐淺解：《悟真篇淺解》，北京：中華書局，1990 年，第 165 頁。

③ 《重陽全真集》卷十《上兄壽》，《中華道藏》第 26 册，第 330 頁上。

④ 引自劉屹在其所撰之《論〈老子銘〉中的老子及太一》校正文（《漢學研究》21 卷 1 期，2003 年，第 83 頁）。

⑤ 《上清黄庭内景經》，張君房纂輯，蔣力生等校注：《雲笈七籤》，第 57 頁。此爲唐代梁丘子白履忠之説，其詳細内容如下：“黄者，中之色也；庭者，四方之中也。外指事，即天中、人中、地中；内指事，即腦中、心中、脾中。故曰黄庭。”梁丘子著有《黄庭内景玉經注》，該注是現存最早的《黄庭經》注解。有關《黄庭經》之“黄庭”意義，筆者在《道教内丹與儒家“中論”的比較研究》一文（《反身體道——内丹密契主義研究》，第 438 ~ 443 頁），有較完整的剖析。

庭”一詞，乃是源自《黄庭經》，在重陽的各種論著當中，又稱此關竅爲“坤”“腹”“玄關”“靈根”“根源”“根蒂”“西南”“黄婆”“丹田”或“寶瓶宫”，其實際所指，皆是位於臍後腎前的命門炁穴。如上文所論，在王重陽看來，《道德經》“虚心實腹”“抱一守中”“深根固柢”“獨異於人，而貴食母”“谷神不死，是謂玄牝”等文中之“腹”“一”“中”“根”“母”“谷神”“玄牝”，即是《黄庭經》或張伯端等丹家所言之“黄庭”“西南”“坤腹”“歸根竅”“復命關”“玄關一竅”……其從《道德經》所得到的重要“真詮”“玄機”或修煉啓示，即是由此了悟修丹初下手處。五行四象、鉛汞嬰姹、水火陰陽、精神炁三光之所以能重新返還凝結，正須由此中央真意黄婆以爲主導。引文最後一段所言之“獨我摇頭不管，朝朝居止黄庭”。即清楚道出中央黄庭在整個内丹或身體轉化修煉過程當中的關鍵地位。修持者若能將心意回光反照，注守於此，等到用志不紛、心清意静，則“自然闃寂聚真靈。五色霞光覆定”。由此可見，王重陽的“顛倒修行”之路，並非衹是一種抽象空泛的原理原則，而是有其具體的内涵和操作方法，其中最爲核心關鍵處，即在於收視返聽，以心意、真意回光返照於人體生身處的命門炁穴。蓋衹有使五行、五氣重新收攝回返於此形軀假體的真正源頭根蒂，則方能進一步轉化此假身、有爲身爲真身、無爲身。身體、言語等種種行爲實踐或規範，其最終的目的，亦都指向此點。而在重陽看來，這樣的玄機、真詮或修丹下手處，老子《道德經》的“玄牝”“中”“一”“母”“根”等説，即已指出；重陽如是的理解，普見於内丹各派，乃是老子思想一個相當獨特和重要的詮釋及發展。

2.“顛倒”修行之路的重要加行或助緣：身體、行爲、言語及心地工夫。

如上所言，内丹身心修行轉化之道的根本關鍵，乃在於重新凝結摶聚五行真炁，抑或是唤醒先天的精氣神或玄關、玄牝。依重陽所開創具有出家棄世性質之全真教法，一個修行者若欲真正達到這樣的目的，除須了解、具備上節所言之真詮、丹訣外，還需要身體、行爲、言語、心地等方面的修行工夫來密切配合，方能真正成就。有關這方面的修行工夫，在重陽著作當中，實隨處可見；我們大抵可將之分成在家及出家修行法两大類。① 從如下兩段重陽贈送弟子入道所寫之詩詞，

① 重陽之全真教法，基本上以出家、出世法爲主，在他看來，衹有身心意識徹底的離塵離俗、無所染著，方能真正使有爲、有染著之生命、身體、意識，得到根本、徹底的轉化。是以，其最爲强調的乃是出家修行；不過，若有人尚未能出家修行，重陽亦會指示其在家修行之方法或原則。比如，見於如下之詞：“未欲修持，先通吉善，在家作福堪當。晨参夜禮，長是爇名香。漸漸財疏色減，看分寸，營養爺娘。擒猿馬，古來一句，柔弱勝剛强。從長，凡百事，先人後己，勤認炎涼。與六親和睦，朋友圓方。宗祖靈祠祭饗，頻行孝、以序思量。逢佳節，懽欣訪飲，齊唱滿庭芳。”（《重陽全真集》卷三《滿庭芳 · 未欲脱家》，《中華道藏》第 26 册，第 297 頁中。）

即可見出其修行法之梗概：

> 若是要隨余去，絶盡平生思慮。心中物物不著，塵事般般休序。饑後麤細皆餐，寒來只消紙布。常睡莫起憂愁，如行休生恐怖。不得言是談非，不得辭辛道苦。長懷平等之心，人病須要救護。長把假身搜獲，永將内真正顧。直待消盡舊業，萬事般般勿做。行功堪可證明，有箇真師來度。①
>
> 譚仙入道，慧刀能舉。棄妻割愛，捨了男女。……入道非難，亦非易做。苦中尋閑，閑中没苦。休覓嬰姹，莫搜龍虎。只要真清，要識真趣。絶盡人我，絶盡思慮。……便戴青巾，便衣紙布。決要上街，覓錢乞去。……些小綿絮。遮藏微體，長令淡素。……自有金烏，自有玉兔。認得真閑，長生門户。②

從這兩段文字，我們都可清楚看到，重陽的全真教法，其根本目的，即在捨棄俗世、俗情和假身，以求證悟真身、真性；而欲達到這樣的目的，則應從身體、行爲、言語、心地等方面一起配合修持。其中最居關鍵者，乃是心地、意識的完全静定、平等、無染、無著、無分别；然心意之清净、無染、無分别，則有賴類似出家、獨身、離鄉、離俗、棄世、無言③、少言、素食、節食、節欲、無欲、行乞、清貧、佈施、助人、消業等行爲實踐的相互搭配。相較於老子，王重陽在行爲修持方面，顯然增添不少《道德經》書中所未言及之具體内涵，比如出家、離鄉、獨身、素食、行乞、消業等等，此和重陽本即想要創立一出家性之修行教派或道團，以及其試圖深度融合佛道二家修行理法有關。老子本人的清静、無爲、無知、無欲及玄德等説，其根本的精神，仍具有徹底超離或無所染著於俗世、物境之出世特質，但從老子"和光同塵"的"玄同"之説來看，老子顯然以爲，人類可以真正做到如大道、天地一般的"既入世又出世""既居塵又離塵"或"既内在又超越"的境地；重陽的"萬緣不罣自己靈明，乃是出家"之論，其實亦含藴老子的"玄同"之義，但他所强調主張及創設的教法，仍是一個身心行皆實際棄絶於塵俗的出家性教法。

3. 由凡軀、凡心轉化爲真身、真心的歷程、次第和經驗、感受。

經由前文之細部分析探討，我們肯定，無論是老子，還是王重陽，其所主張的

---

① 《重陽全真集》卷九《贈友入道頌》，《中華道藏》第26册，第328頁中。

② 《重陽全真集》卷九《贈弟子頌》，《中華道藏》第26册，第327頁中。

③ 比如，見於如下之詞："人云口是禍之門，我道舌爲禍本根。不語無言没討論。度朝昏，便是安閑保命存。"(《重陽全真集》卷十三《憶王孫・贈馬鈺》，《中華道藏》第26册，第327頁中。)

身心意識轉化之道的核心關鍵，皆在於重新喚醒或顯露人類身體之中原所具有的玄牝、沖氣、道氣、玄關、先天神炁等等生化人身之根本源頭。① 然在《道德經》書中，對於生命、身體從分別、有爲的狀態，徹底回返復歸爲自然、無爲之狀態的過程、次第和具體的身心經驗和感受，除最後的復歸於嬰兒、赤子般的身體或體道經驗外，並未有太多的著墨。在此點上，内丹或王重陽則具體、詳盡很多；鍾吕派的丹法，即將整個修丹復歸於道的過程，區分爲煉精化氣、煉氣化神及煉神還虚三大階段，並詳論每個階段的具體操持方法及細部的經驗内涵。鍾吕派如是的修丹三階段説，日後幾乎成爲内丹各派所普遍接受的共法；②作爲鍾吕派丹法主要傳人之一的王重陽，其丹法自亦未逾越此樊籬。重陽所留下的著作當中，不少詩詞都可見到其精要的闡述修丹的方法、過程、内景及經驗感受，上文所引之《問内事》一詩，便是一典型例證；③其中，更爲詳盡、完整的修丹詩詞歌賦，則見於類似《重陽全真集》卷七的《五更出舍郎》、卷八的《如夢令》《行香子》《得道陽》《五更令》、卷九的《西江月》及卷十三的《搗練子》《川撥棹》等長篇詩詞。而無論是長篇或短篇、粗論或細論，其基本的次第或轉化歷程，實皆大同小異，也皆離不開三丹田、精氣神的煉養，抑或煉精化氣、煉氣化神及煉神還虚等三大階段。比如，《玉花會疏》《三州五會化緣榜》如下之文，即精要指點出修丹之關鍵，乃在於先天神炁、性命之凝結和煉養：

切以能全呼吸，定喘息，實非難；會養氣神，調沖和，應甚易。性憑三曜，變五行，出陰陽造化之端，在清静虚無之上。要開金蕊，須種玉花。馨香吐而透入晴空，明艷顯而朗舒碧漢。得自然而輕九轉，得自然而没七還。自結大丹，自通玄妙。④

夫玉花者，乃氣之宗。金蓮者，乃神之祖。氣神相結，謂之神仙。……起置玉花金蓮社，在於兩州，務要諸公認真性、養真氣。諸公不曉根源，盡學

① 比如，見於《重陽全真集》卷一之《修行》一詩："玄關奪得不追尋，鍊就重陽滅盡陰。從此頻添木上火，由斯再煮水中金。萬般神應還誰見，一箇真靈只自欽。聚則爲形散爲氣，晴空來往永無心。"（《中華道藏》第 26 册，第 279 頁中。）此詩清楚指出，修丹或身體、意識轉化之道的關鍵，即在於重啓"玄關"。

② 明代的《性命圭旨》一書，曾將丹法分爲漸法與頓法兩大類。其中頓法的代表，即是以關尹子爲首的"文始派"，惟傳承不多；而鍾吕派所傳丹法，則是以煉丹三階段説之漸法爲主，傳承最廣。尹真人：《性命圭旨》，《藏外道書》第 9 册，第 523 頁上。

③ 其他如卷一之《修行》《文山程法師問内事》《述懷》、卷二之《活死人引子》《述懷》及卷八之《雨霖鈴》等短篇之律詩絶句，都相當精要的解説内丹修煉的部分或完整次第和歷程。

④ 《重陽全真集》卷九《玉花會疏》，《中華道藏》第 26 册，第 328 頁下。

旁門小術，此乃是作福養身之法，並不干修性命入道之事。①

《玉花會疏》《三州五會化緣榜》二文，皆在宣示成立七寶、金蓮、三光、玉花及平等五個會社的根本宗旨所在。從這樣的簡要陳述，我們正可藉此而了解重陽所創全真道之終極關懷和重陽丹法之核心的内涵。此两段文字的表達方式雖有不同，但其宗旨内涵則無别，两文皆在强調，真神、真氣或真性、真命二者，實爲修丹、修道的核心關鍵所在。此乃承襲自鍾吕派一脈相承之性命雙修丹法，《鍾吕傳道集·論還丹》言："丹田有三：上田神舍，中田氣府、下田精區。精中生氣，氣在中丹。氣中生神，神在上丹。真水真氣合而成精，精在下丹。"②《傳道集》如是之説，至於明代全真龍門派第八代傳人伍沖虚，則直言："性在泥丸，命在臍。蓋言了修命之事在臍，了修性之事在泥丸也。"③重陽的"氣神相結，謂之神仙"之説，實與《傳道集》或伍沖虚之説，全然一致，當可相互訓釋。是以，整個内丹煉養或身體轉化之道，實皆離不開元神、真氣或上中下三丹田的煉養。重陽有關内丹煉養次第之較爲完整的闡述，更可説明此點。比如，見於如下的《五更令》一詞：

一更初，鼓聲傻。槌槌要敲著，心猿意馬。細細而、擊動錚錚，使俱齊擒下。萬象森羅空裏挂。潑焰焰神輝，惺惺灑灑。明光射入寶瓶宫，早兒嬌女姹。

二更分，鼓聲按。匀匀打自然，虎龍交换。精氣神、各住丹房，也並無錯亂。撞透重樓知片段。這玉液瓊漿，往來澆灌。便須教、溉出黄芽，漸生來好看。

三更端，鼓聲正。鏨鏨響韻音，轉令鳴瑩。其中便、聒現靈根，會通賢道聖。慢慢來迴遊捷徑。傳銀箭這番，穿成雅令。用親鏑、鏑上紅心，現清清静静。

四更高，鼓聲鋭。忽然間振動，天花遍墜。前面却、有箇真人，戴星冠月帔。得此妙玄成吉利。望北斗杓星，西南正指。看看底、剔綻瓊花，做祥祥瑞瑞。

五更終，鼓聲閑。被那人挪動，做成顛倒。金盤内、托出神珠，放霞光萬

① 《重陽教化集》卷三，《中華道藏》第26册，第381頁上。《三州五會化緣榜》之"夫玉花者乃氣之宗"以下之文，即是原題名爲《玉花社疏》（卷十）之文，故與上文之《玉花會疏》旨意，完全一致。

② 《修真十書·鍾吕傳道集》卷十六，《中華道藏》第19册，第830頁下。

③ 《天仙正理直論》，《藏外道書》第5册，第819頁下。臍亦丹家所言之下丹田或命門炁穴。

道。窈窈冥冥真箇好。從此復通他，當初至寶。如今却、歸去何方，住十洲三島。①

有關此詞之較爲完整、詳盡的解釋，筆者在他文中已曾嘗試，於此主要是根據本文之主題，另做詮解。"一更"文中所謂之"寶瓶宫"即"黄庭""玄關""玄牝"或"命門炁穴"，丹家以此爲生化人身之本源或煉精化炁之祖地。明光者，純净無染之真心、真意或神火也；此真心、真意須經净化、止息後天、有所分别、染著或變動不已的識神、思慮（即心猿、意馬）方能得之。② 修行者以真意返照寶瓶宫，即得使嬰兒（即虎、鉛、元炁、腎水）、奼女（即龍、汞、元神、心火）二者摶聚凝結。

"二更"文所言，乃是將神炁凝結之物（即黄芽或小藥），藉由任督周天來回運行淬煉，使其得以達到完全的純粹净化。工夫至此，即丹家所言"煉精化炁"階段的完成。

"三更"文所言，乃是將寶瓶宫所煉化純净之黄芽，再經由督脈與乾宫、泥丸宫中之元神摶聚凝結成金丹大藥，再送至中丹沐浴洗滌净化，使其孕化成嬰兒、陽神。工夫至此，即丹家所言"煉炁化神"階段的完成。

"四更""五更"文所言，乃是嬰兒、陽神、真身或真人現形及進一步返歸道鄉、與道合同之種種微妙祥瑞内景（如天花遍墜、霞光萬道等）。此階段即丹家所言之"煉神還虚（道）"。由"五更"之"從此復通他，當初至寶"一文可見，在重陽看來，此與道同體同一之真人、真身，方纔是人類本來、真實的身體、面目或實相；現實人類所擁有之殊化、具體、有形、有相的身體，乃是此真身被蒙蔽、遮蓋以後所妄生、妄執而後纔有之。由凡軀、假身向真人、真身的轉化，亦至此方達徹底、究竟。

（四）重陽真身之屬性、本質及等觀一切

在重陽本人的實踐體證及詮解闡述中，相對於人類現實、短暫、有形、有相、有爲、有限、表象、相對、分别、虚妄、必死的身軀，人之真身、真性，實具有真實、絶

① 《重陽全真集》卷八，《中華道藏》第 26 册，第 322 頁下。

② 就像重陽將人類的身體區分爲凡軀與真身一般，其對於人類的心意、意識或認識，亦相應的區分爲凡心與真心（類似《太一金華宗旨》等丹經，則稱爲元神與識神）。比如《重陽全真集》之"終南一遇，醴邑相逢，兩次凡心蒙滌。"（《重陽教化集》卷二《玉女邀仙輩》，《中華道藏》第 26 册，第 371 頁下）；"劈破凡心，認取佛菩薩。一顆明珠頻擦抹。七寶宫中，壘起真金塔"（《重陽全真集》卷十三《蘇幕遮・點化道友》，《中華道藏》第 26 册，第 351 頁下）等語，都可見到如是的區分。從後語，更可見出，在重陽看來，凡軀與凡心，真身與真心，兩者實爲一事，且心、性更爲其身體之源頭、主宰。故若欲由凡軀轉化爲真身，實有必要從凡心的净化、轉化著手。重陽如是的觀念、工夫，在老子的"滌除玄鑒，能無疵乎？"及"致虚守静""無心無執無爲"等説，即可見到。

對、獨立、整體、統一、根源、光明、無窮、無限、無名、無相、無形、無體、永恒、不死、智慧、慈悲、自由、自在、清静、至樂、平常、平等（齊物、等觀一切）、自然、包容、空虚、玄妙、窈冥、無分別、不可知解、掌握、與萬物萬象同體同一等等屬性或特質。[①]這樣的特質及描述，在重陽所留下的各種著作當中，實隨處可見。比如，見於如下之詩詞，即分別反映出此真身所具有之超越時空、通貫一切、光明璀璨、不生不滅、平等慈悲、清净自在等等特質："東西南北皆圓轉，到此方知處處通"[②]，"如金如玉又如珠，兀兀騰騰五色鋪。……不滅不生閑朗耀，方知却得舊規模"[③]。"一點光明尤燦燦，五般霞彩不相離"[④]。"平等常施爲大道，净清不退得真慈"[⑤]。"彩色般般籠罩定，處清涼，永長生"[⑥]。"復住空中超造化，得歸物外越乾坤。那論若亡存"[⑦]。重陽如是的"身體觀"，乃是一種無限或絶對的身體觀，人類的生命，終極來説，真正實在的身體，正是其所謂的"真身"，至於衆人所以爲主體、真實，且將其與自我等同在一起的四假凡軀，反倒是一種空幻不實、實無自性的假身。如是的假身，以及因此假身的虚妄分別作用所造作、構築的人文世界，也正是因爲人的無明、妄執，無法認清其虚妄不實的本質，所以纔會一直不斷存在、延續及生死輪迴下去；一旦不再執持、染著，且能棄假證真，轉化凡身爲真身，則自然能看清宇宙、生命及人文世界的真正實相，並能由此而均齊萬法、萬象和平等觀照一切事物。這樣的平等觀、齊物觀、無分別觀，事實上，也正是重陽修真、修道志行，抑或其全真教旨的最後定論和總結。其生前所創立的最後一個會社，便定名爲"平等社"[⑧]，同時還爲此社之創立，寫下"竊以平等者，道德之祖，清静之元。首看萊州，終歸平等，爲玉花、金蓮之根本，作三光、七寶之宗源。普濟群生，遍拔黎庶。……人人願吐於黄芽，箇箇不遊於黑路"，來解釋"平等"會名之真諦。由此語，可以看到，重陽不僅將平等或無分別之心，看作是内丹修煉之根本基礎，而且還把平等看做是一切道德、宗教或生命清静的根本源頭或精神。儘管重陽

---

① 有關此點，筆者在《光、死亡與重生》（收入蕭進銘：《反身體道——内丹密契主義研究》，第 175 ~ 183 頁）一文，有較詳細之探討。

② 《重陽全真集》卷一《結物外親》，《中華道藏》第 26 册，第 275 頁中。

③ 《重陽全真集》卷一《任公問本性》，《中華道藏》第 26 册，第 277 頁中。

④ 《重陽全真集》卷二《述懷》，《中華道藏》第 26 册，第 287 頁下。

⑤ 《重陽全真集》卷一《問龍虎交媾》，《中華道藏》第 26 册，第 277 頁中。

⑥ 《重陽全真集》卷四《江神子》，《中華道藏》第 26 册，第 300 頁下。

⑦ 《重陽全真集》卷四《望蓬萊・醴泉覓錢》，《中華道藏》第 26 册，第 302 頁中。

⑧ 平等會創立於金大定九年（1169）十月，地點位在山東萊州境内。此會係王重陽生前所創設的最後一個會社，創立此會後，重陽隨即與馬丹陽、譚處端、劉處玄及丘處機等四人離開山東，前往汴梁（今開封）。隔年正月初四，即仙逝於開封。

的平等説和老莊的無爲、齊物思想本有相通之處，和佛家所言之“平常心”“無分别心”也無兩様，但把“平等”二字特别提拈出來，作爲其最後會社名稱及晚年最後定論，實有其慧心獨到處。而其之所以有如是的身體觀和平等思想，皆和其對於真身、真性的實際體證密不可分。

五、結論：老子與王重陽身體説的異同

截至目前爲止，學界對於王重陽的思想、身體觀、工夫修證理法與老子的關係，還很少進行深入的分析和探討。儘管王重陽的思想，的確深受佛教思想的影響，其本人，也相當積極、主動，且有意識的去融攝會通佛道二家的思想和教法，但作爲内丹鍾吕派重要傳人的王重陽，其思想主旨、身體觀、身體修證轉化工夫及終極依歸，主要還是老子及道教。① 從本文之探討，可以清楚發現，老子《道德經》的思想、身體觀及身體修證工夫，的確相當全面及深刻的影響王重陽。是以，深入去結合探討老子與王重陽二者之身體思想，除可看到王重陽如何深刻的繼承及發展老子的思想外，也可由此來反思或重新檢討、認識老子思想的内涵及特質。在筆者看來，類似王重陽這樣的内丹修行者所理解的老子，比起王弼、吴澄這樣的文人老學家來説，實要更爲深刻、精微，甚至還更爲切近老子思想之本旨、特質。析言之，老子的哲學和中印的孟子、莊子、内丹、瑜伽、禪宗、王陽明等等思想、哲學一様，本質上皆爲一種尋求超越經驗、殊相、雜多、相對之表象，以達致萬物統一境地之密契哲學或身體修證哲學；老子本人有關道、無、有、宇宙、生命的本質或創生演化過程等等認識，並非如西方亞里斯多德、笛卡兒、康德等哲學家一般的基於思辨推理，而是植基於身體、生命對於道的直接參證或體悟。由是，如果要真實、適切的理解老子本人的思想内涵，實有必要如老子一般的經由身心意識的修證轉化，以直接契悟於道。在老學發展歷史當中，真正承繼老子如是的修證之道，抑或以身體修證方式來詮解老子，正是像王重陽這樣的内丹家。從本文對老子、王重陽二人之身體説及身體修證轉化之道的比較、分析，當更爲有力的支持如上説法。而此點也是西方身體哲學的出現，頗有助於重新認識中印哲學之根本特質的地方。

從本文之分析探討，我們得到如下一些重要結論。有身與無身或有爲身與

① 力主三教一家、三教平等及三教同參的王重陽，其終極依歸，雖是老子所言之道或道教所言之三清、十洲、三島，但對他來説，老子、道教所言之道體、道境、仙鄉和佛家所言之佛性、净土實無兩様。

無爲身,乃是老子身體觀的重要結構。有爲身之本質,乃是一種二元、相對、分别的意識,如是二元、分别的意識,係自然無爲狀態被遮蔽或打破以後,方纔開始出現。也正因如此,如是的有爲、分别的身體或意識本身,實帶有虛幻不實的特質;其之所以會存在或不斷延續下去,乃是人刻意的執持、造作方纔得以成就。有爲、分别的身體、意識的出現,既是人類生命或人文世界一切問題的根本源頭,則欲根本徹底的解決人類生命及世界的種種問題,自然有需要"去彼取此",轉化此有爲的身體或意識,使其返歸於自然、無爲的原始狀態。老子《道德經》中,至少提出心意、言語、身體煉養、行爲實踐等幾種不同道路。

老子如是的身體觀及身體轉化之道,實完全爲王重陽所繼承,並且得到更進一步的演繹及發展。老子的有身、無身之説,到了王重陽,則轉變爲凡軀與真身。和老子一般,王重陽同樣認爲凡軀係因真身受到蒙蔽、遮蓋後方纔出現,並由於人之不斷執持、固著、造作、積累,而不斷地延續或生死輪迴下去,生命、世界的種種問題,實皆根源於此。相對於老子的有爲身之説,重陽的凡軀論,因融攝佛教的業識輪迴之説,故除了《道德經》書中已或隱或顯指出之"人文""社會""禮制"或"歷史(記憶)"性的身體外,重陽的凡軀説,更含蘊著"鬼魂""中陰身"或"輪迴身體"等過度性的身體觀。此點乃是重陽身體説之不同於老子的一大内涵和特色所在。

在身體、意識的修煉轉化方面,重陽的身體轉化之道,同樣深受老子之影響。老子的道論、玄牝論及虛静、抱一、復歸、爲道日損等説法,不僅完全爲王重陽所承繼,而且,對於從有爲身轉化爲無爲身的具體歷程、方法、次第和身心轉化經驗,還做了更爲精緻、細膩、清楚的闡釋及説明。筆者無意主張,類似王重陽這樣的體證及詮釋,乃是老子道論、身體説或工夫論之唯一的正解;但這樣的實踐體證及理解詮釋,除了較切近於老子思想本身所具有的密契特質外,對於我人在理解老子思想的内涵或特質上,也的確相當具有啓發性。

在老子無身、無爲身或嬰兒、赤子説的内涵及特質上,重陽的真身説,無疑是老子無身説的進一步發展。相對於《道德經》對於無爲身已提到之無形、無體、無限、本源、創生、恍惚、常恒、長存、明智、和諧、包容、通透、整體、統一等種種内涵及特質外,重陽基於其自身的實際體證,除了《道德經》之所言外,另有三清、玉皇、十洲、三島、崑崙、明珠、光明、至樂、陽神等等説法的提出,同時還以"平等"一詞,來總結生命的究竟道理。如是的這些體證内容,實可被看做老子思想的進一步拓深及發展。

綜上所言,王重陽的身體説及工夫修證論,立基在其自身的實踐體證之根本基礎上，不僅承繼老子及内丹的相關學説，且又深刻的吸收、融攝佛教（特别是禪宗）的教義、工夫理法，由是而發展出一獨特、深廣的體系。重陽如是的論述，不僅是老子思想的一種重要詮釋及發展，我們亦可藉此來重新檢討、認識老子，甚至是整個中國宗教、哲學之不同於西方科學、思辨哲學的重要特質。當然，從這樣的思想當中，我們也可看到人類生命藉由身體、意識的修煉、轉化，最終體證宇宙、生命之本然實相的一種可能性。

（責任編輯：趙衛東）

“十二老母朝無生”神話初探

——以開封、南陽的宮觀爲中心

□李志鴻

摘要：無生老母是明清民間宗教教派構造出來的一位至高無上的尊神。在歷史上，民間宗教教派與全真道交涉頗多，不僅傳承全真道的丹道，亦傳承全真道的齋醮儀式。當代一些華北全真道更是將無生老母與十二老母的塑像置於自己的宮觀内。“十二老母朝無生”神話在華北有著廣泛的信仰基礎。本文以該神話爲中心，試圖探討明清民間宗教教派與全真道的内在關聯。

歷史上開封道教興盛一時，時至今日，開封市登記在册的道士衹有35人左右，人員稀少。由於原有的東嶽廟、城隍廟均以被徵用、拆毁。而延慶觀、龍亭、禹王臺等則開闢爲旅遊場所，不隸屬於開封市道教協會，道教的活動空間大爲受限。與此相反的是，無生老母在民間有著廣泛的影響。在禹王臺公園内的碧霞祠裏，聚集了大量的香客，這些香客以老年婦女爲主，她們來自開封、以及安陽、輝縣等地。在她們看來，“無生老母”信仰屬於“道門”，不是佛教，也不同於道教。

與南陽道教的復興同步的是，無生老母信仰在民間的潛藏默運。南陽市方城縣即可見有無生老母信仰的痕跡。東漢建武年間，光武帝劉秀之姊湖陽公主在裕州（今方城縣）建煉真宫一座，是爲道教在南陽活動的濫觴。在方城縣獨樹鎮北9千米處，有山名黄石山。又名方城山、北武當山，俗稱小頂山。山前，有明萬曆皇帝敕諭北武當山玄帝殿住持並御賜二十櫃經書而立的聖旨碑。在黄石山上有一“土地廟”。廟裏供奉有無生老母神像。面帶微笑，滿頭白髮，身披霞帔，两手持八卦，與考筆老母、南海老母一同供奉。在半山頂的“安陽宫”裏，也供奉著無生老母。在南陽市獨山的祖師宫裏，無生老母則與十二老母一同供奉。

本文從河南開封、南陽部分宫觀中的“十二老母朝無生”塑像入手，指出：在歷史與現實中,無生老母以及衆多老母神話已經成爲道教全真派和民間宗教共用的宗教資源。無論是“十二老母朝無生”神話的敘述,還是“無生老母”在道教與民間宗教丹道實踐中的重要位置都告訴我們:就宗教意義而言,民間宗教與正統宗教之間没有隔著不可逾越的壕溝。

關鍵詞: 十二老母朝無生　全真道　民間宗教　開封　南陽

作者簡介: 李志鴻,中國社科院世界宗教研究所副研究員,研究方向爲道教與中國民間宗教。

一、引言

無生老母是明清民間宗教教派構造出來的一位至高無上的尊神。在歷史上,民間宗教教派與全真道交涉頗多,不僅傳承全真道的丹道,亦傳承全真道的齋醮儀式。當代一些華北全真道更是將無生老母與十二老母的塑像置於自己的宫觀内。“十二老母朝無生”神話在華北有著廣泛的信仰基礎。本文以河南開封、南陽两地爲探索的中心。歷史上開封道教興盛一時,時至今日,開封市登記在册的道士衹有 35 人左右,人員稀少。由於原有的東嶽廟、城隍廟均已被徵用、拆毁。而延慶觀、龍亭、禹王臺等則開闢爲旅遊場所,不隸屬於開封市道教協會,道教的活動空間大爲受限。與此相反的是,無生老母在民間有著廣泛的影響。在禹王臺公園内的碧霞祠裏,聚集了大量的香客,這些香客以老年婦女爲主,她們來自開封以及安陽、輝縣等地。在她們看來,“無生老母”信仰屬於“道門”,不是佛教,也不同於道教。

與南陽道教的復興同步的是,無生老母信仰在民間的潛藏默運。南陽市方城縣即可見有無生老母信仰的痕跡。東漢建武年間,光武帝劉秀之姊湖陽公主在裕州(今方城縣)建煉真宫一座,是爲道教在南陽活動的濫觴。在方城縣獨樹鎮北 9 公里處,有山名黄石山。又名方城山、北武當山,俗稱小頂山,海拔 716.8 米,山勢雄渾,峰險洞幽,怪石突兀,群山拱之。相傳道教仙翁黄石公在此傳兵書與張良,故稱黄石山,又與湖北武當山相對爲道教勝地,故稱北武當山。山前,有明萬曆皇帝敕諭北武當山玄帝殿住持並御賜二十櫃經書而立的聖旨碑。在黄石山上有一“土地廟”。廟裏供奉有無生老母神像。面帶微笑,滿頭白髮,身披霞帔,兩手持八卦,與考筆老母、南海老母一同供奉。在半山頂的“安陽宫”裏,也供奉著無生老母。在南陽市獨山的祖師宫裏,無生老母則與十二老母一同供奉。

本文以"十二老母朝無生"神話爲中心,試圖探討明清民間宗教教派與全真道的内在關聯。

二、民間宗教的復興及"十二老母朝無生"神話的盛行

民間宗教在中華文化中有特定的位置,在長期的流傳中,不僅構成了千千萬萬底層群衆的篤誠信仰,而且也深刻地影響著各個地區的民風、民俗,下層民衆的思維方式、生活方式。馬西沙先生以爲,民間宗教與正統宗教雖然存在質的不同,但差異更多地表現在政治範疇,而不是宗教本身。就宗教意義而言,民間宗教與正統宗教之間没有隔著不可逾越的壕溝。

改革開放以來,宗教信仰自由政策得以落實,民衆的經濟生活也得到極大的改觀,中國民間宗教在廣大鄉村社會再次盛行。諸如福建莆田的三一教、金幢教,閩西的羅教,閩北的真空教,江南齋教,河北的天地門教、弘陽教,天津的西大乘教、廣西普渡道、魔公教等民間宗教均在民間復活,有的出現復興的景象。[①] 可以説:"20 世紀 80 年代以來,隨著中國社會經濟的轉型,以及由此引起的中國政治文化的動盪,反映在信仰領域的一個突出表現,就是在廣大鄉村乃至許多城鎮出現了民間宗教復興的態勢。據有關部門統計和學者田野調查,除西藏等少數地區外,某些曾在歷史上産生和活動的民間宗教教派,或以"氣功"、或以"武術"、或以"花會"、或以"民間音樂會"、或以"民間信仰"等形式,乃至打著佛教、道教旗號,重新活躍於大庭廣衆之中,展現在衆目睽睽之下,對當代中國社會的民衆精神生活發生了重要影響,並由此産生了一些社會問題。"[②]

1980 年以來,民間宗教重新在鄉村社會活躍起來。民間宗教現實活動呈現出如下特點:一是公開建造廟宇、佛堂等宗教活動場所;二是部分教派信仰人數增長迅速;三是各教派開始著手整理本門的經卷,以作傳播教理教義之用;四是

---

① 參見濮文起:《當代中國社會的民間宗教問題及其對策研究——以河北省天地門教、弘陽教爲例》,《當代宗教研究》2005 年第 2 期;濮文起:《民間宗教的活化石——活躍在當代中國某些鄉村社會的天地門教》,《天津社會科學》2006 年第 3 期;濮文起:《民間宗教的又一塊活化石——活躍在當今天津市西青區楊柳青鎮的明代西大乘教》,《當代宗教研究》2006 年第 3 期;王熙遠:《桂西民間秘密宗教》,南寧:廣西師範大學出版社,1994 年;王宏剛:《上海農村城市化過程中的宗教問題研究》,《世界宗教研究》2005 年第 4 期;王宏剛:《上海農村城市化過程中的宗教及民間信仰問題研究),《宗教與世界》2005 年第 11 期。

② 濮文起:《當代中國社會的民間宗教問題及其對策研究——以河北省天地門教、弘陽教爲例》,《當代宗教研究》2005 年第 2 期。

當代民間宗教與民衆的民俗生活結合得越發緊密。

1. 開封道教的凋敝與"十二老母朝無生"神話的盛行。

在河南開封、南陽地區,民間宗教復興則表現爲"十二老母朝無生"神話的盛行。開封古稱東京(亦有汴梁、汴京之稱),簡稱汴,位於河南省東部,在中國版圖上處於豫東大平原的中心位置。開封是我國七大古都之一,有"七朝都會"之稱。後唐天成元年(926),在曹門外始建東嶽廟。元太宗五年(1233),開封興建"重陽觀"。元初擴建,更名"朝元宮"。是紀念道教全真教主——王嚞而建。"重陽觀"位於開封城内包公湖東北岸,是中國道教史上具有重要地位的宫觀。明洪武六年(1373)改名爲延慶觀,沿用至今。延慶觀雖然剩下規模狹隘,但其歷史地位顯赫,明、清两代都是河南道紀司所在地。延慶觀在清末已經式微,1927年廢觀毁像改爲省會公安局第三員警分駐所。以後東偏院改爲民宅,抗戰前後三清殿已改成卷棚式殿屋三間,東院有羅祖殿、吕祖殿等,成爲理髪行業等同業集會之所。清末民初開封城隍廟仍然有盛大的廟會活動,今黄河水利學院即開封城隍廟舊址。1949年後,開封道教、民間宗教遭到破壞,廟址被佔用,教徒星散,教勢陡然凋敝。1999年8月,經開封市宗教局、龍亭區委統戰部、龍亭區宗教局同意,鮑永貴道長[①]負責籌備恢復無樑廟爲道教活動場所。這是開封市第一處經政府批准正式開放的道教活動場所。[②] 2004年,隨著宗教政策的落實,爲滿足道教界人士過正常宗教生活的需要,開封市開放了6處道教活動場所,成立了市道教協會籌備組。[③] 2007年5月18日,開封市道教第一次代表會議舉行。鮑圓彦當選爲市道教協會會長,段愛菊、閔欣當選爲副會長,閔欣兼任秘書長,康圓慧當選爲副秘書長。開封市委、市政府有關領導及兄弟教會代表和來自全市8處正式開放的道教廟院的31名代表參加會議。[④] 鮑圓彦會長2011年因病逝世,開封市道教協會目前暫缺會長。開封市道教協會所在地無樑廟事務一切由鮑圓彦會長弟弟鮑元誠道長主持。目前開封市登記在册的道士有35人左右,人員稀少。由於原有的東嶽廟、城隍廟均以被徵用、拆毁。而延慶觀、龍亭、禹王臺等則開闢爲旅遊場所,

---

① 鮑永貴道長1949年前曾在開封東嶽廟、龍亭大殿等地出家修道,是鮑圓彦、鮑元誠道長的父親。參見2012年5月10日下午16:00~18:00筆者對開封市龍亭區無樑廟開封市道教協會無梁廟住持鮑元誠道長的訪談。

② 參見2012年5月10日下午16:00~18:00筆者對開封市龍亭區無樑廟開封市道教協會無樑廟住持鮑元誠道長的訪談。

③ 郭寳光:《開封市建立道教界人士每月學習會制度》,《中國道教》2004年第4期。

④ 郭寳光:《河南開封市道教第一次代表會議召開》,《中國道教》2007年第4期。

不隸屬於開封市道教協會，道教的活動空間大爲受限。①

與此相反的是，無生老母在民間有著廣泛的影響。在開封禹王臺公園内供有“無生老母”和“七十二全神”。禹王臺公園位於開封東南隅，原是古代梁園遺址，距今已兩千五百多年，是開封市歷史最久的遊覽勝地。因開封屢遭黄河水患，爲懷念大禹治水的功績，於明嘉靖二年（1523）在臺上建禹王廟，故吹臺被改稱爲禹王臺。此後，明、清兩代對臺上的建築物曾多次修葺。

禹王臺公園内建有“碧霞元君祠”。碧霞元君祠建於明成化十八年（1482）。碧霞元君又名泰山老母，據説她是在泰山上修煉成仙的道門女神，被天神封爲天仙玉女碧霞護世弦濟真人。開封臨近黄河，古代經常鬧水患天災，人們在這裏修建碧霞元君祠供奉泰山老母，以求助於她的神靈，賜予開封風調雨順，五穀豐登；生男育女，人丁興旺。“碧霞元君祠”内又供有“無生老母”等“十二老母”。無生老母爲明清時民間宗教中至高無上之女神，被視爲創世主，又爲拯救苦海中之人類的救世主，具有無上之權威。她既是造物主，又是救世主：她是人類的祖先，創造了宇宙與人類，同時又拯救沉淪於苦海中的後代，派釋迦佛或彌勒佛或天真古佛等下凡，或自己親自下凡救度衆生。明清的民間宗教幾乎都以無生老母作爲最高神祇，“無生老母，真空家鄉”成爲民間宗教的“八字真言”。自從民間宗教提出無生老母這個神以後，許多教派也都以無生老母爲自己的最高神，明、清兩代的幾百種民間秘密宗教，絶大多數都直接或間接地奉無生老母爲最高神。無生老母信仰遍布河南、陝西、山西、山東以及河北大部分地區，信仰十分廣泛，人們習慣稱無生老母爲“老母”“老娘”“老無生”。民間傳説老母的道場是靈山，在華北、中原及漢中有很多地方都有靈山，老母的殿堂一般叫“安陽宫”“老母洞”，裏面大多數都供奉著十三個老母，即俗話説的“十二老母朝無生”。②

所謂“七十二全神”，是指共聚天地間有代表性的佛道神仙形象的一張圖。最上排是中華民族的始祖盤古、女媧等。擺在第二排的是世尊、阿彌陀佛、藥師佛、地藏菩薩等。擺在第三排的是觀世音菩薩、普賢菩薩、文殊菩薩等。擺在第四排的是玉皇大帝、王母娘娘等。依次排列共 72 位。

---

① 參見 2012 年 5 月 10 日下午 16：00～18：00 筆者對開封市龍亭區無樑廟開封市道教協會無樑廟住持鮑元誠道長的訪談。

② 2012 年 5 月 11 日上午 10：00～13：00 筆者在開封禹王臺公園碧霞祠内對香客 N 氏的採訪。

圖 1　碧霞祠中的無生老母神位

圖 2　七十二全神神位

在禹王臺公園内的碧霞祠裏，聚集了大量的香客，這些香客以老年婦女爲主，她們來自開封以及安陽、輝縣等地。在她們看來，“無生老母”信仰屬於“道門”，不是佛教，也不同於道教：

> 信仰無生老母的是“道門”，不是佛教，佛教的叫“菩薩”“佛祖”，和道教也不太一樣。“道門”叫“老娘”。無生老母是最高的神，管著其他神。無生老母要和十二老母一起供，叫“十二老母朝無生”。我今年 60 多了。經常去

各處燒香。河南很多地方供有無生老母。比較有名的是:北靈山、西靈山、中靈山、南靈山、東靈山。剛纔來的那些人是安陽來的。安陽來的比較遠,他們是包車來的,來這裏燒香就是一種緣。[①]

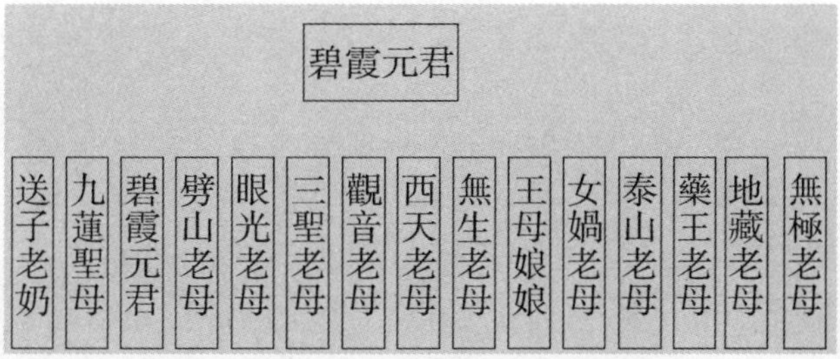

圖 3　禹王臺碧霞祠供奉神像圖示

2. 南陽道教的復興與"十二老母朝無生"神話的盛行。

南陽古稱宛,位於河南省西南部、豫鄂陝三省交界處,爲三面環山、南部開口的盆地,因地處伏牛山以南,漢水以北而得名。東漢建武年間,光武帝劉秀之姊湖陽公主在裕州(今方城縣)建煉真宫一座,是爲道教在南陽活動的濫觴。該縣三賢山廟、黄石山仙翁觀、南召縣九分垛祖師廟和皇后鐵牛廟、南陽縣老君堂等,均建於東漢時期。[②] 東晉孝武帝太元九年(384),麻衣子修道於内鄉石堂。南北朝時期(420—589),南朝齊明帝倡建桐柏山金庭館,名列當時五大道觀之三。唐、宋、元是南陽道教活動的興盛時期。明朝時,南陽府道紀司常設於玄妙觀,由方丈擔任都記。南陽玄妙觀獨受清皇室青睞。康熙年間,易名元妙觀。順治、乾隆、咸豐諸年間,屢有修葺,增添殿堂樓閣。雍正八年(1730),頒元妙觀内宫斗姥雕像一尊,並賜"慈雲法雨"匾額一面。同治六年(1867),因住持張宗璿抗擊捻軍有功,特賜《道藏》一部。光緒三十年(1906),爲興辦元宗學堂再賜"惠浹中州","全真廣學"匾額兩面。斯時,元妙觀聲名遠播,有殿宇、房舍 310 多間,神像 75 尊,道衆 200 餘名,田産 7700 畝,建築佔地 150 多畝,被譽爲全國道教四大叢林之一,與北京白雲觀、山東長青觀、西安八仙觀相媲美。[③] 1966 年"文化大革命"開始後,道教宫觀和道教活動遭到衝擊,道教活動被迫中止。[④] 1979 年開始,方城、

① 2012 年 5 月 11 日上午 10:00 ~ 13:00 筆者在開封禹王臺公園碧霞祠内對香客 N 氏的採訪。

② 南陽民族宗教志編輯室編:《南陽民族宗教志》第一編《道教》,第 159 頁。

③ 南陽民族宗教志編輯室編:《南陽民族宗教志》第一編《道教》,第 162 頁。

④ 南陽民族宗教志編輯室編:《南陽民族宗教志》第一編《道教》,第 169 頁;南陽道協:《南陽道教綜述》,《中國道教》2002 年第 4 期。

鎮平、桐柏、南召四縣陸續有50名道人回到宫觀,他們自籌資金,重修重建廟觀,開展道教活動。[①] 至1985年底,全區道人營建道觀7處,房屋達130餘間,恢復道觀20處,在觀道士有48人。[②] 2001年,南陽道教開放宫觀達65處,道人537人。[③]

圖 4　南陽市道教協會

現在的南陽市道教協會設於獨山腳下重建的南陽玄妙觀内。

與南陽道教的復興同步的是,無生老母信仰在民間的潛藏默運。在方城縣獨樹鎮北9公里處,有山名黄石山。又名方城山、北武當山,俗稱小頂山,海拔716.8米,山勢雄渾,峰險洞幽,怪石突兀,群山拱之。相傳道教仙翁黄石公在此傳兵書與張良,故稱黄石山,又與湖北武當山相對爲道教勝地,故稱北武當山。相傳葛玄仙翁、真武帝君(俗稱祖師爺)、張三丰等先後飛昇或修煉於此。傳謂山上廟觀始建於西漢文帝年間,至明代最盛,形成七宫二觀、二庵十七殿、二橋四堂廟、五洞一街、三道天門的龐大道教建築群。每逢陰曆三月三日、九月九日古刹大會,遠近遊人如織,盛況空前。山前,有明萬曆皇帝敕諭北武當山玄帝殿住持並御賜二十櫃經書而立的聖旨碑。此山盛産硯石,“中國黄石硯”聞名遐邇。

---

① 南陽道協:《南陽道教綜述》,《中國道教》2002年第4期。

② 南陽道協:《南陽道教綜述》,《中國道教》2002年第4期。

③ 南陽道協:《南陽道教綜述》,《中國道教》2002年第4期。

據《南陽民族宗教志》所載，黃石山上道教爲全真派，其中，太和宫、莊廟宫、萬壽宫、安陽宫、城隍廟、祖師廟、舜王廟等屬於南無派；靈官廟、祖師廟、寶珠堂、通仙觀、黑龍廟屬於龍門派。① 現在山下還有 2001 年立的“南無正宗二十四代吴公諱清賢道長功德碑”以及吴清賢道長墓葬一座。

圖 5　吴清賢道長墓

圖 6　吴清賢道長功德碑

在黃石山上有一“土地廟”，廟裏供奉有無生老母神像。面帶微笑，滿頭白髮，身披霞帔，两手持八卦，與考筆老母、南海老母一同供奉。在半山頂的“安陽宫”裏，也供奉著無生老母。② 在南陽市獨山的祖師宫裏，無生老母則與十二老母一同供奉。

圖 7　無生老母與考筆老母、南海老母一同供奉於土地廟

① 南陽民族宗教志編輯室編：《南陽民族宗教志》第一編《道教》，第 164 ~ 165 頁。

② 據安陽宫重修碑載，該宫重修於 1990 年。

圖 8　安陽宮的無生老母

圖 9　南陽獨山祖師宮的無生老母與十二老母

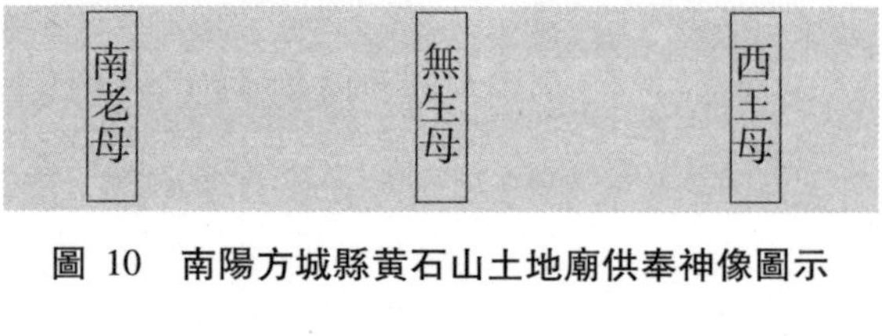

圖 10　南陽方城縣黄石山土地廟供奉神像圖示

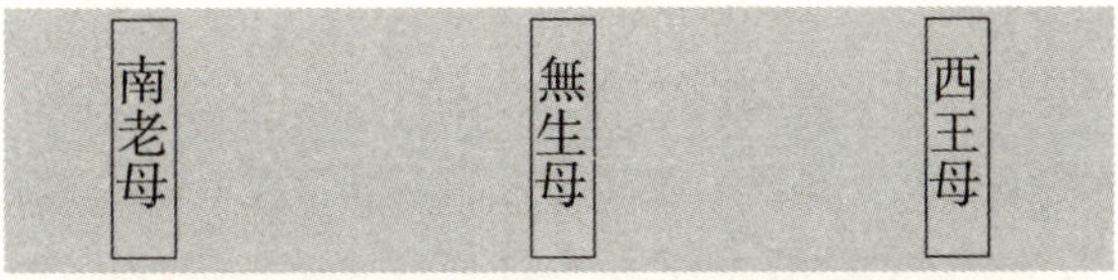

圖 11　南陽方城縣黃石山安陽宮供奉神像圖示

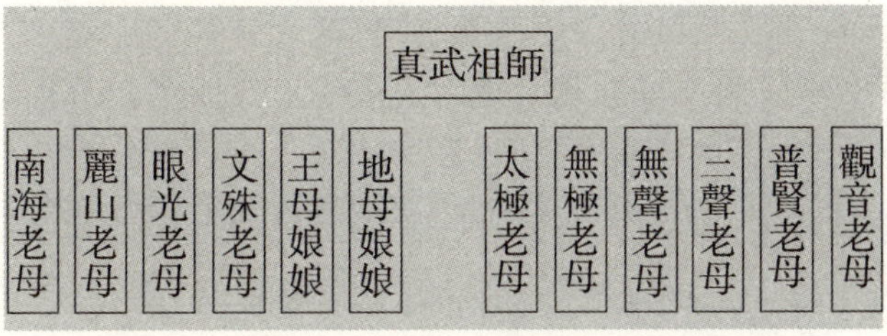

圖 12　南陽獨山祖師宫祖師殿供奉神像圖示

三、明清民間宗教與“十二老母朝無生”神話

清道光朝直隸官員黄育楩所撰《破邪詳辯》，對明清民間宗教的歷史、經卷有大量的描述，其中對無生老母與十二老母的記載頗多：

邪教有《混元紅陽臨凡飄高經》二本，共二十四品……《充天六祖臨凡品》並《靈山如意佛臨凡品》，總言二輩充天祖等共六祖，番天母等共三十位老無生，一同臨凡，三輩如意佛等共三位，遮天母等共十二母老無生，又有驪山觀音一同臨凡，誰有功勞誰坐靈山。……

邪教有《護國威靈西王母寶卷》，内云：金枝大仙投生郃基，名曰姜嫄，即高辛帝妃，生前爲后稷之生母，没後爲月殿之老母。以後又言西王母考察儒釋道三聖人，又言西王母即無生老母化身。

邪教有《佛説離山老母寶卷》，内云：無生老母在靈山失散，改了號名，叫離山老母，往東京汴國涼城王家莊，度化王員外，同子王三郎名文秀。

邪教有《靈應泰山娘娘寶卷》，内云：到西方親見了無生老母，也無生也無死永不還鄉。噫，世稱泰山娘娘即碧霞元君，由來已久，屢著靈驗。至於無生老母，原係明末騾精，被雷殛死，確有實據。今反謂習邪教者必敬奉碧霞元君，始能見無生老母。

邪教有《普度新聲救苦寶卷》，内云：無生化爲觀音，觀音化爲吕祖，是一女身。因正統皇帝北征,吕祖化爲瘋婆當路勸阻。土木敗績後,吕祖爲帝送飯,又剜出泉水。迨帝回朝,吕祖在路上勸帝閉口藏舌。……

如以上所説,無生老母本與番天母、遮天母、驪山觀音等十二位老母坐定靈山。可憐元人(黎民百姓)在凡間受盡苦難,特臨凡(下降凡塵)來普度衆生,同歸靈山。在無生老母的傳説中,有"化身"神話。以爲十二老母等諸多老母都是無生老母的化身,如,"西王母即無生老母化身","無生老母在靈山失散,改了號名,叫離山老母","無生化爲觀音,觀音化爲吕祖,是一女身"。又説,信徒"要敬奉碧霞元君,始能見無生老母"。這樣的神話設計,將無生老母與衆多老母、娘娘等神佛繫爲一身。這是民間宗教"全神"觀念的體現。

以上所引寶卷中,《混元紅陽臨凡飄高經》是弘陽教經卷,《靈應泰山娘娘寶卷》《普度新聲救苦寶卷》是西大乘教經卷,可見,無生老母與十二老母神話應該淵源於明清時期的民間宗教教派,其中與弘陽教關係最爲密切。

弘陽教,是明清時期在華北影響很大的民間宗教,其寶卷中記載有關"無生老母"神話多種。弘陽教創教人韓太湖,號宏陽,直隸曲周縣人,生於明隆慶四年(1570),早歲讀書,解醫道。十九歲出家,參拜明師,在臨城太虎山修悟,又曾在北禪山曹溪洞静修三年,得真人口訣真傳。大概於此時,他吐經及懺文,其中以《混元弘陽飄高臨凡經》《混元弘陽歎世真經》《混元弘陽苦功悟道經》等五部經爲最著者,通計數十部經、懺,遂創弘陽教。據云曾受封敕爲"正德明醫真人"。[①] 創教後,爲弘揚教法,韓太湖在二十六歲時,離開曲周,赴京傳教。他投靠太監爲其奥援,先後結識了御馬監程公、内經廠石公、盔甲廠張公等有勢力的太監,諸太監成爲弘陽教護法。弘陽教教勢日熾,如日中天。在太監庇護下,本來僅刊印佛藏、道藏、蕃藏的皇家内經廠,大批弘陽教經卷、懺文得以在此刊印流通。明刊本的弘陽教經卷大都是以金黄色錦緞作封套的梵夾本,精美端方,其外在形製與"正統佛經無異"。弘陽教經卷之多之精在民間教門世界首屈一指,並以此使弘陽教成爲明末十八大教門中之重鎮。明萬曆二十六年(1598),韓太湖物故,生年二十八歲。[②] 他學道、傳道、倡教,不過十載。死後被信徒奉爲"飄高老祖",崇拜者成千累萬,歷時四個多世紀。至今在河北地區仍然有韓祖廟,香火不絶。明刊本弘陽教《混元紅陽悟道明心經》記載:"虚空老母排鑾駕","無生老母香煙受"

---

① 馬西沙、韓秉方:《中國民間宗教史》,北京:中國社會科學出版社,2004 年,第 370 頁。

② 明刻本《混元弘陽歎世真經》。

以及“八母無生”“十四無生”“折地”“折天”“透天”“收天”等六十餘位老母：

> 虛空老母排鑾駕，下降天宫度兒郎。香煙超出三界外，過了天宫到安養。……老母正在蓮臺坐，一枝真香罩安養。……我下天宫度兒郎，老母離了蓮臺位，上在金船坐官倉。番天折地二位母，護定無生下天宫。燃燈八母船頭站，后土折天走慌忙。離山觀音來護佑，折天老母下天宫……治天老母來下界……拔天老母下天堂……石郎老母清風使……不招老母去扯蓬……離了安養東土去……①
>
> ……舉起明香請無生，我請老母下天宫。無生老母香煙受，番天老母受明香，折地老母香煙受，八母無生受明香，折天老母香煙受，后土老母受明香，總敕老母香煙受……②

寶卷中所提及“過了天宫到安養”，“離了安養東土去”，應該指的是“安養國”。在佛教教義裏，阿彌陀佛是西方極樂世界的教主，他的世界，没有絲毫的苦處，衹有無窮的快樂，往生到那裏的人，便安穩舒服的了不得，所以又叫做“安養國”。阿彌陀佛，就是安養國裏的教主。民間宗教借用了佛教這一概念，將“無生老母”等同於佛教的阿彌陀佛，視爲極樂世界的主宰，所以有“無生老母”“過了天宫到安養”，“離了安養東土去”之説。可見，方城縣黄石山半山頂供奉無生老母的“安陽宫”其實應該是“安養宫”。

不僅如此，弘陽教和道教關係更爲密切，這可以從清代中葉發生的一起教案中得到進一步的印證。嘉慶二十年（1815）十二月，直隸總督方受疇經過明查暗訪，在山東德州曹家庵弘陽教首劉和家中，起獲大量經卷和圖像。其中經典八十八本，圖像十一軸。在一部經卷的卷末刊記中，發現有“山東濟南府德州河西高海莊清修觀刊《銷釋隨堂祖明經板》……康熙三十六年孟夏吉旦”字樣。當總督將查剿經卷上繳朝廷後，嘉慶皇帝發現此刊記，遂下詔旨命山東巡撫到高海莊清修觀親自查驗辦理。經訊問清修觀道士明雲，在南鄉廟内起出該項經板十九塊。道士明雲供稱：“此板片流傳已久，前因官差搜查弘陽教經典，恐致起出被累，故將板片收藏於南鄉廟内”：

> 弘陽教犯劉和等傳徒惑衆一案，將起出經卷圖像進呈。其經卷内載有

① 《混元紅陽悟道明心經》卷上之《無生老母排鑾駕品第六》。
② 《混元紅陽悟道明心經》卷下之《先請老母祝香文品第一》。

"山東濟南府德州河西高海莊清修觀刊《銷釋隨堂祖明經》板,一堂施財,合會人等,同一發心。如有印請者,請板成造,康熙三十六年孟夏吉旦"字樣……

遂即同到高海莊清修觀,先在大殿樓宇及各房搜查,見有經卷一本,簽寫《銷釋混元紅(弘)陽大法祖明經》字樣。……向該道士明雲詢問,據供此項板片,現在南鄉廟内存貯。當即帶同前往南鄉,果於廟内起出板片十九塊。詢據該道士供稱:此項板片流傳已久,前因官差搜查弘陽教經卷,恐致起出被累,故將板片藏於南鄉廟内,並無習教傳徒情事。……

查此項板片係兩面刊刻,大小十九塊,載有"山東濟南府德州河西高海莊清修廟刊及康熙三十六年孟夏吉旦"字樣,與現起混元弘陽經一本核對篇頁次第,均相符合,其爲原板無疑。①

這説明,清代弘陽教的許多經卷,是由道教宫觀出資雇請匠人刊刻刷印的,而道士們對這些經板不僅倍加愛護,妥善保管,使之流傳百年而不損失:即使遭官府嚴厲追查,還將其秘密轉移别處,藏而不露。這就明顯無誤地看出,這些道士是將弘陽教的寶卷,當作正統道教經典一樣,視爲珍寶,奉若神明。此外,在上面所列搜出的圖像經卷中,不僅有三清老君、玉皇、元始天尊、普化天尊、真武、全真、清微等大量道教神祇和專用名詞,而且還有正統道經如《元始天尊説濟渡血湖真經》等多種。②

嘉慶二十一年(1816)六月,直隸任丘縣拿獲劉輝遠等六名弘陽教徒。據查,新城縣内齊村民蘇敬信奉"邱祖龍門派下混元門弘陽教",供奉"弘陽祖師、觀音老母",念誦混元經卷以及"真空家鄉、無生父母"八字真言。劉輝遠於乾隆五十三年(1788)到蘇敬家當雇工,拜蘇敬爲師傳習"邱祖龍門派下混元門弘陽教":

伊於乾隆五十三年間,至新城縣内齊村人蘇敬家傭工,見蘇敬聚會念經,蘇敬以可修來世好處之言,勸伊拜師入會。伊隨拜蘇敬爲師,蘇敬稱係"邱祖龍門派下混元門弘陽教"。③

此外,順天府永清縣的邢連枝也是蘇敬的徒弟。嘉慶二十年九月二十三日,順天府劉鐶之等奏報,弘陽教徒邢連枝供稱:

---

① 《朱批奏摺》嘉慶二十三年正月初四山東巡撫陳預奏摺。

② 馬西沙、韓秉方:《中國民間宗教史》,上海:上海人民出版社,1992年,第500頁。

③ 《朱批奏摺》嘉慶二十一年六月十三日直隸總督那彦成折。

> 從前伊與已故崔起瑞拜新城縣内屈村(齊村)蘇敬、車子孝爲師,名弘陽門,供奉渾(混)元老祖,飄高老祖……①

新城縣,即現在河北高碑店市,屈村,實應爲"齊村"。顯然,蘇敬所傳此支弘陽教與道教全真龍門派關係密切,分爲兩支,一支爲劉輝遠所傳,後來活動於任丘縣;一支爲邢連枝所傳,活動於永清縣。

四、"無生老母"與道教、民間宗教的内丹實踐

在當代田野調查中我們發現,當代的全真派道士還傳行民間宗教的内丹功法。河南南陽獨山祖師宫的一些道長對廟裏的規定多有不滿,指出"廟裏制定的規矩與個人的修煉存在矛盾,甚至有礙個人的修煉"②。一些道長反映:

> 現在廟裏是當地村裏人當家,廟裏的師傅就像"叫花子",廟裏一個月給每個師傅二百元錢,師傅是不當家做不了主。③

道觀管理與個人修煉的矛盾,集中體現在宫觀對住廟師傅"閉關"的阻攔。目前,當地的一些宫觀反對師傅閉關。南陽獨山祖師宫的一些師傅通過自己長期的修煉,對傳統佛、道教的煉養功夫有自己的認識:

> **修道成真與内在生命科學的體悟**
>
> 道友給寄送來《弘道》(49 期),很難得。該刊使小道看到了一些學者對"道"的期盼。大道無言,故而涵養不深的小道還是樂意與大家分享一些自己的體悟,以求與各位同仁共同探討修道成真與内在生命科學的學問。這裏不僅有祖師們的真言偈語,也有小道的體驗淺見。
>
> 小道出家之前,患有嚴重的腦神經衰弱及風濕、類風濕、身心疲憊等頑疾,這使自己痛苦不堪,難過之極。從《中國道教大詞典》上看到"静功"詞條,感覺能治渾身疼的沉疴,很想學,但怎奈求師無門。
>
> 偶然的機會,一位善緣居士送我一本《道德經》。我翻開一看,全是言簡意賅的格言,頓感相見恨晚。從那以後,白天我就念、背。到了晚上睡不著

---

① 馬西沙、韓秉方:《中國民間宗教史》,第 517 頁。

② 參見 2012 年 5 月 16 日下午 17:00~18:00 筆者在南陽獨山祖師宫對 Z 道長的訪談。

③ 參見 2012 年 5 月 16 日下午 17:00~18:00 筆者在南陽獨山祖師宫對 Z 道長的訪談。

時，我就用心去誦，去悟解裏面的每一句，每一章。没多久，腦神經衰弱居然奇跡般地好了。三年久的渾身疼也"病去如抽絲"了。後來看了陳攖寧先生的《氣功基礎》，纔知道静功治百病的一些原理。聯繫自己的經歷，對裏面提到的"静功是醫藥難攻的腦神經衰弱的剋星"的説法深有體會。心静而體虚，體虚而氣運。如此自然是氣通百脈，百病全消。原來這就是道家的静功。真是"踏破鐵鞋無覓處，得來全不費工夫"，太不可思議了。也有道友問我是咋練功的。慚愧的很，認真想想，小道連打坐都不會，更莫説練功。不過，心静即是功，却是小道切身的體悟。

有事静坐，明顯感覺到"氣穿尾閭，後背蒸熱"，這就是心静自然心火下降，腎水上升，穿尾閭，過夾脊，上泥丸，河車倒轉，是爲小周天。待以時日，少則三月，多則不限，自然氣運丹自結。結丹，即陰陽二氣在下丹田結成的球體。有丹訣説"陽裏含著陰，陰裏含著陽。陰陽合一處，去朝老母娘"。説的真是很形象，很逼真。三丰真人也説過："一陰一陽之謂道。修道者，修此陰陽之道也"（《三丰全集大道論》）。小道亦認爲陰陽二氣所結之丹即狹義所謂的"道"。

陰陽二氣所結之丹，常叫内丹，以區别於外道的丹砂所煉之丹。内丹又叫金丹。這主要因爲它可大可小，不會壞掉。内丹也叫仙丹，因爲得丹之後不渴、不餓也不困。内丹還有個名字叫仙胎，因此得丹又叫懷胎。開始大周天十月胎圓，氣滿不思食，無需擇地閉關。

閉關之時，則能看到一平面太極圖陰陽魚黑白分明呈不停旋轉的運動狀態。三丰師祖也説過："易，爲先天之太極。"（《三丰全集·注九皇丹經》）如此看來，人祖伏羲，衹是最早將它畫下來而已。

閉關之後，三花聚頂，陰陽二氣在體内運動，亦即南華真人在《莊子·田子方篇》所言："至陰肅肅，至陽赫赫。肅肅出乎天，赫赫發乎地。"閉關三天之後，熱得難受，伴隨著魔境重重，很是兇險。道家叫天門陣，佛家叫火焰山。實際上，老君的煉丹爐，就是指人的身體，苦練金丹也就在這幾天。

閉關七天，最後是五氣朝元，天門自開。人體太極與大氣相接。不冷不熱，無寒無暑。有無量光，真是道德的光輝遠超日月。讀《莊子·大宗師》："朝徹而後能見獨，見獨而後能無古今，無古今而後能入於不死不生。"方知小道所歷是爲朝徹，是修道的一種境界。小道的無知，也是小道的德行不够，定力不足，耐不住魔力，乃至於無功而返……

朝徹之後如何，小道不知，不敢妄言。所以衹能用師傅及祖師們的真言來説明。師傅説:“上觀三十三天,下看十八層地獄,像翻書頁一様,一頁一頁,看個清楚。世間的事,都在手上。”三丰祖師説的很清楚:“五氣朝元,三花聚頂,如晚鴉來棲之狀,心田開朗,智慧自生。明通三教之經書,默悟前生根本,預知未來休咎,大地山河如在掌中,目視萬里,已得六通之妙,真乃時有也。吾行實到此際,若有虛言以誤後學,天必誅之。”(《三丰全集·注吕祖百字碑》)老子《道德經》:“致虛極,守静篤,萬物並作,吾以觀復。夫物芸芸,各復歸其根。”“不出户,知天下。不窺牖,見天道。”莊子《南華經·達生篇》:“壹其性,養其氣,合其德,以通乎萬物之所造。”以上道祖,祖師所言,都是天門開後,人體太極與大氣相接,人體信息與宇宙信息同步所致。這是修道成真,“天人合一”的初級形式。

接下去,“持空煉神,受虛煉性,渾身五臟筋骨氣血都化成青氣,專心致志,演練純熟,成形受使,星回斗轉,隨心所變”。“只萬四千陽神,步日月無影,入金石無礙。鬼神不能測,變化無窮,已成真人也。”(《三丰全集·返還驗證説》)這説的是九年面壁,渾身的筋骨血肉俱化成氣。陰氣從天門飛逝,留下的是純陽之體,有形而無質,能隨心而化,隨意而往。

漢鍾離祖師《破環證道歌》:“聚則成形,散則成氣,返本還原太虛同。”《莊子·天地篇》亦載:“上神乘光,與行滅亡,是謂照曠。致命盡情,天地樂而萬事消亡。萬物復情,此之謂混冥。”意思都是人最終化成氣,而返還太空。這是修道成真,“天人合一”的最終形式。

修道成真的過程,用現代科學來解釋是人體發生的一系列物理變化、生理變化,這裏面確實有内在的生命科學。現在科學昌明,把我們聖聖相傳的寶貝與先進的科學技術結合起來,這對我們的醫藥學、生理學、保健養生學都是莫大的貢獻。人是萬物之靈,我們人體内在的生命潛能用恰當的方式開發出來,這對人的身心和諧,生活的和諧,社會的和諧,都會有無量的裨益和功德![①]

宫觀反對師傅閉關,Z道長對此意見很大,然而,雖然在閉關問題上師傅與宫觀存在矛盾,但是依託宫觀進行修持却是目前最爲合適的一種方式。因此,Z道長與廣大的師傅都達成了一致,她告訴筆者:“有關閉關的話,説出去不利於團

① 南陽獨山祖師宫Z道長於2012年6月3日給筆者發來的郵件。

結，這是道友們的共識。”[1]撇開閉關問題不論，我們發現 Z 道長所傳功法有民間宗教的成分，其所説“有丹訣説‘陽裏含著陰，陰裏含著陽。陰陽合一處，去朝老母娘’。”此句功法出自民間宗教教派經卷《龍華寶經》，此經全稱《古佛天真考證龍華寶經》，四卷，二十四品，作者弓長，圓頓教教主，生於明朝萬曆至清朝康熙年間，直隸人。據此，可知《龍華寶經》成書於明末清初。關於以上丹訣，其原文是：

> 詩曰：三會龍華總收圓，弓長老祖駕金船。金船駕起遊苦海，不度無緣度有緣。兩口下天堂，交與苦弓長。弓長本屬陰，兩口本屬陽。陽中包著陰，陰中包著陽。陰陽合一處，朝拜老母娘。

南陽獨山祖師宫的師傅將“陽中包著陰，陰中包著陽。陰陽合一處，朝拜老母娘”解釋爲陰陽二氣在下丹田結成金丹的狀態。很明顯，老母娘即“無生老母”。她們認爲，《龍華寶經》以朝拜“無生老母”爲譬喻來解釋結丹，完全暗合於道教祖師張三丰的理論“一陰一陽之謂道。修道者，修此陰陽之道也”，同時以爲，陰陽二氣所結之丹即狹義所謂的“道”。至此，我們發現，在祖師宫全真道師傅的眼中，無生老母即是金丹，也就是大道的體現，他們認爲“無生老母”是道教的神仙：

> “無生老母”是道教的神仙，道教提倡、崇拜“清净無爲”，修煉的最高境界也是要達到“無爲之境”。“無生老母”完全是道教的神明。所以我們祖師宫雖然主祀真武祖師，但是有無生老母的塑像。[2]

應該説，民間宗教寶卷包融的思想極爲龐雜，兼雜儒、釋、道等傳統文化，又有歷代積澱的各類民間宗教的思想資料，乃至民間神話、風俗、禮儀、道德規範等内容。就道教而言，影響也是多方面的。道教的哲學、煉養、齋醮、神話傳説都深深滲透到多種寶卷之中，其中道教的内丹術及齋醮儀範對寶卷的影響最大。目前學界對道教的内丹、儀式與寶卷關係的研究尚屬少見。馬西沙先生在《寶卷與道教的煉養思想》一文中指出，道教的内丹術對明清時期的民間宗教教派的宗教修持影響巨大。當然，民間宗教與道教的影響是雙向的。從我們的調查中可見，民間宗教寶卷中的内丹功法又反過來影響了道教的修行。

---

① 南陽獨山祖師宫 Z 道長於 2012 年 6 月 9 日給筆者發來的郵件。
② 參見 2012 年 5 月 16 日下午 17：00 ~ 18：00 筆者在南陽獨山祖師宫對 Z 道長的訪談。

五、結語

本文從河南開封、南陽部分宫觀中的“十二老母朝無生”塑像入手,指出:在歷史與現實中,無生老母以及衆多老母神話已經成爲道教全真派和民間宗教共用的宗教資源。無論是“十二老母朝無生”神話的敘述,還是“無生老母”在道教與民間宗教丹道實踐中的重要位置都告訴我們:民間宗教與正統宗教雖然存在質的不同,但差異更多地表現在政治範疇,而不是宗教本身。就宗教意義而言,民間宗教與正統宗教之間没有隔著不可逾越的壕溝。近年來,王卡先生提出“大道教”的概念,力圖涵蓋道教和民間宗教,包括民間信仰在内,以期從更宏觀的範圍内研究中國宗教的發展,尋求中國宗教發展的特點,回應西方宗教的理論挑戰。更爲重要的是,“大道教”可以將道教作爲中國本土宗教的代表,整合中國民間信仰,協助宗教部門將其納入合法管理範圍。“大道教”概念亦提醒我們,充分發揮道教及中國民間信仰在港臺及海外的影響力,對構築“文化中國”大有裨益。畢竟,時至今日,道教與民間信仰仍然是歷史留給我們的文化資源和軟實力。[①]誠如金澤先生所言,信仰有聚與散的關係,對中國本土信仰而言,道教融合了傳統中國的諸多觀念,實際上是中國古代思想融合的一種表現,而各種民間信仰與民間宗教則或多或少吸收了其中的部分内容,彼此之間存在剪不斷理還亂的關係,天生就具有極其密切的關係。[②]

(責任編輯:趙衛東)

---

① http://www.tianya.cn/techforum/content/647/5660.shtml.

② 金澤:《民間信仰的聚散現象初探》,《西北民族研究》2002 年第 2 期。

全真道與禪宗心性思想比較

□聶　清

摘要:在禪宗與全真道兩個體系中,心性論的差異既是其本體論差異的必然結果,也決定了其解脱路綫的不同,是理解其特質的關鍵所在。先瞭解他們根本理論架構的差異,有助於更爲準確地理解具體觀點細節的意義。

關鍵詞:全真道　禪宗　心性

作者簡介:聶清,中國社會科學院世界宗教研究所副研究員,主要研究領域爲中國宗教思想,代表作有《荷澤宗研究》《道教與書法》等。

學界的主流觀點認爲,禪宗是印度佛學與中國老莊思想融合的產物,而全真道同樣淵源自老莊,因此兩者之間的相似性順理成章。然而當我們深究下去的時候,會發現問題比表面上看來的要更爲複雜。就處於兩者核心地位的心性思想而言,便存在不容忽視的複雜性。其中最爲關鍵的問題在於,佛教本身對於心識染净就有兩種截然不同的觀點。這種根本觀點的差異延續到了禪宗内部,無論是早期禪學的南北之争,宗派禪學時期洪州宗與荷澤宗的對立,還是後期禪學的話頭禪對默照禪的批評,背後的根本原因主要基於這一思想分歧。在這種情況下,當我們談論全真道與禪宗在心性思想上的對比時,首先要確定對比的參照系。對於禪宗内部心性思想的分歧問題,就佛教研究領域本身而言,尚没有取得足够的關注,更遑論成熟的結論。因此本文僅僅是提出一個考察相關問題的開端,以期引發更深入的探討。

一、佛教心性思想的分歧

對於心性思想最爲關注的佛教派别無疑是唯識宗,以往中國所傳唯識以玄奘所傳護法一系爲主導,而對相異思想瞭解甚少。周貴華《唯心與了别——根本唯識思想研究》[1]根據相關史料,提出在印度瑜伽行派中存在著兩種不同的唯識學形態,並將其定義爲有爲依唯識和無爲依唯識。無爲依唯識學是以無爲性的真如爲一切法的根本所依及緣起的根本因的唯識學,而有爲依唯識學是以有爲性的本識爲一切法根本所依及緣起的直接因的唯識學。在彌勒的著述中,《辨中自邊論頌》《大乘莊嚴經論頌》《辨法法性論頌》屬於無爲依唯識學,《瑜伽師地論》屬於有爲依唯識學的著述。在傳承上,彌勒、無著構成了有爲依唯識學的第一代傳承,彌勒、世親構成了無爲依唯識學的第一代傳承。無爲依唯識學由於是如來藏思想與唯識思想的整合,帶有很濃的印度傳統思想"梵我論"的嫌疑,因此,在瑜伽行派隨後的發展中被邊緣化。而有爲依唯識思想在無著、世親的接力弘揚後,遂成爲了瑜伽行派唯識思想的主流。

既然佛教心性思想傳入中土之前就已經存在差異,那麼傳入之後的分歧就無可避免,其中最有代表性的事件就是地論師的南北分化。地論師是指精通並弘揚《十地經論》的學者,《十地經論》最初由菩提流支和勒那摩提共同翻譯,但二者因爲見解不和分爲兩派,史稱地論宗南道和地論宗北道。儘管"南道""北道"的具體所指還有疑問,但它們所代表的思想傾向還是很明顯的。勒那摩提一系稱爲南道,認爲第八識就是圓滿無缺的真心,所謂"地人明阿賴耶是真常浄識"[2],由此真心生出前七識以及宇宙一切染浄諸法。荆溪湛然在《法華文句記》中總結道:"南(南道地論師)計法性生一切法。"嚴格地説,衹有這種思想纔可以稱爲"真如緣起"——以真如作爲産生前七識以及所有現象的直接根源。但是,這種説法衹是佛教中極爲特殊的觀點,從思想結構上看更接近婆羅門教的梵天創世説而不是原始佛教的緣起理論。事實上,這種極端的理論形態没有持續太長時間,到浄影慧遠時代,南道地論已經基本上持一種調和態度,認爲阿賴耶有真也有妄。

與其相對的北道地論師著作已經蕩然無存,但從後人的輾轉引述,還可以看出大致眉目。湛然説道:"北(北道地論師)計黎耶生一切法。"[3]菩提流支一派認爲第八識乃是真如不守自性的妄現,從八識的虚妄部分生出前七識以及宇宙萬有,不贊成法性真如生化的觀點。隋初真諦的攝論宗傳入北方,因爲同北道地論觀點相近而縝密過之,所以逐漸融合了北道地論師。與地論南道形成鮮明對照,

① 周貴華:《唯心與了别——根本唯識思想研究》,北京:中國社會科學出版社,2004年。
② 湛然:《妙法蓮花經玄義》卷五之下,《大正藏》卷三十三,第744頁中。
③ 湛然:《法華文句記》卷七,《大正藏》卷三十四,第285頁上。

攝論師認爲第八識本質上是虚妄不净的,正是這虚妄不净的阿賴耶産生了一切存在,而真净的部分在第九識——庵摩羅識(攝論宗獨有的概念):“攝大乘人云,(阿賴耶)是無記無明隨眠之識,亦名無没識,九識乃名净識。”[1]它們的共同之處在於都强烈反對地論南道“法性真如生一切法”的觀點。《摩訶止觀注》裏記載道:“攝大乘人云:法性不爲惑所染,不爲真所净,故法性非依持;言依持者,阿賴耶是也。”同時攝論宗也承認阿賴耶中有真净的部分,但這一部分並不參與現象界的形成,而衹是一種領會第九識的潛能,稱爲“解性賴耶”。

要言之,南道地論同北道以及攝論宗形成了一種强烈的對比。《法華玄義釋籤》卷十八記載道:“陳梁以前弘地論師二處不同。相州北道計阿黎耶以爲依持,相州南道計於真如以爲依持。此二論師俱稟天親,而所計各異,同於水火。加復攝大乘興,亦計黎耶以助北道。”[2]它們之間主要的分歧,恰如《教觀撮要》所説:“地論南道計八識爲真生一切法;北道計八識爲妄生一切法。此皆於黎耶計真妄之異。”[3]地論南道認爲宇宙萬有包括心識是由清净真心産生的,其結果有染有净,這種緣起論被後世學者稱爲真心系;地論北道同攝論宗則極力反對真如生化的觀點,認爲現象界的一切都是由染汙的阿賴耶所形成,所以現象界的一切尤其是心識都是染妄的存在,這種緣起學説被稱爲妄心系。

這種理論上的强烈分歧引發了不同的反應。比如玄奘面對“大乘不二之宗析爲南北兩道”[4]的困境,毅然前往印度尋求真諦。天台智者大師則在批判地、攝二論的基礎上發展起第一個獨立的中國佛教宗派。然而歷史證明,最爲普遍接受的一種解決方式還是《大乘起信論》調和真妄兩系的主張。《起信論》説:“依如來藏故有生滅心。所謂不生不滅與生滅和合,非一非異,名爲阿賴耶識。此識……能攝一切法,能生一切法。”[5]其主旨是將阿賴耶界定爲真妄和合的存在,認爲由此真妄和合的阿賴耶識生成所有現象與心識的存在。應當注意《起信論》所持的真妄和合與地論、攝論思想中阿賴耶包含染净的觀點不同:地論、攝論、起信論雖然都認爲第八識俱含染净,但是,地論立阿賴耶以净爲主,攝論則以染爲重,衹有《起信論》纔在理論形態上平等處理八識中的真妄。《起信論》的出現無疑是試圖統一不同的意見,然而很可能它衹是在外在形態上做到了這一點。早

---

① 湛然:《妙法蓮花經玄義》卷五之下,《大正藏》卷三十三,第 744 頁中。
② 《大正藏》卷三十三,第 942 頁下。
③ 《卍續藏》第 57 册,No. 0967。
④ 《啓謝高昌王表》,《中國佛教思想資料選編》第 2 卷,北京:中華書局,1983 年,第 3 册,第 6 頁。
⑤ 《大正藏》卷三十二,第 576 頁中。

在净影慧遠時期,就已經對關鍵之處產生了理解上的分歧。論中講到生滅門真如門"皆各總攝一切法",慧遠把對此的兩種可能解釋都列了出來:"一義云,心真如中皆攝出世間一切法,心生滅中皆攝世間一切法。二義云,心真如中皆攝世間出世間一切法,心生滅中亦爾。"[①]慧遠本人持第二種見解,而後來大部分注疏者包括法藏在内都持第一種觀點。[②] 在《起信論》表面上統一了如來藏思想之後,事實上仍存在真心系與妄心系的對立。

二、禪宗心性思想的立場

在佛教心性思想本身就具有差異的情況下,那麼禪宗對此持何種立場?簡要而言,禪宗内部也出現了分歧。禪宗各派,都不同程度地採納了如來藏思想。這種思想認爲:衆生本具真常清净之如來藏,但爲無始以來煩惱妄習所覆而不能顯了,遂有六道輪回流轉不息。若能捨妄歸真,如來藏出纏成爲法身,則知本來是佛、具足功德。真常的如來藏思想每每與心性論相合,稱爲"自性清净心""常住真心"等,所以又名真常唯心論。[③] 受這一系思想的影響,禪者都認爲悟後之心與諸法實相是一體不二的,在這一點上,宗下各家没有區别。

然而涉及悟前具體之心識的時候,禪宗則分化成兩大派系:一系認爲悟前之心識純是真如實相之障蔽,可以稱之爲妄心系;另一派則認爲悟前之心識多多少少與諸法實相有一定關聯,這即是真心系。也就是講,真心系與妄心系的分别,總是就現實的、具體的心識來説。依禪宗的話,即是針對"不了人"而言的:"若約不了人論,有衆生有佛,若其了者,衆生心佛心,元不别。"[④]從超越的、本然的心性角度來看,則全是真心,本無煩惱,並没有真妄的區别。

(一)禪宗中的妄心系

以菩提達摩爲核心的初期禪學,代表的是妄心系立場,也就是説他們不承認在日常的心識當中存有真净的成分。對於他們之所以以四卷宋譯《楞伽》傳宗,印順法師指出那是因爲四卷《楞伽》有獨特的視角。同攝論師以及後來的玄奘學派不同之處在於,宋譯《楞伽經》側重的不是唯心所現,而是如何超越唯心進入自覺自證。所以,唯心所現之心,在宋譯《楞伽經》中是被超越的存在。印順法師詳

---

① 《起信論義疏》卷上,《大正藏》卷四十四,第179頁下。

② 參見龔儁:《大乘起信論與佛學中國化》,臺北:文津出版社,1995年,第59頁。

③ 印順:《大乘三系教判》,《印順集》,北京:中國社會科學出版社,1995年。

④ 《中國佛教思想資料選編》第2卷,第4册,第85頁。

細指出：

> 唯心所現，不是究竟的真實，宋譯是明確的宣示，而魏與唐譯每不同。如宋譯説："如實處見一切法者，謂超自心現量。"魏譯作："云何住如實見？謂入自心見諸法故。"唐譯作："見一切法如實處者，謂能了達唯心所現。"然從上引文而論，宋譯是更妥當的。因此，宋譯每有唯心非實的教説，而魏譯却不同，如宋譯説："受想悉寂滅，亦無有心量。"（唯心的異譯）魏譯作："無想定滅盡，亦皆心中無。"宋譯説："超度諸心量，如來智清净。"魏譯作："能入是唯心，智慧無垢相。"《楞伽》説唯心，而著重於超越唯心，宋譯是特重於此，這應是達磨禪的重視宋譯《楞伽》的理由吧！①

的確，《楞伽經》中處處講："超度一切心意意識"，"離心意意識，得無生法忍"，"心意意識夢現"，"離心意意識，是菩薩漸次轉身，得如來身"，其中明顯將心識作爲染妄的存在。不過經中還提到"諸佛心第一""一切佛語心"等見解，又該如何解釋呢？

> 《楞伽經》更提到："大乘諸度門，諸佛心第一"，"此是過去未來現在諸如來應供等正覺性自性第一義心"，"成真實相，一切佛語心"，"成自性如來藏心"。此心，梵語紇伐耶——舊譯作肝栗大。這是"如樹木心，非念慮心"。這如樹木的中心，最堅實的，與一般所説的"核心""心髓"一樣。如來藏心，自性清净心，都是這樣的真實心，是不可從思慮分别，或集起心的意義去理解的。②

所以，四卷本《楞伽經》中提到那幻化出世界萬物的心，乃是確實的妄心，從而可以把《楞伽經》歸入如來藏緣起中的妄心系。由此也可以推斷初期禪學的心性立場，這一立場也體現在《二入四行長卷》③和《續高僧傳》的相關記載中。

《二入四行長卷》第20段説道："覺時無夢，夢時無覺。此心意識妄想。……

---

① 印順：《宋譯楞伽經與達摩禪》，《現代佛教學術叢刊》卷十二，第22頁。

② 印順：《宋譯楞伽經與達摩禪》，《現代佛教學術叢刊》卷十二，第23～24頁。

③ 敦煌文獻中所藏的《二入四行》卷子（北宿99、S2715、P3018、P4634）經日本學者整理，已經有相當的篇幅。鈴木大拙將其分爲101段：前10段與傳統史書如《續高僧傳》《景德傳燈録》和《楞伽師資記》中的記載類似；11段就是《續高僧傳》之《僧可傳》中向居士的信；其餘大部分都是傳統禪典中未載的。儘管關於這些段落究竟多少是達摩所説、多少是弟子所講還有争議，但學界對於這些文字都是達摩學派的作品這一點已經達成了共識，畢竟其中受四卷《楞伽》影響的痕跡非常明顯。

若識心寂滅，無一動念處，是名正覺。齊有心識不滅，已來皆是夢。"它肯定心意識是妄想，可以説就已經屬於妄心系。至於破滅心識的主張，更同於《楞伽經》"離心意意識"的見解。第28段講："以心意識分別起種種業。若能知心識從本以來空寂，不見處所，即是修道。"這裏首先指出世間現象起於心意識的幻化，反過來推出心識本身的虛妄。第29段更强調："自心現量，皆是惑心。"這個結論很重要，它明確地指出了達摩禪學的基本立場——凡是心識中的存在都是虛妄。以此爲據，它説道："不發凡夫心、聲聞菩薩心、乃至不發佛心，不發一切心，始名處規域外。"(32段)這裏所説的不發佛心，當然不可以理解爲對佛教本身的一種消解(後來的流弊是另外一個問題)，而應該按照妄心學説的見解，恰切地理解爲對凡夫所有心念的擯棄。從《續高僧傳》中也可以看出達摩禪學的傾向，《慧可傳》裏記載慧可的弟子滿禪師説道："諸佛説心，令知心相是虛妄法。今乃重加心相，深違佛意。又增論議，殊乖大理。"[①]這正是繼承《楞伽經》"若説真實者，心即無真實"，"採集業説心，爲化諸愚夫"的一貫見解。所以，從現有的資料已經可以得知，達摩禪學在如來藏學説上應屬於妄心系。

當禪法傳承到慧能，情況依舊相當複雜。一是因爲慧能本人對很多概念的用法同傳統不同，二是很早《壇經》就已經備經修改。所以後世禪者雖然聲稱上承曹溪，却很少引用《壇經》裏的説法。不過，從中還是可以看出判定現有心識爲僞妄的妄心系觀點。經中説道："此法門中，坐禪原不著心，亦不看净，亦不言不動。若言看心，心元是妄，妄如幻故，無所看也。"[②]其中明確提出"心元是妄"。神會時代，禪者已經很少依據《楞伽經》來傳教，不管南宗還是北宗都一樣。《楞伽經》畢竟太過晦澀，不適合禪宗從道信以來向大衆化普及的趨勢。所以，神會在論述如來藏思想時，已經離開了《楞伽經》的術語範式，擁有一套自己的表達模式。

在《南陽和尚問答雜徵義》中有確實的證據表明神會的妄心系立場。他説：

> 無始無明依如來藏，故一念微細生時，遍一切處。六道衆生所造，不覺不知，無所不遍，亦不覺不知從何所來，去至何所。……假識即有生住去來，真識如如都無去來生滅。猶如人眠睡時，無明心遍一切處。[③]

---

① 《續高僧傳》卷十六，《大正藏》卷五十，第552頁下。

② 《壇經》，《中國佛教思想資料選編》第2卷，第4册，第10頁。

③ 《壇經》，《中國佛教思想資料選編》第2卷，第4册，第101頁。

他認爲,既然無始無明同如來藏不相捨離,那麽無明現行的時候將無所不在,包括了六道輪回中的一切現象。這種狀態就如同人睡眠時,妄想佔據了整個的夢境一樣。在他看來,當然是無明生起變動不居的現象,而真正的存在(真識)是如如不動的。這種看法同《楞伽經》"彼生滅者是識,不生不滅者是智"①的一致不是巧合,而是共同擁有妄心系態度的佐證。

當然證據不止於此,另外一個關鍵的相似之處是他們(神會同楞伽師)對妄心的激烈批判。《楞伽經》雖廣述八識、五法、二無我、三自性的唯識學,但最終表現於"離心意意識"觀法中的,却是要超越唯識。滿禪師强調"心相是虚妄法",代表了楞伽師的一貫立場。從現存神會語録的字面來看已經少有受《楞伽經》影響的痕跡,但神會對妄心的嚴格擯棄,可以推知他們擁有共同的理論基礎。神會在《與拓拔開府書》中寫道:

> 但一切衆生,心本無相。所言相者,並是妄心。何者是妄?所謂作意心,取空取净心,乃至起心求證菩提涅槃,並屬虚妄。

可以看出,神會在此不是要滅除特定的妄念,他擯棄所有的妄念,目的是要從根本上消除整個妄心。類似的表達還有很多,比如從神會對妄心的界定也可以看出他對心識真妄的態度:"何者妄心?……貪愛財色、男女等,及念園林、屋宅,此是粗妄,應無此心。爲有細妄……聞説菩提,起心取菩提;聞説涅槃,起心取涅槃;聞説空,起心取空;聞説净,起心取净;聞説定,起心取定。此皆是妄心,亦是法縛,亦是法見。若作此用心,不得解脱,非本自寂净心。"②他實際上是説,現實中所有的心念都是虚妄,如果以此爲實,將永遠不能見到寂净本性。

既然現實心識之中全然都屬染妄,那麽衆生何由解脱?這是主流禪宗採用頓悟之説的根本原因。從菩提達摩到慧能乃至神會,他們所説頓悟意味著心識的瞬間完全轉换。神會講:"今所説般若波羅蜜,從生滅門頓入真如門。更無前照後照,都無此心。乃至七地以前菩薩,都總蓦過。唯指佛心,即心是佛。"③神會此處所説頓悟可及菩薩七地與支遁小頓悟有相似之處,但他的根本意圖却同道生有某種默契。因爲道生曾説:"果報是變謝之場,生死是大夢之境。從生死至

① 《大正藏》卷十六,第500頁下。
② 《神會和尚禪話録》,北京:中華書局,2007年,第8頁。
③ 《神會和尚禪話録》,第12頁。

金剛心,皆是夢。金剛後心,豁然大悟,無復所見也。"[①]生死果報依《起信論》屬"心生滅門",從生滅門到真如門的轉换,神會和道生都認爲是要頓超的(《起信論》認爲二門是逐漸熏習轉化的)。也就是説,在變遷生滅同不生不滅之間有一個根本的刹那間轉换,一邊是生死流轉的虚妄心識生滅,另一邊就是真實無妄的空寂本體,在此之間没有一個真實與虚妄共存的階段。從慧可致向居士的信中可以見到同樣的主張:"本迷真珠爲瓦礫,豁然自覺是真珠"。在"真珠"與"瓦礫"之間是没有過渡狀態的。正是在這個意義上,神會纔提出"不立階漸"。這裏所謂階漸,是指認爲可以去除部分虚妄獲得部分真實的意思,決非任何方便都可以稱之爲"漸"。之所以他們之間能够有相通的見地,於慧可神會之間應該確有傳承,但道生的言論却衹能又一次歸於他的"孤明先發"了。

關於頓見佛性,在理論上比較容易理解:因爲佛性本自清净圓滿。但在神會的頓悟思想中還有另外一個因素,那就是"頓斷煩惱":

> (弟子無行)問曰:"衆生煩惱,無量無邊,諸佛如來、菩薩摩訶薩,歷劫修行,猶不能得。云何龍女刹那發心,便成正覺?"
>
> 和上(神會)言:"發心有頓漸,迷悟有遲疾。若迷即累劫,悟即須臾。此義難知,爲汝先以作事喻,後明斯義,或可因此而得悟解。譬如一綟之絲,其數無量,若合爲一繩,置於木上,利劍一斬,一時俱斷。絲數雖多,不勝一劍。發菩提心,亦復如是。若遇真正善知識,以巧方便,直示真如,用金剛慧斷諸地煩惱,豁然曉悟,自見法性本來空寂,慧利明瞭,通達無礙。證此之時,萬緣俱絶。恒沙妄念,一時頓盡。無邊功德,應時等備。金剛慧發,何得不成!"
>
> 又問:"見俊法師説,龍女是權,不得爲實。若是實者,刹那發心,豈能斷得諸位地煩惱?見俊法師作如是説,無行有礙,願和上開示。"
>
> 和上言:"前引絲喻以明,即合盡見。何乃更疑?《花嚴經》云:十信初,發金剛慧,便成正覺。菩提之法,有何次第?若言龍女是權者,《法華經》云圓頓不思議教,有何威力?"[②]

佛家常講"八萬四千法門對治八萬四千煩惱",他們對净化心識的艱巨性有著清醒的認識,天台宗便認爲必定斷一分煩惱方能證一分法身。而神會竟然宣稱"恒

---

① 吉藏:《二諦義》,《大正藏》卷四十五,第111頁中。

② 《神會和尚禪話録》,第92頁。

沙妄念一時頓盡”,實在是迥異常見,也難怪該弟子疑惑不解。但細查以往觀點,在道生之前主張小頓悟的埵法師就認爲:“三界諸結,七地初得無生,一時頓斷,爲菩薩見地也。”①《壇經》中也説道:“ 汝若不得自悟,當起般若觀照,刹那間,妄念俱滅。”②他們都肯定了可以頓時滅除無邊煩惱。反觀北宗禪法,雖有時以頓悟自許,但從未有過頓斷煩惱的見解。其實歸根結底這也同他們基本心性思想的差異相關。南宗認爲頓悟乃是從生滅心識頓入不生不滅之心性,那麽就斷除了心識與心性之間的生成關係,同時爲避免因此出現的二元論,南宗多强調妄想本來空虚不實的一面。《荷澤寺神會和尚五更轉》中多次提到“妄想是空非實有”,《壇經》中“佛性常清静,何處染塵埃”之偈也暗示了妄想本空的觀點,後世禪學更是對此詳加發揮,成爲南宗禪法的重要特徵之一。

(二)禪宗中的真心系

從前面的論述可以瞭解,妄心系心性思想是禪宗的主流。從初期禪學到慧能、神會乃至馬祖一派,可以看作是這一系統的演化。與之相對應的真心系則没有如此條理清晰的發展脈絡,而是在不同的時期表現爲不同的思想立場。但是就他們都主張心識具備真净的能力而言,總稱爲真心系,其實内部未必有思想的傳承。

神會所反對的禪宗北宗,是真心系的重要陣營之一。神會發對北宗的主要理由是頓漸之别,這個藉口往往飽受批評,很多學者認爲北宗也有頓悟的思想。之下在神秀、普寂一派禪法中没有相近的主張,他們所説頓悟主要表達一種時間概念而不具備心識完全轉换的意味。《大乘無生方便門》中講:“佛子,諸如來有入道大方便,一念净心頓超佛地。”③“頓超”衹是形容”净心”的迅速。何謂净心?文中説道:

> 看心若净名净心地。莫蜷縮身心,舒展身心,放曠遠看,平等盡虚空看……看净,細細看,即用净心眼無邊無涯除遠看……向前遠看,向後遠看,四維上下一時平等看,盡虚空看。長用净心眼看,莫間斷,亦不限多少看。……如是長時無斷用,虚空無一物,清净無有相,常令不間斷,從此永離障。④

---

① 慧達:《肇論疏》,《續藏經》乙編,第 23 套,第 4 册。
② (法海本)《壇經》,《中國佛教思想資料選編》第 2 卷,第 4 册,第 16 頁。
③ 《大正藏》卷八十五,第 1273 頁下。
④ 《大正藏》卷八十五,第 1273 頁下。

不管其中的觀法具體如何,它的理論基礎很明顯:能觀之心是本來清净的,所觀之境是逐漸清净的。也就是説,衆生現實心識當中本來就有清净的部分(否則北宗的觀法根本無法成立,這是它的前提),所以它纔可以教導用"净心眼看"作爲禪法。而這在達摩學派或神會思想中是根本不能成立的。《楞伽經》的主題就是"超越心意意識",滿禪師有"諸佛説心令知心是虛妄法"的教誨,神會及《壇經》多處詰難"修定者原是妄心。妄心修定,如何得定?"[①]且不談神會乃至達摩學派的立場,甚至以往歸於北宗的法如一系的觀點都與此截然不同,從前面杜朏的批評就可以看出法如一系對觀心看净禪法的不滿。該派的《導凡趣聖心決》也如同《大乘無生方便門》一樣提到要"先從外觀……但心所緣,皆須一一隨逐",如是達到"唯是心無外境界",也就是《無生方便門》中所講的"虛空無一物"。然而隨後《導凡趣聖心決》講道:"得久住矣,即須却觀;此妄心爲當是有?爲復是無?又是滅?種種推求,畢竟不可得。"它明確提出:所觀之心根本就是了不可得的妄心,觀境觀净都是前方便而不是究竟。

北宗在禪觀中要消除的是"妄念",而神會同法如一系一樣主張消除整個"妄心"。妄心和妄念的區别决不僅僅是修辭上的差異,而是代表了兩種根本不同的心性論。簡要而言,主張消除妄念與真心系相通而消除妄心者多持妄心説。這是因爲真心系都會有一個依真起妄的假定,在這種體系裏衹有一個心,那就是絶對的真心,其餘的一切都由此派生。因此,它不存在消除"心"的問題,而衹需要消除心所派生的"念"。而妄心系則不同,既然它認爲三界六道由虛妄的阿賴耶所生起,那麽就必然得處理生起所有現象及心識的根本妄心,而不是僅僅消除妄念。

固然在盛唐時期的禪宗對佛教義理相當漠然,但並不意味著他們靈活的教學背後没有相應支撑的理論基礎。如果説《大乘無生方便門》表達了神秀一系的教學方式,那麽《觀心論》則解説了這種教學方式所依仗的理論背景。《觀心論》中講道:

心者,萬法之本也。一切諸法,唯心所生;若能了心,萬行具備。

關於"心乃萬法之本"《楞伽經》也有所述及,《楞伽》中不乏講述心意識生起萬法

① 《神會和尚禪話録》,第 71 頁。

的唯心道理。然而《楞伽經》的意趣恐怕恰恰同《觀心論》相反，不是要“了悟”此心，而是要“了除”此心。换個説法，《楞伽經》同《觀心論》對生起萬法之心的看法不同，《楞伽》以之爲妄，而《觀心論》以之爲真。北宗的心識理論基礎是《起信論》“一心二門”的結構：“了見自心起用有二種差别。云何爲二？一者净心，二者染心。其净心者，即是無漏真如之心；其染心者，即是有漏無明之心。”在此，北宗把染心、净心歸於一心，認爲無論染净一切現象都來自一個共同的源頭。另外，從北宗《楞伽師資記》裏關於求那跋陀羅的禪法誤解也可以看出他們的見解所在：文章把“諸佛心第一”的心理解爲心識，而《楞伽經》所説“諸佛心第一”之心實際上是指核心，這種誤解顯示出北宗已經遺忘了《楞伽》所代表的妄心説而把心識作爲真實的存在。從觀法上講，因爲北宗認爲“心生萬法”之心是真心，所以纔會有“拂塵看净”的修法，也纔會有“時時勤拂拭”的偈誦。而對於持妄心説的神會來講，生滅心識同不變真心之間有著根本的轉化，而這種心識非此即彼的完全轉化纔是頓悟説的關鍵所在。神會之反對北宗漸修，從表面上看是頓漸之争，在深層理論上來看實質是真心妄心之争。

北宗作爲神會批評的對象，在心性論立場上持有不同態度順理成章。但很多人没有意識到的是，作爲菏澤宗繼承人的宗密，也是持真心系觀點。從某種意義上講，宗密不僅不能代表神會明確提出的南宗傳承，反而是背叛了禪門師承的立場。

在宗密的體系中，“知”具有至高無上的地位。他描繪道：“空寂之心，靈知不昧，即此空寂之知，是前達摩所傳空寂心也。任迷任悟，心本自知，不藉緣生，不因境起。迷時煩惱亦知，知非煩惱；悟時神變亦知，知非神變。然知之一字，衆妙之源。”①

雖然在空寂之知這一方面同神會對“知”的描述相近，但它所起的作用却大不相同。在宗密那裏，“知”的主要作用是貫通染净真妄，以指明超凡入聖的心性論基礎。所以他使這靈知具有了既能知煩惱又能知神變的能力。這樣一來，心體之知就不僅局限於對空性的體認，而是貫穿於從迷到悟的整個過程。他説道：“故始自發心，乃至成佛，唯寂唯知，不變不斷，但隨地位，名義稍殊。謂約了悟時，名爲理智；約發心修行時，名爲止觀；約任運成行，多爲定慧；約煩惱都盡，功行圓滿，成佛之時，名爲菩提涅槃。當知，始自發心，乃至畢竟，唯寂唯知也。”②就“了悟時名爲理智”而言，宗密的觀點與神會一致；但宗密認爲這一“知”還可以

① 《中華傳心地禪門師資承襲圖》，《中國佛教思想資料選編》第2卷，第2册，第466頁。
② 《中華傳心地禪門師資承襲圖》，《中國佛教思想資料選編》第2卷，第2册，第469頁。

作爲修行階段的止觀,也就是上面所説"迷時煩惱亦知",這就超出了神會對"知"的嚴格限定而具有了更爲靈活寬泛的用法。宗密這樣主張決不是出於一時誤解,而是有著明確的目的。他認爲,如果將心體之知局限在體悟空性的智慧,那麽會阻塞衆生趨向解脱的途徑:"此言知者,不是證知,意説真性不同虚空木石,故云知也。非如緣境分别之識,非如照體了達之智,直是一真如之性,自然常知。……智局於聖,不通於凡,知即凡聖皆有,通於理智。"①(心體)了了常知,異於木石,其覺智等言,即不通一切,謂迷者不覺,愚者無智,心無記時,即不名鑒照等,豈同心體自然常知?② 由此可見,宗密所説的"知"絶對不同於神會所説的"知",他多處明確地否認"靈知"是智。而神會所謂"知",實際上就是衆生本有智慧,也就是空性所本有般若。這本是如來藏學説本有的思想,祇不過神會著重强調這一點罷了。而宗密所説的"知",正如吕澂所指出的那樣,"可以説不是麻木不仁,非如木石,有感覺、知覺、能思維"的靈明知覺。③

有時宗密又把心體之知稱爲"覺",這時它的作用是消除妄念。他説:"覺諸相空,心自無念,念起即覺,覺之即無,修行妙門,唯在此也。"④在神會語録中,也提到這種消除妄念的覺照。神會説:"心若有念,即便覺照。若也起心即滅,覺照自亡,即是無念。"⑤這兩種觀點看起來很相似,但仔細分析可以看出至少有兩處不同。第一點是:宗密認爲祇有先達到無念的境界纔可以利用覺照消除妄念,而神會却認爲祇有先用覺照消除妄念纔能達到無念的境界。這一點我們將在關於頓悟與漸修的部分詳細解釋。第二點是神會認爲這種覺照的能力也在消解之列。换句話説,神會並不像宗密那樣認爲覺照與知是同一的。《壇語》中記載了這樣一段對話:

> 神足師問:"真如之體,以是本心,復無青黄之相,如何可識?"
>
> (神會)答曰:"我心本空寂,不覺妄念起。若覺妄念者,覺妄自俱滅,此即識心也。"
>
> 問:"雖有覺照,還同生滅。今説何法得不生滅?"
>
> 答:"只由心起故,遂有生滅。若也起心既滅,即生滅自除,無想可得。

---

① 《禪源諸詮集都序》,《中國佛教思想資料選編》第2卷,第2册,第436頁。
② 《中華傳心地禪門師資承襲圖》,《中國佛教思想資料選編》第2卷,第2册,第469頁。
③ 吕澂:《華嚴原人論通講》,《社會科學戰綫》1990年第3期。
④ 《禪源諸詮集都序》,《中國佛教思想資料選編》第2卷,第2册,第431頁。
⑤ 《南陽和尚問答雜徵義》,《神會和尚禪話録》,第73頁。

假說覺照,覺照已滅,生滅自無,即不生滅。”①

從中我們可以很清楚地看到,神會所立的覺照衹是一種“假說”,是爲消除妄念而設立的方便,最終也要被消解掉纔能見性。在最終證悟的境界中,是没有覺照存在的。他説:“若見遍,則覺照亦不立。今存覺照者,約見解遍而論。若約清净體中,何所覺?亦何所照?”②

總而言之,雖然整體説來可以把荷澤宗的心性論稱之爲“靈知心體”説,但實際上神會所説的“知”與宗密所講的“知”相去甚遠。神會之知指的是智慧,而且嚴格限定在了悟空性本體的智慧,也就是般若。而宗密所説的知則比較複雜,它既能了達空性本體,但又决不是智,還能够觀照生滅現象,但也不是分别思維,拿宗密自己的話來説,這一知是“徹於染净”的,所以可以通過它來完成從染至净的修行歷程。此外,宗密認爲心性之知還具有覺照並消除妄念的能力。但在神會思想中,這種消解妄念的覺照能力根本不是心體之知。它衹不過是消除妄念的工具,最終還是要被去掉的。從心性論立場而言,宗密畢竟是屬於真心系,而同神會所主張的妄心系截然不同。

爲什麽號稱荷澤宗師的宗密與神會差異如此之大?原因之一在於,宗密的華嚴宗思想背景的影響。衆所周知,宗密不僅是荷澤宗的第五代傳人,也是華嚴宗五祖,他吸收華嚴宗的思想自不待言。華嚴宗的理論源頭乃是南道地論師以及《起信論》。南道地論師主張“真如緣起”,而《起信論》認爲生滅真如二門“不相捨離”。對於這兩點,宗密都有所吸收。他的佛性論就含有很重的“真如緣起”色彩,而生滅現象與真如的統一更是他關注的重點。而從菩提達摩開始,禪宗的心性觀點實際上與地論北道相近。既然宗密的主要觀點源自地論南道,那麽這個根本性的分歧就直接形成了他與神會心性論立場的不同。另外一個更爲重要的原因在於,宗密無意間採用了中國本有哲學的思維模式,試圖爲世間萬物尋找統一的根源。换一個説法就是,在宗密的思想根基之處,含有類似於老莊與《易傳》的生成論框架。這樣做的結果是,他認爲虚幻現象産生於本原的佛性,這在神會思想中是决不許可的。因爲佛性與妄念之間存在一種生成與被生成的關係,所以在宗密體系中消除妄念的漸修過程受到特别重視,多處引用老子“損之又損”的觀點來説明自己的修學方式。此外,宗密所説的靈知同《莊子》以及《管

① 《壇語》,《神會和尚禪話録》,第72頁。
② 《壇語》,《神會和尚禪話録》,第90頁。

子》中的某些説法十分相近。宗密這種調和對立面的思維方式與傳統哲學一脈相承,因此他的會通工作也得到了中國文化的認同。

三、全真道的心性思想立場

中國本有的哲學傳統中,没有過將心識完全判定爲染汙的觀點,全真道也不例外。依照我們前面的分類方式,全真道的心性思想可以判歸爲真心系。那麼相應的推論就是,全真道在心性思想上與禪學中的宗密一系接近,而同禪學主流的達摩——慧能一系相左。這種心性立場的差異,既關涉作爲理論基礎的本體觀念,同時也會影響到具體的宗教實踐路徑,是我們理解宗派獨特内涵的關鍵所在。

(一)覺照

據《邱祖語録》中記載:

> 長春祖師住燕京天長觀時普説:"道涵天地,神統百形。生滅者,形也;無生滅者,神也,性也。有形皆壞,天地亦屬幻軀,元會盡而示終,只有一點陽光,超乎劫數之外,在人身中爲性海,即元神也。故世尊獨修性學,煉育元神。可以滅而滅,説法四十九年,住世亦止七十載,人不以爲無壽,皆病而示疾,形壞也,血肉之軀也。可以生而生,百千億萬劫,度生無量,又何常滅哉?謂佛肉身至今存焉,可也。若論性不壞,即餓鬼、畜生皆堪成佛,有靈明處是也。心能造形,心能留形,法中有愛住世者,動經於千百劫,心爲之也。若心根傷壞,轉眼便爲冥途矣。故有性存而心先死者,六道是也。有形亡而心存者,古來三教聖賢是也。今世祈長生者,不向本命元神自發大願,乃從仙佛乞靈,是捨本而求末矣。究竟於我何與哉?吾宗所以不言長生者,非不長生,超之也。此無上大道,非區區延年小術耳。"①

這段話集中體現了丘處機心性思想的基本觀點。他將道教的根本落實於心性之學。所謂"有形皆壞",一方面是借鑒了佛教的觀點,另一方面也否定了可以通過祭祀祈禱而長生。長生的唯一依靠是,幻化有形之外的一點元神不生不滅。元神即本性,元神的特徵是靈明不滅,但心却是有生有滅,如果能將心與性合,形盡

① 《邱祖全書》,傅金銓輯:《證道秘書》下,南京:江蘇廣陵古籍刻印社,1994年,第631頁。

而心不滅，那麽就是聖賢境界，纔是真正的長生之道。

還有另外一個重點在於，丘處機和全真教的其他宗師都認爲，覺照是本性透發出來的能力，是捨妄歸真的關鍵所在。如《邱祖語録》中講道："學者現有外光，機在目也。太陽流珠，將欲去人，順也。逆而内之，金華含包矣，有内光。迷而失之，六欲牽之，妄想驚其神也。不能片時清静，爲有無顛倒耳。悟而超之，破除無始習氣，尋取最初種子，光燦圓陀也。哀哉！知者鮮矣。吾不敢見悟者，得見知者可矣。"①文中借用《參同契》"太陽流珠，常欲去人"，解釋覺照能力日常是向外物應用，所以普通人生命有始有終。而如果把這種覺照能力向内返求，那麽金華内包，養性延命。這種覺照能力，丘祖有時具體爲兩目之光："學人但能回光，即了生死，此光超日月，透三界。若無此光，天地亦冥頑不靈矣，萬物何處發生。此光即元始威音也。衆生輪迴者，因此光順出，作種種妄想，故幻出皮囊，積骸如山，積血如海。今一句説破，人自兩目外皆死物也。一目中，元精、元氣、元神皆在，可不重歟？眼光落地，萬古長夜。人在胎中，先生兩目，其死也，先化兩目，皆觀音大士八十一化，極其變現。而目不動，佛之禮威不能變，在此處。衆生倒能變，未死時，兩目已變種種矣。"②他認爲人一身後天皆屬死物，唯有兩目之中一點光明，乃是先天元神所在。《盤山語録》中也對此靈明覺照備加推重："修行人，本鍊自心，從凡入聖，出家以來，却不肯以心爲事，只向他古人言句裹搜尋，紙上文字裹作活計，尋行數墨，葛藤自纏，費盡工夫，濟甚麽事？及至閻老來唤，一句也使不得，一字也使不得，却不如百事不知，懵懂過日的却有些似。把如今着恁尋趂底工夫，向自己本分事上尋趂，則不到得虚度時光。如何是自己本分事？只這主張形骸底一點靈明，從道裹稟受得來，自古及今，清净常然，更嫌少甚？自澂理得明白，便是超凡入聖底憑據。若信得及，便截日下功理會去，自家亦有如此公案，更數他别人珍寶作甚麽？快便自受用去，管取今已後不被人瞞也。"③

無論全真道所注重的覺照歸屬意根還是眼根，都屬於見聞覺知部分。南宗向來反對從見聞覺知求法，牛頭慧忠禪師，就曾經對當時以見聞覺知爲修證的現象感歎道："苦哉！吾宗喪矣！若以見聞覺知是佛性者，净名不應云：'法離見聞覺知。若行見聞覺知，是則見聞覺知，非求法也。'"而北宗特重見聞覺知："豁然

① 《邱祖全書》，傅金銓輯：《證道秘書》下，1994 年，第 632 頁。

② 《邱祖全書 · 邱祖語録》，傅金銓輯：《證道秘書》下，第 632 ~ 633 頁。

③ 論志焕編：《盤山棲雲王真人語録》，《道藏》第 23 册，上海：上海書店、天津：天津古籍出版社、北京：文物出版社，1988 年，第 720 ~ 721 頁。

無念是定，見聞覺知是惠（慧）。"[①]同樣宗密對靈明之知也非常關注："此言知者，不是證知，意説真性不同虚空木石，故云知也。非如緣境分别之識，非如照體了達之智，直是一真如之性，自然常知。……智局於聖，不通於凡，知即凡聖皆有，通於理智。"[②]

靈明覺照的能力，很多情況下被比喻作明鏡。《玄風慶會録》裏面講道："道人修真煉心，一物不思量，如太虚止水，水之風息也静而清，萬物照之燦然悉見；水之風來也動而濁，曷能鑒萬物哉？本來真性静如止水，眼見乎色，耳悦乎聲，舌嗜乎味，意著乎事，此數者續續而疊舉，若飄風之鼓浪也。"[③]以止水明鏡喻心是道家傳統。莊子有"至人用心若鏡不將不迎"之説，還有"人莫鑒於流水而鑒於止水，唯止能止衆止"（《莊子·德充符》）的觀點。神秀在五祖傳法偈中寫道："身似菩提樹，心如明鏡臺。"所取含義，也是以心止能現萬象爲要，這種比喻方式與道家非常地接近。而慧能的偈子中則明確指出"心非明鏡臺"！後世南宗的主流，同慧能一樣反對將心識比喻成明鏡。這是因爲禪宗主流所持妄心系立場，無法容許在現實心識當中包含有真净的成分。

（二）清净

全真道從心性當中能的一面講爲覺照，對應所的一面則多稱爲清净。早期全真大師們，多以清静爲宗，但以馬鈺爲最。馬鈺把修仙證道的關鍵和根本歸結爲"清静"二字，他説："故道家留丹經子書千經萬論，可一言以蔽之曰：'清净'。"[④]又説："夫道但清静無爲，逍遥自在，不染不著，此十二字若能咬嚼得破，便做個徹底道人。"[⑤]還説："無心者，非同貓狗木石蠢然無心也，務在存心於清静之域而無邪心也。故俗人無清静之心，道人無塵垢之心，非所謂俱無心而與木石貓狗一般也。"[⑥]

龍門派多稱此清净心爲平常心，因爲禪宗馬祖曾曰平常心是道，所以每有人誤會龍門派心性之説與洪州宗相通。尹志平在《北遊録》中有三段話，揭示了"平常心"的具體含義：

> 凡世之所愛，吾不爲甚愛；世之所惡，吾不爲甚惡。雖有喜怒哀樂之情，

---

① 《大乘無生方便門》第四十五節，宇井伯壽：《禪宗史研究》，第 498 頁。
② 《禪源諸詮集都序》，宇井伯壽：《禪宗史研究》，第 436 頁。
③ 《道藏》第 3 册，第 389 ~ 390 頁。
④ 王頤中集：《丹陽真人語録》，《道藏》第 23 册，第 703 頁。
⑤ 王頤中集：《丹陽真人語録》，《道藏》第 23 册，第 702 頁。
⑥ 玄全子集：《真仙直指語録》卷上，《道藏》第 32 册，第 434 頁。

發而能中其節，而不傷吾中和之氣，故心得平常，平常則了心矣。

道本無爲，惟其了心而已，治其心得至於平常，則其道自生。①

學道之人，不與物校，遇有事來，輕省過得，至於禍福壽夭，生死來去，交變乎前而不動其心，則是出陰陽之外，居天之上也。如此則心得平常，物自齊矣！逍遥自在，遊於物之中，而不爲物所轉也。先必心上逍遥，然後齊得物。②

從文中所述可以推知，龍門派所謂平常心，與儒家《中庸》學説近似，與莊子齊物之説也有相同之處。至於馬祖所謂平常心是道，不能簡單從字面理解。③ 從根源上講，全真道以心性爲清净可以上溯到老子，旁及儒學。貌似與禪宗接近衹是字面上的偶合，其實禪宗正脈是反對清净心識的。《歷代法寶記》記載："東京荷澤寺神會和上，每月作檀場，爲人説法，破清净禪，立如來禪。"神會北上的主要目的，就是破除北宗以清净爲心性的禪法。《大乘無生方便門》中講："佛子，諸如來有入道大方便，一念净心頓超佛地。"④"頓超"衹是形容"净心"的迅速。何謂净心？文中説道：

看心若净名净心地。莫蜷縮身心，舒展身心，放曠遠看，平等盡虚空看……看净，細細看，即用净心眼無邊無涯除遠看……向前遠看，向後遠看，四維上下一時平等看，盡虚空看。長用净心眼看，莫間斷，亦不限多少看。……如是長時無斷用，虚空無一物，清净無有相，常令不間斷，從此永離障。⑤

不管其中的觀法具體如何，它的理論基礎很明顯：能觀之心是本來清净的，所觀之境是逐漸清净的。也就是説，衆生現實心識當中本來就有清净的部分（否則北宗的觀法根本無法成立，這是它的前提），所以它纔可以教導用"净心眼看"作爲禪法。而這在達摩學派或神會思想中是根本不能成立的。

（三）漸修

既然現實心識全然染妄，那麽回歸真净本性的途徑衹有頓悟一路，這是主流禪學的一貫主張。這種頓悟思想，與漸修的觀念無可調和，因爲其間所默認的心

① 段志堅編：《清和真人北遊語録》卷二，《道藏》第 33 册，第 166 頁。

② 段志堅編：《清和真人北遊語録》卷一，《道藏》第 33 册，第 155 頁。

③ 具體内容請參考《佛學與國學》中拙文《禪宗中的言語行爲》，北京：九州出版社，2009 年。

④ 《大正藏》卷八十五，第 1273 頁下。

⑤ 《大正藏》卷八十五，第 1273 頁下。

性論基礎截然不同。衹有承認現實心識中具有真净的元素,無論這種元素叫做"靈明""回光"還是"知見",纔會推衍出逐漸離染還净的發展路徑。

全真道心性論立場決定了,它所採用的路徑必定是後者,以禪宗的術語來説就是漸修。《玄風慶會録》借用老子的語言對此講述道:"道人治心之初,甚難,歲久功深,損之又損,至於無爲。"①《真仙直指語録》講:"坐臥住行,心存於道,雖然心地未開,時刻之間,皆有陰功積累,功之未足,則道之不全。如人有大寶明珠,價值百萬,我欲買之而錢雖未足,須日夜經營,勤用儉求,積聚財物,或三千五千,或三萬五萬,錢數未足,而寶珠未得,其積聚錢物應急且得使用耳。比於貧寠之家,雲泥有隔,積功累行者無。然雖未得道,其善根深重,今世後世,聖賢提挈,方之無宿根者,不亦遠哉?"②這段文字講述心性煉養需要外功積德作爲資糧。相對於外功的積累,内在心性的漸修依然是"損之又損"的路綫:"待爾心上除了一分功,除了十分有十分功,除了九千九百九分,衹有一分不除,不名清净,直須除盡,聖賢向汝心上校勘,自有真師來度。"③其中的原理,與北宗"時時勤拂拭,莫使惹塵埃"的思路一致。神秀在《大乘無生方便門》中講到用心方式爲:"看心若净名净心地。莫蜷縮身心,舒展身心,放曠遠看,平等盡虚空看……如是長時無斷用,虚空無一物,清净無有相,常令不間斷,從此永離障。"④禪門北宗心地用功,也是借助靈明關照來消除妄念。

全真道的漸修理念不僅與禪宗北派類似,而且與宗密的觀念也相去不遠。在宗密那裏,要依靠這一靈知逐漸消除妄念煩惱,所以在覺悟靈知與解脱生死以及成佛之間還有一段距離。在《答山南温造尚書》一文中,宗密説道:

> 若能悟此性,即是法身。本自無生,何有依託?靈靈不昧,了了常知。無所從來,亦無所去。然多生妄執,習性以成。喜怒哀樂,微細流注。真理雖然頓達,此情難以卒出。須長覺察,損之又損,如風頓止,波浪轉停。豈可一生所修,便同諸佛力用?但可以空寂爲自體,勿認色身;以靈知爲自心,勿認妄念。妄念若起,都不隨之,即臨命終時,自然業不能系。雖有中陰,所向自由,天上人間,隨意寄託。若愛惡之念已泯,即不受分段之身……⑤

---

① 移剌楚才編録:《玄風慶會録》,《道藏》第 3 册,第 390 頁。

② 《長春丘真人寄西州道友書》,《道藏》第 32 册,第 436 頁。

③ 《長春丘真人寄西州道友書》,《道藏》第 32 册,第 436 頁。

④ 《大正藏》卷八十五,1273 頁下。

⑤ 《道俗酬答文集》,見冉雲華:《中國佛教文化研究論集》,臺北:東初出版社,1990 年,第 151 ~ 152 頁。

簡言之，宗密融合頓漸的方法是先覺悟靈知，漸除妄念。但在禪宗主流思想中，在頓悟心體的當下，就已經消除了所有的妄念。神會曾講："摩訶衍宗，恒沙業障，一念消除，體性無生，刹那成道。"[1]從中我們可以明確瞭解，頓漸不僅僅是個時間問題，它背後隱藏的是無可調和的不同心性立場。真心系注定了要走一個離染還净的漸修路綫，而妄心系捨頓悟則無路可循。

四、反思"三教合一"

全真教在創建初期，"凡立會必以三教名之"[2]，王重陽及其弟子一致認爲："儒門釋户道相通，三教從來一祖風。"[3]此時三教合一之説，已經形成相當大的影響，幾乎被當成爲宋明以後中國思想格局的基本形態。但具體到三教如何合一？却未必有明確的模式。如果我們把三教合一看作三種思想派别的簡單趨近和趨同，那麽無疑會忽略很多重要的歷史事實。

首先，宋明儒學的主流没有停止過對佛老的批評，而這些批評並非完全出於意識形態的偏見。反之，佛道對於儒學價值體系的附會，在很大程度上是出於對社會主流意識形態的妥協。但終究而言，全真道和佛教之所以採用出家制度作爲根本的教團發展模式，實際上已經建立了儒家之外的獨立體系。這個獨立體系不僅包括教團組織模式，還有背後所藴含的宇宙論、心性論乃至踐行模式。因爲擁有如此多獨立内涵，導致不同體系之間融合的難度，實質上非常之高。即便是儒學内部認爲最爲接近於禪學的王門後學中王艮、王畿一系，也絲毫没有得到禪宗主流的認可。而明清道教内丹的秘傳，也不可能普及於儒門之中。

其次，對於三教合一最爲推崇的既不是儒家，也不是佛道兩教，而是民間教派。如晚明的林兆恩甚至創立以儒爲主體的三教合一的宗教"三一教"，宣稱要通過"煉心""崇禮""救濟"等手段，"以三教歸儒之説，三綱復古之旨，而思易天下後世"。[4] 其它一些民間宗教裏也有以此爲旗幟的，此可見諸於那些民間宗教的經典"寶卷"。明清二代有更多無名有實的三教合一宗教組織，即是上述那些

---

① 《神會和尚禪話録》，第121頁。

② 李道謙集：《甘水仙源録》卷一《終南山神仙重陽真人全真教祖碑》，《道藏》第19册，第724頁。

③ 《孫公問三教》，《重陽全真集》卷一，《道藏》第25册，第693頁。

④ 《林子全集》利集第四册《煉心實義》。轉引自馬西沙、韓秉方：《中國民間宗教史》第十三章，上海：上海人民出版社，1992年，第835頁。

活躍在當時的五花八門民間宗教。對此明末清初時的顔習齋看得很清楚,他説:"大凡邪教人都好説'三教歸一'或説'萬法歸一'。"①總體而言,多教合一逐漸成爲明清以來新興宗教的共同發展策略,這樣可以最大程度上吸收原本歸屬於儒釋道三教的成員。② 如果學界對此不察而以三教混同爲明清以來大勢所趨,未免流於枝蔓而忽略根本。

再者,就三教當中關聯相當密切的全真道與禪宗來説,它們之間的關聯也無法用簡單的離合概念來概括。禪宗的確借用了很多老莊的術語來表達自己的觀點,但是禪宗從來没有將《莊》《老》列入必讀書目。衹不過很多禪者精通世典,借此發揮而已。這就如同早期佛經翻譯借用老莊名相來"格義",僅僅是爲了受衆理解方便。雖然偶爾也有個别誤解佛學爲老學的情況,但大部分情況下衆人還是清醒意識到,佛教是相對獨立的思想體系。對於禪宗來説,早期倚重的是四卷《楞伽》,中期側重般若類經典,後期則抱定一本《楞嚴經》。代表早期菩提達摩學派的《二入四行長卷》没有涉及老莊思想,慧能《壇經》同樣没有,神會《壇語》還是没有,馬祖道一《語録》也没有。對於禪宗發展最重要的錨點都没有老莊的痕跡,那麽我們有什麽理由堅信禪宗是佛教與道家融合的産物呢?

如果不能把禪宗理解爲佛教與本土道家思想的簡單融合,那麽爲什麽在全真道和禪宗之間存在如此多的相似性?難道是全真道受了禪宗的影響?相似性未必是互相影響的結果,很可能是同一主幹上的不同分支。嚴格來説,全真道與禪宗的相似性,衹存在於全真道與禪宗北宗以及全真道和宗密之間。禪宗北宗和宗密之間不存在傳承關係,兩者從派别歸屬上看水火不容。之所以他們享有共通的思想立場,是因爲他們都受到了本土思想潛移默化的浸染,尤其是本土固有的心性本净立場。真心系系統固然在佛教内部有其根源,但是聲稱爲達摩後學的北宗和神會門人的宗密如此迅速而徹底地改變思想立場,不能不歸之於本土思想强大的熏習。簡要而言,他們都屬於受本土影響而歧出的禪宗分支,與恪守心識本妄的禪宗主流有著本質的差異。

北宗的影響很早就煙消雲散,而宗密的影響却與日俱增。這一方面得益於宗密身兼華嚴與荷澤兩宗宗師的身份,另外一方面宗密的表述邏輯分明、條理清晰,遠勝於令人不知所云的禪宗語録。更爲重要的是,宗密的思想與本土哲學的很多觀念似乎不謀而合,更加引發受衆的接納。全真道當中對於靈明反觀的推

① 顔元:《顔元集》上,北京:中華書局,1987年,第146頁。

② 參見嚴耀中:《論"三教"到"三教合一"》,《歷史教學》2002年第11期。

重，與宗密就非常類似，都是先領悟靈明覺知之性，而後漸次消除妄想，返還本性。宗密理解的《大乘起信論》之所以與道家"水火匡廓圖"類似，絶不是偶然的巧合，而是他們共同採用生成論系統的自然推演。反之，印度佛學之中完全不存在生成論系統。如果説萬物的生成本原，佛教反而會追溯到染汙的無明或者阿賴耶上面。即便如來藏體系認爲真如爲萬法之本，也決不會承認在真如與萬法之間存在生成與被生成的關係。而對於道教來説，這種生成關係直接決定了返還的路徑，是至爲重要的理論基礎："夫道産衆生，如金爲衆器，銷其像，則返成乎金。人行乎善，則返乎道。"①正是因爲道教相信衆生尤其是人産自於道，纔會認爲人心當中含有稟賦於道體的真心，而這個真心是返還於道的唯一途徑和最重要工具。禪宗主流所謂真心，是個與現實心識全然無涉的般若智慧，衹有證悟空性之後纔會顯現。禪宗判定日常心識當中全是妄心，無法據此漸次解悟，所以纔會採用激烈的頓悟手段來體證空性。

總而言之，在禪宗與全真道兩個體系中，心性論的差異既是其本體論差異的必然結果，也決定了其解脱路綫的不同，是理解其特質的關鍵所在。如果僅僅通過字面上的相似性便推斷他們背後擁有類似的理論框架，無異於衆葉障目不見主幹。换個説法，他們在具體的應用方面或許有很多類似之處，但是並不能從邏輯上推出其本體的一致性。反過來講，我們衹有先瞭解了他們根本理論架構的差異，纔能準確地理解具體細節的意義。

（責任編輯：趙衛東）

① 《玄風慶會録》，《道藏》第 3 册，第 388 頁。

全真道與玄教在元代中後期發展之比較研究

□林巧薇

摘要:元代全真教與玄教都是曾在元朝皇室的支持下而獲得了空前發展機會的道派。元朝初期,全真道發展至鼎盛階段。元朝一統江南以後,以天師道爲核心的正一派受到了元朝统治者的重用。南方正一派的興起,打破了全真道的壟斷地位。在元中後期,全真道的發展主要經歷了抑制和復興兩個階段,而張留孫一派的玄教則是在元朝皇室扶植下逐漸興起。本文通過對比較全真道和玄教在元代中後期的發展狀況,試圖瞭解全真道和玄教兩派之間的不同狀況,以及兩派與元政府之間的相互關係。

關鍵詞:全真道　玄教　元朝皇室

作者簡介:林巧薇,女,1981 年生,四川成都人。現爲中國社會科學院世界宗教研究所道教與民間宗教研究室助理研究員。

丘處機西覲成吉思汗之後,全真道獲得元朝皇室的支持,獲得了空前發展。至元朝初期,全真道的發展達到鼎盛時期。但元朝一統江南以後,以天師道爲核心的正一派受到了元朝统治者的重用。南方正一派的興起,打破了全真道的壟斷地位。其中出自龍虎山的道士張留孫更是深受皇室的恩寵,不僅被敕封爲"玄教大宗師",其教派形成龍虎宗的一個支派——玄教。在元中後期,全真道的發展主要經歷了抑制和復興两個階段,而張留孫一派的玄教則是在元朝皇室中最受重用的道派。全真道和玄教的興起和發展皆同元政府的支持密切相關,但两派在元代中後期的發展情況則不盡相同。本文試圖就全真道和玄教在元代中後期的發展狀況進行比較和探討。

一、全真道的興衰與玄教的崛起

元朝初期,全真道的發展達到鼎盛階段。元憲宗元年(1251),"以僧海雲掌釋教事，以道士李真常掌道教事”。[1] 全真道士李志常被賜掌道教事，標誌著全真道掌教由朝廷正式賦予主掌道教的權力。隨著全真勢力的壯大，其與佛教的鬥爭日益激烈。憲宗時期，佛教和道教曾先後舉行三次大辯論，爲歷史上一次著名的佛道之爭。在元憲宗八年(1258)第三次佛道大辯論中，佛教有那彦國師、八思巴、劉秉忠、少林寺長老以及各地寺廟住持三百多人參加，而道教以全真道掌教張志敬爲首有二百多道士參加，約定“道士勝則僧冠首而爲道，僧勝則道削髮爲僧”。結果全真教在這場大辯論中失利，導致 17 名道士被强送至龍光寺落髮爲僧，45 部道教經典遭禁毁，237 處佛寺被歸還。此後全真教受到佛教的抑制，其宗教勢力大大削弱。

中統元年(1260)，忽必烈在燕京即位爲元世祖。忽必烈受密教灌頂，奉西僧八思巴爲國師，主張實行尊佛抑道的政策。在元世祖的進一步打壓下，全真道的勢力被削弱。全真道的發展進入了抑制時期。在這一時期全真道主要由張志敬、王志坦、祁志誠、張志仙等人掌教。直至成宗時期，元成宗開始改變崇佛抑道的政策，放寬了對全真道的約束，全真道纔開始走向復興之路。學者將這一時期稱爲後弘期。在後弘期，苗道一、孫德彧、藍道元、孫履道、苗道一、完顏德明曾先後擔任全真掌教。

元攻滅南宋以後，至元十三年(1276)元世祖召第三十六代天師張宗演覲見。玄教創始人龍虎山道士張留孫隨天師張宗演入朝。至元十四年(1277)春正月，元世祖賜嗣漢天師張宗演“演道靈應沖和真人”，領江南諸路道教。後張宗演回江南，而張留孫留京師。[2] 張留孫受到了元世祖的賞識。至元十五年(1278)，元世祖命張留孫稱天師，而張氏固辭不受，言：“天師嗣漢張陵，有世系，非臣所當爲。”[3]元世祖另賜張留孫“玄教宗師，授道教都提點，管領江北、淮東、淮西、荆襄道教事，佩銀印”[4]。此後張留孫經歷成宗、武宗、仁宗等朝，寵遇不衰，屢蒙加封。張留孫門下聚集了高徒數十人，分別在兩都崇真宮和南方各地大宮觀擔任道職，於京師與南方各地管理教務，逐漸發展形成一個規模較大、轄域較廣的道派。皇慶二年(1313)，元仁宗“進開府儀同三司，加號輔成贊化保運玄教大宗師，刻玉爲

---

① (明)宋濂等撰:《元史》第 1 册，北京:中華書局，1976 年，第 45 頁。

② (明)宋濂等撰:《元史》第 1 册，第 187 ~ 188 頁。

③ (元)虞集:《道園學古録》卷五十《張宗師墓誌銘》，《景印文淵閣四庫全書》第 1207 册，臺北:臺灣商務印書館，1986 年，第 701 頁。

④ (元)袁桷:《清容居士集》卷三十四《有元開府儀同三司上卿輔成贊化保運玄教大宗師張公家傳》，《景印文淵閣四庫全書》第 1203 册，臺北:臺灣商務印書館，1986 年，第 461 頁。而《元史・世祖紀七》載“制授張留孫江南道教諸路都提點”，誤。

印曰:玄教大宗師印。上手授公曰:以此傳玄教之宗"①。由此可見,張留孫成爲得到元代朝廷承認的道教一派宗師,張留孫一派得獲"玄教"之名。張留孫在延祐六年(1316)向朝廷請求追溯玄教一門的傳承淵源,刻石以紀之。元仁宗特敕賜玄教宗傳碑。這意味著玄教作爲一個道教派别的正式誕生。② 據《敕賜玄教宗傳之碑》記載,在張留孫之前的八代傳承依次是:

> 宗傳之初,由襲明體素静正真人張思永始得道龍虎山中,再傳爲集虚演化抱式真人馮清一,三傳爲廣玄乾化貞一真人馮士元,四傳爲象先抱一淵素真人陳瓊山,五傳爲通真觀妙玄應真人張聞詩,六傳爲毓真洞化静復真人李知泰,七傳爲寶慈昭德泰和真人胡如海,八傳爲葆光至德昌玄真人李宗老"。③

張留孫的本師即李宗老。張留孫通過自陳其派的傳承淵源,試圖説明玄教一派雖出於龍虎山,但其師承自有其脈,故能形成獨立於正一天師的教派。關於"玄教大宗師"的更替,張留孫曾作出規定:每一任玄教宗師在世時,就選定一個繼承人,稱爲"玄教嗣師",報請朝廷敕封。在玄教宗師去世後,玄教嗣師即繼任爲玄教宗師。張留孫曾指定其弟子吴全節爲玄教嗣師,還指定夏文泳爲吴全節的繼任人。④

大德十一年(1307),吴全節被朝廷正式册封爲玄教嗣師,皇帝鑄"玄教嗣師

---

① (元)虞集:《道園學古録》卷五十《張宗師墓誌銘》,《景印文淵閣四庫全書》第1207册,第702頁。亦見元袁桷《有元開府儀同三司上卿輔成贊化保運玄教大宗師張公家傳》:"皇慶元年,錫號輔成贊化。二年,命將作臣製玉,刻文曰'玄教大宗師',手授曰:以是傳教俾永遠。"引自(元)袁桷:《清容居士集》卷三十四《有元開府儀同三司上卿輔成贊化保運玄教大宗師張公家傳》,《景印文淵閣四庫全書》第1203册,第462頁。

② 關於玄教與龍虎山正一道的關係,多數學者認爲玄教爲龍虎山正一道支派。如陳垣《南宋初河北新道教考》稱"玄教由正一教分出,實一教而二名"(陳垣:《南宋初河北新道教考》,臺灣:輔仁大學出版社,1941年,第103頁)。曾召南《元代道教龍虎宗支派玄教紀略》認爲玄教"係指元代從龍虎宗分離出來的,以張留孫爲代表的一個道教派别。它的基本骨幹來自張陵後裔的龍虎宗,並保持著龍虎宗的基本信仰,但在組織上却另成獨立的體系,在思想内容上又具有某些特點,故稱之爲龍虎宗支派"(引自《世界宗教研究》1988年第1期,第77~90頁)。另有學者持"獨立説",如郭樹森、陳金鳳稱"玄教實爲元朝統治者扶植的官方宗教,是獨立於龍虎宗之外的新道教派别"(引自《元代玄教與龍虎宗關係論》,《江西社會科學》2008年第5期,第45~51頁)。筆者認同玄教爲龍虎山正一道支派的觀點。

③ (元)虞集:《敕賜玄教宗傳之碑》,陳垣編纂:《道家金石略》,北京:文物出版社,1988年,第962頁。

④ (元)黄溍:《特進上卿玄教大宗師元成文正中和翊運大真人總攝江淮荆襄等處道教事知集賢院道教事夏公神道碑》所記:"(延祐)七年(1320),開府公示將解化,以教事付吴公而命公(夏文泳)繼之。"(陳垣編纂:《道教金石略》,第983頁。)

之印”授之。玄教以元世祖所賜的大宗師寶劍和元仁宗所賜的玄教大宗師印章成爲玄教宗師的傳承信物。玄教大宗師共傳承了五代，分别是第一代張留孫（1248—1321）、第二代吴全節（1269—1346）、第三代夏文泳（1227—1349）、第四代張德隆（生卒年不詳）、第五代于有興（生卒年不詳）。（見表1）于有興掌教時，已到了元朝末年。入明以後，玄教不再見有傳承記載。

表1　玄教派系表

派　譜	掌教	姓　名	封　號	資料出處
第一代	—	張思永	襲明體素静正真人	虞集《敕賜玄教宗傳之碑》
第二代	—	馮清一	集虚演化抱式真人	虞集《敕賜玄教宗傳之碑》
第三代	—	馮士元	廣玄幹化貞一真人	虞集《敕賜玄教宗傳之碑》
第四代	—	陳瓊山	象先抱一淵素真人	虞集《敕賜玄教宗傳之碑》
第五代	—	張聞詩	通真觀妙玄應真人	虞集《敕賜玄教宗傳之碑》
第六代	—	李知泰	毓真洞化静復真人	虞集《敕賜玄教宗傳之碑》
第七代	—	胡如海	竇慈昭德泰和真人	虞集《敕賜玄教宗傳之碑》
第八代	—	李宗老	葆光至德吕玄真人	虞集《敕賜玄教宗傳之碑》
第九代	第一代	張留孫	開府儀同三司上卿輔成贊化保運玄教大宗師	袁桷《玄教大宗師張公家傳》
第十代	第二代	吴全節	特進上卿玄教大宗師崇文弘道玄德真人	袁桷《玄教大宗師張公家傳》
第十一代	第三代	夏文泳	特進上卿玄教大宗師元成文正中和翊運大真人	黄溍《玄教大宗師夏公神道碑》
第十二代	第四代	張德隆	玄教大宗師	黄溍《玄静庵記》
第十三代	第五代	于有興	玄教大宗師	王禕《馬跡山紫府觀碑》、明蘇伯衡《蘇平仲文集》卷四《梁道士傳》

二、全真道與玄教發展狀況的比較

玄教自元世祖 1278 年開始重用張留孫時開始興起，一直發展至元末。全真道則從元世祖時期至元代末年經歷了抑制期和後弘期兩個階段。因此本文中對全真道與玄教兩派的比較，從時間上設定爲元世祖至元順帝時期。（見表 2）本文將主要從以下五個方面對比全真道與玄教在元代中後期的發展狀況。

表 2　全真道掌教與玄教掌教時期對照表

<table>
<tr><th>元朝諸帝</th><th>在位年代</th><th>全真掌教</th><th>掌教時間</th><th>玄教掌教</th><th>掌教時間</th></tr>
<tr><td>太祖</td><td>—</td><td>丘處機</td><td>1204—1227</td><td>—</td><td>—</td></tr>
<tr><td>太祖</td><td>—</td><td>尹志平</td><td>1228—1238</td><td>—</td><td>—</td></tr>
<tr><td>憲宗</td><td>—</td><td>李志常</td><td>1239—1256</td><td>—</td><td>—</td></tr>
<tr><td rowspan="4">世祖</td><td rowspan="4">1260—1294</td><td>張志敬</td><td>1257—1270</td><td>—</td><td>—</td></tr>
<tr><td>王志坦</td><td>1271—1272</td><td>—</td><td>—</td></tr>
<tr><td>祁志誠</td><td>1273—1285</td><td rowspan="2">張留孫</td><td rowspan="6">1278--1321</td></tr>
<tr><td>張志仙</td><td rowspan="2">1285—1307</td></tr>
<tr><td>成宗</td><td>1295—1307</td><td>張志仙</td><td>張留孫</td></tr>
<tr><td>武宗</td><td>1308—1311</td><td>苗道一</td><td>1308—1311</td><td>張留孫</td></tr>
<tr><td rowspan="2">仁宗</td><td rowspan="2">1312—1320</td><td>常志清</td><td>1312—1313</td><td rowspan="2">張留孫</td></tr>
<tr><td>孫德彧</td><td>1314—1320</td></tr>
<tr><td>英宗</td><td>1321—1323</td><td>藍道元</td><td>1321—1323</td><td>吴全節</td><td rowspan="4">1321—1346</td></tr>
<tr><td>泰定帝</td><td>1324—1328</td><td>孫履道</td><td>1324—1328</td><td>吴全節</td></tr>
<tr><td>文宗</td><td>1329—1332</td><td>苗道一</td><td>1329—1335</td><td>吴全節</td></tr>
<tr><td rowspan="4">順帝</td><td rowspan="4">1333—1370</td><td rowspan="4">完顏德明</td><td rowspan="4">1335—1362?</td><td>吴全節</td></tr>
<tr><td>夏文泳</td><td>1346—1349</td></tr>
<tr><td>張德隆</td><td>1349—不詳</td></tr>
<tr><td>于有興</td><td>不詳(1354 年見載)</td></tr>
</table>

1. 元统治者對全真道和玄教兩派的封賞。

元代,道教各派對本宗掌教一般尊稱爲宗師或大宗師,而元政府則通過授予各派宗師"真人"或"大真人"封號,以確定各派掌教宗師合法性的地位。在元朝能得到朝廷正式承認的衹有五大道派宗師,即正一天師、全真道掌教宗師、真大道掌教宗師、太一道掌教宗師及玄教大宗師。

元光元年(1222),丘處機見成吉思汗,成吉思汗尊稱丘處機爲"丘神仙",賜予其一等貴臣所用的金虎符,召令其管理"天下出家善人"。自此全真道獲得元朝統治者的正式承認。丘處機作爲全真掌教雖然獲得了元朝皇室的封賜,但是没有被加封爲"大宗師"的稱號。至尹志平掌教時期,纔獲封"大宗師"稱號。此後歷任掌教不僅享有"大宗師"的稱號,而且有專門的印信。1238 年尹志平讓位李志常,"上元日,作大齋,授大宗師法印"①。1256 年李志常臨終前向朝廷奏明以張志敬繼承,"悉以符印法衣付之"。中統三年(1262),朝廷賜掌教張志敬制書。至元九年(1272)祁志誠嗣教,朝廷"錫璽書衛其教"②。在現存相關文獻中仍保留了苗道一、常志清、孫德彧、孫履道等人所受制書。

從表 3 可以看到,元世祖到順帝年間全真道掌教所授封敕的主要變化有兩點。第一,元世祖授張志仙"掌管諸路道教事",此後歷任全真掌教皆明確具有掌管諸路道教所的權利。但是"諸路道教所"是指全真道教内的道教事,還是指整個道教内部包括其他道派的道教事呢?目前情況不明,這將在下文中進一步探討。第二,武宗繼位以後,苗道一出任全真掌教。武宗賜予苗道一"商議集賢院道教事"的職位。此後歷任全真掌教皆出任此官職,參與集賢院的決策。

表 3　全真道掌教加封表

掌　教	封　號	官　職	文獻來源
張志敬	玄門嗣法掌教宗師、誠明真人	—	《玄門嗣法掌教宗師誠明真人道行碑銘並序》
王志坦	玄門嗣法掌教、純真真人	—	《玄門嗣法掌教宗師誠明真人道行碑銘並序》碑末署名

① (元)王鶚:《玄門掌教大宗師真常真人道行碑銘》,陳垣編纂:《道家金石略》,第 579 頁。

② (元)李謙:《玄門掌教大宗師存神應化洞明真人祁公道行之碑》,陳垣編纂:《道家金石略》,第 700 頁。

（续表）

掌 教	封 號	官 職	文獻來源
祁志誠	玄門掌教大宗師、存神應化洞明真人	—	《玄門掌教大宗師存神應化洞明真人祁公道行之碑》
張志仙	玄門演道大宗師、嗣教輔元履道玄逸真人	掌管諸路道教事	《玄門掌教大宗師祁公道行碑》碑末署名
苗道一	玄門演道大宗師	管領諸路道教、商議集賢院道教事	《永樂宫聖旨碑》《至大詔書碑》
常志清	玄門演道大宗師、掌教真人	管領諸路道教所、商議集賢院道教事	《清容居士集》卷三十七
孫德彧	神仙演道大宗師、玄門掌教輔道體仁文粹開玄真人	管領諸路道教所、知集賢院道教事	《元漢會文聖旨碑》、《道園學古録》卷五十《孫真人墓誌銘》、《孫公道行之碑》
藍道元	—	—	資料不詳
孫履道	神仙玄門演道大宗師、泰定虚白文逸明德真人	掌管諸路道教所、知集賢院道教事	《吴文正集》卷九十《封孫真人制》
完顏德明	神仙玄門演道大宗師、重玄蘊奥弘仁廣義大真人	掌管諸路道教所、知集賢院道教事	《皇元特授神仙演道大宗師玄門掌教輔道體仁文粹開玄真人管領諸路道教所知集賢院道教事孫公道行之碑》碑末署名

歷任全真道掌教的任免和更替與元朝的上層權利鬥争存在著密切地關係。張廣保先生在《蒙元時期全真教大宗師傳承研究》一文中曾通過細緻地考辨重構出了元代全真教十二位掌教宗師的譜系及其傳承的歷史過程。[①] 在這一過程中

① 張廣保:《蒙元時期全真教大宗師傳承研究》,陳鼓應主編:《道家文化研究》第23輯,北京:生活·讀書·新知三聯書店,2008年,第192～249頁。

可以看到全真道掌教與元朝皇室之間既相互依存又相互鬥争的複雜關係。全真道掌教張志敬在任期間,全真教在第三次佛道大辯論(1258)中失利。此事件成爲全真教進入抑制時期的標誌。元世祖即位後,又主張實行尊佛抑道的政策,進一步打壓全真教的勢力。雖然處在抑制時期,全真道掌教張志敬仍然努力維護全真祖師的地位。至元六年(1269),世祖給張志敬下詔書,褒封五祖、七真徽號。全真列祖受到官方褒獎。① 直至成宗時期,成宗解除了對全真道的壓制政策。元貞元年(1295)全真第十一任掌教張志仙向成宗請求爲大都長春宫樹碑。成宗批准了他的請求,還對他加以褒獎,賜給寶冠、玉珪、錦服。② 自此全真道纔開始走向復興之路。武宗時期,苗道一上書請求爲五祖七真加封號,同時也爲丘處機十八弟子贈號,獲得批准。武宗於至大三年(1310)二月下詔,贈五祖七真十八真人徽號。③ 苗道一任掌教時期,全真道得到了全面復興。"全真之教者,亦未有盛於此時也。夫以老氏之道,由太祖信之以益弘,長春演之而益明。全真氏之教,由武宗崇之而益隆,凝和播之而益大。"④

玄教興起的標誌事件是玄教創始人張留孫在至元十五年(1278)被賜予"玄教宗師,授道教都提點,管領江北、淮東、淮西、荆襄道教事,佩銀印"⑤。此後繼任的玄教宗師吴全節、夏文泳等人皆總攝江淮荆襄等處道教都提點。《河圖仙壇碑》:"(元貞)十一年,武宗皇帝自朔方歸纂大統,制授公(吴全節)玄教嗣師、總攝江淮荆襄等處道教都提點、崇文宏道玄德真人,鑄銀爲印曰'玄教嗣師之印',視二品。"⑥黄溍《夏公神道碑》:"仁宗正位宸極,皇慶元年,首降制,特授元成文正中和真人、江推荆襄等處道教都提點,賜以銀印,視軼二品,天語褒嘉,恩意隆厚,非常典也。"⑦第四代掌教張德隆在至正年間繼任玄教大宗師,授特進上卿玄教大宗師、沖真明遠玄静演教大真人,總攝江淮荆襄道教、知集

---

① (元)劉志玄等撰:《金蓮正宗仙源像傳·元世祖皇帝褒封制詞》,《中華道藏》第47册,北京:華夏出版社,2004年,第55頁。

② (元)姚燧:《長春宫碑銘》,陳垣編纂:《道家金石略》,第720~721頁。

③ 《至大詔書碑》,陳垣編纂:《道教金石略》,第729~731頁;《天詔加封祖真之碑》,陳垣編纂:《道教金石略》,第731~733頁。

④ 《苗公道行碑》,陳垣編纂:《道教金石略》,第787頁。

⑤ (元)袁桷:《清容居士集》卷三十四《有元開府儀同三司上卿輔成贊化保運玄教大宗師張公家傳》,《景印文淵閣四庫全書》第1203册,第461頁。

⑥ (元)虞集:《道園學古録》卷二十五《河圖仙壇之碑》,《景印文淵閣四庫全書》第1207册,第362頁。

⑦ (元)黄溍:《特進上卿玄教大宗師元成文正中和翊運大真人總攝江淮荆襄等處道教事知集賢院道教事夏公神道碑》,陳垣編纂:《道教金石略》,第983頁。

賢院教事。

玄教大宗師張留孫經歷世祖、成宗、武宗、仁宗四朝屢蒙加封。第二代大宗師吴全節嗣教後，又歷經英宗、泰定帝、文宗、順帝四朝亦是寵遇不衰。在元朝皇室的支持下，玄教纔能自成一派。皇慶二年(1313)，元仁宗授張留孫"玄教大宗師印"。延祐六年(1316)，元仁宗特賜"玄教宗傳碑"，承認了玄教一門的傳承淵源。玄教纔能成爲正式獨立於龍虎山天師的一個正一法派。

通過張留孫、吴全節兩代玄教大宗師的努力，玄教在元代中後期盛極一時。而玄教能發展壯大，與張留孫廣收門徒密切相關。據載張留孫共有弟子75人。這些玄教弟子或被委以京師道職，或被派至江南各地管理教務，不斷擴大玄教教門規模。這些玄教的重要骨干也得到朝廷的敕封。其中吴全節被敕封爲玄教嗣師，其他弟子中，夏文泳、毛穎達、王壽衍3人以真人佩銀印，余以誠、孫益謙、陳日新3人以真人制書命，何恩榮、李奕芳、張嗣房、薛廷鳳、舒致祥、張德隆、薛玄羲、徐天麟、丁應松等9人以璽書命。

表4　玄教掌教加封表

掌　教	時　間	封　號	官　職
張留孫	1278	玄教宗師	道教都提點，管領江北、淮東、淮西、荆襄道教事，佩銀印
	1288	—	預議集賢院
	1295	—	同知集賢院道教事
	1299	特賜上欽玄教大宗師	别給銀印
	1307	大真人	知集賢院，領諸路道教事
	1309	—	領集賢院，在大學士之上，是歲再加特進
	1313	加號輔成贊化保運玄教大宗師	賜玉印
	1315	加開府儀同三司	—
	1329	追封神德真君	—

（续表）

掌　教	時　間	封　號	官　職
吴全節	1295	制授沖素崇道法師	南嶽提點
	1296	制授沖素崇道玄德法師	大都崇真萬壽宫提點
	1306	—	制授江淮荆襄等處道教都提點
	1307	玄教嗣師、崇文弘道玄德真人	總攝江淮荆襄等處道教都提點，鑄銀爲印曰“玄教嗣師之印”，視二品
	1322	特進上卿玄教大宗師、崇文弘道玄道廣化真人	總攝江淮荆襄等處道教、知集賢院道教事。玉章一，一品銀印一，總攝道教事。二品銀印一，並授之
夏文泳	1304	元道文德中和法師	崇真萬壽宫提點
	1312	元成文正中和真人	江淮荆襄等處道教都提點、賜銀印，視二品
	1346	特進上卿玄教大宗師、元成文正中和翊運大真人	總攝江淮荆襄等處道教、知集賢院道教事
張德隆	1349	特進上卿玄教大宗師、沖真明遠玄静演教大真人	總攝江淮荆襄道教、知集賢院教事

從元政府對全真道和玄教兩派敕封内容來看，全真道從丘處機開始獲得元統治者的正式册封，至尹志平掌教時期獲封“大宗師”稱號。此後歷任掌教享有“大宗師”的稱號及大宗師印信。元世祖時期開始明確全真掌教具有掌管諸路道教所的權利。武宗以後，全真掌教開始出任“商議集賢院道教事”一職。而玄教自張留孫開始，歷任掌教被賜予“玄教大宗師”稱號，掌管江北、淮東、淮西、荆襄等處道教事，佩銀印，官二品。從元世祖時期（1288）張留孫開始“預議集賢院”，成宗時期張留孫任“同知集賢院道教事”，至武宗時期張留孫“領集賢院”，官至一品。此後玄教宗師吴全節、夏文泳等人皆出任“知集賢院道教事”，參與集賢院的決策。可以説，張留孫能够創建玄教與元世祖實行扶植南方道教藉以鉗制全真道的政策有關。不僅創始人張留孫得到皇帝的恩寵，其他歷任玄教大宗師也深受元朝皇帝的重用，因而玄教纔得以逐漸發展形成一個以玄教大宗師爲核心的龐大教團。

2. 全真派與玄教的地域範圍與宫觀建設。

天興二年（1233），元好問記載全真道的勢力曾發展到“南際淮，北至朔漠，西向秦,東向海,山林城市,廬舍相望,什百爲偶,甲乙授受,牢不可破"①。1236 年高鳴所撰《清虚宫重顯子返真碑銘》記載全真道"今東盡海,南薄江淮,西北歷廣漠,雖十廬之聚,必有香火一席之奉"②。這説明在全盛時期,全真道的傳播範圍主要遍及東到海,西到今甘肅,南與宋交界到江淮,北到和林,東北到今東北等地區。至元十八年(1281),全真道的勢力則發展到"東盡海,西邁蜀,南逾漢江,北際大漠"。③ 在元統一南方以後,全真道也南傳至江浙、湖北、四川、廣西等省。

有關元代全真道宫觀的數量與分佈情況,程越曾在《金元時期全真道宫觀研究》一書中進行詳細的統計。他的研究指出在元代各行省中,全真道宫觀分佈最多的是中書省,其次是陝西行省,再次是河南行省。"金元時期全真道宫觀的地域特徵可以概括爲集中分佈在黄河中下游流域。按今天的地域來看,宫觀數量最多的幾個省域依次是:京津冀、河南、山東、陝西、山西。"④據程越的統計,在宫觀建設的方面,祁志誠任掌教時期曾興修 14 座宫觀,張志仙共興修 13 座,而苗道一至完顔德明時期,全真道新修建的宫觀衹增加 11 座。似乎從祁志誠掌教時期至完顔德明掌教時期,全真道的宫觀數量增加不多,但是從宫觀在史料上的最早記載時間來統計,這一階段全真道的宫觀數量達到 635 座。

表 5　全真掌教與宫觀興修情況表⑤

全真掌教	掌教時間	在位皇帝	掌教期間宫觀創建數	掌教期間最早見載宫觀數
祁志誠	1273—1285	世祖	14	27
張志仙	1285—1307	世祖 成宗	13	100
苗道一	1308—1311	武宗	2	4
常志清	1312—1313	仁宗	0	12
孫德彧	1314—1320	仁宗	2	224
藍道元	1321—1323	英宗	0	11
孫履道	1324—1328	泰定帝	5	80
苗道一	1329—1335	文宗	1	15
完顔德明	1335—1362	順帝	1	162

---

① (元)元好問:《紫微觀記》,陳垣編纂:《道教金石略》,第 475 頁。

② 陳垣編纂:《道家金石略》,第 476 頁。

③ (元)朱象先:《文仙谷純陽洞演化庵記》,陳垣編纂:《道家金石略》,第 708 頁。

④ 程越:《金元時期全真道宫觀研究》,濟南:齊魯書社,2012 年,第 51 ~52 頁。

⑤ 相關統計數據摘自程越《金元時期全真道宫觀研究》。

在南方正一道的發展中，龍虎山從南宋後期開始超過茅山。其主要因爲南宋理宗嘉熙三年(1239)，第三十五代天師張可大"敕提舉三山符籙，兼御前諸宫觀教門宫事"。自此以後張天師正式成爲江南符籙諸派的宗教統領，正一道取得了統領符籙道派的地位。元一統南北以後，至元十四年元世祖賜天師張宗演"領江南諸路道教"。記曰:"(張天師)主江南道教事，得自出牒度人爲道士。諸路設道録司、州設道正司、縣設威儀司，皆屬焉。"[①]這説明張天師的權力由南宋後期主管江南三山符籙，發展爲全面主管江南道教事務，包括符籙的發放、度牒的授予、道官的選擇及宫觀的建設等。

至元十五年(1278)，元世祖加張留孫"玄教宗師"，授道教都提點，管領江北、淮東、淮西、荆襄道教事。此後歷任玄教宗師皆總攝江淮荆襄等處道教。玄教得以掌管江淮荆襄等處道教事務。正一道呈現出前所未有的繁盛。虞集曾言:"東南道教之事，大體已定於開府(張留孫)之世，而艱難險阻不無時見。(吴全節)於所遭裨補扶持，彌縫其闕，使夫羽衣黄冠之士得安其食飲於山林之間，而不知公(吴全節)之心力之罄多矣。"[②]在張留孫和吴全節二人的積極管理和護佑下，南方道教得到更多地發展。

因玄教的興盛，張留孫弟子"往往被璽書，綰銀章，號真人，而主治乎名山"[③]。玄教門人被派往各地擔任道官，住持諸多宫觀。(見表6)玄教在北方以大都和上都爲活動中心，南方以江淮和荆襄兩大區域爲主，玄教勢力遍及今江蘇、安徽、河南、湖北等省。因此，龍虎山張天師主掌長江以南地區道教事務，而玄教大宗師主掌淮河以南、長江以北的江淮地區和荆襄地區的道教事務。據筆者統計，玄教興起以後其本宗門人主要修建28座宫觀(見表7)，其中以兩都崇真宫最爲重要。至元十四年(1277)張留孫治愈世祖皇后察必之疾時，"上大喜……敕兩都各建崇真宫，朝夕從駕"[④]。而後崇真宫改稱崇真萬壽宫、大崇真萬壽宫。崇真宫一直由玄教道士擔任提舉或提點。玄教的前三任大宗師張留孫、吴全節、夏文泳均

---

① (元)明善修，周召續編:《龍虎山志》卷上《人物上·天師·張宗演》，王卡、汪桂平主編:《三洞拾遺》第13册，合肥:黄山書社，2005年，第18頁。

② (元)虞集:《道園學古録》卷二十五《河圖仙壇之碑》，《景印文淵閣四庫全書》第1207册，第366頁。

③ (元)黄溍:《龍虎山仙源觀記》:"開府以清静無爲之説上承訪問，褒大尊顯，無與爲比，執弟子之職而列侍於左右者，往往被璽書，綰銀章，號真人，而主治乎名山。"(引自陳垣編纂:《道家金石略》，第976頁)

④ (元)袁桷:《清容居士集》卷三十四《有元開府儀同三司上卿輔成贊化保運玄教大宗師張公家傳》，《景印文淵閣四庫全書》第1203册，第461頁。

"以真人居大都崇真萬壽宮,典司玄教"①,此宮成爲玄教的重要據點。玄教大宗師屢率弟子在崇真宮行醮,崇真宮也是玄教道士在京城舉行齋醮儀式的宗教場所。

表 6 玄教重要人物情況表

姓名	時間	封號	職務	出處
徐懋昭	大德六年、大德十六年	葆和通妙崇正法師、葆和通妙崇正真人	信州龍虎山仙源觀、神翁觀,常州路宜興州通真觀住持	黄溍《龍虎山仙源觀記》
陳義高	—	崇正靈悟凝和法師	大都崇真萬壽宮提點,隆興路道録、玉隆宮提點	張伯淳《崇正靈悟凝和法師提點文學秋巖先生陳尊師墓誌銘》
毛穎達	延祐元年	正德弘仁静一真人	嗣掌遁甲之祠事,賜銀印,視二品	袁桷《玄教大宗師張公家傳》
王壽衍	—	弘文輔道粹德真人	杭州佑聖觀提點住持;隆興路道録,提點玉隆;曾授袁州路道録未付任,領杭州開元宮,杭州諸宮觀	王褘《元故弘文輔道粹德真人王公碑》、袁桷《玄教大宗師張公家傳》、張伯淳《秋巖先生陳尊師墓誌銘》
余以誠	—	崇玄守正沖道法師	鎮江路道録、紫府觀提點住持	張伯淳《陳尊師墓誌銘》
孫益謙	—	—	領杭州佑聖觀、杭州延祥觀、大都崇真萬壽宮提點	袁桷《玄教大宗師張公家傳》、任士林《杭州佑聖觀玄武殿碑》
陳日新	—	崇玄沖道明復真人	承詔興聖宮,龍興路玉隆萬壽宮,杭州宗陽宮,大都崇真萬壽宮提點	虞集《陳真人道行碑》

① (元)虞集:《道園學古録》卷五十《陳真人道行碑》,《景印文淵閣四庫全書》第1207册,第694頁。

（续表）

姓名	時間	封號	職務	出處
何恩榮	—	冲素崇道法師	提點信州真慶宫、南嶽提點	袁桷《玄教大宗師張公家傳》、張伯淳《秋巖先生陳尊師墓誌銘》
李奕芳	—	—	提點南嶽廟、衡山昭聖宫、衡山壽寧宫	袁桷《玄教大宗師張公家傳》
張嗣房	—	—	潭州嶽麓宫	袁桷《玄教大宗師張公家傳》
薛廷鳳	—	洞玄冲靖崇教廣道真人	奉兩宫崇真祠事，杭州大開元宫兼住持乾元、玄妙、凝禧三觀	袁桷《玄教大宗師張公家傳》、王褘《元故弘文輔道粹德真人王公碑》、王褘《馬跡山紫府觀碑》
薛玄羲	—	弘文裕德崇仁真人	杭州佑聖觀，杭州諸宫觀，鎮江乾元宫，大都崇真萬壽宫提點、上都崇真萬壽宫提舉	黄溍《弘文裕德崇仁真人薛公碑》
馮志廣	—	—	領信州龍虎山仙源觀事	黄溍《龍虎山仙源觀記》
徐天麟	—	—	奉兩宫崇真祠事、領信州龍虎山仙源觀事	《張宗師墓誌銘》、黄溍《龍虎山仙源觀記》
上官與齡	元統元年	冲和持正明素法師	揚州路道判，常州路宜興州通真觀、信州龍虎山仙源觀	黄溍《龍虎山仙源觀記》、程巨夫《揚州重建玄妙觀碑》
丁應松	—	—	奉兩宫崇真祠事	《張宗師墓誌銘》
倪文光	延祐二年	玄中文節貞白真人	常州路道録	虞集《倪文光墓碑》
郭玄務	至大三年皇慶元年	宏道通真崇教法師	惠州道判洞陽萬壽宫提點	《洞陽萬壽宫碑》

表 7　玄教興修宮觀

宮觀名	原　址	人　物	資料來源
大都崇真宮	大都	張留孫	《玄教大宗師張公家傳》
上都崇真宮	上都	張留孫	《玄教大宗師張公家傳》
龍興玉隆萬壽宮	龍興路	陳日新	《陳真人道行碑》
杭州宗陽宮	杭州	陳日新	《陳真人道行碑》
東嶽仁聖宮	大都	吴全節	《河圖仙壇之碑》
南山仁壽觀	—	吴全節	《南山仁壽觀記》
仙源觀	龍虎山	徐懋昭	黄溍《龍虎山仙源觀記》
神翁觀	龍虎山	徐懋昭	黄溍《龍虎山仙源觀記》
通真觀	宜興	徐懋昭	黄溍《龍虎山仙源觀記》
玄静庵	龍虎山	張德隆	《玄静庵記》
杭州四聖延祥觀	杭州	陳義高	王褘《元故弘文輔道粹德真人王公碑》
杭州佑聖觀	杭州	王壽衍	王褘《元故弘文輔道粹德真人王公碑》
杭州開元宫	杭州	王壽衍	王褘《元故弘文輔道粹德真人王公碑》
興聖宫	—	陳日新	《陳真人道行碑》
信州真慶宫	信州	何恩榮	袁桷《玄教大宗師張公家傳》、張伯淳《秋巖先生陳尊師墓誌銘》
南嶽廟	衡山	李奕芳	袁桷《玄教大宗師張公家傳》
衡山昭聖宫	衡山	李奕芳	袁桷《玄教大宗師張公家傳》
衡山壽寧宫	衡山	李奕芳	袁桷《玄教大宗師張公家傳》
衡山嶽麓宫	衡山	張嗣房	袁桷《玄教大宗師張公家傳》
元禧觀	龍虎山	張嗣房	《仙岩元禧觀記》
紫府觀	馬跡山	薛廷鳳	王褘《馬跡山紫府觀碑》
鎮江乾元觀	鎮江	薛廷鳳	王褘《馬跡山紫府觀碑》
鎮江玄妙觀	鎮江	薛廷鳳	王褘《馬跡山紫府觀碑》
鎮江凝禧觀	鎮江	薛廷鳳	王褘《馬跡山紫府觀碑》

（续表）

宫觀名	原　址	人　物	資料來源
揚州玄妙觀	揚州	上官與齡	程巨夫《揚州重建玄妙觀碑》
洞陽萬壽宫	—	郭玄務	《洞陽萬壽宫碑》
玄元萬壽宫	常州路	倪文光	虞集《倪文光墓碑》

可以説，至元十四年和至元十五年元世祖首次封賜張天師"領江南諸路道教"以及玄教宗師"管領江北、淮東、淮西、荆襄道教事"。此後，在元代龍虎山張天師主掌長江以南地區道教事務，而玄教大宗師主掌淮河以南、長江以北的江淮地區和荆襄地區的道教事務。元代中後期，正一道實現了全面控制淮河以南的道教事務，正一道在南方的勢力進一步擴張。同時在北方地區，玄教在兩都建立崇真宫，以大都崇真萬壽宫爲據點，不斷徵召龍虎山道士往來兩都，逐漸擴大了正一道在北方的影響。與之相比，元代中後期全真道不僅在北方地區佔據主要地位，也南傳至江浙、湖北、四川、廣西等省。全真道宫觀集中分佈在黄河中下游流域，以京津冀、河南、山東、陝西、山西等省爲主。元代中後期，玄教的宫觀主要是由皇帝敕建和門人自己興建，在新修宫觀的數量上玄教比全真道略多，但是全真道在所擁有宫觀的絶對數量上遠遠超過了玄教。雖然玄教在元代皇帝的支持下得到快速發展，但是全真道在前期百余年的發展積累下，其教派勢力遠廣於新興的玄教，其宫觀數量和規模遠多於玄教，其民間社會的影響力也遠遠大於玄教。

3. 全真道與玄教對道教事務的管理。

在元代道教管理制度中，一般被朝廷承認的道派宗師會被皇帝給予一品或二品的印綬，授權掌管其教内宗教事務，同時對本宗門下的路道録司、州縣道正也擁有直接管轄權。全真道掌教管轄的範圍前後規定有所不同。成吉思汗曾召令丘處機"管理天下出家善人"，賦予其統管天下宗教的權力。憲宗即位後，命僧海雲掌釋教事，李志常掌道教事。至元五年，元世祖以孫德福轄諸路真大道，至元十三年賜蕭居壽太一掌教宗師印。真大道和太一道宗師都被皇帝授權掌管其教内宗教事務以及本宗門下的路道録司、州縣道正。因此，在北方地區全真道掌教不可能掌管整個北方的道教事務。元世祖統一江南後，賜張天師"領江南諸路道教"以及玄教宗師"管領江北、淮東、淮西、荆襄道教事"。此後淮河以南的道教事務都納入正一道的控制下，全真道没有獲得對南方道教的管轄權。

元代管理道官與道教日常事務的行政機構稱爲道教所。元代揭傒斯曾記載元朝曾在天下郡縣設置道官,"又置南北道教所以領之"[①]。道教所的機構設置時間不詳。元代南北道教所應是以路爲單位設立,而且一般爲道教各派掌教管領。全真道掌教被授予"掌管諸路道教所"或"管領諸路道教事"的職銜,玄教大宗師授予"制授江淮荆襄等處道教都提點",張天師"領江南諸路道教"。全真教主持北方道教事務,使得北方一些傳統符籙道派都劃歸全真教統轄。易州龍興觀就是最典型的事例。易州龍興觀在元朝保定路易州地區,即現河北省易縣。《易州龍興觀提點緱公功行記》記載,易州龍興觀興建於唐代,屬於傳授正一盟威法籙的道觀。至正八年(1348)正月,龍興觀提點緱德寧"進神仙玄門演道大宗師掌教大真人法旨,令充本宗門下提點"[②]。"神仙玄門演道大宗師掌教大真人"指全真教的末代掌教完顏德明,這表明易州龍興觀屬於全真教管轄的範圍。可見,全真道掌教所授"掌管諸路道教所",實際上不僅包含全真道本宗門下的諸路道教事務,而也包括北方地區的道教事務。諸路道教所一般由掌教管領。從現有史料看,除藍道元資料不詳外,從張志仙至完顏德明的六任全真掌教曾領"掌管諸路道教所"一職。該職位自元世祖即位始設,並延續到元末。

在全真道的管理中,掌教主管全真道教内一切事務。掌教之下設有"諸路道教都提點",負責全真道的地方事務。"諸路道教都提點"一般由全真教内的重要道士擔任。如祁志誠在至元八年出任"諸路道教都提點",至元九年纔成爲全真掌教。都提點一般居於長春宫,後弘期也有居於重陽萬壽宫等地。歷任提點有宋德方、張志素、王志坦、張志敬、孟志源、申志貞、祁志誠、孫德彧、楊德榮等人。此職一直延續到元末。

在元代行省一級的道官中全真道士曾擔任"陝西五路西蜀四川道教提點"一職。1234年尹志平奏請李志遠住持祖庭,兼提點陝西教門事。1276年皇子安西王教令又益以西蜀道教,遂稱"陝西五路西蜀四川道教提點"。該提點一般兼領祖庭事。歷任提點有李志遠、綦志遠、何道寧、高道寬、李道謙、陳德定、孫德彧。如孫德彧由"成宗加璽書,授陝西五路西蜀四川道教提點,領重陽宫事"[③]。秦蜀

① 揭傒斯《欒丘碑》云:"廬陵高敏則君者,博達深識之士也,有所善頤浩先生。頤浩先生者,郡之安福人也,名同寅,字惟寅,姓陳氏。宋咸淳中,棄家入清真觀爲道士。至國朝,天下郡縣置道官,又置南北道教所以領之。其教所號之曰明素葆真大師,教門高士以爲郡道録,即爲之不辭。"引自(元)揭傒斯:《揭文安公全集》卷十二,《四部叢刊》本。

② 《龍興觀提點緱公功行記》,陳垣編纂:《道家金石略》,第980頁。

③ (元)鄧文原:《皇元特授神仙演道大宗師玄門掌教輔道體仁文粹開玄真人管領諸路道教所知集賢院道教事孫公道行之碑》,陳垣編纂:《道教金石略》,第787頁。

道教提點所的職官,除提點外,還下設副提點、通議官、提舉。孫德彧曾任過通議官和副提點的職位。1320年楊道謙任陝西五路西蜀四川道教提舉兼領重陽萬壽宮事、本宗提點。

元世祖時期規定"路設道録司,州設道正司,縣設威儀司"①。1285年張留孫提議將集賢院與翰林院分立,以道教隸集賢院,同時"郡置道官,用五品印,宫觀各置主掌"②。"天下郡縣置道官,又置南北道教所以領之。"可見,在元世祖時期在道教管理機構設置上已經比較明確。各個道派的掌教由朝廷任命,授予一品或二品的印綬,授權掌管其教内宗教事務。掌教之下設教門諸路都提點爲副手。各道派門下設有路道録司、州縣道正等職,道派掌教擁有其直接管轄權。不僅全真道、龍虎山天師道和玄教採用這一道教管理制度,真大道也設立了道教管理機構。虞集亦云真大道"得郡置道官一人,領其徒屬,與全真、正一之流參立矣"③。

全真道的勢力主要在北方地區,因而全真道掌教主管了北方大部分的道教事務。全真道掌教權力主要包括:管領諸路道教所;主領醮事;代皇帝祭祀嶽瀆;開壇授戒;授道人師號、紫衣,爲其申請真人號;賜給宫觀名額,並陞觀爲宫;任命道官;任命宗門提點和宫觀的住持;自武宗開始全真道掌教出任"知集賢院道教事"的職位,參與集賢院的道教事務管理。

在南方道教事務的管理上,則需要理清玄教大宗師與張天師在處理南方道教事務上的關係。元世祖賜天師張宗演"領江南諸路道教",此後元朝的歷任張天師掌握了主管江南道教事務的權利。元世祖命張留孫管領江北、淮東、淮西、荆襄道教事。此後繼任的玄教宗師皆負責掌控淮河以南、長江以北的江淮地區和荆襄地區的道教事務。如《元典章》記載江南的道士,必須"張天師根底要了戒法文字做先生者,没文字的人休做先生者"④。如安豐路濠州(今治安徽鳳陽縣)塗山禹廟爲玄教大宗師所轄境内道觀。《禹廟香火公據並重修禹廟記》記載:

皇帝聖旨裏玄教宗師志道弘教沖玄真人總攝江淮荆襄等路道教都提點、同知集賢院道教事:據安豐路濠州道正司申備玄妙觀住持潘宗野狀告:

---

① (元)明善修,周召續編《龍虎山志》卷上《人物上·天師·張宗演》,第18頁。

② (元)虞集:《道園學古録》卷五十《張宗師墓誌銘》,《景印文淵閣四庫全書》第1207册,第701~702頁。

③ (元)虞集:《道園學古録》卷五十《真大道教第八代崇玄廣化真人岳公之碑》,《景印文淵閣四庫全書》第1207册,第691頁。

④ 《大元聖政國朝典章》卷三十三《禮部六·道教·有張天師戒法做先生》,《續修四庫全書》第787册,上海:上海古籍出版社,第338頁。

本觀自亡宋時分甲乙住持，自上而下，輪算住持。自歸附以來，累年□造，未曾申明換給公據。及照得涂山禹帝香火，宋時隸屬本觀管領，抅確香資，修造養繕。乞備申上司給據付本觀甲乙住持，管紹涂山香火，保結申照詳事。得此，準申，合行出給公據付本觀甲乙承襲住持，依舊管紹塗山禹帝廟香火，提督修造。仍仰依期焚修，祈廷皇帝聖壽，務在精勤，毋致怠慢，須議給據者。右據仰濠州玄妙觀。準此。①

安徽濠州的玄妙觀乃子孫廟，自宋入元以後，玄妙觀未曾得到官府憑據。玄妙觀住持潘宗野向主管該地區的玄教大宗師申報玄妙觀的情況。玄教大宗師給予玄妙觀由本觀甲乙住持兼管塗山禹帝廟香火的官府憑據。

元代朝廷給予張天師和玄教大宗師劃分了不同的管轄區域。在分掌江南與江北道教事務中，張天師和玄教大宗師的官階是平級的，其所轄權力也是相同的。二者都可以在轄區內管理度牒授予、道官選舉、宫觀興修、宫觀住持選拔等事宜。

元朝政府主要設立集賢院管理全國道教事務。這裏需要討論一下元代集賢院設立與全真道、玄教的關係。關於集賢院最早的設立見於唐代。唐開元五年(717)，因於乾元殿寫經、史、子、集四部書而置乾元院使。十三年，改名集賢殿書院，通稱集賢院，主要"掌刊輯經籍"。② 宋太宗太平興國三年(978)，創立昭文館、集賢院、史館三館書院，賜名崇文院，皆沿唐舊制之名，主要管理圖書經籍。③金朝借鑒宋三館之制，金宣宗於貞祐五年設立宏文、集賢二院。宏文館掌管校譯經史之職，而集賢院則史文不詳，無法考見其職。④ 元朝，集賢院則"掌提調學校、徵求隱逸、召集賢良，凡國子監、玄門道教、陰陽祭祀、占卜祭遁之事，悉隸焉"⑤。元朝設立集賢院負責管理道教、陰陽祭祀、占卜等事宜和召集賢良等事務。由

---

① (元)吴文魁:《禹廟香火公據並重修禹廟記》，陳垣編纂:《道家金石略》，第 879 頁。

② 《新唐書》卷四十七《百官志二》:"集賢殿書院。學士、直學士、侍讀學士、修撰官，掌刊緝經籍。凡圖書遺逸、賢才隱滯，則承旨以求之。謀慮可施於時，著述可行於世者，考其學術以聞。"引自(宋)歐陽修、宋祁撰:《新唐書》，北京:中華書局，1975 年，第 1212 頁。

③ 《宋史》卷一百六十四《職官志四》:"秘書省……秘書郎二人，掌集賢院、史館、昭文館、秘閣圖書，以甲、乙、丙、丁爲部，各分其類。"引自(元)脱脱等撰:《宋史》第 12 册，第 3873 頁。

④ 《歷代職官表》卷二十五:"集賢院貞祐五年設，知集賢院從四品，同知集賢院從五品。司議官正八品，不限員。諮議官正九品，不限員。謹案金之宏文集賢二院，蓋亦沿宋三館之制。特宏文尚有校譯經史之事，集賢則史文不詳，無由考見其職掌矣。……又元有昭文館大學士僅爲加銜，集賢院則掌提調學校、徵求隱逸、召集賢良。雖有大學士、學士、侍讀、侍講學士等官，並不典司圖籍，與三館舊制不同。"引自(清)紀昀等撰:《歷代職官表》，上海:上海古籍出版社，1989 年，第 484 頁。

⑤ (明)宋濂等撰:《元史》第 7 册，第 2192 頁。

此，元朝的全國道教事務統歸集賢院管理。集賢院之下，在各州郡設有道録、道正、道判、提點等道官，各宮觀設住持，負責管理地方道教事務。元代集賢院的設立與玄教大宗師張留孫的奏議密不可分。元朝初期，集賢院與翰林國史院屬於同一官署。至元二十二年(1285)，元世祖擢商議集賢事，玄教大宗師張留孫奏議分翰林掌詔告國史，集賢管天下賢士，以領道教。①

集賢院自設立以後，其官署職品和人員編制主要經歷三次重要的機構調整。至元二十二年，集賢院初設，秩從二品，置大學士三員、學士一員、直學士二員、典簿一員、吏屬七人。至元二十四年，集賢院升正二品，置集賢院使一員；大學士二員，從二品；學士三員，從二品；侍讀學士一員，從三品；侍講學士一員，從三品；直學士二員，從四品；司直一員，從五品；待制一員，正五品。大德十一年，集賢院升從一品，置院使六員。皇慶二年以後，集賢院定置大學士五員，從一品；學士二員，正二品；侍讀學士二員，侍講學士二員，並從二品；直學士二員，從三品；經歷一員，從五品；都事二員，從七品；待制一員，正五品；修撰一員，從六品；兼管勾承發架閣庫一員，正八品；掾史六人，譯史、知印各二人，通事一人，宣使七人，典吏三人。②

在管理道教事務方面中，集賢院設有"同知集賢院道教事"一職。該職主要由朝廷選取道派掌門擔任，爲集賢院在管理道教中進行諮詢和建議，參與朝廷對整個道教的管理工作。在相關材料記載中，全真道掌教，正一道天師和玄教大宗師三大道派宗師皆曾擔任過"同知集賢院道教事"，如全真道掌教常志清、孫德彧、孫履道，正一道第三十九代天師張嗣成，③玄教大宗師張留孫、吴全節等人。而真大道掌教宗師和太一道掌教宗師則未見授予該職位。

張留孫和吴全節二人因深受元代皇帝的信任和恩寵，不僅能參與諮詢集賢院的道教事務，還曾充任"集賢大學士"進而執掌整個集賢院事務。至元二十五年

---

① 《張宗師墓誌銘》記載："用公奏，以天師宗演爲真人，掌教江南，分集賢、翰林爲兩院，以道教隸集賢，郡置道官，用五品印，宮觀各置主掌，爲其道者復之無所與。"見(元)虞集：《道園學古録》卷五十，《景印文淵閣四庫全書》第 1207 册，第 701～702 頁。

② (明)宋濂等撰：《元史》第 7 册，第 2192 頁。

③ (元)袁桷：《清容居士集》卷三十七記載授全真道士常志清："長春宮提點常某(常志清)授玄門演道大宗師、掌教真人，管領諸路道教所、商議集賢院道教事。"見(元)袁桷：《清容居士集》，《景印文淵閣四庫全書》第 1203 册，第 498 頁。《道園學古録》卷五十《玄門掌教孫真人墓誌銘》記載全真道士孫德彧："仁宗皇帝累加恩命，召至京師掌道教，號曰：特授神仙演道大宗師、玄門掌教、輔道體仁文粹開玄真人、管領諸路道教所，知集賢院道教事。"見(元)虞集：《道園學古録》，《景印文淵閣四庫全書》第 1207 册，第 699 頁。《吴文正集》卷九十《封孫真人制》記載全真道掌教孫履道曾任"知集賢院道教事"。《吴文正集》卷九十《封天師制》記載正一道三十九代天師張嗣成任"知集賢院道教事"。(吴澄：《吴文正集》，《景印文淵閣四庫全書》第 1197 册，臺北：臺灣商務印書館，1986 年，第 836 頁。)

(1288)張留孫以道士身份預議集賢院事。元貞元年,元成宗詔張留孫"同知集賢院道教事"。[①] 大德十一年九月,武宗即位不久,命張留孫"知集賢院事,領諸路道教事"。[②] 至大二年,領集賢院,位大學士上。[③] 張留孫去世後,吴全節繼任玄教大宗師。至元二年,吴全節任同知集賢院道教事。[④] 成宗時期,曾拜吴全節爲集賢學士。元順帝時期,吴全節逝世後夏文泳嗣教爲第三代玄教大宗師,夏文泳衹獲得了"同知集賢院道教事"的職位,没有再官拜"集賢學士"。吴全節以後對三任玄教大宗師在集賢院擔任與全真道掌教、張天師一樣的職位,即"同知集賢院道教事"。

然而大德十一年八月,武宗封張留孫"知集賢院事,領諸路道教事";至大二年,張留孫領集賢院;成宗亦拜吴全節爲"集賢學士"。從武宗至順帝時期,張留孫和吴全節二人以道士身份主管整個集賢院事務。在這一段時期中,玄教大宗師張留孫和吴全節的地位高於全真道掌教和張天師。在集賢院的工作中,有關道觀的請額、道官、道職的升遷任免,以及道士封號的賜予等事務主要有玄教大宗師負責。如茅山道士陳志新爲茅山崇禧觀請額,自陳集賢院,得到張留孫和吴全節的支持。吴全節奏請元仁宗,賜號"崇禧萬壽宫"。[⑤] 龍虎山道士汪集虚在成都路傳道,興建宫觀。吴全節在集賢院得聞其事,請敕賜觀名"正一宫"。[⑥] 揚州玄妙觀重建以後,玄教大宗師先後委任馮道原、雷希復提點觀事。[⑦] 特别是在南

① (元)袁桷:《清容居士集》卷三十四《有元開府儀同三司上卿輔成贊化保運玄教大宗師張公家傳》,《景印文淵閣四庫全書》第1203册,第462頁。

② (明)宋濂等撰:《元史》第2册,第488頁。

③ (元)袁桷:《清容居士集》卷三十四《有元開府儀同三司上卿輔成贊化保運玄教大宗師張公家傳》,《景印文淵閣四庫全書》第1203册,第462頁。

④ (元)虞集:《道園學古録》卷二十五《河圖仙壇之碑》,《景印文淵閣四庫全書》第1207册,第363頁。

⑤ 相關文獻見《崇禧萬壽宫敕並道士陳志新謝表》:"上天眷命皇帝聖旨:朕流觀山圖,夷考仙跡,睠曲林之舊館,實弘景之故居。原其建立之初,以處高第弟子,及今千載,猶想遺風。朕將益崇神明,用著高尚,其建康路三茅山崇禧觀,可準玄教嗣師掌教真人吴全節所請,賜號曰崇禧萬壽宫。主者施行。"(陳垣編纂:《道家金石略》,第905頁。)《茅山志》卷二十七《建康路三茅山崇禧萬壽宫記》:"延祐四年秋,南塢君(陳志新)私窃自念,崇禧道場自昔總轄諸山,實爲上帝垂恩儲祉之所,不有以表章之,何以明有尊,乞升崇禧爲宫。白之集賢諸公,以其事聞於朝。嗣歲陛辭還山,上復降香以榮其歸。延祐六年八月廿二日,玉音自天而下,賜號曰崇禧萬壽宫,玄教大宗師上卿大真人張公、嗣師掌教真人吴公與有功焉。"(陳垣編纂:《道教金石略》,第906頁。)

⑥ (元)虞集:《道園學古録》卷四十七《成都路正一宫碑》,《景印文淵閣四庫全書》第1207册,第665頁。

⑦ 程巨夫《揚州重建玄妙觀碑》:"至元中詔賜天下天慶觀額曰玄妙,凡省臣、守臣、軍府外署在其治者,歲時朔望咸集而祝釐焉,他觀莫得與比。……惟揚州歲久弗治……大宗師過而見之曰,是吾責也。選道士領之,得馮道原,任以修復之效。未幾馮死,時凝和沖妙崇正法師、教門高士、九江雷希復創通真觀於真州,曰,是可任,即命以揚州道場攝觀事,董其役。……皇慶元年夏,大宗師以聞,降璽書護持。"(陳垣編纂:《道教金石略》,第899頁。)

方道教事務的管理上，玄教宗師張留孫和吳全節也參與到張天師所轄江南地區的道教事務。以太平路（今廣西壯族自治區崇左市一帶）承天觀爲例。《承天觀公據》記載：

> 皇帝聖旨裏天師正一教主大真人掌江南道教事，準玄教嗣師掌教真人諮：該據項道遠狀告：係婺州路金華縣赤松寶積观附籍道士，見充太平路採石山中元水府承天觀開山住持提點。伏爲道遠昨於大德八年八月祗受前江南諸路道教所劄付充前職……經太平路總管府□告□將本觀□□二年二月十九日出給劄付、照會、榜文、公據，令道遠開山承襲，以後永作甲乙流傳住持。……至大二年十二□□□御寶寶聖旨充婺州路赤松寶積觀住持提點，欽此。道遠又呈奉前江南諸路道教所劄付，令道遠往來兩觀領衆焚修，道遠又行保舉徒弟道士楊怡順充承天觀提舉知觀，師孫葉致和充副觀，俱蒙江南道教所准給劄付，各人祗受見職勾當。忽於□□四年四月内□□副觀葉致和到官，責奉玄教嗣師掌教其人劄付，葉致和看覷得該爲據黄天輔狀告：自幼於承天觀出家，披戴爲道土，禮住持陳廣壽爲師。大德二年，受玄教大宗師真人劄付，充承天觀住持，在後係劉維嶽承替。天輔續奉總攝所劄付差充真州道判，就於真州梯己創建朝元觀，於彼住坐。在後委付徒弟陳文明承襲住持，天輔欲行回還元受業承天觀，不期有婺州路赤松寶積觀道土項道遠□□本□□□勘黄天輔是否本觀徒弟，曾無充任住持，備細保結回申，致蒙所委官監收取責詞狀。①

文中所言，大德八年，赤松寶積觀道士項道遠受張天師委任承天觀住持。至大二年，因項道遠興修承天觀之功，張天師令承天觀由項道遠開山承襲，永作甲乙流傳住持，給與了劄付、照會、榜文、公據等文書。至大十四年，原承天觀道士黄天輔持玄教嗣師吳全節的劄付，充任承天觀住持。由此，項道遠和黄天輔各持張天師和玄教嗣師吳全節的劄付，承天觀的住持之位産生了争端。而後通過調查和審理，太平路總管府裁定"項道遠仍舊永充承天觀開山住持，甲乙傳襲"，並將結果呈報集賢院知曉。因此，在"承天觀公據"見到"皇帝聖旨裏天師正一教主大真人掌江南道教事，準玄教嗣師掌教真人諮"的文字，天師與玄教大宗師聯合簽署。

---

① 《承天觀公據》，陳垣編纂：《道家金石略》，第 875 ~ 876 頁。

又《仙都山新作玉虛宫碑》載:

> 延祐元年,欽奉聖旨,(趙嗣祺)主領宫事,始重新之。三年,刻銅印授之,視五品。五年,受宣命住持,兼領本路諸宫觀。嗣漢三十九代天師及玄教大宗師請以宫中師弟子甲乙相次主其宫事,聞有旨從之,泰定二年也。①

在仙都山玉虛宫的傳承能否甲乙住持的問題上,天師與玄教大宗師也是聯名請旨。可以看到,雖然玄教大宗師不能直接管理江南道教事務,因爲一般而言有關江南的道務都是請示天師,尊重天師的意見而處理。但是因張留孫和吴全節先後主管集賢院事,比張天師官職高、權力大,張留孫和吴全節纔能相繼成爲管理南方道教的第一號人物。在涉及江南其他道派,或是某些有争議的事務時,纔會採取天師、玄教大宗師聯名簽署共同管理的辦法。這也反映出玄教首領在南方道教中的特殊地位與作用。

因爲皇帝的寵信和重用,元代朝廷在處理全國道教事務中,更多地聽取和採納玄教道士的意見。如至元十八年(1281),元世祖命文臣、僧官詣長春宫,與天師張宗演、全真掌教祁志誠、大道掌教李德和等道流考證道書真僞。後詔諭天下:道經除《道德經》外一切焚毁。十月集百官於憫忠寺焚燒道藏。遣使諸路俾遵行之。②玄教宗師張留孫從中斡旋,進言:黄老之言,治國家有不可廢者。結果部分道經解禁。③ 泰定元年(1324)春,全真掌教闕,吴全節薦以孫履道,泰定帝予以採納。④ 歷來全真道掌教都由教内舉薦而得到朝廷任命,而孫履道出任全真道第十六任掌教,却因玄教大宗師吴全節的舉薦而得到委任,這與其他全真掌教不同。這也反映了在元朝中後期,玄教大宗師在皇室上層的影響力超過了全真道掌教。

玄教大宗師的影響力不僅體現在對道教事務的管理上,也體現在對元代朝政的參與度上。張留孫和吴全節雖身爲道士,却成爲元代皇帝重用的朝廷大臣,能深度地參與朝政大事。集賢院主要負責徵求隱逸、召集賢良的工作,而玄教道士張留孫、吴全節、王壽衍等人都先後受命去江南訪賢,爲朝廷舉薦人才。元世祖曾命張留孫遍祠名山大川,訪問遺逸。受張留孫舉薦,而致位尊顯者數十百人。大德九年,吴全節奉旨搜賢。至元二十九年(1292),王壽衍奉詔訪求江南遺

---

① (元)虞集:《道園學古録》卷四十八《仙都山新作玉虛宫碑》,《景印文淵閣四庫全書》第1207册,第671頁。

② 唐方等人:《聖旨焚毁諸路僞道藏經之碑》,《辨僞録》卷五,《大藏經》第52卷,第776~777頁。

③ 趙孟頫:《上卿真人張留孫碑》,陳垣編纂:《道家金石略》,第912頁。

④ (元)虞集:《道園學古録》卷二十五《河圖仙壇之碑》,《景印文淵閣四庫全書》第1207册,第363頁。

逸，舉薦徐似孫、周世昌。仁宗延祐四年，王壽衍復奉旨求東南賢良。[①] 張留孫等玄教道士與朝廷大臣有著密切的交往。虞集曾言道“心腹之臣，莫不與開府有深契焉”[②]。玄教宗師還在贊襄朝廷政治與調和官吏矛盾方面曾起過不少作用。趙孟頫曾言道張留孫“每進見，必陳説古今治亂成敗之理，多所裨益。士大夫賴公薦揚致位尊顯者數十百人，及以過失獲譴，賴公救解，自貸於死者亦如之”[③]。《河圖仙壇之碑》記載，元成宗既崩而仁宗尚未即位時，翰林學士閻復時典詔令，“有狂士危言以訐閻公，事罔測”，吴全節爲閻復大力辯護，使“仁宗意解”。又吴澄以布衣拜翰林，“應奉召至，不拜去，後又召爲國子監丞，升司業，與時宰論不合，又去”。吴全節爲之疏解於集賢院，“集賢貴人聽公言，超奏吴公爲直學士”[④]。

可以説玄教首領倍受皇帝重用，其深度地參與朝政大事，與朝廷大臣交往密切，比之全真道掌教和龍虎山張天師獲得更多的政治殊榮和顯赫地位。玄教大宗師張留孫和吴全節以道士身份先後執掌集賢院事，通過集賢院主導著對全國道教事務的管理。在玄教的努力下，正一道實現了全面控制淮河以南的道教事務。玄教的形成和興盛，促進了正一道在南方勢力的擴張，擴大了正一道在兩都以及全國的影響。

4. 全真道、玄教與代祀山川嶽瀆。

元代的國家祭祀中嶽鎮海瀆祭祀十分興盛。元代致祭的嶽瀆、四海和后土

---

① 《張宗師墓誌銘》記載：“岳瀆既皆在天子封内，即使近臣從公徧祠名山大川，訪問遺逸。勑百官餞之國南門，比還，所薦論，上皆以名召用。”見(元)虞集：《道園學古録》卷五十，《景印文淵閣四庫全書》第1207册，第702頁。《元故弘文輔道粹德真人王公碑》：“奉詔訪求江南遺逸，舉永嘉徐似孫、金華周世昌，引見於香殿，奏對稱旨。”見陳垣編纂：《道家金石略》，第990頁。

② 《河圖仙壇之碑》：“至元、大德之間，重熙累洽，大臣故老，心腹之臣，莫不與開府有深契焉。至於學問典故，從容裨補，有人所不能知。而外庭之君子，巍冠褒衣以論唐虞之治，無南北皆主於公矣。若何公榮祖、張公思立、王公毅、高公昉、賈公鈞、郝公景文、李公孟、趙公世延、曹公鼎新、敬公儼、王公約、王公士熙、韓公從益諸執政，多所諮訪。閻公復、姚公燧、盧公摯、王公構、陳公儼、劉公敏中、高公克恭、程公鉅夫、趙公孟俯、張公伯純、郭公貫、元公明善、袁公桷、鄧公文原、張公養浩、李公道源、商公奇、曹西元彬、王公都中，諸君子雅相友善，交游之賢，蓋不得盡紀也。薦引善良，惟恐不及，憂患零落，惟恐不盡。其推轂之力，至於死生患難，經理喪具，不以恩怨異心，則尤公之所長也。”見(元)虞集：《道園學古録》卷二十五，《景印文淵閣四庫全書》第1207册，第364～365頁。

③ 趙孟頫：《上卿真人張留孫碑》，陳垣編纂：《道家金石略》，第913頁。

④ 《河圖仙壇碑》：“公使過浙西時，故翰林學士閻公復爲按察使，老成文學，譽望甚重。公時才踰弱冠，議論明正，閻公客之不敢忽也。後閻公居翰林，益加重焉。成宗既崩，仁宗皇帝在懷孟，未至而閻公典詔令，有狂士危言以訐閻公，事罔測。公力言諸李韓公孟，仁宗意解。及武皇即位，遂以平章政事歸老高唐，如世祖待王鹿菴磐故事。朝廷得敬大臣之體，不以口語傷賢者，則公深有以維持之也。故翰林學士吴公澄，始用董忠宣公士選薦於朝，自布衣拜翰林應奉，召至，不拜。去後又召爲國子監丞，升司業，與時宰論不合，又去。公啓於集賢貴人曰：吴先生大儒，天下士聽其去，非朝廷美事。集賢貴人聽公言，超奏吴公爲直學士，吴公雖不赴，而天下韙之。”引自(元)虞集：《道園學古録》卷二十五，《景印文淵閣四庫全書》第1207册，第364頁。

共計 18 處[①],許多道教名山亦在祭祀之列。元初,嶽鎮海瀆祭祀的興起與全真道的推動密切相關。元憲宗元年(1251),憲宗"詔命掌教大宗師真常真人代禮名山,降香望祭"[②]。這是蒙古汗國立國後首次舉行的國家祀典。在全真道的努力推動下,元廷恢復五嶽祀典,並最終促使五嶽祀典成爲元朝定制。忽必烈稱帝(1260)後便發佈詔令確立對嶽瀆的崇祀制度,命"五嶽四瀆名山大川……載在祀典者,所在官司歲時致祭"[③]。

此後中統二年(1262),又下詔確定遣使致祭制度。元朝《國朝文類》中記載:"我國家混一,名山大川咸在封域之内。自世祖皇帝累降明詔,以次加封,歲時遣使禮焉。"[④]此後元代諸帝遵行祭祀嶽鎮海瀆的制度。據《元典章》所載:至元二十八年二月、至元三十一年四月、大德五年八月、大德九年六月、大德十一年五月、十二月、至大二年二月、至大四年三月、延祐四年閏正月、延祐七年三月,元帝屢降遣祭"嶽鎮海瀆"的詔旨。[⑤]

蒙元早期,嶽鎮海瀆制度未定。自李志常開始,全真道掌教代理了漢地山川神祇的祭祀,成爲爲元朝皇帝代祀嶽鎮海瀆的使臣。掌教祁志誠、張志敬都曾受命"代祀嶽瀆"。如至元十五年(1278),衡州入元職方,(世祖)命真人(祁志誠)持香幣偕今御史中丞崔彧往祀南嶽[⑥];至元二十七年(1290),張志仙亦"被朝命巡祀嶽瀆"[⑦]。至元二十八年(1291)忽必烈曾命張志仙持香詣東北海嶽、濟瀆致禱。[⑧] 可見,全真一派曾在祀嶽大典中佔據了重要地位。

據《元史》所記:"嶽鎮海瀆代祀,自中統二年始。凡十有九處,分五道……既而,又以驛騎迂遠,復爲五道,道遣使二人,集賢院奏遣漢官,翰林院奏遣蒙古官,出璽書給驛以行。中統初,遣道士,或副以漢官。至元二十八年正月,帝謂中書省臣言曰:'五嶽四瀆祠事,朕宜親往,道遠不可。大臣如卿等又有國務,宜遣重

---

① 虞集曾列出所當致祭的嶽瀆名稱:"國家嘗以歲正月遣使者分道出,禮祠嵩高、岱、衡、華、恒、霍、會稽、吴嶽、醫無間之山,江、淮、河、濟瀆,四方之海與汾陰之后土,凡十有八處。"見《道園學古録》卷四十六《送趙虚一奉祠南海序》,《景印文淵閣四庫全書》第 1207 册,第 649 頁。

② 姬志真:《大朝曲陽縣重修真君觀碑》,陳垣編纂:《道家金石略》,第 585 頁。

③ 《大元聖政國朝典章》卷三《聖政二・崇祭祀》,第 54 頁。

④ (元)蘇天爵:《國朝文類》卷四十一《嶽鎮海瀆》,《四部叢刊》本,第 10 頁下。

⑤ 《大元聖政國朝典章》卷三《聖政二・崇祭祀》,第 54 ~ 55 頁。

⑥ (元)李謙:《玄門掌教大宗師存神應化洞明真人祁公道行之碑》,陳垣編纂:《道家金石略》,第 700 頁。

⑦ (元)賈鹹:《大元清和大宗師尹真人道行碑》,陳垣編纂:《道家金石略》,第 680 頁。

⑧ (明)宋濂等撰:《元史》第 2 册,第 354 頁。

臣代朕祠之。漢人選名儒及道士習祀事者。'"[1]元世祖時期確立了祭祀嶽鎮海瀆的制度。在元世祖早期,全真道士作爲充當祀嶽使的主要人選。隨著漢化程度的深入,蒙古上層開始讓儒士參與到嶽鎮海瀆祭祀。1291年,元世祖規定代祠的人選中漢人主要爲"名儒及道士習祀事者"。

世祖時期,全真道士失去了對山川祭祀的獨佔權。在選擇代祀使臣中,朝廷開始更加重用漢地儒臣。集賢院大臣曾上奏皇帝稱:"歲時巡祭嶽瀆祈爲百姓育穀,宜以儒臣充。"[2]綜合各種史料來看,元中後期的代祀使臣大多是翰林院、集賢院官,其中儒臣占了很大的份額。當時著名的儒士如焦養直、虞集等人都曾奉旨代祀。元代中後期,從中央朝廷層面看,道士在嶽鎮海瀆祭祀中的地位日趨微末,其地位逐漸被儒士所取代。

從道教各派發展情況來看,雖然元代早期全真一派曾在祀嶽大典中舉足輕重,但是元世祖開始任用其他道派道士。如真大道李德和曾於至元十二年(1275)受元世祖任命代祀嶽瀆后土。隨著其他道派參與進嶽瀆的祭祀中,全真道在山川祭祀的地位也進一步地被削弱。尤其是玄教逐漸興起,"代祀嶽瀆"的重任逐漸改由玄教承擔。(見表8)玄教歷任大宗師張留孫、吴全節、張德隆等人皆被皇帝委以代祀嶽瀆。《玄教大宗師張公家傳》載:"(至元)十七年(1280),(張留孫)奉詔祠名山川,給驛馬五十,令訪逸以進。"[3]玄教第二代大宗師吴全節亦曾被命代祀嶽瀆。吴全節"(至元)二十六年(1289),奉詔祠南嶽。二十八年(1291),奉詔從開府(張留孫)徧祠嶽瀆諸山川。……(元貞)二年(1296),奉詔祠中嶽、淮瀆、南嶽、南海。大德元年(1297),奉詔祠后土、西嶽、河瀆、江瀆"。"五十年間,以天子之命祀名山大川,東南西北,轍跡咸至"。[4] 玄教第四代大宗師張德隆"數被上旨,函香代祀嶽鎮、海瀆、汾陰、后土、龍虎、武當諸山"[5]。還有陳日新、王壽衍等人玄教道士也曾奉使祀嶽。[6]

元中期,元帝常遣道士至龍虎山行醮,尤其是仁宗時期,"歲以天壽節,命使

---

① (明)宋濂等撰:《元史》第6册,第1900頁。

② (元)王沂:《祀濟瀆北海記》,《伊濱集》卷十八,《景印文淵閣四庫全書》第1208册,第547頁。

③ (元)袁桷:《清容居士集》卷三十四《有元開府儀同三司上卿輔成贊化保運玄教大宗師張公家傳》,《景印文淵閣四庫全書》第1203册,第461頁。

④ (元)虞集:《道園學古録》卷二十五《河圖仙壇之碑》,《景印文淵閣四庫全書》第1207册,第362頁。

⑤ (元)黄溍:《玄静庵記》,陳垣編纂:《道家金石略》,第977頁。

⑥ (元)虞集:《陳真人道行碑》,陳垣編纂:《道家金石略》,第932頁。(明)王褘:《元故弘文輔道粹德真人王公碑》,陳垣編纂:《道家金石略》,第991頁。

者祝香於兹山"①,其中不乏出身於龍虎山的道士。大德八年(1304)、至大三年(1310)、延祐元年(1314)、泰定三年(1326),吴全節先後四次奉旨設醮於龍虎山②,張德隆亦數次降香代祀於該山③。除了龍虎山,其他道教名山如閤皂山、句曲山、武當山等處,皇帝皆派玄教門人代爲祭祀。由於玄教在元廷始終尊寵不衰,故一直至元朝末期,玄教門人仍充任祀嶽道使。

表 8　全真道、玄教道士祭祀嶽瀆表

時間	人物	在位皇帝	内容	文獻出處
憲宗元年(1251)	李志常	元憲宗	自恒而岱,岱而衡。衡隸宋境,於天壇望祀焉。既又合祭四瀆於濟源。終之至於嵩,至於華。	《甘水仙源録》卷三《玄門掌教大宗師真常真人道行碑銘》
憲宗二年(1252)	李志常	元憲宗	中宫懿旨,凡海嶽靈山及玄教師堂遣近侍護師悉降香以禮之。……真常因奉朝命祀嶽瀆。	《甘水仙源録》卷五《沖和真人潘公神道之碑》
憲宗四年(1254)	李志常 申志貞	元憲宗	辛亥,奉旨代宗師詣東嶽作醮,禮成,投簡龍潭,殊獲徵應。	《甘水仙源録》卷八《洞元虚静大師申公提點墓誌銘》
中統二年(1261)	劉志真	元世祖	奉旨馳乘祝香嶽瀆。	《故普濟大師劉公道行碑》
至元九年(1272)	祁志誠	元世祖	歲奉命持香祠嶽瀆,爲國祭醮祝釐,精誠感通,數有符應。	《玄門掌教大宗師存神應化洞明真人祁公道行之碑》

① (元)袁桷:《清容居士集》卷二十三《送祝道士南歸序》,《景印文淵閣四庫全書》第1203册,第311頁。

② (元)虞集:《道園學古録》卷二十五《河圖仙壇之碑》,《景印文淵閣四庫全書》第1207册,第363頁;(元)袁桷:《清容居士集》卷二十《晚香堂記》,《景印文淵閣四庫全書》第1207册,第271~272頁。

③ (元)黄溍:《玄静庵記》,陳垣編纂:《道家金石略》,第977頁。

（续表）

時間	人物	在位皇帝	內容	文獻出處
至元十五年（1278）	祁志誠	元世祖	命真人持香幣偕今御史中丞崔彧往祀南嶽	《玄門掌教大宗師存神應化洞明真人祁公道行之碑》
至元二十七年（1290）	張志仙	元世祖	玄門掌教玄逸張真人，被朝命巡祀嶽瀆。	《大元清和大宗師尹真人道行碑》
至元二十八年（1291）	張志仙	元世祖	命持香詣東北海嶽、濟瀆致禱。	《元史》卷十六《世祖紀十三》
至元十七年（1280）	張留孫	元世祖	奉詔祠名山川，給驛馬五十，令訪逸以進。皇元初有中原，五嶽之四，在天子封內。既得宋而後，南嶽之神得而禮焉。是以世祖特命開府張公領其祠，至是屬諸公矣。	《玄教大宗師張公家傳》《河圖仙壇之碑》
至元二十六年（1289）	吴全節	元世祖	奉詔祠南嶽	《玄教大宗師張公家傳》《河圖仙壇之碑》
至元二十八年（1291）	張留孫 吴全節	元世祖	奉詔從開府（張留孫）遍祠嶽瀆諸山川	《玄教大宗師張公家傳》《河圖仙壇之碑》
元貞二年（1296）	吴全節	元成宗	奉詔祠中嶽、淮瀆、南嶽、南海	《玄教大宗師張公家傳》《河圖仙壇之碑》
大德元年（1297）	吴全節	元成宗	奉詔祠后土、西嶽、河瀆、江淮	《玄教大宗師張公家傳》《河圖仙壇之碑》
延祐元年（1314）	王壽衍	元仁宗	使代祀江南諸名山	王禕《元故弘文輔道粹德真人王公碑》

（续表）

時間	人物	在位皇帝	内容	文獻出處
延祐四年（1317）	王壽衍	元仁宗	奉旨代祀北嶽、濟瀆、天壇、中丘及汴朝元宫。	王禕《元故弘文輔道粹德真人王公碑》
延祐五年（1318）	夏文泳	元仁宗	奉上旨代祀龍虎、三茅、閣皂三山竣事。	《玄教大宗師夏公神道碑》
元順帝年間（1333—1370）	張德隆	元順帝	數被上旨，函香代祀嶽鎮、海瀆、汾陰、后土、龍虎、武當諸山	黄溍《玄静庵記》

可見，元初全真道推動了嶽鎮海瀆祭祀在元朝的興起。在元世祖確立了祭祀嶽鎮海瀆的制度以後，全真道逐漸失去了對山川祭祀的獨佔地位。至元代中後期，道士在嶽鎮海瀆祭祀中的地位逐漸被儒士所取代。在道教内部的發展中，玄教興起也逐漸取代全真道“代祀嶽瀆”的重任。全真道在元朝嶽鎮海瀆的國家祭祀中的地位進一步地被削弱。

5. 全真道、玄教與兩都齋醮活動。

元時國家舉行齋醮活動非常興盛。全真道與玄教都在國家齋醮活動中主持道教科儀，都曾在元朝社會政治中産生廣泛的影響。雖然傳統的觀點認爲，全真以修行爲主，而正一重視符籙法術及齋醮科儀。實際上在全真道早期，爲傳教弘道，全真道曾積極參與金元國家的齋醮法事。從金世宗時期（1161—1189）開始，全真宗師丘處機、王處一多次赴詔爲國家主持齋醮活動。至元代，國家舉行齋醮活動非常興盛，國家舉行的大型齋醮法事，其壇場多設在全真祖庭長春宫。全真道也主要是在長春宫爲國家主持普天大醮和金籙大籙。從《元史》記載所見，在元憲宗、元世祖、元成宗、元泰定帝、元文宗等時期，都曾在長春宫舉行國家齋醮。

元憲宗時期，全真道掌教真人李志常曾在元憲宗四年（1254）於長春宫主持普天黄籙大醮。《敕建普天黄籙大醮碑》曾有詳細記載，曰：

癸丑冬十月十有七日，詔至修真道士提點王志坦，訪問身體康寧、壽數長久之説。志坦對以養生三二語訖，因就善端發見之處，款曲將順，投之以言曰：……願皇帝聖慈，選有道之士，依黄籙玄科，普行濟度，使幽魂苦爽，出離冥途，咸遂超昇，此莫大之澤矣。上嘉納其言，即日遣中使數十人馳驛四出,各就方國,行薦拔事。……來燕京大長春宫,特命掌教真常至德又玄真人李志常主醮,作大濟度師……設普天黄籙大醮三千六百分位。甲寅春三月初九日至十六日,凡七晝夜。……況大宗師真常真人李公,所率金冠雲服,星冠紫服,登壇墠者五千人,皆清高潔白,深通秘典,嚴持齋法有道之士。①

此次所建普天大醮規模非常大。普天大醮供奉三千六百神真聖位,是專門爲國家設立的大型道教法會。元憲宗特敕命李志常主醮,挑選全國高道參與在長春宫設立普天黄籙大醮。這也反映了元朝早期,全真道在舉行國家齋醮活動中佔據著主導地位。

元世祖時期,國家多次建金籙大醮於長春宫内。(見表9)至元元年(1264)全真道掌教張志敬在長春宫設金籙周天大醮。至元二年(1265)張志敬又在長春宫設金籙大醮。《玄門掌教宗師誠明真人道行碑銘》:"至元二年,聖旨就長春宫建設金籙大醮三千六百分位。行事之日,有群鶴翔舞,下掠壇墠,去而復來者累日。天子嘉之,賜師金冠雲羅法服一襲,仍命翰林詞臣作瑞應記,刻之碑石。"②至元十六年(1279)十二月,元世祖曾敕旨:"敕自明年正月朔日,建醮於長春宫,凡七日,歲以爲例。"③直至文宗時期,全真掌教苗道一還曾修羅天大醮於長春宫。"至順三年(1332)三月……欽奉皇帝聖旨、皇后懿旨,命特進神仙大宗師臣苗道一修羅天大醮於大長春宫。"④

表9 全真道掌教及重要道士主持兩都齋醮活動表

時　間	主　持	醮　事	資料來源
中統三年(1262)十一月	—	長春宫設金籙周天醮。	《元史》卷五《世祖本紀二》
至元元年(1264)	張志敬	在長春宫設金籙周天大醮,並赴濟瀆投龍簡。	《濟祠投龍簡靈應記》
至元二年(1265)	張志敬	長春宫建設金籙大醮三千六百分位。	《玄門掌教宗師誠明真人道行碑銘》

① 《敕建普天黄籙大醮碑》,《宫觀碑誌》,《中華道藏》第48册,第650~651頁。
② (元)李道謙集:《甘水仙源録》卷五,《中華道藏》第47册,第152頁。
③ (明)宋濂等撰:《元史》第1册,第218頁。
④ (元)虞集:《道園學古録》卷二十一《瑞鶴贊》,《景印文淵閣四庫全書》第1207册,第314頁。

（续表）

時　間	主　持	醮　事	資料來源
南宋度宗咸淳四年(1268)八月	—	丁巳，蒙古敕長春宫修金籙周天大醮七晝夜，建堯廟及后土太寧宫。	《資治通鑑後編》卷一百四十七
至元十一年(1274)春正月	—	丁酉，長春宫設周天金籙醮七晝夜。	《元史》卷八《世祖本紀五》
至元十五年(1278)二月	—	庚子，敕長春宫修金籙大醮七晝夜。	《元史》卷十《世祖本紀七》
至元十六年(1279)十二月	—	敕自明年正月朔日，建醮於長春宫，凡七日，歲以爲例。	《元史》卷十《世祖本紀七》
延祐二年(1315)	孫德彧	在長春宫設醮禱雨。	元虞集《玄門掌教孫真人墓誌銘》
延祐五年(1318)	孫德彧	興聖宫遣重臣醮雨長春，七日正醮，雨大至。	同上
至順二年(1331)三月	馬道逸 李若訥 趙亦然	召亳州太清宫道士馬道逸、汴梁朝天宫道士李若訥、河南嵩山道士趙亦然，各率其徒赴闕，修普天大醮。	《元史》卷三十五《文宗本紀四》
至順三年(1332)三月	苗道一	至順三年三月……欽奉皇帝聖旨、皇后懿旨，命特進神仙大宗師臣苗道一修羅天大醮於大長春宫。	《道園學古録》卷二十一《瑞鶴贊》

元世祖敕封張留孫以後，玄教大宗師開始在兩都經常舉行齋醮活動。（見表10）正一道歷來重視符籙法術和齋醮科儀。吴全節認爲“道家醮設之事是其職掌”。玄教道士主要依靠爲元朝皇室舉行齋醮儀式贏得元皇室的信任，逐漸發展成爲皇家醮儀的重要主持人。玄教道士舉行一般的齋醮活動以兩都皇宫和崇真宫爲主，有時在兩都行幸途中也因時就需而作。但是當國家舉行金籙、黄籙等大

型齋醮法會時，玄教道士需要至長春宫行醮。元朝皇室非常重視玄教的齋醮活動。張留孫行醮時，"上（成宗）常親祠，其上章皆親署御名，每盡七日乃罷"①。通過比較全真道士和玄教道士在兩都等地主持的齋醮活動（見表9和表10），可以看到至元朝中後期，在爲皇帝舉行道教醮儀中，玄教宗師與龍虎山張天師打破了全真道一家獨大的格局，玄教宗師也發展成爲皇家醮儀的重要主持人之一。

表10　玄教大宗師及重要道士主持兩都齋醮活動表

時　間	主　持	醮　事	資料來源
至元十六年(1279)	張留孫	命宗師張留孫即行宫作醮事，奏赤章於天，凡五晝夜。	《元史》卷九《世祖紀七》
至元二十八年(1291)	張留孫	置醮祠星三日。	《元史》卷十六《世祖紀十三》
至元三十一年(1294)	吴全節	醮於上都壽寧宫五晝夜。	《河圖仙壇之碑》，《元史》卷十八《成宗紀一》
元貞元年(1295)	張與材 張留孫 張志仙	(張與材)與張留孫、張志仙等醮於大都延春閣。	《松雪齋文集》卷九《賜玄真妙應淵德慈濟元君之碑》
大德四年(1300)	吴全節	於崇真宫設醮慶龍虎山大上清正一宫重修，成宗臨幸。	《河圖仙壇之碑》
大德五年(1301)	吴全節	爲答剌罕丞相哈剌哈孫禱雨。	《河圖仙壇之碑》
大德五年(1301)	馮某	大都霖霪五旬之久，崇真宫都監石泉馮某祈晴，七日後雨止。	《秋澗先生大全文集》卷五十四《崇真萬壽宫都監馮君祈晴詩序》
大德七年(1303)	張留孫	上都旱，兩京、山西地震，命祠祝。	《玄教大宗師張公家傳》
成宗時期	張留孫	屢因星異、水旱、地震祈禱。幾修醮事，内在仁智殿、延春閣，外則崇真、長春兩宫，每盡七日乃罷。	《張宗師墓誌銘》

① （元）虞集：《道園學古録》卷五十《張宗師墓誌銘》，《景印文淵閣四庫全書》第1207册，第702頁。

（续表）

時　間	主　持	醮　事	資料來源
至大四年(1311)	張留孫	建周天大醮於南城長春宮，七晝夜。	《投龍簡記》
皇慶元年(1312)	吴全節	醮於大都長春宮。	《河圖仙壇之碑》
延祐二年(1315)	張留孫	與孫德彧等於大都長春宮設建金籙普天大醮，凡九晝夜。	《大元投奠龍簡之記》
延祐四年(1317)	徐懋昭	醮於崇真宫。	《清容居士集》卷三十一《通真觀徐君墓誌銘》
延祐七年(1320)	張留孫	修醮事於崇真宫。	《元史》卷二十七《英宗紀一》
大德年間	陳日新	嘗察罕海，有旨禱雨大應。	《陳真人道行碑》
至治三年(1323)	吴全節	命道士吴全節修醮事。	《元史》卷二十九《泰定帝紀一》
泰定元年(1324)	吴全節	詔玄教大宗師玄德真人吴全節，太一崇玄體素演道真人、嗣教七祖蔡天祐，五福太一真人吕志彝，正一大道真人劉尚平，玄教嗣師真人夏文泳，率法師道士幾千人，修建金籙周天大醮於大都崇真萬壽宫。	《周天大醮投龍簡記》
至治三年(1324)	夏文泳	以符水驅泰定帝便殿邪聲。	《玄教大宗師夏公神道碑》
泰定元年(1324)	夏文泳	設醮於崇真宫。	《玄教大宗師夏公神道碑》
泰定元年(1324)	吴全節	與蔡天佑等建金籙周天大醮於大都崇真宫七晝夜。	《吴文正公全集》卷十九《瑞鶴記》
泰定二年(1325)	張嗣成 吴全節 孫履道	(張嗣成、孫履道、吴全節)，以二月一日，各真人率南北道士千衆，即大長春宫陳大科法者七日。	《黄籙普度大醮功德碑》
天曆二年(1329)	吴全節	遣道士苗道一、吴全節修醮事於京師。	《元史》卷三十三《文宗紀二》

元朝舉行國家齋醮與唐宋時期有所不同。元朝舉行的大多是金籙大齋、黄籙大齋、普天大醮、周天大醮等盛大法會，參加祭祀的高功法師動輒上千人，規模宏大。元朝皇帝在爲國家舉行祈禳濟度的盛大法會時，禮請各道派宗師同壇演法。相關文獻記載如下：

（至大四年）……命特進、上卿、玄教大宗師、志道弘教沖玄仁靖大真人張留孫等，建周天大醮於南城長春宫，列位二千四百，領天下羽士餘千人，薦科宣儀，禮於上真，凡七晝夜已。①

延祐二年……特命玄教大宗師特進上卿志道弘教沖玄仁靖大真人張留孫、玄門掌教真人孫德彧等，於大都長春宫設建金籙普天大醮，列位三千六百。肇自十二月十一日，凡九晝夜，事已告成。尋遣集賢侍讀學士中奉大夫李倜、太一崇元體素演道真人蔡天祐，賫持寶香玉刻符簡玄璧金龍，敬詣濟瀆靈源投奠。②

泰定改元甲子之春正月，詔玄教大宗師玄德真人吴全節，太一崇玄體素演道真人、嗣教七祖蔡天祐，五福太一真人吕志彝，正一大道真人劉尚平，玄教嗣師真人夏文泳，率法師道士幾千人，修建金籙周天大醮於大都崇真萬壽宫，爲位二千四百，晝夜凡七。……遣太一七祖真人蔡天祐，承德郎郊祀署令馬懷吉，捧刻玉寶符，玄璧龍紐，馳詣濟瀆清源投奠。③

泰定二年歲次乙丑……三十九代天師、太玄輔化體仁應道大真人臣張嗣成，親揚祖教，妙幹道樞；神仙演道大宗師、泰定虚白文逸明德真人臣孫履道，以老成敦厚之資，深符真契；特進、上卿玄教大宗師、崇文弘道玄德廣化真人臣吴全節，以聰明特達之器，參贊化機，並領玄宗，共承明詔。以二月一日，各真人率南北道士千衆，即大長春宫陳大科法者七日，出黄籙白簡萬通，啓長夜之幽扃，暢好生之至德。④

從上文可以發現，元代中後期全真道與龍虎山天師、玄教大宗師多次在長春宫聯合舉行齋醮。全真道的長春觀成爲了各派法師聯合演法的壇場。1315 年舉行的金籙周天大醮中，太一七祖真人蔡天祐曾赴濟瀆靈源奠龍簡。這次法會不

---

① 《投龍簡記》，陳垣編纂：《道教金石略》，第 894 頁。

② 《投奠龍簡記》，王宗昱編：《金元全真教石刻新編》，北京：北京大學出版社，2005 年，第 197 ~ 198 頁。

③ 《周天大醮投龍簡記》，陳垣編纂：《道家金石略》，第 863 頁。

④ （元）虞集：《黄籙普度大醮功德碑》，陳垣編纂：《道家金石略》，第 922 頁。

僅有全真道掌教和玄教大宗師主壇,太一道法師也聯合演法。全真道的長春觀也屢次在大法會中成爲各派法師聯合演法的壇場。衹有在泰定元年(1324)的金籙周天大醮舉行於大都崇真萬壽宫中。而此次法會全真道掌教没有參與,主要由玄教、太一道和龍虎山天師道聯合舉行。

可以説,在元朝的國家齋醮活動中,全真道與玄教都曾發揮重要的作用。全真道掌教和玄教大宗師都通過爲國家舉行祭祀祈福活動,提升了各自道派的地位,在元朝社會中擴大了影響。元朝早期,全真道曾一度在國家齋醮活動中佔據著主導地位。而南北統一以後,正一道派的齋醮活動受到元朝皇室的重視。元朝中後期,玄教宗師與龍虎山張天師打破了全真道的主導地位,玄教宗師也發展成爲皇家醮儀的重要主持人之一。元朝舉行國家齋醮儀式規模宏大,全真道與太一道、正一道、玄教、真大道教等各派法師同壇演法,也成爲元代中後期,舉行國家齋醮儀式的一大特點。

三、結語

元代,全真教與玄教都是曾在元朝皇室的支持下而獲得了空前發展機會的道派。元朝初期,全真道發展至鼎盛時期。元朝統一江南以後,元統治者開始重用以天師道爲核心的正一派,從而打破了全真道的壟斷地位。在元中後期,全真道的發展主要經歷了抑制和復興兩個階段,而張留孫一派的玄教則是在元朝皇室扶植下逐漸興起。從政治上來看,張留孫能够創建玄教與元世祖實行扶植南方道教藉以鉗制全真道的政策有關。元代中後期,元朝皇帝試圖通過扶植玄教,達到抑制和平衡全真道與龍虎山天師之間宗教勢力的目的。

元代中後期,玄教逐漸發展成爲一個以玄教大宗師爲核心的龐大教團。在這一時期,與全真道掌教和龍虎山張天師相比,玄教首領獲得了更高的政治地位。歷任玄教大宗師不僅能管理玄教事務,還受封授"總攝江淮荆襄等處道教都提點",管領江北、淮東、淮西、荆襄道教事務,兼任"同知集賢院道教事"一職,爲集賢院在管理道教中進行諮詢和建議,參與朝廷對整個道教的管理工作。玄教大宗師張留孫和吴全節則以道士身份先後執掌集賢院事,主管全國道教事務。在玄教的努力,正一道實現了全面控制淮河以南的道教事務。玄教的形成和興盛,促進了正一道在南方勢力的擴張,擴大了正一道在兩都以及全國的影響。元末,儘管玄教隨著元朝的滅亡而消失,但龍虎山道士在元朝積聚的强大勢力没有消失,從而成爲入明以後張天師獲得主管全國道教事務的重要基礎。

而全真道在鼎盛時期中經歷了佛道鬥争的失利,又深受元世祖的打壓,全真道的發展逐漸進入了抑制時期,全真教的勢力被進一步削弱。在渡過抑制期的艱難以後,全真道開始走向復興之路。全真道在復興階段中,雖然不再受到元朝皇帝的有意打壓,但是道派發展中,全真道所獲得的政治扶持則遠遠不如張留孫一派的玄教。元代中後期,全真道與元朝皇室的關係不如玄教親密,在政治地位上全真掌教也不如玄教宗師的地位。與全真道鼎盛時期相比,全真道在元代中後期的發展略有式微。但是與新興的玄教相比,全真道經過前期百餘年的發展,其教派勢力、宫觀數量和規模、以及在民間社會的影響力則也遠遠大於玄教。

（責任編輯:張　琰）

明清嶗山全真教的神明信仰及宗教身份

□秦國帥

摘要:金元時期,全真教在宋德方、秦志安的首倡之下形成了自身獨具特色的以五祖、七真爲核心的神明信仰系統和譜系,並假由元世祖至元六年和元武宗至大三年的兩通褒封詔書而在教内、教外獲得普遍認可。然而,入明以後,以嶗山太清宫和馬山玉皇宫爲例,全真教的這種信仰系統却在地方社會及道衆中遭到有意無意的忽視。相反,祖師崇拜、内丹修煉以及命名系統這三種制度性因素却仍舊在維持著嶗山全真道士的宗教身份。儘管地方民衆會因自身需求及所處的社會環境而將不同的社會身份加諸全真道士之上,然而,由制度性因素構成的宗教身份却並未發生根本性的改變,而仍舊與金元時期的全真教有著很强的連續性。

關鍵詞:社會身份　宗教身份　祖師崇拜　内丹修煉　命名系統

作者簡介:秦國帥,男,1985 年生,山東昌樂人。中國人民大學哲學博士,法國高等研究實踐學院社會、宗教與政教關係研究所(EPHE - GSRL)博士後。現爲齊魯工業大學文法學院講師,主要從事近代道教與地方社會關係研究。

2012 年,筆者畢業於中國人民大學,所提交的博士論文題目爲《山東全真教與社會各階層互動研究,1368—1949》。在這篇博士論文當中,筆者的初衷是探討明清以來全真教在地方社會中所承擔的社會作用及所作出的社會貢獻,如文中所言:"本論文所力圖闡明的核心問題是,全真教在地方傳統中的社會角色,即地方社會中全真教的教化環境、生存樣態及其所承擔的社會責任,進而,以此來展現全真教在既定的社會條件下如何有效地組織和整合社會。"[①]對於此一核心問題,其所預設的理論前提即是地方社會及其諸多因素會影響並滲透到全真教

① 秦國帥:《山東全真教與社會各階層互動研究,1368—1949》,北京:中國人民大學博士學位論文,2012 年,第 4 頁。

中去，進而，也正如筆者在博士論文中所展現的，在不同的社會階層眼中，全真教因其所發揮的多面相的社會作用而呈現出了不同的社會身份。

毫無疑問，作爲地方社會系統的一部分，全真教必定要受到整個社會大傳統的浸潤，乃至受其支配，正如卜正民（Timothy Brook）所言，在中國獨特的社會環境下，“一所寺院尊奉的宗教信仰系統也許左右著它圍牆内所進行的活動。但是寺牆本身和它們所佔的土地，以及把它們建立起來所耗費的勞動、所花費的資金都是社會性事實。是社會事實而非宗教信仰具體表明它們的存在，並決定它們對那個地區社會成員的意義。”[1]在此意義上，將全真宫觀看作是一個微觀的社會也屬題中應有之義，因而，全真教多面相的社會身份也屬水到渠成之事。然而，值得進一步思考的是，首先，儘管種種社會因素會影響到宗教生活，但是，這些社會事實又究竟在多大程度上改變了宫觀内的宗教事實（religious facts）呢？其次，受種種社會因素的刺激和牽引，全真教會表現出不同的社會身份，而這些不同的社會身份是否又會真正影響到其自身的宗教身份呢？總而言之，我們所要追問的是，在趨近和接觸社會的過程中，全真教是如何保持和維護自身特有的宗教屬性進而自稱爲全真的呢？

正是基於對此問題的思考，筆者在本文中以山東嶗山地區的全真教爲主題，以其神明信仰系統爲切入點，力圖對明清全真教的宗教身份問題進行更爲深入的探索。之所以選擇嶗山地區的全真教，主要是基於以下兩方面考慮：其一，嶗山在全真教的宗教地理版圖中佔據著十分重要的位置，除北京白雲觀外，嶗山太清宫自明末以降甚至號稱爲“道教全真天下第二叢林”[2]，因而，以此爲主題進行討論也就有著相當的代表性；其二，嶗山地區的全真史料相對豐富，且收集較爲完整，一系列的山志、宫觀志、地方志，如《嶗山志》《馬山志》《太清宫志》等，以及相關的正史、文集、雜記等資料已然出版問世，諸多不同類型的資料有利於我們從各個角度對其進行周詳的考察。

---

[1] Timothy Brook, *Praying for power: Buddhism and the Formation of Gentry Society in Late - Ming China*, pp. 1 ~2。

[2] 此稱號於何時獲得，史籍並無明確記載。白如祥認爲，隨著明嘉靖、萬曆年間嶗山全真道的中興，宫觀大興，此稱號遂於此時獲得。見白如祥：《明清山東全真道概況》，載牟鍾鑒等著：《全真七子與齊魯文化》，濟南：齊魯書社，2005 年，第 309 頁；任穎巵在《嶗山道教史》中亦主此説，見任穎巵：《嶗山道教史》，北京：中央編譯出版社，2009 年，第 44 頁。與此相應，金元時期，嶗山在山東乃至全國的全真宗教版圖中都不佔據突出的位置。參見程越：《金元時期全真道宫觀研究》，濟南：齊魯書社，2012 年。此外，筆者亦擬另撰文《雲遊與參訪：金元時期山東全真宗教地理的形成》對其進行探討。

一、金元時期全真信仰系統的確立

創教伊始，全真教作爲一個民間修行團體，並未像天師道或上清派那樣擁有自身的神啓源頭或經書體系。① 相反，内丹修煉成爲王重陽與全真七子念兹在兹並一脈相傳的重要精神紐帶和切實關懷。② 以《重陽立教十五論》爲例，作爲全真教的綱領性創教宣言，無論住庵、打坐還是其他修行準則，都或隱或顯地表明了王重陽所根本關心的還是鍛煉性命，"性命是修行之根本，謹緊鍛煉矣！"③甚至道經丹書亦衹爲登堂入室之階梯，發明性命之蹄筌，"既得書意，可深藏之"④。

值得注意的是，正是出於内丹修煉的需要，王重陽及全真七子在其語録及詩文集中頻繁地提及鍾離權、吕洞賓、劉海蟾等神明，全真教的宗祖譜系和神明信仰系統也開始初步形成，漸露端倪。⑤ 隨後，金元交替之際，全真教的教團規模實現了迅猛的擴張，如高鳴《清虚宫重顯子返真碑銘》所稱："今東盡海，南薄江淮，西北歷廣莫，雖十廬之聚，必有香火一席之奉。"⑥隨著教團規模的擴大以及丘處機覲見成吉思汗所帶來的官方認同，制度化建設自然而然成爲第二代以及第三代全真教徒所面臨的首要任務。在這樣一種形勢下，全真教的宗祖譜系和神明信仰系統建設也逐漸豐富和完善了起來，這其中，尤以宋德方及其弟子秦志安的努力最爲顯著。

宋德方，字廣道，號披雲，山東萊州人。他的《全真列祖賦》首次明確提出了全真教的宗祖傳法譜系和神仙信仰系統，並經由其弟子秦志安的《金蓮正宗記》而使此一傳法譜系和信仰系統在全真教内部不斷傳播擴大。關於此宋德方此番

---

① Vincent Goossaert, "The Invention of an Order: Collective Identity in Thirteenth - century Quanzhen Taoism", in *Journal of Chinese Religions*, 29(2011), pp. 120 ~ 121; Louis Komjathy, *The Way of Complete Prefection: A Quanzhen Daoist Anthology*, Albany: State University of New York Press, 2012, p. 15; Judith Boltz, *A Survey of Taoist Literature, Tenth to Seventeenth Centuries*, Berkeley: Institute of East Asian Studies, 1987, pp. 137 ~ 139.

② Pierre Marsone, *Wang Chongyang* (1113—1170) *et la Fondation du Quanzhen: Ascètes Tao stes et Alchimie Intérieure*, Paris: Collège de France, 2010, Chapitre IV.

③ 《重陽立教十五論》，HY1223，4b。

④ 《重陽立教十五論》，HY1223，2a。

⑤ 張廣保：《金元全真教史新研究》，香港：青松出版社，2008 年，第 188 ~ 190 頁；趙衛東：《全真道五祖、七真的形成過程》，香港：青松出版社，2009 年，第 7 ~ 11 頁；景安寧：《道教全真派宫觀、造像與祖師》，北京：中華書局，2012 年，第 47 ~ 51 頁。

⑥ 陳垣：《道家金石略》，北京：文物出版社，1988 年，第 476 頁。

努力的現實動因及最終結果，景安寧有著詳盡的論述，兹簡要摘録如下：

> 與全真教在北方道教中的統治地位相適應，第三代大師急需展示自己深遠和崇高的法統，説明自己的勢力源自深厚的基礎，樹大根深而非曇花一現。宋德方的全真列祖説滿足了全真教的這一需要。他遵從其師之一王處一的教法，推崇東華帝君，把其師影響不大的“異派”變成了廣受歡迎的新説，首先提出以東華帝君爲首一綫單傳、一脈相承的二十祖師傳教譜系，隨後又提出由東華帝君、鍾離權、吕洞賓、劉海蟾、王重陽組成的“五祖”，與後“七真”形成全真祖師主幹。同時，他把全真教祖巧妙地融入傳統道教三清六御的主尊、主神體系，使全真祖師系統加入了道教神系的核心。通過對六御的繼承和改造，宋德方及其門人進一步宣示全真教的教法傳承有序。宋德方的《全真列祖賦》成爲全真祖師授受法統的綱領性文件。[①]

不過，值得注意的是，宋德方《全真列祖賦》及秦志安《金蓮正宗記》中的祖師譜系和神明系統在提出之初並未立刻引起人們的廣泛注意。[②] 儘管如此，正如趙衛東以金元碑刻資料所論證的那樣，自秦志安以後，五祖之稱以及全真道觀中的五祖神像也逐漸開始流行了起來，[③]這也從一個側面表明了宋德方及秦志安在全真教宗祖譜系和神明信仰系統方面的貢獻。

元世祖至元六年（1269）和元武宗至大三年（1310），元朝皇帝兩次以制書的形式褒封五祖、七真，至此，以五祖、七真爲核心的全真宗祖譜系正式獲得教内和教外的認可。之所以這麽説，是“因爲在元代此兩道詔書的頒降，係由同期全真掌教大宗師張志敬、苗道一分别向朝廷提議，然後再詔告天下，予以官方的認可”[④]。值得一提的是，這樣一種獲得教内外普遍認同的以五祖、七真爲核心的全真宗祖譜系，正是宋德方和秦志安在一個更爲廣大的神明系統背景下提出的，即

---

① 景安寧：《道教全真派宫觀、造像與祖師》，第 346 ~ 347 頁。

② 以五祖、七真爲例，趙衛東認爲，“雖然秦志安在蒙古定宗貴由年間已提出了‘五祖’的稱呼，但在元世祖至元六年（1269）册封‘五祖’‘七真’之前，並没有得到教内外的普遍認同。”參見趙衛東：《全真道五祖、七真的形成過程》，第 39 頁。具體説來：首先，五祖、七真具體爲誰仍有争議，如王鶚在元至元初年（1264）的《玉陽觀記》中雖同時提到了東華帝君、鍾離權、吕洞賓、劉海蟾和王重陽，却並未統稱他們爲五祖，反而將王重陽與馬鈺、譚處端、劉處玄、丘處機、王處一和郝大通合稱爲七真，把孫不二排除在了七真之外；其次，全真道觀的造像建置也並非全然遵循著宋德方、秦志安等所確立的宗祖譜系和神明系統，如馮志亨在蒙古憲宗五年（1255）的《創建重陽觀記》中稱：“其殿有四，曰三清，曰玉皇，曰三官，曰四聖，曰真官，曰七真，各以次居。”參見王宗昱：《金元全真教石刻新編》，北京：北京大學出版社，2005 年，第 104、125 頁。

③ 趙衛東：《全真道五祖、七真的形成過程》，第 38 ~ 39 頁。

④ 張廣保：《金元全真教史新研究》，第 173 頁。

“三清、四帝、二后、五祖、七真這個由主尊、主神、主要宗師依次排列而形成的全真神系”①。

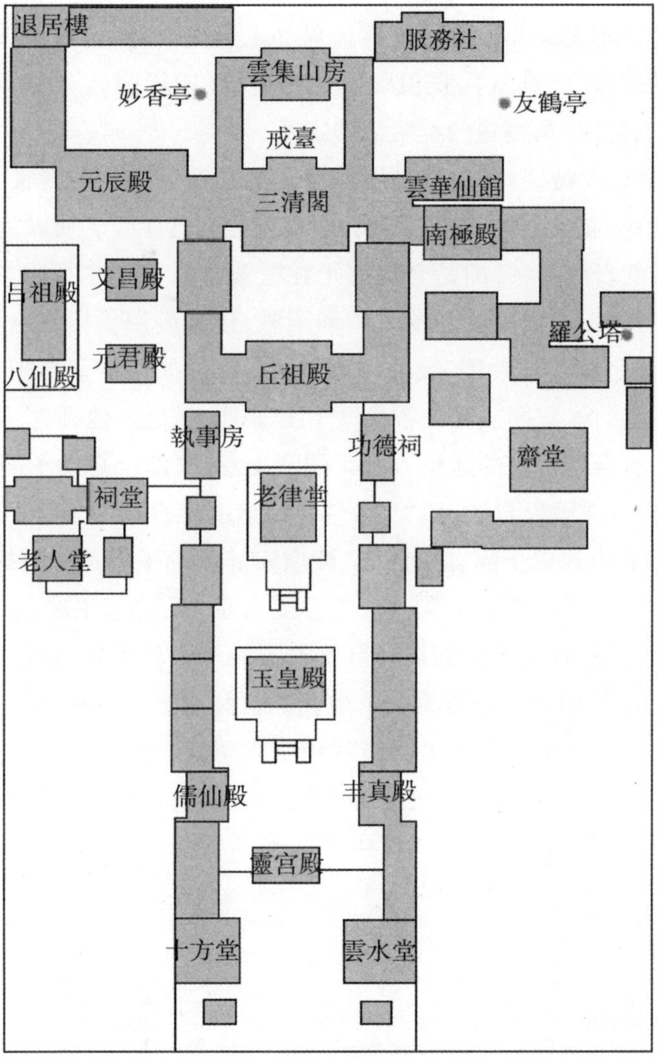

圖 1　白雲觀平面圖

當然,在神明信仰方面將全真教團進行有意識的制度化建設,其努力和貢獻並非獨爲宋德方一系道衆所專美。應該説,在全真教團規模迅速擴大的背景下,

---

① 景安安:《道教全真派宫觀、造像與祖師》,第 83 頁。

這是第二代以及第三代全真高道的集體意識和共同自覺。[1] 明清以降,全真教在隨後的歷史發展過程中,其神明信仰系統仍舊在一些著名的宮觀中較爲完整地保留了下來。以北京白雲觀爲例,雖然歷明、清、民國以至今日,幾處宮殿的名稱有些許的變動[2],但其建築主綫的宮殿佈局却未發生改變,自前至後分別是靈官殿、玉皇殿、老律堂(七真堂)、丘祖殿以及三清殿(四御閣),十分具體地體現了宋德方《全真列祖賦》所構造的神明信仰譜系。

不過,早在金元時期,在這種相對標準化的神明信仰系統背後,已然出現了祖師崇拜的萌芽,並且圍繞著某一祖師,全真教徒業已産生了明顯的宗支意識。[3] 祖師崇拜萌芽的表現之一,即是全真弟子在授業師真去逝之後將其師的塑像供奉於宮觀當中,如丘處機去世之後,"清和嗣教,建議於白雲觀構處順堂,會集諸方師德,以戊子七月九日大葬,設像以奉香火"[4],再如清平子趙志淵去世之後,"陝右門徒設祠置像,以奉歲時之香火"[5]。這表明,較之其他師真,業師在後繼弟子的心目中佔有無可替代的地位。所謂的宗支意識,即全真弟子開始以"門下""本宗""宗主"等稱號以自謂:稱"門下"者如李道謙自稱"門下法孫天樂子"[6],稱"本宗"者如綦志遠弟子蘇志和自稱"沖虛安静大師重陽萬壽宮提點兼本宗事賜紫門人"[7],稱"宗主"者如全真道士申雲叟自稱"天壇宗主洞元虛靖大師"[8]。當然,如果說"門下"所指涉的徒衆其宗支意識並不十分明確的話,那麽,"本宗""宗主"等稱謂的使用則清晰地表明了他們的自我意識和歸屬感。不過,儘管金元時期全真教内部已然出現了祖師崇拜和宗支意識,但這並不意味著全真教的分裂。相反,"道—德—志"這一三字命名系統[9],以及由教門推舉、元廷任命的掌

---

① 秦國帥:《何種仙史? 誰爲正宗?》,載趙衛東編:《全真道研究》第三輯,濟南:齊魯書社,2014 年,第 279 頁。

② 李養正:《新編北京白雲觀志》,北京:宗教文化出版社,2003 年,第 72 ~ 85 頁。

③ 張廣保:《明代全真教的宗系分化與派字譜的形成》,載趙衛東編:《全真道研究》第一輯,濟南:齊魯書社,2011 年,第 198 ~ 201 頁;《金元全真教史新研究》,第 22 頁。

④ 陳垣:《道家金石略》,第 637 頁。

⑤ 陳垣:《道家金石略》,第 649 頁。

⑥ 陳垣:《道家金石略》,第 637 頁。

⑦ 陳垣:《道家金石略》,第 663 頁。

⑧ 陳垣:《道家金石略》,第 562 頁。

⑨ Vincent Goossaert,"The Invention of an Order Collective Identity in Thirteenth – century Quanzhen Taoism", pp. 129 ~ 132; Bernard ter Haar, *The White Lotus Teachings in Chinese Religious History*, Leiden: Brill, p. 108.

教大宗師的存在①,還是從制度上保證了全真教是一個統一的全國性教團組織。

總體來説,金元時期是全真教最爲輝煌和鼎盛的時期,其組織制度和教團建設也是在此一時期逐漸成熟。就信仰系統來説,以元世祖至元六年和元武宗至大三年的兩通詔書爲標志,由宋德方和秦志安首倡的,以五祖、七真爲核心的全真教神明譜系獲得了教内、教外的共同認可,而這樣一種神明譜系,正如前述景安寧所説,既保證了全真教能够接續既往道統,又保證了其自身專屬的全真色彩。

二、信仰系統的地方演變

金元時期,由於丘處機、劉處玄以及王處一的光顧,兼之後世弟子劉志堅、李志明的葺修,嶗山逐漸成爲全真教内著名的宗教聖地之一。② 明朝以降,由於孫玄清、耿義蘭等一批與宫廷關係密切的精英道士的出現,嶗山在山東境内的影響一時風頭無兩,儘管他們與宫廷的密切接觸引起了文人階層的不滿和非議,但大批的全真宫觀却應運而生,新的全真岔派也不斷出現,至有"九宫八觀七十二名庵"之説。③ 應該説,明清民國時期,嶗山是山東境内最重要的全真聖地,也是山東境内全真宗教網絡體系的結點和核心。④

至1959年時,嶗山地區據統計仍有道觀44座,分屬於10個全真支派:⑤

表1　嶗山地區道觀

派　别	創始人	所建道觀
龍門派	丘處機	修真庵、塘子觀、現化庵、百福庵、馬山、大通宫、九水庵、太和觀、上清宫
隨山派	劉長生	太清宫、天后宫、關帝廟、常在庵、白雲庵、真武廟

① 張廣保:《金元全真教史新研究》,第113頁;胡小琴:《王常月與龍門派的中興——從戒律角度對龍門派中興所作的考察》,北京:中國人民大學碩士學位論文,2006年,第25~27頁。

② 高明見編:《道教海上名山:東海嶗山》,北京:宗教文化出版社,2007年,第51~59頁。

③ 高鶴年:《名山遊訪記》,吴雨香點校,北京:宗教文化出版社,2000年,第184頁;周至元:《嶗山志》,濟南:齊魯書社,1993年,第82頁。

④ 秦國帥:《山東全真教的教團規模、分枝岔派與地域分佈,1368—1949》,載趙衛東主編:《全真道研究》第三輯,第223~229頁。

⑤ 山東省民族志宗教志編纂工作辦公室主辦:《山東省宗教志資料選編》第二輯,1989年,第118頁。

（续表）

派　别	創始人	所建道觀
華山派	郝大通	聚仙宫、滄海觀、蔚竹庵、神清宫、大嶗觀、華樓宫、太平宫
清静派	孫不二	明道觀、竹子廟
遇仙派	馬　鈺	峡口庵、醒睡庵
南無派	譚處端	荒草庵、朝陽庵、大士庵
嵛山派	王處一	熟陽庵、臥雲庵、清虚庵、通明宫、慈雲庵
金山派	孫玄清	白雲洞、凝真觀、明霞洞、大妙山、奉陽庵、猶芳庵
金輝派	齊本守	先天庵
鶴山派	徐復陽	鐵瓦殿、玉清宫、茶澗廟

然而，恰恰正是自明清時起，較之金元時期宋德方、秦志安所首倡的全真神明信仰系統，嶗山全真宫觀内所供奉的神明開始出現了十分明顯的偏離：首先，三清、四御不再必然在宫觀中佔據著主殿的位置，一些宫觀的主殿内或則仍舊供奉這些傳統的道教神明，但尊位已然不符三清、四御之數，一些宫觀的主殿則直接另供他神；其次，五祖、七真這些全真祖師的神位也已然消失不見，取而代之的是宫觀中本系道士的開山祖師，或者對本系法脈傳承産生過重大影響的高道；再次，大量的民間信仰神靈以及傳説和現實中的古賢聖王湧入全真宫觀的殿堂當中，甚至佛教神明也安座於宫殿的神位之上，接受道士的供奉和民衆的香火。

依現存史料，嶗山地區的全真教宫觀都或隱或顯地表現出了此類特徵，即使如在明清影響較大的馬山玉皇宫以及嶗山太清宫，情況亦不例外。

由全真教龍門派道士李常明開創的馬山玉皇宫，堪稱明清山東全真教宫觀及叢林建設的代表和典範，並牽扯和影響及江蘇茅山以及東北的鐵刹山。① 然而，即便影響如此之大的全真宫觀，其神明信仰系統却也遠非金元時期的標準配置和理想狀況。如下表所示②：

---

① 汪桂平：《東北全真道研究》，北京：中國社會科學出版社，2014 年，第 4 章；趙衛東：《李常明一系龍門派傳承考》，載趙衛東主編：《全真道研究》第三輯，第 52 ~ 70 頁；尹志華：《清代全真道歷史新探》，香港：中文大學出版社，2014 年，第 64 ~ 68、78 ~ 82 頁。

② 李寅賓：《馬山志》，青島：即墨市文化局馬山管理處，1996 年，第 6 ~ 12 頁。

表 2　馬山宮殿志

殿宇名稱		供奉神靈			
		道教神明	佛教神明	民間神靈	古賢聖王
玉皇宮	玉皇殿	昊天金闕玉皇上帝、勾陳上宮天皇上帝、萬星教主無極元皇中天紫微北極大帝①	—	—	—
	三官殿	天官賜福紫微大帝、地官赦罪清虚大帝、水官解厄洞陰大帝	—	—	—
	雷神殿	雷祖大帝除災濟物天尊、真武靈應真君蕩魔濟苦天尊、洞陽大帝南丹紀天尊	—	—	—
	救苦殿	尋聲赴感太乙救苦天尊	—	—	—
	聖母殿	—	—	碧霞元君	—
	文昌殿	不驕樂生天地更生永命天尊	—	—	—
	龍虎殿	朱雀、玄武、青龍、白虎	—	—	—
平安殿	天成殿	玄妙玉女聖母元君、三五火車太乙雷聲應化天尊、玄壇金輪總管如意執法大元帥	—	—	十二元辰
	老君殿	太上老君道德天尊	—	—	—
	東王公殿	天皇扶桑大帝、孝道先王太陽星君、東華帝君(與全真祖師別)	—	—	—
	西王母殿	西漢夫人九靈金母元君、月宫夫人太陰星君、南嶽夫人紫虚元君	—	—	—
	功曹殿	年、月、日、時四值功曹	—	—	—
	龍虎殿	青龍、白虎	—	—	—
	吕祖殿	純陽演正警化孚佑帝君	—	—	—
	雲廚殿	司命灶君香廚妙供天尊	—	—	—

① 另侍列神像十二尊,分别爲:静應顯佑真君降魔護道天尊(即漢張天師)、太極左宫仙公沖應孚佑真君(即晉葛玄)、九州都仙太史浄明普化天尊(即晉許旌陽)、西河救苦薩公真人(即宋薩守堅)、天蓬都帥、天猶副帥、翊聖真君、佑聖真君、禁殺之神、捲簾大帥、遠聽之神、遠視之神。

無論是作爲道場的玉皇宫還是作爲常住的平安殿,其所供奉的神明俱爲傳統道教神明,且來源頗爲駁雜,如南嶽夫人紫虚元君即道教上清派的主神。因而,若單從這一點來進行識别的話,我們很難明確認定此一宫觀爲全真宫觀。换句話説,馬山玉皇宫的神明信仰系統已遠非金元時期所確立的標準形態。即使是其常住平安殿中東王公殿中供奉著東華帝君,清人李寅賓也將之明確地標記爲“與全真祖師别”,而此一東華帝君實爲八仙之一的鐵拐李。

較之馬山玉皇宫,全真教隨山派道士住持的號稱“道教全真天下第二叢林”的嶗山太清宫,情况亦别無二致,甚至有過之而無不及。如下表《太清宫志·本宫殿宇神位》①中所顯示的:

表 3 嶗山太清宫殿宇神位

殿宇名稱	供奉神靈			
	道教神明	佛教神明	民間神靈	古賢聖王(全真祖師)
三清殿	玉皇上帝、靈寶天尊、元始天尊、道德天尊、糾察靈官	—	—	—
三皇殿	—	—	十大神醫	神農大帝、伏羲大帝、軒轅大帝
三官殿	三官大帝、真武大帝、監壇土地、雷聲普化天尊	—	四大元帥	—
西王母殿	西王聖母天尊	太陰妙果素月天尊、斗母大天尊	—	—
東華殿	南極長生大帝、東華帝君	—	太陽帝君	—
關岳殿	—	—	—	漢關壯繆公、宋岳武穆公

① 周宗頤:《太清宫志》,載高明見編:《道教海上名山:東海嶗山》,第 241 ~ 242 頁。

（续表）

殿宇名稱	供奉神靈			
	道教神明	佛教神明	民間神靈	古賢聖王（全真祖師）
救苦殿	長生明德真人、孚佑帝君、太乙救苦天尊	觀音大士、幽冥鬼王大士	—	—
耿真人祠	—	—	—	雲川張真人、扶教真人耿公、雙修真人賈公、虚一真人譚公
雲廚龕	—	妙供大天尊	—	—

太清宫中所供奉的神明系統更爲駁雜，爲數更多的佛教、民間信仰神靈以及古賢聖王安坐於太清宫的神龕當中。雖然其主殿三清殿中供奉著靈寶天尊、元始天尊以及道德天尊，但與馬山玉皇宫一樣，若排除耿真人祠的話，我們單從其供奉的神明系統當中同樣無法確認嶗山太清宫爲全真宫觀。因而，也就是説，嶗山太清宫的神明信仰系統同樣遠離了金元全真教所確立的標準形態。

事實上，類似的情況遠非局限於嶗山地區，就筆者田野調查範圍所及，其他如山東博山區岳陽山玉皇廟，雖亦爲全真宫觀，其神明信仰系統却更爲雜亂。[①] 那麽，面對如許情形，我們不禁疑問：全真教在金元時期所確立的標準信仰系統，至此爲什麽會發生如此明顯的偏離呢？個中原因極爲複雜和多樣，筆者在博士論文中曾進行過相關的探討。以嶗山太清宫和馬山玉皇宫爲例，其顯著的原因不外乎兩點：其一，佛教勢力的强盛；其二，信衆的信仰需求。

首先，就佛教勢力的强盛來説，由於道衆的經營不善，嶗山太清宫在明末曾一度爲佛教高僧釋憨山所購得，憨山將其改建並在萬曆生母李太后的支持下獲賜額爲“敕建海印禪寺”。雖然在萬曆皇帝的偏袒之下，嶗山道士耿義蘭最終奪回了太清宫的廟産[②]，但憨山對太清宫内的神像系統進行佛教化的改造則是顯而

① 秦國帥：《全真教與鄉土社會融合模式初探》，載趙衛東主編：《全真道研究》第二輯，濟南：齊魯書社，2011 年，第 327～328 頁。

② QIN Guoshuai，“In Search of Divine Support：Imperial Inheritance，Political Power and Quanzhen Taoism at the Court of the Wanli Emperor，r. 1573—1620”，paper presented at Cité Interdite，Palais Impériaux et Cours Royales，Sept. 2013，France：Boulogne sur Mer；秦國帥：《明萬曆間嶗山太清宫廟産之争及道教形象初探》，待刊。

易見的，因爲既然改建爲禪寺，則勢必不能再供奉道教神像，並且，耿義蘭在上萬曆皇帝的《控憨山疏》中所聲稱的憨山的罪狀之一即是“假稱敕旨賫奉前來占山，勢逐住宫道士劉真湖等，拆毀太清宫聖像三百餘尊”①。不僅如此，憨山對全真教並無好感，在回答世代與全真教關係密切的德王②所詢修行之法時，憨山將全真教與圓頓、達磨、南陽、浄空、無爲等民間宗教並稱爲“邪教之法”，並稱“乃至全真採取陰陽等術，内丹外丹之説，都是邪法，皆不可信”③。因而，經過憨山對太清宫原有神像系統的改建和衝擊，即使是耿義蘭等最終又奪回了廟産，但太清宫也不太可能保持舊有的面貌，其隨後所供奉的神像有所改易也屬自然之事。

其次，就信衆的信仰需求來説，無論是佛教寺院，還是道教宫觀，其生存和維繫都需要信衆的支援，正如前引卜正民所説，信衆的經濟支持等社會性事實表明了寺院宫觀的存在，並決定著其對周邊地區社會成員的意義。此外，自明以降，全真教不再享有金元時期國家宗教的崇高地位，吸引文人和普通民衆的護持和資助是他們維繫自身生存的重要手段。就對普通民衆的影響而言，碧霞元君、戰神關公等源起於民間信仰的神靈其影響可能要遠大於一般的道教或佛教神明，也正是爲此，佛教、道教纔争相將這些神靈納入到自身的神譜當中，並爲之編纂仙傳以論證其合法性，借此來擴大自身的影響。④ 因而，面對信衆之於碧霞元君以及戰神關公等的信仰需求，嶗山太清宫以及馬山玉皇宫等也就自然地將這些神靈塑像於自身的宫觀當中，以此來吸引信衆並通過道場等儀式服務來獲得他們經濟上的支持。正如圖 2 所顯示的，鄉紳富族甚至可與宫觀住持並排而坐，甚受全真道士的看重和禮遇。⑤ 有鑒鑑於此，嶗山太清宫和馬山玉皇宫信仰系統的演變，如果説受佛教勢力的衝擊是不得已而爲之的話，那麽，迎合普通信衆的信仰需求則是他們順勢而有意爲之的。

---

① 藍水：《嶗山古今談》，青島：嶗山縣縣誌辦公室編，1985 年，第 266 頁。

② 關於德王府與全真教的關係，參見秦國帥：《山東全真教與社會各階層互動研究，1368 ~ 1949》，第 119 頁。

③ 憨山：《憨山老人夢游集》，載《卍新纂續藏經》，臺北：新文豐出版公司，1975 年，第 73 册，第 1456 號，第 530 頁。

④ 張琰、秦國帥：《新發現的碧霞元君弘濟經碑初探》，載《泰山學院學報》，2011 年第 1 期，第 31 ~ 34 頁；Barend ter Haar, “The Rise of the Guan Yu Cult: The Daoist Connection”, in Jan A. M. DeMeyer and Peter M. Engelfriet eds., *Linked Faiths: Essays on Chinese Religions and Traditional Culture in Honour of Kristofer Schipper*, Leiden: Brill, 1999, pp. 183 ~ 204.

⑤ 此圖爲“中國歷史明信片計畫:1896—1920”所收明信片之一，圖片信息及内容的相關描述，可參見 http://postcard. vcea. net/Browsing. php ID = cn00112&Start = 162&Search = . 同時，對高萬桑教授提供此一圖片信息，筆者深表謝意！

圖 2　明信片

至此，通過以上兩節的論述，我們可以得知，全真教在金元時期確實創立了自身獨特的神明信仰系統，並且在諸多全真宫觀當中有著真切的實體展示。然而，這一獨特的全真信仰系統在近代嶗山地區逐漸演變甚至面目全非也是不争的事實，進而單憑其宫觀中所供奉的神像我們已不再可能去辨别其爲全真宫觀或非全真宫觀。换言之，就明清嶗山地區的全真教而言，信仰系統所具有的身份標識作用已幾乎消失迨盡。那麽，全真教信仰系統的演變是否就意味著其自身的宗教身份也發生了演變呢？或者説，嶗山地區此一宗教的信仰者和追隨者是否還能够自稱爲全真道士呢？答案是肯定的。

三、全真法脈的傳承

應該説，近代嶗山地區的全真道士有著非常强烈的自我身份認同和派系意識。具體表現爲：首先，對全真祖師及本派系中的精英道士極爲推崇；其次，對全真教一以貫之的内丹修煉始終不忘；再次，對全真教的派詩命名系統自覺依從。較之標準化的神明信仰系統及其在明清所産生的演變，這三個制度性的特徵同樣亦起源於全真教成熟的金元時期，當然，明清以來亦有所演變，不過却比較穩定的延續了下來，並從教團内部堅實地維繫著全真教自身的宗教身份。

（一）祖師崇拜

依照伊利亞德的宗教學理論，祖先崇拜是建立與神聖歷史的關聯並回歸初

圖 3　丘祖之神(圖片現存日本早稻田大學風陵文庫)

創神話的重要手段。[①] 對嶗山地區的全真教來説,通過爲祖師建祠設像並依時祭祀,祖師崇拜不僅可以寄託後世道衆的思慕之情,更重要的是還可以借此來明確自身派系的歸屬。當然,這裏的祖師並不僅僅局限於"五祖""七真"等全真教所共同尊奉的神明,亦包括對某一全真岔派産生了重大影響的精英道士:前者如丘處機、劉處玄,後者如耿義蘭、李常明。

丘處機曾數次遊覽嶗山,並留下了《青玉案》詞一首及七言絶句二十首。元太祖成吉思汗癸未九月二十四日,爲褒獎其西行覲見之功,特頒發聖諭,並"著勒石於太清宫,以彰厥功"[②]。不獨太清宫,由於自身的巨大影響力和感召力,嶗山地區的其他宫觀當中亦能够發現丘處機的遺跡,如俗稱嶗山上宫的上清宫,本爲全真華山派道觀,然宫南仍有舊稱爲"丘祖墳"的丘祖衣冠塚。[③]儘管嶗山地區的諸全真宫觀並無單獨供奉丘祖之神的宫殿,然而,丘處機却是他們共同的精神依託,甚至本爲隨山派宫觀的太清宫在編纂志書時也將成吉思汗的聖諭納入其中,以示榮寵。

不過,丘處機在嶗山停留的時間較短,相反,劉處玄在嶗山太清宫的影響要更大,甚至宫内道衆都歸宗於劉處玄一系。據《太清宫志·七真降臨太清宫事蹟記》載,"丘祖住未久,留詩二十一首,同他道侶西去。劉祖獨留,講解經典,至醇咸措,年餘方西轉至萊州靈虚觀,本宫道衆由此歸宗於劉祖隨山派矣。"[④]不僅如此,在講述完七真遊覽嶗山之事後,《太清宫志》還專門撰寫了《劉祖長生真人傳》並記録了由劉處玄開創的全真隨山派派詩。换言之,《太清宫志》雖然迻録了

① Mircea Eliade, *Cosmos and History: The Myth of Eternal Return*, New York: Harper Torchbooks, 1959, p. 64.

② 周宗頤:《太清宫志》,載高明見編:《道教海上名山:東海嶗山》,第 235 頁。

③ 高明見編:《道教海上名山:東海嶗山》,第 173 頁。

④ 周宗頤:《太清宫志》,載高明見編:《道教海上名山:東海嶗山》,第 234 頁。

成吉思汗的聖諭以彰丘祖，但在太清宫道士的眼中，劉處玄纔是他們的實際創派祖師，也正是爲此，他們纔有必要單獨爲之書寫列傳，並將其法脈次序謄抄明白。

如果説丘處機、劉處玄因隸"七真"而爲全真教共同崇拜的祖師的話，那麼，耿義蘭、李常明的例子則更加鮮明的體現了全真岔派對本派精英道士的崇拜意識。

關於耿義蘭，《太清宫志》載有較爲詳細的生平傳記資料：耿義蘭，字芝山，號飛霞，又號靈應子，山東高密人。明正德四年（1509）生，幼業儒，登嘉靖進士第。後遇太清宫道士高禮岩，遂拜爲師，並與之同往華山，住庵十餘年，復得趙虚静真人傳道，修行數載。辭師入都，住白雲觀叢林，參訪道理，未幾即回嶗山，隱居慈光洞、黄石宫等處。接下來，《耿真人傳》用簡潔的語言描述了耿義蘭一生當中最爲引人注目的壯舉：

> 萬曆十三年忽來勢僧，假稱奉旨，將本宫道士劉真湖等逐出，打死住持張德容，碑記神像盡抛於海，改太清宫爲海印寺，又白佔山場數處。耿真人乃出，與本宫同志道士賈性全、劉真湖、張復仁、覃尋先等，協力抗爭。至十九年，耿真人獲朝覲，上控理直，於二十三年始得提審判。二十八年蒙降旨復宫，頒道藏經，敕封耿公爲扶教真人。①

萬曆四十七年（1619），耿義蘭去世，世壽一百一十歲，葬於太清宫三皇殿前。

其實，如筆者之前所曾簡要提及的，耿義蘭與釋憨山争奪太清宫廟産本屬無理取鬧之舉，祇不過是借由萬曆皇帝的偏袒而趁宫廷政治鬥争之機取勝。但無論如何，耿義蘭的勝訴對太清宫而言却發揮著中興門庭的作用，兼之隨後萬曆皇帝頻發聖旨護持以及敕賜《道藏》等舉動，太清宫由此掀開了新的一頁。可以説，正是耿義蘭保證了太清宫隨山派法脈的傳承，也正是爲此，太清宫諸宫殿中專設有耿真人祠，將其神位供於正中，並配祀爲争奪廟址而做出貢獻的全真道士雲川真人張復仁、雙修真人賈性全以及虚一真人譚尋先等三人的神位。

當然，類似的情形亦見於全真龍門派道士李常明。關於李常明，《馬山志·泥丸師祖傳》有著較爲詳細的資料記載和介紹：李常明，濟南府陽信縣人，少慕玄虚，明清鼎革，遂棄家至青州白雲洞，遇異人宋真空並師事之，盡得其術；清順治五年東入東萊，訪七真遺跡，後常住馬山，營宫建觀，鑿山築路；康熙二十年，逝於

① 周宗頤：《太清宫志》，載高明見編：《道教海上名山：東海嶗山》，第238頁。

馬山，住世百十年。李常明在馬山最大的功跡當屬重建了馬山玉皇宫：

> 山中舊有玉皇、真武及金山大王等諸殿宇，歲久荒蕪，斷瓦頹垣，没於寒煙衰草間。又多貛狼巢窟，毒虺狐孽，時有光怪，祟及居民，殆非人所處也。師與善人劉改志等，徘徊久之，慨然有興廢舉墜之思。……於是檀越雲集，錢米山積，鑿山築路，堙澗開基，結構三重，規模井井。四輩没不嘆服。由是遠近聞風，凡有難就之功，皆推師爲領袖。縉紳大夫，道釋兩門，皈依趨謁者無虚日。①

據《馬鞍山建廟碑記》，此次修復不僅重建了舊有的關聖帝君、大王之神、泰山行宫、佛祖諸殿，而且還新建了玉皇上帝、三元大帝、三聖、救苦、斗母等神像，馬山玉皇宫的規模也得到了空前的擴大。② 不僅如此，李常明還頗有施藥濟人之術，並因此得號泥丸："初以藥劑活人，後應接不暇，和土爲丸，以治百病，未有不愈者。此神奇之事，世所希聞也。因以自號焉。"此外，李常明仿佛擅用神咒，"巨石大木，衆力不勝，則告於師。師焚香咒之，運走如飛，信有神助也。"因緣於此，李常明成爲馬山全真教龍門派的開山祖師，且度徒甚巨，"門徒百餘，散處青、兗、幽、冀間，各立門牆。今嗣法者，蓋以千計矣"③。值得注意的是，雖然清人李寅賓在其所著《馬山志・宫殿志》中並未提及有專門供奉李常明的祠宇，然而另據近代新版《馬山志》調查統計，馬山道衆常住的平安殿中另有一後心殿，内祀馬山開山始祖李常明道人。④ 换句話説，李常明在馬山玉皇宫龍門派内所享有的地位，一如耿義蘭之於嶗山太清宫隨山派無異，他們作爲復興或創建各自全真岔派的精英道士，幾與金元時期的全真祖師無異，享受著後世徒子徒孫的香火供奉。

當然，不僅僅是以上列舉的全真祖師丘處機、劉處玄以及精英道士耿義蘭、李常明，其他一些開創全真岔派的精英道士，如開創鶴山派的徐復陽、金輝派的齊本守等，其個人傳記和記載法脈傳承的派詩也都留存於《太清宫志》當中，與劉處玄之於太清宫一樣，享有一代宗師的地位。這種對祖師和開創岔派的精英道士的崇拜，兼之年復一年的祭祀活動，潛移默化中强化了後世道衆與他們的精神關聯，也在時時反復提醒著嗣法道衆的派系意識和歸屬感。换言之，全真道士在

---

① 李寅賓：《馬山志》，第 56 頁。
② 李寅賓：《馬山志》，第 74 頁。
③ 李寅賓：《馬山志》，第 55 ~ 58 頁。
④ 即墨市政協文史資料委員會編：《馬山志》，青島：即墨市機關印刷廠，1999 年，第 89 頁。

進行宗教身份的自我界定時,就對全真祖師及精英道士的崇拜而言,供奉神像的祠宇提供了空間,祭祀祖師的時節提供了時間。

(二)内丹修煉

内丹是全真教修煉實踐中極爲重要和核心的組成部分,如前所述,自其創始之初,王重陽和全真七子就極爲重視,逮至明清甚至民國,全真教對内丹的重視仍不稍減。關於這一點,我們可以在明清時期嶗山開創全真岔派的精英道士身上略窺一斑。

孫玄清,嶗山地區全真岔派金山派的創教祖師。關於其生平,清梁教無的《玄門必讀》記載較爲詳細:

> 嶗山祖,姓孫諱玄清,號海嶽山人,乃龍門派邱祖第四代徒孫。係山東青州府壽光縣孫家巷人。於明宏治九年八月二十三日降生。在嶗山明霞洞出家,初拜李顯陀爲師,後至鐵茶山雲光洞,得遇通源子,指點五行前後升降出入天門運籌之法。又至即墨縣,得遇太和真人引至黄石宫修行。時方十九歲,蒙傳授三花聚頂五氣朝元。在黄石宫苦煉二十餘年,後遇斗篷張真人,共談修真秘傳内藥諸口訣。一旦豁然貫通,復回明霞洞重修。嘉靖二十一年抽鉛添汞悟證身心。至嘉靖三十七年,到京白雲觀坐鉢堂一載,大著靈異。適京中大旱,求雨有功,蒙聖旨大加恩賞,封護國天師左贊教主紫陽真人,享壽七十三歲,隆慶三年六月二十六日上升。法派曰金山派,因在嶗山修真,亦曰嶗山派。①

從這一段生平資料中可以看出,無論"五行前後升降出入天門運籌之法""三花聚頂五氣朝元",還是"修真秘傳内藥諸口訣""抽鉛添汞悟證身心",内丹修煉都是其生平中最蔚爲壯觀且值得濃墨重寫的部分。而關於内丹在其自身修行實踐中所佔的比重,孫玄清則在《孫真人紫陽疏》中直言不諱:"臣居東齊海濱,潛蹤嶗山上清宫明霞洞,修行五十餘年,大悟千百遍,小悟不可以計數。"②另據嶗山太清宫道士郭清禮考證,孫玄清還曾向嘉靖皇帝上貢過《釋門宗卷》《靈寶秘訣》《金液大還丹集》以及《皇經始末玄奥》等書③,雖然這些經書現已不存,但從書目來看,

---

① 《重刊玄門必讀序》,載湯一介主編:《道書集成》,北京:九洲圖書出版社,1999 年,第 24 卷,第 41 頁。

② 黄肇顎:《嶗山續志》,濟南:山東省地圖出版社,2008 年,第 267 頁。

③ 郭清禮:《金山派始祖孫玄清生平考述》,《中國道教》2011 年第 4 期。

關於内丹修煉的内容仍舊佔據了相當大的比重。由此可知,孫玄清對内丹修煉是極爲重視的。

除金山派祖師孫玄清外,另外一個顯著的例子當屬馬山龍門派祖師李常明。如前所述,李常明在馬山玉皇宫中擁有他人不可比擬的地位,頗值得欣喜的是,《泥丸師祖傳》中還記載了其關於内丹修煉的詳細内容:

> 其内修之術,有曰天有太極,爲天地之根,萬道之宗。一歲太極,在九月十月。每月太極,在二十六日至三十日。每日太極,在戌亥二時。人在昽睡杳冥之中,百脈來朝。子時陽動,圓陀陀,光灼灼,一點靈光,氣對尾閭,吸舐撮閉,回風混合,頃刻丹成矣。又曰神者性也,靈也,光也,千變萬化,不壞真空,收來放去,無影無蹤。氣者命也,母也,雲也,見也。中黄玄關坤爐煉丹之所。漕溪一綫,通天徹地,晝夜一萬三千五百息。入於元海,壽同日月。精者寶也,丹也,壽也,火也。先天一氣藏水晶宫,子時陽動,瑞氣祥光普照,萬聖朝真,三才入爐,煉成至寶。身輕體健,百病不生。大抵欲死則丹活,心死則神活,話死則命活,此修煉之真訣也。嘗作偈曰:"血氣精神四種金,牢藏謹守内中尋。一心了當别無二,不費工夫道自深。"①

囿於内丹知識的匱乏,筆者無法進一步分析此一内丹修煉理論中的曲折奥秘之處。然而,既然形成了自身固有的丹道理論,那麼,李常明之於内丹想必不會了了視之。

值得注意的是,無論是孫玄清還是李常明,他們的内丹修煉都曾得到過諸多全真師真的點撥和傳授。孫玄清的内丹修煉曾得到四位師真分别傳授不同的内容,如前引《玄門必讀》所説,先拜師李顯陀,後至鐵茶山遇通源子指點五行前後升降出入天門運籌之法,又至即墨縣得遇太和真人引至黄石宫修行,蒙傳授三花聚頂五氣朝元,在黄石宫苦煉二十餘年後遇斗篷張真人,共談修真秘傳内藥諸口訣,一旦豁然貫通,復回明霞洞重修,最終於嘉靖二十一年抽鉛添汞悟證身心。關於李常明的師承,李寅賓《馬山志》除言"至青州白雲洞,遇異人宋真空,而師事之,遂入道盡得其術"外,再無過多涉及,我們也就無從知曉其從宋真空處所學爲何。不過,李常明還曾因宗派相同而師禮過全真龍門派道士王真成,而王真成在飛升之前曾留偈曰:"壽活五百三十三,内外貞白煉金丹。天官有分丹書詔,午時

① 李寅賓:《馬山志》,第 57 ~ 58 頁。

三刻性歸原。"[1]從這段遺偈當中,我們能够看到王真成對於内丹的重視,進而,李常明與王真成在内丹修煉方面相互砥礪切磋也屬情理之中。總而言之,孫玄清、李常明對於内丹的重視並非空穴來風,而是有所師承的,進而,他們教授弟子徒孫之時,内丹修煉必定也佔據著非常重要的位置。换句話説,遞至明清時期,嶗山地區全真道士在師徒相授過程中對於内丹修煉的重視,並不比金元時期的全真道士遜色多少。

不僅如此,直至民國時期,嶗山地區的全真道士仍舊在收藏、傳抄内丹修煉方面的丹經和道書。民國二十二年,嶗山道人玄中子朱文彬重新删定刊行了丹經《大成捷要》與《道鄉集》,並將之重命名爲《〈大成〉〈道鄉〉修真全集》,關於自身的修道經歷以及刊行此書的緣起,朱文彬坦言:

> 余少年慕道,常夢遊嶗山。第以奉侍庭幃,未得遠離。及長就商,投資青島。密邇嶗山,又遇墨邑卓泉王君,道學人也,余師事之。爲余講釋《周易》,若有所悟。復歸同善社彭回龍師尊門下,道心益切。職務之暇,遂入嶗山。至太清宫,逢趙檢院泰昌,贈丹經《大成捷要》一書;又至白雲洞,有王道長全啓,贈丹經《道鄉集》一册,皆仙師所傳秘訣。余揣讀日久,却煩惱,違輪回,息妄想,精神焕發。泥丸直闕於玄關,先後天之機,生生不息,以成既濟之象。[2]

從自身的修道實踐出發,朱文彬對此二種丹經極爲推崇,"是二經者,真能令人化欲澄心,歸真返本,拔諸苦海,登極净土,與日月並明,與天地齊年。實修道之津梁,渡世之慈航也。"[3]不過,朱文彬雖自稱嶗山道人,且具道號玄中子,却並非常住的全真道士,而是民國時期青島市的商董,或者説是熱衷於内丹修煉的全真居士。不僅如此,作爲嶗山太清宫的下院,青島天后宫於民國時期的重新修復還得到了朱文彬的大力相助[4],或許正是爲此,太清宫監院兼天后宫住持趙泰昌纔將《大成捷要》一書相贈以示感謝。《大成捷要》一書原爲王乾一抄録自河南登豐縣中嶽嵩山崇福宫常住馬宇秀煉師處,後傳到京都白雲觀、遼寧太清宫以及嶗山太清宫。[5] 除趙泰昌外,白雲洞道長王全啓則屬金山派,而如前所述,金山派始祖孫玄清本就對内丹修煉極爲看重,或許正是因爲這種重視内丹修煉的傳統,王全

---

① 李寅賓:《馬山志》,第 49 頁。
② 徐兆仁主編:《悟道真機》,北京:中國人民大學出版社,1990 年,第 144 頁。
③ 徐兆仁主編:《悟道真機》,第 144 ~ 145 頁。
④ 周宗頤:《太清宫志》,載高明見編:《道教海上名山:東海嶗山》,第 276 頁。
⑤ 徐兆仁主編:《悟道真機》,第 141 ~ 142 頁。

啓纔可能有丹經收藏並相贈於朱文彬。從這一事例中,我們可以看到:首先,直至民國時期,嶗山全真道士對内丹修煉仍極爲重視,甚至不斷地收藏、傳抄諸丹經道書;其次,内丹修煉也成爲了嶗山全真教吸引居士、信衆並擴大自身在社會中的影響的重要手段。

概而言之,在近代嶗山地區的全真道士,尤其是開創全真岔派的精英道士身上,我們總能够發現他們對内丹的重視和强調,以及他們自身在内丹方面的修爲和成就。他們對内丹的重視,一方面固然是受其親炙師真的影響,但另一方面,這也是由王重陽自金元時期就已確立的固有的精神傳統。這樣一來,内丹修煉不僅可以滿足他們自身的修行需求,而且還可以接續全真法脈,在師徒相授的代代相傳中維繫自己全真道士的宗教身份。不僅如此,他們還將内丹視爲關聯自身與社會的橋樑,當然,在趨近社會並擴大自身影響的同時,他們的内丹成就尤其是丹成之後的種種神異表現,也成爲了文人墨客吟誦和雜談的極好題材。① 這也從另一個側面印證了,全真道士的社會形象和身份根源正在於他們自身的宗教修行和實踐。

(三)命名系統

應該説,在界定全真道士的宗教身份方面,較之祖師崇拜和内丹修煉,命名系統所發揮的標識作用更爲顯而易見。金元時期,全真教就已經形成了獨具特色的"道—德—志"三字命名系統,其作用如高萬桑所説,能够使"全真道士對他們跨越四海、亘古長存的組織有種歸屬感"②。然而,降至近代,全真教的命名系統發生演變也是不争的事實,各個不同的全真岔派開始拋棄全真教在金元時期共用的三字系統,轉而使用各自不同、字數不一的派詩這一命名系統。不過,就其所發揮的身份標識作用方面,這些不同的派詩却並没有産生任何的改變。

近代以來,派詩是全真道士進行身份識别的重要憑據,如全真道士在掛單時,"道士如不能背誦本派系譜,説不清本派源流,則可能被目爲冒充道士,不允許掛單。"③據閔智亭道長回憶,全真道士在掛單時與叢林知客的對話如下:

號房問曰:"老修行從哪裏來?"

---

① 關於明清時期文人墨客及野史雜聞中嶗山道士的諸多神異表現,可參見高明見編:《道教海上名山:東海嶗山》,第180~196頁。

② Vincent Goossaert, "The Invention of an Order Collective Identity in Thirteenth - century Quanzhen Taoism", pp. 131 ~ 132.

③ 李養正:《新編北京白雲觀志》,第432頁。

答云:“您老慈悲,弟子從某處回常住來。”

問曰:“老修行仙姓?”

答云:“您老慈悲,弟子俗家姓某。”

問曰:“您老寶常住哪裏?”

答云:“弟子小廟某山某廟。”

問曰:“您老法派是哪一派?”

答云:“弟子是某某派。”

問曰:“您老上下咋稱?”

欠身答云:“您老人家慈悲,弟子是幾幾代叫××。”

問曰:“您老度師仙姓,上下咋稱?”

欠身答云:“弟子度師他老人家仙姓某上某下某。”

問曰:“師爺仙姓,上下咋稱?”

欠身答云:“弟子師爺仙姓某上某下某。”

問曰:“老修行常住回來過沒有?”這要如實回答,如沒回來過,即答云:“您老慈悲,弟子是初次回常住來。”如從前住過,即答云:“什麼時候在常住住過,或某監院時回常住住過。”如係大號,號房則曰:“祖師道場,常住規矩,老修行初回常住要背背功課經、供養、宗派。”要謙虚,起身答曰:“弟子愚鈍,經典不熟,求號房老爺慈悲包涵多提點。”號房提到哪裏從哪裏背起,不從新提,一直背下去。一般是:供養、結齋、宗派全背,早晚課各提數段即止。背完經,號房寫好號單、號牌,並注明大號、復號交掛單者,曰:“您老拿上,請到客堂去。”①

到此,掛單程式結束。從這段問答對話中,我們可以看出,師承和派詩是界定全真身份的重要標志。無獨有偶,另據《太清宫志·本宫舊有規則》“掛單”條載,外來道友至太清宫掛單時,需向知客三禮,“知客答還三禮,讓至客堂,問其姓名,某處出家,係何法派。若對答合法,言詞謙恭,果是出家人氣概,然後留齋。用齋畢,會知隨背負衣單,送至十方堂。”②這也再次印證了派詩對於全真道士進行身

① 閔智亭:《道教儀範》,北京:宗教文化出版社,2004年,第28~29頁。

② 周宗頤:《太清宫志》,高明見編:《道教海上名山:東海嶗山》:第247頁。不僅嶗山的太清宫如此,瀋陽太清宫所藏咸豐十一年(1861)重繕《宗派別》前言中提到,《宗派別》凡道教叢林都藏有一部,用來甄別雲遊道士的真僞:“其諸仙真人傳留宗派,蓋爲防奸杜假山人正宗教也。……出家道人,欽奉聖旨,查理不知宗派、紊亂道教之人,不准掛搭。……凡有雲遊之道士,入叢林掛搭者,迎賓師當依宗派考問之,則庶平俗流之人不能混跡矣。夫宗派書重譜文 ,不可令俗士知之。”參見五十嵐賢隆:《道教叢林太清宫志》,東京:國書刊行會,1986年,第77~108頁。

份界定的重要性。

除去叢林規範的制度性要求外，全真道士的師徒傳授也確實依據各自派系的派詩來進行的。依現存史料，在派詩的使用方面，嶗山地區的諸全真岔派首當其衝者應屬馬山玉皇宮龍門派以及嶗山太清宮隨山派：作爲龍門派第七代道士，李常明自開教馬山之後，據《馬山道教宗譜》，其徒子徒孫從第八代“守”字輩一直延續到民國十三年第二十六代“崇”字輩，計有道士501人，且這些道士的師徒相授次序完全嚴格遵守著龍門派的派詩順序。耿義蘭中興太清宮後，據《太清宮志》卷八《本宮仙跡功行續記》，自清康熙四十五年始，前後共有道士諸守持、孟良成、薛良□、王良輝、王裕恒、韓謙讓、張賢悦、李旅震、周旅學、徐泰宜、趙泰昌等11位道士常住太清宮[1]，約略符合隨山派“景高和禮義，嗣信守忠良。裕謙賢旅泰，宗友茂惟祥”的派詩。歷史的悠久以及道士數量的衆多，使得太清宮和玉皇宮在嶗山地區諸多全真宮觀中脱穎而出，頗爲引得學術界的注目，而這其中，使用並嚴格遵守各自的派詩系統功不可没。

不僅如此，嶗山地區的各全真支派還不斷向外擴展，而在這一擴展過程中，正是派詩系統的存在，纔保證了支派法脈的一致性和可識别性。如趙衛東、尹志華、汪桂平等學者的研究已經表明，馬山全真教早在清初就已經由李常明的弟子郭守真傳播至東北地區，並在近代形成了頗爲鼎盛的狀況，創立了龍門派教外别傳的一番新天地。[2] 此外，據李成德《道授龍門派馬鞍山宗譜序》稱“以至去安邱者修理三教堂，去膠州者住持賈疃廟，去莒州者潛跡金華山，皆李祖門下支裔。”[3]對於這些地區道教的繁盛，我們之所以能够將之視爲全真龍門派，一方面是因爲始祖李常明的存在，另一方面則主要是因爲諸多道衆都遵循龍門派的派詩稱名定諱。同樣的情況亦發生在孫玄清所創立的金山派身上，據《清道光十二年金山修真觀宗派碑》言：“金山修真觀者，由吾始師祖馬元禄於順治八年自嶗山明霞洞來至金山，有山神廟一所，因見山勢明秀，遂募化四方，創成□□厥□□修建□以廣大，迄今二百年矣。”依碑陽所刻圖譜，自馬元禄始，諸道衆的傳承順序依次爲：

元：馬元禄；

妙：吴妙修、高妙祥、雲妙起、李妙鳳、韓妙才；

---

① 周宗頤：《太清宮志》，載高明見編：《道教海上名山：東海嶗山》，第282～283頁。

② 汪桂平：《東北全真道研究》，第4章；趙衛東：《李常明一系龍門派傳承考》，第52～70頁；尹志華：《清代全真道歷史新探》，第64～68、78～82頁。

③ 白永貞：《鐵刹山志》，瀋陽：遼寧人民出版社，2001年，第22頁。

理:楊理增、王理順、董理文、宋理方;

生:張生香、王生貴、譚生富、趙生津、陳生惠;

體:王體焕、陳體蘭、秦體光、尹體秀、李體建;張體智;

性:徐性全、李性端、邢性昆、王性岐、徐性嵋、李性增;

浮:王浮濱、王浮湛、田浮淳、王浮洪、陳浮湖、路浮清、劉浮洞;

空:劉空普、王空升、張空興、王空志、張空昱;

坐:周坐祥、張坐□、石坐山;

自:辛自德。①

而自"元"字輩至"自"字輩的排輩順序,完全符合金山派的派詩系統。準此,派詩之於確定全真道士宗教身份的重要性再次得到顯現。

綜上來説,儘管明清以降全真教的命名系統已由金元時期的三字系統轉换爲派詩,但派詩同樣能够提供一種制度性的歸屬意識,進而可以將散處各地的全真岔派組織成爲一個相對系統的網絡。不過,較之内丹修煉及其成就所具有的戲劇性和觀賞色彩,派詩則更爲隱密,"夫宗派書重譜文,不可令俗士知之。"全真道士也衹有正式歸依全真門下時纔獲得法名,因而相對來説較不爲人所知。但無論如何,派詩這一命名系統却最爲有力的界定著全真道士的宗教身份,並將他們編織成爲一個制度性的教團組織。

總之,就近代以來嶗山地區的全真教來説,較之精神性的神明信仰系統,祖師崇拜、内丹修煉以及命名系統等三方面的制度性因素更爲切實的維繫全真道士的宗教身份。儘管無論精神性因素還是制度性因素,全真教自其成熟時期直至近代都發生了演變,但制度性因素却構成了全真道士宗教身份的堅硬内核,無論外部社會環境發生何種變化,也無論不同社會階層會如何評價和看待他們的社會身份和形象,這些制度性因素都堅實地守衛著全真道士的法脈傳承,並確保使之始終不渝地延續下去。

四、結論:對兩種身份的反思

在文章的起始部分,筆者引用卜正民的觀點,以博士論文爲樣板,提出了兩個問題:首先,環繞著全真宫觀的社會性因素是否會改變宫觀内的宗教事實?其

---

① 趙衛東、莊明軍編:《山東道教碑刻集·青州、昌樂卷》,濟南:齊魯書社,2010年,第400~401頁。

次，諸多樣態的社會身份和形象是否會影響到全真道士自身的宗教身份？通過以明清嶗山全真教爲例進行的分析，這兩個問題初步得到了回答。以神明信仰系統的演變爲例，佛教勢力的强大以及普通信衆的信仰需求的確改變了金元全真教所確立的標準化和理想化信仰形態，使之變得千奇百怪、似是而非，進而，受這些外部社會性因素的影響，近代嶗山全真教在不同社會階層的眼中也形成了諸多面相非一的社會身份，如皇室眼中的驅疾長生、官員眼中的神道設教、文人眼中的荒誕不經以及民衆眼中的祈雨禱晴。但是，這些社會身份和認知的形成，最重要的還是取決於各社會階層的觀察視角，而非全真教本身的宗教身份發生了變化。究其事實，祖師崇拜、内丹修煉以及命名系統的存在，客觀地維繫著全真道士的宗教身份，使他們儘管抽枝散葉地繁衍於山東各地，但仍舊系統地生存於統一的制度性教團組織和網絡當中。换言之，我們對於以上兩個問題的回答是：首先，社會性因素確實會改變著宫觀内的宗教事實，不過程度却是有限的。其次，這些不同的社會身份並不會真正影響到全真道士自身的宗教身份。

有鑒於此，在如何認識和界定明清以來的全真教這一問題上，我們可以提出一種初步的"雙重身份"理論預設，即社會身份和宗教身份：所謂社會身份，即全真教在明清社會中形成的種種社會形象和外部表現形態，值得注意的是，這種社會身份是複數的、多變的，因社會環境的變化會表現出不同的形象；所謂宗教身份，即全真教因其制度性因素而形成的自我宗教認同，應該説，這種宗教身份是單一的、穩定的，不會因外部環境的變化而變化，相反，却作爲内在的核心而維繫全真教的繁衍。這兩種身份一裏一表，一體一用，相互映襯，各彰其功：社會身份用以接觸社會並應對外部環境的變化，宗教身份則用以維繫全真法脈的傳承和延續。

當然，社會身份的獲得也並非憑空而來，它部分地起源於全真教自身所具有的宗教身份和事實，如科儀、著裝、獨身以及内丹修煉等，但同時又經過了社會的誇大或扭曲，進而似是而非。正如高萬桑在《全真，何爲全真》一文中所論證的，公共的道教知識與職業道士的内在教職身份之間存在著很大的差距[①]。

關於全真教在近代社會中的生存樣態，應該説，較之金元時期的鼎盛，已經發生了很大程度的改變，大多是默默無聞地紮根於地方社會當中，間或有精英道

① Vincent Goossaert, "Quanzhen, What Quanzhen? Late Imperial Daoist Clerical Identities in Lay Perspective", in Xun Liu and Vincent Goossaert eds., *Quanzhen Daoists in Chinese Society and Culture*, 1500—2010, Berkeley: Institute of East Asian Studies, 2013, p.41.

士出乎其類。當然,這種情況並不僅僅局限於嶗山地區,並且在與地方社會融合的同時,也吸收並納入了與以往不同甚至截然相反的因素,一如莫尼卡以《道藏續編》爲中心所做的考察,表明扶乩成爲造作全真道經的重要方式[①],再如清末上海、湖州等地的全真道士大多居家且以道壇的形式進行傳播等[②]。但是,這並非意味著全真道士這一宗教身份的改變。明清以來,全真教經歷了一種多中心、多面向的歷史轉變與發展,儘管伴隨著制度創新和地區差異,但與金元時期的成熟狀態依舊有著很強的連續性。[③] 祖師崇拜、内丹修煉以及命名系統等制度性因素依然有效地維持著全真道士的宗教身份,衹不過,在明清以來特定的社會環境中,他們的社會身份有了相應的變化。

（本文爲國家社科基金項目"全真道宗派問題研究"階段性成果,項目編號:14BZJ034）

（責任編輯:趙衛東）

① Monica Esposito, *La Porte du Dragon: L' école du Mont Jingai et ses Pratiques Alchimiques d' après le Daozang xubian* (*Suite au Canon Tao ste*), Paris: Paris VII, Ph. D Thesis, 1993.

② 吴亞魁:《江南全真道教》,上海:上海古籍出版社,2012 年,第 264 ~ 265 頁。

③ Xun Liu and Vincent Goossaert, "Introduction", in Xun Liu and Vincent Goossaert eds., *Quanzhen Daoists in Chinese Society and Culture*, 1500—2010, p. 15.

全真道士周玄貞與萬曆皇室

□張　方

摘要:明萬曆時期,全真道士周玄貞深受皇室重視,其主持皇家的齋醮儀式,立道場講《道德經》,並爲皇室督工修建了保國隆壽宫、泰山金殿等道教宫觀。萬曆皇室對全真道士的重用,説明了此時全真道的政治地位較之明初已有了較大提高。明代後期,全真道除了在民間社會的不斷擴展之外,一些全真道士得到上層統治者的大力支持也是明代全真道復興的一個重要因素。

關鍵詞:明代　全真道　周玄貞　龍門派

作者簡介:張方,男,1982 年生,河南遂平人。哲學博士,陝西省社會科學院宗教研究所副研究員,主要研究方向爲全真道歷史。

周玄貞,山東濟南人,又名周雲清,號澹然子,明萬曆時期著名的全真道士,參與了《萬曆續道藏》的編修,並著有《皇經集注》。關於他的生平事蹟及主要活動史載無多。近年來,各地陸續發現了一些關於周玄貞的碑石、方志、家譜等史料。從這些資料中,我們發現周玄貞在萬曆朝深受皇室器重,經常參與皇家祭典與工程,身份地位顯赫,這説明了此時全真道的政治地位較之明初已經有了較大的提高。

一、生平來歷

關於周玄貞的生平來歷,其所撰的《皇經集注》並没有記載。近年,周郢在山東《肥城縣丘氏族譜》中發現了明陝西布政使、長清進士李徽猷所撰的《重興五峰山雲清周法主墓表》,墓表詳載了周玄貞族系與生平。[1]

① 周郢:《陶山護國永寧宫與萬曆宫闈——兼述新發現的周玄貞史料》,《中國道教》2013 年第 2 期。

法主諱元(玄)貞,號雲清,又號澹然子,肥城人,其姓丘。父宗堯,母張氏,夢神授道籙一書,覺有妊,默然而生,衆奇之。年七歲就外傅,六尺游泮水,過目成誦,書通三教,醫卜如神,尤長於兵法,咸以將相期之。第道根宿植,既冠,遂棄儒而取元(玄)。父母强迫之,爲後嗣計,甫如願,即出爲汗漫遊。從師周姓,遍歷名勝,多得異人傳。歲丙申駐舄都下,神祖命主鉢白雲觀。先數年,有董姓者夢彩衣載一木主,題曰"重興五峰祖師周人",莫知所謂。遂奉敕領經爲五峰主者。法主之生,洵不凡哉!至以大興山場爲己任,奏請帑金創建三元寶殿、太平等閣。一切嘗住道院,悉爲崇樓,一石一磚,復非舊物。又建陶山報恩宫、群仙等殿。歲異荒,貧民道路相望,賴以全活者不下數萬人。雖拮据,尤修藏注書,分鎮名山等處。代上泰山進香,沿途設施,日不再食,迄歸囊無一錢。忠孝似旌陽,刻苦若長春。惡衣惡食,不爐不扇,凡交際不可却者,盡以助婚助葬,拯難周急,瓢屨之外無長物。又有聖賢一芥不取、萬物一體之風也。丁卯九月四日,沐浴更衣,談笑自若,乃手書云:"余非塵世叟,奉旨到人間,令闡元(玄)中妙,故演妙中元(玄)。噫!只因速赴西池召,難留光陰七十三。七十三,人不識,不識真可惜,總然説得墜天花,焉動庸夫心與耳。若論浮生三哭三笑,三笑三哭,推周世數,吾崇降之。"和衣側身而化去。生於嘉靖乙卯十月朔,化於天啓丁卯九月四日。十月二十七日埋於宫左。

按墓表所云,周玄貞本姓丘,山東肥城人,後來隨其師姓纔改爲姓周。明代肥城屬山東濟南府,因此他在《皇經集注》中自稱"山東濟南小兆臣"。周玄貞少從儒,書通三教,醫卜如神,後棄儒入道,師從周姓道人。曾受萬曆皇帝之命主鉢白雲觀,後又奉敕領經爲五峰山主,大興五峰山道場,另建有陶山報恩宫等。同時又見光緒《肥城縣志》卷二《古跡志》記載:

護國永寧宫:陶山東麓。有康熙三十五年(1696)劉文質撰碑云:前明萬曆年間,有羽士周姓者,爲後宫宗人,賜真人之封。敕建此宫,額曰"護國永寧"。前殿三楹,以奉關帝聖像,後殿如前,乃萬曆皇帝金容。左爲五福觀,右有報恩宫,十二重樓同時鼎新,歲六月六日,建醮設會,士女雲集。①

① (清)凌紱曾修、邵承照纂:(光緒)《肥城縣志》卷二,載《中國地方志集成·山東府縣志輯》第65册,南京:鳳凰出版社,2004年,第45頁。

周玄貞爲山東陶山人，上文墓表曾記載其建陶山報恩宫之事。《肥城縣志》所記載的護國永寧宫也在陶山，其中又包括五福觀、報恩宫等。因此，護國永寧宫即周玄貞墓表中所指的陶山報恩宫。按《肥城縣志》記載，護國永寧宫乃萬曆年間後宫宗人周姓道士所建，周姓道士應該就是周玄貞，其身份爲萬曆皇帝嬪妃之宗親。而在萬曆後宫僅有端妃爲周姓，生子瑞王常浩，並無丘姓妃嬪。因此，周郢認爲，周玄貞所攀附之後宫妃嬪，應該是周端妃。周玄貞能進入明廷、蒙受帝知，當源於周妃之薦。並指出，周玄貞本出於肥城丘氏，與周端妃家族並無關係，惟其師爲周姓，可能與周端妃同宗。玄貞出於攀附宫闈之需，乃改從師姓，借之與周端妃認作本家，從而取得“後宫宗人”貴戚身份。最終通過這一關係，得到了萬曆皇帝的重用。①

二、修《續道藏》與講道經

《萬曆續道藏》是由萬曆皇帝敕命五十代正一天師張國祥收集補充編校的，萬曆三十五年，編成付印。周玄貞曾經參與了這次《續道藏》的編修。《皇經集注》卷一王静粹所寫《謄録序》云：

> 臣静粹，幼業儒，雖知天帝之尊，行道不在功名，寔知所未逮矣。後從玄師周雲清修《道藏》，供書務，觀《皇經注》，乃知三教一理，性道無二。此經直指玄要，悟此則道盡。遂僭序卷首以自勉。明萬曆十六年夏京都奉道臣王静粹叩書。②

按序文所言，王静粹早年習儒學，後入道教拜周玄貞爲師，並跟隨周玄貞參與了《萬曆續道藏》的編修。此事周玄貞本人在《皇經集注・纂序》亦有提及：

> 道之難言久矣。臣玄貞，蒙爾蠢質，草莽下士，何足知道，而修玄藏，集《皇經編注》耶？以蚊負山，徒見其不勝任已。但大道不遺於卑陋，下學亦可以知言。玉經雖玄，諸仙明解。適羅太史付愚，不匯入藏，是秘天寶；參入，又於見未安。懼劣質管見，不能聯仙旨，融注意，嚼飯旁付，令人嘔噦，使道味至趣，爲某調亂，則罪益甚矣。嗚呼，述者之明，世亦希覯。臣愚陋而僭述

---

① 周郢：《陶山護國永寧宫與萬曆宫闈——兼述新發現的周玄貞史料》，《中國道教》2013 年第 2 期。
② (明)周玄貞：《高上玉皇本行經集注》，《中華道藏》第 6 册，北京：華夏出版社，2004 年，第 330 頁。

者之事,宜無功而取罪也。然志在行道,罪我之議,孔子不辭。愚何人,斯敢避罪而不述已成之論耶?若重道英流,觀某管見而憐之,繼爲發明,以宣此經之義,是編爲不徒矣。謹序。明萬曆十五年,講修道經臣山東周玄貞百拜。①

周玄貞在序中提到此書是由羅太史所付,羅太史即指嘉靖朝狀元羅洪先。羅洪先,字達夫,號念庵,明嘉靖八年狀元,王陽明學派的重要繼承者和開拓者。羅洪先與道教道家淵源甚深,在明代及後世人眼裏,他的形象一直籠罩著神秘的“仙家”色彩。他在家鄉開闢的石蓮洞中有著長達十八年的静修生涯,晚年曾閉關三年。早在明代,就一直有關於念庵得道昇仙的各種傳説,後世假託念庵之名的各種修仙、勸世口訣不乏其見。②《皇經集注》有署羅洪先之名的《皇經集注·初纂前序》,其云:

臣洪先幼習孔訓,嘗及玄典,恍若有得,未敢輒是,迨長捷龍頭,居金鑾坡,得備覽三教書,益知莫尊於道,莫深於玄,三教語莫勝於皇經,如菽粟布帛之不可少,奥意難規,諸仙注不可不傳,因寄跡方外,虔輯成卷,惜弱軀日羸,未及刊佈,後遇山東濟南隱客,周雲清氏,講玄經,修道藏,遂託友人天拙子記愚言以付之,明萬曆十三年冬,前狀元方隱臣江西羅洪先叩序。③

據《明史》記載,羅洪先逝於隆慶初,而《皇經集注初纂前序》中羅洪先署名爲“明萬曆十三年冬,前狀元方隱臣江西羅洪先叩序”。由此可見,此序很有可能爲周玄貞假託羅之名而作,《皇經集注》應該是由周玄貞編纂完成的。另外,值得注意的是,周玄貞在序中曾自稱爲“講修道藏臣山東周玄貞”,而在其假託羅洪先序中亦言“周雲清氏,講玄經,修道藏”。這説明了周玄貞不但編修《道藏》,而且還曾講道經。乾隆《延慶州志》對周玄貞講經之事略有記載:

宣化府延慶州藏經閣:在州城西北樂善街。明萬曆二十三年,太監羅本資捧道藏至州。道人周雲清立道場講《道德經》。因建閣貯藏。④

① (明)周玄貞:《高上玉皇本行經集注》,第329頁。
② 張衛紅:《羅念庵與道家道教關係》,《中國哲學史》2008年第2期。
③ (明)周玄貞:《高上玉皇本行經集注》,第329頁。
④ (清)李仲俾編:《延慶州志》卷七,清乾隆七年(1742)刻本,第12頁。

明代皇帝印造道藏經完工後,都會頒賜天下著名道觀庋藏。如三臺縣雲臺山佑聖觀、龍虎山大上清宫、華山西嶽廟、恒山北嶽廟、茅山九霄萬福宫與元符萬寧宫等宫觀都曾得到過萬曆皇帝頒賜的道藏。[1] 明代皇帝在頒賜道藏時,先頒藏經敕諭一道,由齎經使(一般由太監擔任)前往宫觀供安道藏。而周玄貞在齎經使供奉道藏的同時,立道場講《道德經》,其講經活動應該與萬曆皇帝頒賜《道藏》有很大關係。現存明萬曆四十二年顧秉謙《吕公祠碑》碑陰載周玄貞題名爲"奏請過講道經全真法師周玄貞"[2],由此可見,周玄貞的講道經活動亦是由萬曆皇帝敕命的,這可能亦爲頒賜《道藏》活動的一部分。

明代,統治者對正一道寵倖有加,全真道喪失政治地位,鮮有聲名顯赫者。周玄貞作爲全真道士不但參與了《續道藏》的編修,而且還奉旨立道場講《道德經》。這是明代全真道士難得的殊榮,説明了周玄貞道法與學識已得到了萬曆皇帝的認可。

三、相關的道教宫觀

(一)保國隆壽宫

周玄貞在萬曆年間奉旨修建了多座道觀,與其關係最爲密切的便是山東濟南五峰山的保國隆壽宫。據周玄貞墓表所言,其奉敕領經爲五峰主,至以大興山中道場爲己任,奏請帑金創建三元寶殿、太平等閣、一切常住道院,悉爲崇樓,一石一磚,復非舊物,其羽化後,亦葬於五峰山。

五峰山爲泰山支脈之一。元好問《五峰山重修洞真觀記》載:"金泰和中,全真師丘志圓、范志明劚地於此,屋纔數椽而已。丘、范而没,同業王志深、李志清輩增築之,始有道院之目。堂廡既成,貞祐初,入□粟縣官,得爲洞真觀。"[3]王志深師事全真高道崔道演,而崔道演師事東海劉長生,故此時洞真觀屬全真教劉處玄一系。到了明正德、嘉靖時期,五峰山再度興盛,道士數量衆多。從現存的明正德、嘉靖時期碑刻中道士題名來看,這一時期五峰山爲全真道華山派所住持。[4]

---

① 陳國符:《道藏源流考》,北京:中華書局,2012 年,第 176 ~ 177 頁。

② 北京圖書館金石組:《北京圖書館藏歷代石刻拓本彙編》第 59 册,鄭州:中州古籍出版社,1990 年,第 52 頁。

③ 陳垣:《道教金石略》,北京:文物出版社,1988 年,第 467 頁。

④ 五峰山洞真觀現存《明正德戊寅題神虚宫記》與《明嘉靖十六年洞真觀建仙亭橋記》二碑。參見秦國帥:《明清以來(1368—1949)泰山道派考略》,《中國道教》2011 年第 3 期。

萬曆二十七年(1599),神宗將《道藏》頒賜天下名山宮觀,其中派遣周玄貞齎送一部於長清五峰山洞真觀,並命其住持管理此觀。現存於五峰山萬曆二十七年《頒經敕諭碑》載:

> 敕諭:山東五峰山三官寶殿住持及道衆人等,朕發誠心,印造《大藏經》,頒施在京及天下名山宮觀供奉,經首護敕,已諭其由,爾住持及道衆人等,務要虔潔供安,朝夕禮誦,保安渺躬康泰,宮闈肅敬。懺已往愆尤,祈無疆壽福,民安國泰,天下太平。俾四海八方同歸清静善教,朕成恭己無爲之治道焉。今特差全真道士周玄真齎請前去彼處供安,各宜仰禮知照。欽哉!故諭。①

此碑所載周玄貞事蹟正與墓表中“奉敕領經爲五峰山者”相合。周玄貞在五峰山以興復道場爲己任,上疏皇帝奏請重修五峰山洞真觀。神宗特賜帑金,令其總領五峰山殿宇工程,萬曆二十九年竣工,神宗賜宮額爲“保國隆壽宮”,殿額爲“三元寶殿”。此後,神宗屢遣内侍詣觀齋醮,洞真觀成爲萬曆内廷的一處重要祭祀場所。關於此事,順治七年《重修五峰山碑記》記載:“逮我明有澹然子周法師,奏請神宗封爲保國隆壽宮,創建三元殿,歷來增新,騷人題詠稱勝地也。”②朱延生《五峰山創建一天門迎恩閣碑記》亦言:“在明萬曆間,羽師周子雲清,大爲辟鑿,創構宮宇樓殿,巋崇金碧熒煌,號稱極盛。”③可見,周玄貞住持五峰山時期,對五峰山進行的大規模的擴建,使宮觀規模達到了頂峰。因此《五峰山志》云:“明神宗萬曆時,特命黄冠周雲清辟山重修,頒以《道藏》全經,五峯遂與泰岱、靈巖並稱三山云。”④五峰山作爲泰山的支脈,由於萬曆皇室的重視甚至達到了與泰山並稱的程度。在這一過程中,全真道士周玄貞發揮了重要作用。⑤

(二)泰山金殿

萬曆末期,天下大旱連連,周玄貞受命代萬曆帝到泰山進香祈禱,沿途設施,日不再食,迄歸囊無一錢。周玄貞不但受皇命代祀東嶽,而且還曾奉旨領修泰山

---

① 碑文据趙衛東教授所拍攝原碑照片録文,謹致謝忱。

② (清)舒化民修,徐德城纂:《道光長清縣志》卷十,《中國方志叢書》,臺北:成文出版社,1986年,第722頁。

③ (清)舒化民修,徐德城纂:《道光長清縣志》卷十,第720頁。

④ (清)李桐:《五峰山志》,石光明編:《中華山水志叢刊·山志》第5册,北京:綫裝書局,2004年,第190頁。

⑤ 秦國帥:《明清以來(1368—1949)泰山道派考略》,《中國道教》2011年第3期。

金殿等工程。現存泰山靈應宫的明代銅鐘銘文載有“欽差總督泰山金殿等處工程御馬監等衙門太監張忠、林潮、葉忠、陳承壽、齊芳,内官監太監崔登,管理太監李忠,領修金殿等工全真道士周玄貞仝奉旨造”①。可見,泰山金殿亦是周玄貞所修造。關於萬曆帝敕建泰山金殿的原因,泰山碧霞祠現存萬曆四十三年《敕建泰山天仙金闕碑記》敘述尤詳。此碑爲銅質,現已嚴重磨損,多處漶漫不清,幸《明神宗實録》中載有此碑原文,特摘録如下:

擬敕建泰山天仙金闕碑文。朕自御極以來,嶽瀆百神祀典咸秩,矧泰岱爲群嶽長,鎮我東方。斯萬物始交之地,凡昭姓考瑞,登封降禪,咸兹在焉。碧霞元君名號,所從來遠,相傳黄帝肇建岱嶽觀,命元君雲冠羽衣迓西昆真人焚修玉洞,遂證仙真,斯事寥邈,不可考已。宋真宗東封清泉,示異玉像,是崇以迨於今,自京畿至方國,莫不祗事。恭惟我聖母慈聖皇太后保祐朕躬廣建功德,嘗於京師重葺東嶽廟。朕欣承慈旨,靡愛斯工,美哉輪奂,廟貌赫矣。日者聖母目眚,朕心靡寧,夙夜冰兢露禱於昊天上帝。覆命内臣持節以祀東嶽泰山之神天仙碧霞元君,祀事孔明,慈顔以豫,目眚遂蠲,則是泰山元君既赫厥靈。綏我聖母以及朕躬,貺莫大焉,朕聞無言不酬,無德不報,況兹靈庥,慈闈之倚藉,而昐饗之顯異者哉。是用秉度皈依,報答明貺,出内帑金錢若干鍍金爲像,範銅爲殿,築石爲臺,奉元君奠居焉。爰錫嘉名曰天仙金闕,爲門四,東曰蒼華,南曰丹鳳,西曰皓靈,北曰玄通,其泰山後門曰北天。命内官監太監崔登等往董其役,經始於萬曆四十一年四月二十六日,越明年四月初四日已於事而竣。朕惟古者成民而致力於神功成化,洽瑞應畢至乃有事於泰山。朕眇躬涼德醇化未登,不敢侈七十二君之事,惟是祗奉慈闈,獲邀靈感,兹復不天,聖母升遐,宜與元君在帝左右,朕追慕方殷深,維聖母彌留之際,惟恤菑賜赦民事爲兢兢。泰山奠位於東,其德主仁,其氣主生,膚寸之雲澤及萬國,惟泰山爲然,尚其匡佑我民,雨暘時若,年穀豐登,使各有寧宇,無逢其災害,朕一人實嘉賴之。元君廟食亦且與國祚共相綿遠,豈不休哉。朕所爲酬往德而因乞靈者,如此庶幾承聖母之志,無所隕越,且俾朕孝思亦得垂之無窮云。乃勒碑記其事,而銘之曰:峨峨岱山,表兹東土,觸石興雲,遂遍寰宇,亦有元君,遊彼帝鄉,仙階秘靈,玉策耀祥,日觀崇祠,天齊巍闕,英爽洋洋,昭哉對越,醫我慈聖,懷柔百神,神之聽之,降福振振,靡叩

① 范恩君:《〈碧霞元君護世弘濟妙經〉考辨》,《宗教學研究》2006 年第 1 期。

不通，靡呼不赫，向兹禋祀，慈顔有懌，景貺既彰，擁其明庥，廟食無疆，巨鬯一卣，乃命中涓，乃出内帑，奕奕新廟，是蒸是享，寢成孔安，永宅厥靈，幽感神衷，明德惟馨，眷予一人，受命不殆，既佑文母，燕及四海，燕及伊何，惠我黍庥，遏禳凶劄，歛時休嘉，降福孔多，歲事有飭，于萬斯年，與國罔極。①

由碑文可知，當時神宗母親孝定李太后有眼疾，神宗命内臣禱於泰山碧霞元君後，眼疾遂愈。神宗爲酬謝神靈，出内帑金錢若干，鍍金爲像，範銅爲殿，築石爲臺，修建泰山金闕，奉祀碧霞元君。此工程始於萬曆四十一年四月，竣工於萬曆四十二年四月。在工程進行期間，孝定李太后便去世了，神宗遵照遺命，奉李太后陪祀碧霞元君。其命人在岱頂碧霞宫附近建萬壽殿，奉祀孝定李太后，並敕封爲九蓮菩薩。由此可見，明神宗建泰山金闕，鑄鐘立碑的原因均與其母親李太后的健康與信仰有很大關係，而與皇室關係如此密切之工程，神宗能够交由周玄貞領修，足可見其對周玄貞之信任。

（三）陶山護國永寧宫

護國永寧宫，又叫陶山報恩宫，位於山東肥城縣周玄貞之家鄉。按前文《肥城縣志》所載，萬曆皇帝封周玄貞"真人"之號，並敕建此宫，額曰"護國永寧"。宫前殿三楹，以奉關帝聖像，後殿如前，乃萬曆皇帝金容。左爲五福觀，右有報恩宫，十二重樓同時鼎新，歲六月六日，建醮設會，士女雲集。關於此宫的具體位置，《岱覽》卷三十二有載：

風味峰，迤南爲報恩巖，巖北有白姑洞、黄姑洞，南有柏香洞。其下有關帝廟，廟南爲報恩宫，奉元君。宫内古柏皆數百年物，黄冠多植花木，予於乙未年修墓寓焉。門前溪澗縈回，澗南有亭，亭左有泉，甚清冽，或曰東泉洞。宫西石壑廣數丈，瀑布飛瀉，東崦之水於此南下，出陶山南會諸山溪，西南流爲大澗。宫東南有十二重樓，明末鎮守太監所築，爲母后祈福，旋經兵燹，僅存四重，四壁屹立，至今人猶稱十二重樓也。②

護國永寧宫除奉祀碧霞元君與關帝外，還祀有萬曆皇帝真容，而宫東南之十二重樓亦是爲李太后祈福所建。由此可見此宫與萬曆皇室的密切關聯。萬曆皇帝封周玄貞爲"真人"，並在其家鄉敕建護國永寧宫，此宫的功能即是爲皇家祈福保

① 《明神宗實録》卷五百二十六，臺北："中央研究院"歷史語言所校印本，1962年，第9890頁。
② （清）唐仲冕編撰，孟昭水校注：《岱覽校點集注》，濟南：泰山出版社，2007年，第833頁。

佑,因此宫中還奉祀萬曆皇帝真容與孝定李太后,護國永寧宫實際上就是萬曆皇室的香火院。

(四)北京泡子河護國永安宫與太清宫

護國永安宫,又名吕公祠,现位於北京東城區泡子河東,祠内供著全真道五祖之一吕洞賓。因其靠近貢院,進京趕考的各地學子,紛紛就近前來乞夢求願,據説相當靈驗,香火鼎盛。① 關於吕公祠的歷史沿革,明顧秉謙《吕公祠碑》載道:

> 都城之巽方,有純陽吕公宫……初建成化初年,其間修舉不一。嘉靖中有錦衣衛千户陸君檜捐貲集助,擴舊宇而一新之。歷六十年爲萬曆壬子,上允講道經周全真之請,頒降帑金,葺治而復存,錦衣衛千户陳君紀仰助不亞於陸君檜,遂以四十二年甲寅工竣,具奏敕賜護國永安宫,命韓静慎永守香火,陳君偕住持,屬記於余。②

此碑碑陰記載道士題名爲"奏請過講道經全真法師周玄貞,本宫焚修香火道士韓静慎,徒弟宗真德,徒孫趙常存"。由此可見,奏請萬曆皇帝修葺吕公祠的"講道經周全真"即是周玄貞。而住持護國永安宫(吕公祠)的韓静慎、宗真德、趙常存等道士則爲周玄貞的徒子徒孫。此外,在吕公祠南尚有一座太清宫,亦屬周玄貞一系全真道士住持。據《日下舊聞考》記載:"吕公祠南有太清宫,即《帝京景物畧》所稱玉皇閣也,明萬曆時建有國子監司業顧起元太清宫碑記。"③顧起元所撰《泡子河開創太清宫碑》收入其文集《嬾真草堂集》中,記載了太清宫開創經過:

> 京師之巽隅,惟水瀦焉,是曰泡子河,即元人所開通惠河也。……舊有天仙祠一區,僅庇風雨,爲鴻臚丞梁君所創。萬曆二十有一年,煉師劉君静祝結靖於此,覩其卑隘,謀拓而大之。煉師葆德棲真,崇虚妙有,系緣光禄,枕中秘鴻寶之書,遊類彭城,梨下存犬吠之跡,斯固足以冥通以經營,金鑪咇

---

① 《日下舊聞考》記載:"吕公堂,即永安宫,在泡子河東。補高工部道素,初名斗光,萬曆丙辰,公車入都,乞夢於泡子河吕公堂。夢黄冠告之曰:'君與高斗光同年',答曰:'是吾名也',黄冠曰:'君乃是高道素"。寤而異之,遂更名。後三年,乙未榜發中第三十六名,其同榜第九十名爲高斗光,山東嘉祥人也。"[(清)于敏中等編纂:《日下舊聞考》卷四十六,北京:北京古籍出版社,2000 年,第 720 頁。]明顧秉謙《吕公祠碑》亦云:"壬辰春,余與數子會文於公祠,齊心祈夢,夢得三鴨,鴨者甲也,果登甲三人,而余以落第歸。又三年乙未,復會文於公之祠,又祈夢,夢又得三鴨,余與王、杜二君同舉,果亦三人焉。"(北京圖書館金石組:《北京圖書館藏歷代石刻拓本彙編》第 59 册,第 52 頁。)

② 北京圖書館金石組:《北京圖書館藏歷代石刻拓本彙編》第 59 册,第 52 頁。

③ (清)于敏中等:《日下舊聞考》卷四十六,第 720 頁。

茀結雲篆於晨昏,玉劄琳琅朗天文於齒頰,於是,高其道者,或捐資以助其構建,或貿地以益其區宇。欂櫨楶梲之具湊若神輸,丹堊金碧之材坌如雲集。錦衣陳君大綱等實爲之糾率而勸導焉。自是通明有殿,上帝之靈妥矣。翼以兩廡南極東華之位列焉,前殿以享四聖,後閣以道斗母。而碧霞元君之座又並列矐,寅奉之初創所名天仙者也。已而常行彰聞,徹於天聽。皇上特出帑金,俾塑福禄壽三星聖像,又建鉢堂若干楹,爲祝釐瞻衆之所,且繚以丙舍,冠以山門,更其額曰玉清宫。……煉師又緣澹然周師之請,荷上賜金,歲放燈施食之典,用以甄濟幽魂,淪升滯魄,精誠所假,水族蕃育,通力弘多,斯爲驗矣。①

太清宫原爲奉祀碧霞元君的天仙祠。萬曆二十一年,道士劉静祝重修擴建後,名聲漸響,爲宫廷所知。萬曆皇帝特出帑金予以增修,賜額爲太清宫。關於劉静祝的師承關係,碑文提到“煉師又緣澹然周師之請,荷上賜金,歲放燈施食之典”,澹然子乃周玄貞之號,“澹然周師”即指周玄貞,可見重修泡子河太清宫的道士劉静祝亦爲周玄貞之弟子。萬曆皇帝將歲放燈施食之典交由全真道士周玄貞及其弟子劉静祝操辦,説明此時全真道士的政治地位已較之明初有了很大提高。

周玄貞爲萬曆皇帝所重用的全真道士,但是,其所住持的宫觀大部分都在山東,與京師相去甚遠,這樣顯然不利於其聽達上意以及爲皇室辦理一些道教事務。因此,周玄貞在北京也應該有常住宫觀。泡子河太清宫開創於萬曆二十一年,爲周玄貞徒弟劉静祝所建,應該就是周玄貞在京師的常住宫觀。後來,周玄貞又奏請萬曆皇帝將太清宫旁邊香火旺盛的吕公祠重修後交由其弟子韓静慎住持,賜名護國永安宫。由此,京師泡子河一帶兩座道教宫觀均成爲了周玄貞門下的全真宫觀。

四、周玄貞的法派宗屬

關於周玄貞的法派傳承,其在《皇經集注・刊傳疏文》中自稱“大明講道經修

① (明)顧起元:《泡子河開創太清宫碑》,原碑萬曆四十一年立石,今仍在北京東城區泡子河。而此文收入顧起元《嬾真草堂集・文集》中時篇名却改爲《泡子河開創玉清宫碑》,兩文内容基本相同。《泡子河開創太清宫碑》,見北京圖書館金石組:《北京圖書館藏中國歷代石刻拓本彙編》第60册,第31頁;《泡子河開創玉清宫碑》,《嬾真草堂集・文集》卷二十,《四庫禁燬書叢刊補編》,北京:北京出版社,2005年,第69册,第6頁。

玄箴嗣全真弟子山東小兆臣周玄貞”，上文所引萬曆二十七年《頒藏經敕諭碑》皇帝敕諭亦稱其爲“全真道士周玄貞”，可見，周玄貞全真道士的身份是無疑的。但周玄貞究竟屬於全真何派，並不清楚。民國時期莊嚴居士所編《道統源流》一書曾將周玄貞歸爲全真龍門律宗一系，爲全真龍門派第五代律師張無我門下，其後又將全真之法傳於吕貞九宗師。[1] 該書《周玄貞傳》稱：“周元（玄）貞律師，名真空，原名承乾。明時人，里居未詳。《道藏》中有《玉皇本行集經注釋》”[2]。從本文所收集明代周玄貞史料來看，《道統源流》關於周玄貞的記載應爲附會之説，並無史實依據。

判斷周玄貞法派宗屬最可靠的證據應是其弟子所用輩字。據《皇經集注·謄録序》記載，萬曆十六年，有南京人王静粹師從周玄貞參與了編修道藏；明顧起元《泡子河開創太清宫碑》記載，萬曆二十一年修建泡子河太清宫的劉静祝稱周玄貞爲“澹然周師”；明顧秉謙《吕公祠碑》碑陰道士題名記載“奏請過講道經全真法師周玄貞，本宫焚修香火道士韓静慎，徒弟宗真德，徒孫趙常存。”由以上資料可知，周玄貞弟子應該是“静”字輩道士，周玄貞法派的輩字譜爲“玄、静、真、常”，此正與全真龍門派字譜順序相合。因此，周玄貞應該爲全真龍門派道士，但其是否屬於龍門律宗系統，尚待史料證實。

另外，《諸真宗派總簿》又載：“龍門華山派，邱、郝二祖在山東濟南府長清縣東南十里五峰山留傳：通玄全真沖和德，正本恒成位尚仙。仁能貞心傳義紀，世見生前浩太元。子陽遍轉歸至道，盈宿守静保丹田。情高悟開復天理，自然長顔如松年。”其字譜第三代到第九代與華山派字譜相同，而明代五峰山在周玄貞住持之前，就有華山派“崇、教”等輩的道士活動。其住持期間，五峰山碑刻中也出現了“演、全、真”華山派字輩道士。順治七年《重修五峰山碑記》載：“逮我明，有澹然子周法師，奏請神宗封爲保國隆壽宫，創建三元殿，歷來增新，騷人題詠稱勝

---

① 吕毖，字貞九。《元和縣志》卷二十九載：吕毖“弱冠工文詞，司李倪長圩攝郡篆值校士，得毖卷，奇其才，隨補學官弟子員。未一年，遭鼎革，毁初服，逃於黄冠，衲衣草履，遍遊峨嵋、黄岩諸名山，晚歲絶煙火日，采松花、枸杞爲食，終於西山之草廬，有詩文集若干卷”。[（清）许治修，沈德潜等纂：（乾隆）《元和县志》，載《中国地方志集成·江苏府县志辑》，南京：凤凰出版社 ，2008 年，第 14 册，365 页。]《金蓋心燈·吕雲隱律師傳》鮑廷博注稱：按原傳，貞九翁嗣清微派爲二十三代法師。[（清）閔一得：《金蓋心燈》第 31 册，《藏外道書》，成都：巴蜀書社，1994 年，第 198 頁。]《道統源流》則載：吕貞九宗師，名常静，江蘇長洲人。爲吕雲隱律師之父，世稱貞九翁。兼嗣清微派，爲二十三代法師。其全真之傳，得自周元（玄）貞律師；吕貞九又傳陳先生守中，主泗安石澗山真觀，里居均未詳。（莊嚴居士：《道統源流》卷下，道統源流編輯處印行，1929 年，第 2、5 頁。）

② 莊嚴居士：《道統源流》卷下，第 2 頁。

地也。時有明光宗替道史羽士，諱和訓者，修真於兹。"[1]周玄貞之後，代替其管理五峰山的道士史和訓，應該爲華山派"和"字輩道士。因此，筆者推測，周玄貞住持五峰山時，原在五峰山的一些華山派道士可能依附於他，但並未改變原有傳承字譜。在後來傳承過程中這支華山派另立新譜，便將本派傳承依附到五峰山著名全真道士周玄貞之下。由於周玄貞屬龍門派，由此取名龍門華山派。

五、結語：萬曆皇室支持下的全真教

明代前期，正一道貴盛，從朱元璋始明政府即任命正一道掌管天下道教事，正一道士社會政治地位較高。全真道則不受統治者重視，被排除出道教管理機構，喪失了元時的政治地位，但其仍在民間社會頑强地傳承與生存。到了明代中後期，全真道在民間則逐步復興，影響達於上廷。特别是全真教的内丹功法在明代上層社會中非常流行。明憲宗朱見深曾重新編訂《全真群仙集》，並爲之作序，還根據該書有關的全真祖師的編次以及全真内丹功法，令宫内畫師爲該書增繪大量彩色插圖。[2] 萬曆年間，孝定李太后命僧人海澄抄寫的三教功德書《寶善卷》，將全真教的宗祖與儒教祖師孔子、佛教的釋迦牟尼比肩而立。萬曆宫廷所作的《寶善卷》把全真道作爲儒、釋、道三教的代表，而非明代貴盛的正一道，説明了此時全真道作爲道門主流的意識，得到了上至王公重臣，下至一般士大夫的廣泛認同。[3]

與此同時，一些全真道士得到了王公大臣乃至皇室的信任，與之關係密切。如泰山三陽觀住持全真道士王三陽、昝復明就非常注意與官僚士紳以及皇族貴胄的交往。泰山三陽觀在隆慶年間成爲德王府的香火院，得到莊宅一區，地三十畝，以爲焚修道衆衣糧之資。道觀有了穩定的經濟來源，道衆大增。[4] 到了萬曆年間，三陽觀更加興盛，除了繼續得到德王府的支持外，還與宫廷有了聯繫，深受明神宗寵倖的鄭貴妃多次派太監至三陽觀舉行清醮。現存三陽觀《萬曆十七年皇醮記文碑》載道：

---

① （清）舒化民修、徐德城纂：（道光）《長清縣志》卷十，第722頁。

② 王育成：《明代彩繪全真宗祖圖研究》，北京：中國社會科學出版社，2003年，第6頁。

③ 王育成：《明代彩繪全真宗祖圖研究》，第37頁。

④ 趙衛東：《泰山三陽觀及其與明萬曆宫廷之關係》，載陳鼓應主編：《道家文化研究》第23輯，北京：生活·讀書·新知三聯書店，2008年，第298頁。

欽差乾清宫近侍、御馬監太監樊騰,遵奉大明皇帝貴妃鄭淑旨,敬詣東嶽泰山岱頂聖母娘娘陛前,虔修醮典,遍禮諸聖。仍於三陽庵全真道士昝復明等,復作清醮一百二十分位,上叩諸天,遥鑒聖母垂慈,佑保貴妃聖躬康泰,皇子平安,星辰順度,疾疫痊除,壽命延長,家國協吉。領教奉行,頓首謹意。[①]

全真道士昝復明爲大明皇帝貴妃作清醮,佑保貴妃聖躬康泰,皇子平安,説明當時全真道士的影響力已經上達宫廷。還有本文所述的全真道士周玄貞,他與萬曆皇室關係密切,在其住持五峰山期間,皇室參與洞真觀活動多達十四次,並且頻繁地在五峰山修齋建醮,爲洞真觀的興盛提供了有力的政治支持。[②] 而且,周玄貞還比三陽觀的全真道士多了一層身份,即爲萬曆後宫宗人。獨特的身份使他更容易得到皇室的信任,因此,周玄貞不但可以主持皇室的齋醮、放燈施食等典儀,而且,一些與皇室相關的宫觀修建也由其代爲監領。

萬曆時期,除周玄貞之外,還有一位全真道士也貴爲皇親國戚,他就是萬曆皇帝的母舅、武當山凝虚觀的開山祖師李玄成。據康熙三十一年《凝虚觀重修大殿碑》云:"斯惟遇仙坪,乃皇帝萬曆母舅李玄成,志誠日親於玄奥,克己恭儉於斯□,□創建□,蓋□□叢林。"康熙四十六年《金沙坪凝虚觀重修山門碑記》云:"余聞劉子舉遠恒言,武當之山有一地名焉,名曰金沙坪。三面皆山也,一面有水,兼有橋其中。原有古跡,茨不剪,椽不斫,不過一茅庵云尔。至大明萬曆國舅李公,見其波濤瀠洄,峰巒叢窿,引人賞勝,遂修道於此。"碑刻年代距李玄成在武當山活動時間僅隔七十年左右,因此,碑中所述可以看作信史。此外,通過對凝虚觀碑刻中明代道士題名進行排列,李玄成一系應該屬於全真龍門派。[③]

凝虚觀,亦名遇仙觀。所在地名遇仙坪,地處偏避,不在朝武當的主神道上,朝山進香很少經過這裏。因此,其在宫觀林立的武當山上顯得微不足道。但是,萬曆年間李太后命人募印道經,頒賜天下名山宫觀時,却將其中一部賜給了凝虚

---

① 趙衛東:《泰山三陽觀及其與明萬曆宫廷之關係》,第 299 頁。

② 張琰:《泰山全真道與社會研究》,博士學位論文,北京:中國人民大學, 2011 年,69 ~ 70 頁。又《五峰山志》載:"三元殿,在隆壽宫北,爲隆壽宫之後殿,青石爲階,幾百級,其高峻異常,上有月臺,列醮碑十餘通,皆萬曆年立。"(清)李桐:《五峰山志》,第 196 頁。

③ 關於李玄成身份的考證,參見楊立志:《萬曆國舅修道武當》,《武當》2010 年第 10、11 期;楊立志:《明代武當山全真道碑刻考略》,載熊鐵基、梁發主編《第二屆全真道與老莊學國際學術研討會論文集》,武漢:華中師範大學出版社,2013 年,第 233 頁。

觀,如今《頒經敕諭碑》[1]猶存。明神宗與李太后之所以選擇名不見經傳的凝虚觀頒賜《道藏》,與全真龍門派道士、萬曆皇帝的母舅李玄成有很大關係。此外,凝虚觀在萬曆年間還頻繁的爲皇家修齋建醮,據萬曆四十三年《國醮碑記》[2]記載:

> 大嶽太和山遇仙坪凝虚觀焚修全真李玄成、徒劉静功、孟静王、孟静寬、韓静仁、陶静明、張静思、王静坪、張静安、午静□、胡静隱、常静觀、馬静□、□□□、楊静□、王静□,奏爲欽奉當今皇帝聖旨:言念眇躬統繼丕圖,允荷神明之默相;祇承大寶,克修仁政之洪規。拳拳夕惕以思衍,兢兢寅恭而悔過。適因否澀,調攝違和,兹逢聖誕之良辰,盍啓懺陳之醮典。冀祈開宥,解釋罪衍,普施□子之群,振起贊揚之禱。由是特遣御馬監太監葉思恭□秉誠悃,前往武當山遇仙坪,爰命全真道人,取以三月初八日爲始,啓建金籙,叩天請宥,祈求懺罪,釋結消衍,拜懺禮斗,解厄弭災,擁佑聖躬,萬安萬泰,衍慶平康,吉祥好事七晝夜,至十四日圓满。修設普天大醮三千六百分位,每日静夜拜禮斗母,伏願玄真錫佑,斗母覃恩。延福延龄,行八十二化之粹像;救苦救難,綿百千萬億之長庚。聖壽萬年,合萬泰萬安而消災頃刻;眇躬永吉,同永康永慶而福起須臾。□星華耀於三台,御□奠安於五福。宫闈清吉,天下升平。五穀豐登,八方寧静。欽此。臣欽承惟謹,依教奉行,謹意。皇明萬曆四十三年三月日立。

在碑記中,萬曆皇帝命全真道人啓建金籙齋七晝夜,修設普天大醮三千六百分位,這是規格最高的醮儀。明朝皇帝在武當山建醮一般都選擇在玉虚宫、静樂宫、五龍宫等大宫觀,而萬曆帝却選擇在凝虚觀來進行如此高規格的皇家醮儀,足以説明皇室對凝虚觀全真道派的重視程度。而且,從凝虚觀現存碑刻來看,此觀雖開創不久,但李玄成門下"静"字輩的弟子已多達十五人,可謂是發展迅速。後來,明末戰亂,此係法裔張守性流落到山西晉中、吕梁一代,開創平遥棲真庵、汾陽石盤山玄天上帝廟等,門徒枝繁葉茂,在當地影響頗大。

綜上所述,明代後期,全真道在民間社會蓬勃發展,影響力逐漸向上層社會蔓延。特别到了萬曆時期,全真道得到了上至皇室宗親,下至官僚士紳的廣泛認同,萬曆皇帝亦開始任用全真道士主持皇家的齋醮儀式,並資助全真道士修建宫觀。全真道的政治地位得到極大提高。因此,明代後期,各地全真道除了在民間

---

① 楊立志:《明代武當山全真道碑刻考略》,第234頁。
② 楊立志:《明代武當山全真道碑刻考略》,第235~236頁。

社會的不斷擴展之外,一些全真道士得到上層統治者的支持,在政治和經濟的雙重保證下,展開了自上而下的發展,這也是明後期全真道興盛的一個重要原因。

(本文爲陝西省社會科學院2015年青年專項研究課題“明代道教全真派研究”階段性成果,項目批准號:15QN022。會議期間,承蒙汪桂平、丁原明、尹志華、劉仲宇、楊立志、葉長清等諸位老師惠賜修改意見,在此謹致謝忱。)

(責任編輯:秦國帥)

論劉一明《道德經會義》的詮釋特點

□王　闖

摘要:全真龍門派第十一代傳人劉一明著有《道德經會義》一書。一方面,他繼承了宋代以來道教徒以内丹心性學解老的學術傳統,從内丹修煉的角度來詮釋《道德經》。他將老子之"道"解釋成内丹修煉中的"先天真一之氣",在此基礎之上,他還將《道德經》中的若干重要概念,如"上德""下德""有爲""無爲""觀妙""觀徼"等,當作是内丹修煉的重要步驟。另一方面,受考據學的影響,乾嘉時期出現了一大批考證性質的老學著作,而劉一明的《道德經會義》則對此考據風潮顯示出相當程度的疏離。以劉一明爲代表的道家或道教之學,對我們全面認識清中期學術思想史有著重要的意義。

關鍵詞:劉一明　道德經會義　道教老學　内丹學

作者簡介:王闖,男,1987 年生,安徽桐城人。現就職於湖北汽車工業學院武當文化研究中心,研究方向爲中國思想史。

劉一明(1734—1821),清代著名道士,全真龍門派第十一代傳人,著述頗爲豐富,其主要著作結集爲《道書十二種》傳世。學術界十分重視對這位高道的研究,學者們圍繞《道書十二種》,系統闡發了劉一明獨特而高深的内丹思想。然而據劉一明弟子張陽全爲其所作的傳記《悟元老師劉先生本末》①所言,劉一明尚有《三易注略》《道德會要》以及《棲雲筆記》三種著作未被收入《道書十二種》,因此這三種著作也尚未引起學術界的注意。

《道德經》是道教的最高典籍,在每一個道教徒心中都佔有非常重要的地位,

① 張陽全:《悟元老師劉先生本末》,見孫永樂評注:《劉一明棲雲筆記》,北京:社會科學文獻出版社,2011 年,第 183 頁。

劉一明自然也不例外。張陽全所説的《道德會要》[①]其實是兩部書,分别是《道德經會義》和《道德經要義》,《道德經會義》成書於《道德經要義》之前。按劉一明自己的説法,《道德經會義》一書,他"不襲稱古人之成案,於每章之下略注數語,會通其義,承上啓下,自始至終,一脈貫穿",所謂"會通五千言而歸於一意"[②],因此起名《道德經會義》,此書成於嘉慶六年(辛酉,1801)。劉一明在《道德經要義》的序中説:"辛酉歲,改正所著《道德經會義》已成,猶恐言絮意散,讀者無下手處。書成之後,癸亥(1803)之暇,拈其每章要義,總注數語,附以七言絶句一首,言簡意賅,使初學者一見了然。"[③]所以纔在嘉慶八年(1803)又著成《道德經要義》一書。由此我們可以看到,《要義》一書是對《會義》一書大意的再總結和縮略,是爲了方便初學者,故其思想都已經包含在《會義》一書中了。

劉一明是清代著名的内丹家,其主要著作都是在闡述内丹修煉理論。他對《道德經》的理解也是從内丹修煉的角度出發的,他將《道德經》一書中的若干重要思想都解釋成内丹修煉的關鍵法門。本文試圖通過對《道德經會義》詮釋特點的分析,來展現劉一明將《道德經》轉化成一部充滿内丹修煉色彩之丹經的思想過程,並闡明其在清代學術思想史上的重要意義,以期對現有的劉一明研究作一定程度之補充。

一、先天真一之氣:對"道"的闡釋

道是《道德經》一書的核心概念,不同的研究者對其理解也不盡相同。劉一明從其自身的内丹修煉理論出發,不僅闡明了老子之道的哲學意藴,同時也爲其賦予了更多"術"的色彩,他將老子之道與内丹修煉中的先天真一之氣聯繫了起來,我們且看他是怎麽説的。

老子所謂的"道",究竟爲何? 劉一明解釋道:

> 道者,先天先地混成之物,無大無小,無上無下,無古無今,無前無後,無内無外,無有無無,無來無去,無粗無細,無貴無賤,統大小、上下、古今、前

① 《道德經會義》《道德經要義》於嘉慶八年(1803)在榆中棲雲山刊行,同書刊行的還有《心經解藴》一卷。該書扉頁有"嘉慶八年鐫"以及"榆中棲雲山藏板"等字樣,筆者所見乃是榆中縣孫永樂先生提供的複印本。《老子集成》第十卷收有《道德經會義》和《道德經要義》的點校本。

② 劉一明:《道德經會義》,《老子集成》第十卷,北京:宗教文化出版社,2011 年,第 138 頁。

③ 劉一明:《道德經會義》,《老子集成》第十卷,第 196 頁。

後、内外、有無、來去、粗細、貴賤，而一以貫之，故寂静而無聲，有耳難聽，寥曠而無際，有目難窺，獨立而無配，永無更改，周行而普通，久不殆息。因寂寥獨立周行，至無而含至有，至虚而含至實，萬物皆從此生，萬理俱由此出，以義揆之，可以爲天下母。①

從這裹來看，他對道的理解基本與《老子》本文保持一致，他强調了道的超越性，世間的任何概念都不足以描述道之全體，且道是天下萬物之母。在此基礎之上，劉一明對道還有更深入的闡發，爲此他引入了"先天真一之氣"的概念：

道無色而甚夷隱……道無聲而甚希無……道無質而甚微妙……夷也，希也，微也，此三者無色無聲無質，視之聽之搏之俱不得，而欲致詰其所以然，焉可致詰乎？以其不可致詰，故强混三爲一，而謂先天真一之祖氣。這個氣，其大無外，其小無内，不方不圓，不有不無，上而不見其皦明，下而不見其昧暗……隱顯不測，變化衆多，不可就一物名……②

他在論述道是無法用感官去感知這個屬性的時候，認爲這個特點就是先天真一之祖氣，且他對此氣的描述跟對道的描述幾乎一致，道與先天真一之氣有一致性，在解釋"昔之得一者"時，他説，"一者，太極中所含之真氣，名爲道氣，乃天地之始，萬物之母"。先天真一之氣與道同爲天地之始，萬物之母，所以，他認爲先天真一之氣就是道，"道自虚無生一氣，一氣者，數之始，生之機，即是道"③。

劉一明繼承了道家的基本觀點，認爲道乃萬物之母，萬物皆從道生。這個道生萬物的過程究竟如何？他在解釋第 1 章"無名天地之始，有名萬物之母"時對此有詳細的論述：

道本無名也，然雖無形無象而無名，其實道氣長存，至虚而含至實，至無而含至有，陰陽四象五行八卦無不藏内，樸雖未動，其理已具，但未生出耳，故名天地之始。④

這是道尚未生出萬物之時的情形，此時雖未有萬物，但是，現實世界的陰陽四象

① 劉一明:《道德經會義》,《老子集成》第十卷,第 156 頁。
② 劉一明:《道德經會義》,《老子集成》第十卷,第 148 ~ 149 頁。
③ 劉一明:《道德經會義》,《老子集成》第十卷,第 167 頁。
④ 劉一明:《道德經會義》,《老子集成》第十卷,第 140 頁。

五行八卦等等都已經蘊含在這個道氣之中。也就是説,此時道氣尚未生出萬物,但已經孕育了萬物的可能性,他把這個叫做“天地之始”,是“道之體”。接下來:

及其這個道氣,一動而生陽,清氣上浮而爲天,乾是也。一摑静而生陰,濁氣下凝而爲地,坤是也。上天下地,乾坤定位,在天而成象者日月雷,離坎震是也。在地而成形者山澤風,艮兑巽是也。既有天地日月風雷山澤,則道又藏於天地之中,運行天地,八卦相蕩,以生萬物,是道又爲萬物之母矣。①

道氣中所蘊含的萬物之可能性應當如何變爲現實性?劉一明借用了《周易·繫辭》中所敘述的天地萬物産生之理論來解釋這個問題。他認爲有著産生萬物之可能性的道氣,經過一動一静的運動而分别産生陽與陰,陰陽産生之後,清氣上浮爲天,濁氣下沉爲地。天地形成之後,在天有日月雷,在地有山澤風,此八類事物(也就是八卦)再經道的作用互相激蕩,而生成萬物。這個過程他認爲即是“道之用”。

劉一明描述的這個道生萬物之過程,道氣,也就是先天真一之氣在其中佔據了重要地位。道是無形無象無名的,此至虚至無如何産生實有的天地萬物呢?如前所述,劉一明借助了先天真一之氣這個概念。道雖無形無象無名,但是却又含至實至有,也就是説,虚實、有無都是對道之屬性的描述。且這個實和有,他用先天真一之氣來表示,此氣中就藴含了萬物之可能性,因此産生萬物也就邏輯順暢了。其實以“氣”作爲道和萬物的中介,這是道家的一貫做法,衹是劉一明在這裏似乎並不把道與氣當作兩個不同的東西,而是認爲道就是先天真一之氣,且道至實至有的屬性就是先天真一之氣所表現出來的。關於這一點,他在解釋“天下有始,以爲天下母”時還有更明確的説明:

始即天地之始,事物未兆時也。母即萬物之母,事物方生時也。其實始即是母,母即是始,始之母之,總是先天生物之氣,故謂天下有始,以爲天下母。知始爲母,則知母氣至無而含至有,至虚而含至實。②

通常的看法,在道與天地萬物之間需要有“氣”來作爲中介和橋樑。所謂“事物未兆時也”,就是道生天地之先,此時道還是道,未生萬物,而“事物方生時”,此時有

① 劉一明:《道德經會義》,《老子集成》第十卷,第140頁。
② 劉一明:《道德經會義》,《老子集成》第十卷,第174頁。

所謂“母氣”的存在,此“母氣”再生萬物,成爲“萬物之母”,似乎“母氣”是道與萬物的橋樑。但是,劉一明並不這麽看。他認爲“始即是母,母即是始,始之母之,總是先天生物之氣”,道與所謂“母氣”其實是一回事,衹是在描述道生萬物,從無至有這個過程中,爲了方便而人爲設出的兩個概念,它們都是“先天生物之氣”,也就是“先天真一之氣”。這是劉一明與前人認識不太一樣的地方。

以上所述乃是從生成論上言之。其實,道家通常都是生成論和本體論混在一起講,劉一明亦不例外。他説:“一之爲物,自生物而論,則爲萬物母,自統物而論,則爲萬物宗。”①所謂“生物”,就是道生萬物的作用,這是生成論。所謂“統物”,就是萬物都統一於道,道是萬物之根本,這是本體論,也即“一本散而爲萬殊,萬殊歸而爲一本”。可見在劉一明的思想中,道即能從生成意義上去理解,也可從本體意義上去理解,這兩者時常交織在一起。

先天真一之氣在劉一明整個修道思想中佔有重要的地位。他認爲“修道者,必得一爲本”,“一者,太極中所含之真氣,名爲道氣”,“一者,天地神谷人物之本基”。② 修道就是要“得一”,也就是通過種種途徑招攝先天真一之氣。他説:“果到虛極静篤之時,萬念俱泯,萬慮俱息,則先天之氣,自虛無中來,凝而爲一粒黍珠,點化凡軀,脱胎换骨,絶不費力。”③由此可見,招攝虛無中的先天真一之氣是其内丹修煉的關鍵步驟。從這裏我們也能理解爲什麽劉一明要將道解釋爲先天真一之氣。雖然先天真一之氣跟道一樣具有超越性,無法用言語來形容,但是相較於道而言,先天真一之氣畢竟多了一些可感的成分,因爲至少它還是個“至虛而含實有”的“氣”。所以在具體的内丹修煉中,以招攝先天真一之氣爲修道之目的,就使其修道行爲顯得更具有操作性,也更容易入手。

二、“去不然而歸於自然”:《道德經》中的心性學説

先天真一之氣與人又是什麽關係呢? 劉一明在解釋《老子》第42章“萬物負陰而抱陽,沖氣以爲和”時説:“萬物既生,則萬物皆得陰陽之氣。陰以成形,陽以成神,是負陰而抱陽。神借形而抱,形賴神而負,形神不相離,陰陽不相背,而沖虛道氣,藏於陰陽之中,以爲調和陰陽之物,而萬物適成其萬物。是道之在天地

① 劉一明:《道德經會義》,《老子集成》第十卷,第168頁。
② 劉一明:《道德經會義》,《老子集成》第十卷,第165頁。
③ 劉一明:《道德經會義》,《老子集成》第十卷,第150頁。

間，無物不有，而況於人乎？”[1]在他看來，先天真一之氣所産生的陰陽二氣互相調和形成萬物，在此陰陽二氣的“負”“抱”之中，沖虚道氣，即先天真一之氣，亦即道，藏於其内，以調和此陰陽二氣，也就是調和所謂的形與神。萬物都有道，人自然也不例外。

得之於道的這個心性之道，並不是一成不變的，它在人之身上會由於種種原因而喪失。在《老子》第2章的注文中，劉一明説道：

> 這個心性之道，本無美，亦無惡，本無善，亦無不善，處聖不增，處凡不減。及其知識開，淳樸散，真知昧，聖凡即分。……知美之爲美，是有分别之心……知善之爲善，是有好惡之心……一落有知，自然之道廢矣。因其道廢，故有無之心相生矣，難易之心相成矣，長短之心相形矣，高低之心相傾矣，音聲之心相和矣，前後之心相隨矣。一有美惡善不善之心，而有無、難易、長短、高下、音聲、前後之心無不起，以一心引諸心，以諸心而攻一真，捐精喪神，情亂性迷，未有不傷其生者。[2]

“心性之道”無美、惡、善、不善等分别，是自然之道。可是這個本來處於淳樸和真知狀態的自然之道，因爲“分别之心”和“好惡之心”而發生變化，産生“有無、難易、長短、高下、音聲、前後之心”，從而使“自然之道廢”。自然和不自然到底有什麽表現呢？他認爲，“自然之道，大同無我之道，無我則無争”。自然之道，也就是人心性的本來面目，是無我的，是無争心的。而“不自然，便有争心。有争心，便有我在。有我在便好高好强，行事欲勝於人”[3]。自然和不自然的區别就在於是否有我，也即是否有争心。因此，“修道者，去不然而歸於自然者，所以去心患也”[4]。更簡單地説，修道就是修心。對此，劉一明從三個方面進行了論述。

（一）人心與道心

爲了更明確地説明這個“心性之道”喪失，也就是所謂“天良本性”被埋没的問題，劉一明借用了理學中“人心”“道心”的概念，把“自然之道廢”的過程描述爲“人心漸生，道心漸遠”。他説：“人自先天樸散，後天竅開，人心漸生，道心漸遠，天真之性昧，氣質之性發，七情起於内，萬物誘於外，内外交攻，客氣剋消主

---

① 劉一明：《道德經會義》，《老子集成》第十卷，第168頁。
② 劉一明：《道德經會義》，《老子集成》第十卷，第141頁。
③ 劉一明：《道德經會義》，《老子集成》第十卷，第195頁。
④ 劉一明：《道德經會義》，《老子集成》第十卷，第159頁。

氣,争勝好强,圖名圖利,一點真靈之寶,幾於消滅。"①人得之於道的那個本性,或者説"自然之道",被他稱爲"道心",而使"自然之道廢"的分别之心、好惡之心乃至其他種種心的作用被稱爲"人心"。關於這對概念,他還有更詳細的解釋:

> 舜曰:人心惟危,道心惟微。蓋人心多險故危,道心多静故微。人心者二心,道心者一心。存道心則人心去,用人心則道心昧。人之本來,祇有道心之一心,並無人心之二心,不識不知,順帝之則而已,順帝之則,即元德也。因其有此血氣形質之幻身,陰氣之靈,結而成魄,居於肉團頑心之中,日夜謀算,多思多慮,營營不定,傷我天真,昧我本性,於是道心不彰,元徵之德隱埋矣。②

人本來祇有道心,但是因爲人有血肉之軀,而人心則産生於此肉體之中,道心也因此被隱埋。人心是險而危,且妨害道心的,而道心則是人直接得之於道的部分。因此,在劉一明看來,道心對於人的存在具有重大的意義,這具體體現在"道心之元德"上。何謂"道心之元德",他説:"生之畜之,不有不恃不宰,生畜皆出於無心,無心之心,是謂道心。道心之德,不可見,不可聞,無形無跡,是謂元德。"③道心之元德雖然不可見聞,無形無跡,却是"有形有象之物"得以存在發展的内在動力和依據。在解釋"有之以爲利,無之以爲用"時,他説道:

> 人之四肢百骸,合而成一身……人之血肉皮囊,結而成一形……人之七竅玲瓏,應事接物……天地造我以車、陶我以器、鑿我以室,是皆有利於我者。然我之車、我之器、我之室,乃有形有象之物,俱是死的,雖有利而不能自利。還需有個無形無象之物,在内運動,特先無而後有也。無形無象者,即道心之元德。④

人的肉體之軀是有形有象之物,但是按劉一明的説法,"俱是死的",必須有待於無形無象的"道心之元德"在内運動,纔是活的事物。所以,在他眼裏,人之所以成人,並不是因爲有肉體之軀,更重要的是因爲自然之道的存在。

劉一明的"人心""道心"概念是直接取之於理學的,他的解釋也大致没有超

---

① 劉一明:《道德經會義》,《老子集成》第十卷,第163頁。
② 劉一明:《道德經會義》,《老子集成》第十卷,第146頁。
③ 劉一明:《道德經會義》,《老子集成》第十卷,第146頁。
④ 劉一明:《道德經會義》,《老子集成》第十卷,第147頁。

出理學家的範圍。不過需要注意的是,劉一明對“道心”概念的理解,却更多地從道家本位的思路出發,注重發揮其“自然之道”的特性,而與理學略有不同。在劉一明看來,道生萬物,萬物都有道,道之於人,就是人的心性。此心性,在不同的場合他有不同的稱呼,有時候叫“本性”,有時候叫“道心”,有時候叫“道心之元德”,有時候又叫“五德五元”和“良知良能”。但是在《道德經會義》這本書中,大部分都稱之爲“道心”或“道心之元德”。劉一明特别强調道心“無形無象”,“不識不知”,“順帝之則”的一面,這正是道家一貫所宣導的理想人生境界,而與理學所理解的具有道德屬性的“道心”並不完全一致。

(二)心與道合

前面説到,劉一明認爲“修道者,去不然而歸於自然者,所以去心患也”,所以修道就是一個由不自然而回歸到自然的過程,就是一個去心患的過程,也是一個去除人心,恢復道心的過程,修道其實就是在修心。心該如何修? 總結起來,大致有以下幾點。

第一,“知足知止”。這裏所謂的知足並不是説滿足於眼前之事物,而是滿足於本有之真性,要認識到自然之道是人人所固有的,要對其樹立信心。他説:“修道者,看破世事一切皆假,萬緣俱空,不愛外之虚名,而知内有自足者在。自足者何物? 性命也。知其性命爲重,性命之外,别無所圖。……所止者何事? 道德也。知其道德爲貴,道德之外,再無一物。”①性命、道德爲人人所固有的自然之道,天下之人“雖萬有不齊,而其本質自然之善,無有不同”。人首先應當認識到這一點,修道衹是順著自身固有的自然之善,這樣纔能樹立起修道的信心。所以對道的信心是十分重要的,“知天下有道,而能求之修之,天下之道皆歸於吾身,樂在其中”,“若不信天下有道,而謂天下無道,棄真認假,取勝好强”。② “人有不信,不信則不能觀徼觀妙,失其始母,必至分外做作而不自然矣。”③如果對人人固有的自然之道没有信心,則必然會到不自然的狀態。

第二,“去心患”。前文已經講到,心是“自然之道廢”的關鍵因素,因此修道就是去心患。而去心患,就是要使“意念清静”:

> 人生本來衹一淳樸天真,並無他物,其一切知識之假名,機謀之假智,皆是後起之物。不知者以此爲真,或養此知識機謀,使其愈明愈智,昭昭靈靈,

---

① 劉一明:《道德經會義》,《老子集成》第十卷,第 169 頁。
② 劉一明:《道德經會義》,《老子集成》第十卷,第 170 頁。
③ 劉一明:《道德經會義》,《老子集成》第十卷,第 155 頁。

> 以爲是道，殊不知昭昭靈靈，爲人生生死死之根蒂。是以古之善爲道者，知此之弊，不明其知識機謀，而愚其知識機謀。愚之則知識機謀去而意念清静。吾之意念，吾心之民也。意念清静，仍是一真，則民安矣。①

人的意念使人有知識機謀，一旦有了知識機謀，則本來的淳樸天真之性就散失了。因此善爲道的人，都會不用此知識機謀而使意念清静，如此纔能恢復本來面目，可是意念又是十分難以平息的：

> 夫意念之難治者，以其智多。蓋意念妄動則智生，智生則巧僞出，巧僞出，則千思萬想無所不至，道昧而氣餒矣。吾之身，吾心之國也。以智治國，是以察察治意念，不但不能息意念，而反有以亂意念。意念有亂，則身不安，爲國之賊。不以智治國，是以悶悶忘意念，不待用心强制，而意念自然不生。②

意念之難治，因爲它容易妄動，一妄動則千思萬想都出現了。要想使意念平息，千萬不可有心去强制它消失，因爲有心强制意念之消失，其實本身就是意念，以意念息意念，不但不會息，反而會引發更多更亂的意念。那麽到底該怎麽平息意念呢？最好的辦法就是所謂“無心”，不去用心强制，而是自自然然地使它平息下來。他説：“無正之正，絶無心矣。無心則無欲，無欲則無爲，無爲則神契始母，真空妙有，兩而合一，已復於本來圓明真性。”③而所謂“無心”又是什麽呢？他認爲：“無心者，非同泥塑木雕之無心，乃是無方無所，無形無象，無偏無倚，無常之道心。道心大同無我，至公至正，量同天地，萬物等視，絶無執著。”④無心並不是要人等同木石，把心完全寂滅，而是要人去除分别、好惡之心，做到萬物等觀，毫無執著。“無心”其實也就是虚心。在第 3 章的注文中，他講到：“聖人争念不起而心常虚。心虚則客氣不納、正氣常存而腹實矣。盜念不生而志常弱。志弱則精氣不耗，百骸俱理而骨强。不但如此，若常念頭不動，無知無欲，復還本來先天之真，心即是道，道即是心。”⑤心虚則念頭不動，由此則能由不自然而復歸自然，達到“心即是道，道即是心”的境界。

---

① 劉一明：《道德經會義》，《老子集成》第十卷，第 183 頁。
② 劉一明：《道德經會義》，《老子集成》第十卷，第 183 頁。
③ 劉一明：《道德經會義》，《老子集成》第十卷，第 178 頁。
④ 劉一明：《道德經會義》，《老子集成》第十卷，第 172 頁。
⑤ 劉一明：《道德經會義》，《老子集成》第十卷，第 142 頁。

(三)無爲而無不爲

經過修道由不自然而歸於自然之後的狀態,也可以用"無爲"來描述。劉一明緊緊抓住《老子》書中"有爲""無爲"的概念,將人修道的過程分爲"有爲"和"無爲"這兩個階段,且由"有爲"而進入"無爲"。所謂"有爲"就是前述"去不自然而歸於自然",而"無爲"則是"歸於自然"之後的狀態。在第48章注中,他說:

> 益者即益其道心之功力也,損者即損其人心之私欲也。益道心之功力,方是爲學。損人心私欲,方是爲道。道者自然無爲,絶無一點滓質。若方寸之中,稍有絲毫人心行跡,則道心不固,縱大道在望,未許我有,故必損之又損,其功不休,以至損無可損,益無可益,則道心常存,人心用滅,可以歸於無爲矣。①

損人心、益道心就是上文所述的"去不自然而歸於自然"的過程,是"有爲",自然復歸之後,就會達到一種"無爲"的狀態。這種"無爲",按他的説法,並不是什麽都不做,而是"順其自然",經過修道,由不自然歸於自然之後,人就可以達到一種順其自然的狀態,一切都順隨人所固有的自然之道去進行,絲毫無勉强、無人爲。他接著説:

> 夫所謂無爲,非灰心死念,頑空寂滅之説,乃無人心私欲之爲,是以謂無爲而無不爲也。……以一心而統萬心,以一道而運萬道,放之則彌六合,卷之則退藏於密,隱顯不測,大小不拘,應天下而取勝於天下,常以無事也。取天下宜其有事,而又云常以無事者,是外雖有事,内實無事,外似有爲,内實無爲,有爲無爲,混爲一家,有事無事,俱付不知,天下焉得而勝我哉?若不到無爲無不爲之地位,而即欲無事,神昏氣濁,意亂心迷,隨風揚波,見景生情,則天下之物,皆得而取我,我焉能取天下之物哉?②

這裏對無爲的解釋非常圓融,他反對那種什麽事都不做的無爲,而是要求做到有爲、無爲的統一,也就是内心是無爲的,但是,你還得去應物,去應對世間的一切,但是要應物而不著於物,還得"無不爲"。這其實就是劉一明經常提及的"寂然不動,感而遂通","寂然不動"者是無爲,"感而遂通"者乃"無不爲",兩者達到了相

---

① 劉一明:《道德經會義》,《老子集成》第十卷,第171頁。
② 劉一明:《道德經會義》,《老子集成》第十卷,第171頁。

統一的狀態,衹有這樣,纔是真正的“無爲”。

然而這種經修道得來的“無爲”狀態,其實是很脆弱的,稍有不慎,就會得而復失,所以還需要人謹慎小心。他説:“無爲亦無執,而吾心萬有之物,皆化而爲萬善,不待勉强,自然而然。若稍有爲有執,即是有幾,便不能自然,終有敗失,故不敢爲也。不敢二字,有防危慮險之義,非頑空寂滅之事。是謹慎於爲,不敢輕爲,衹順其自然,而於自然之外,無所過爲而已。”①所以這種即使歸於自然,達到“無爲”了,這種“無爲”還是需要去保養的。當然,這種保養,衹是要人順其自然即可。

三、“自有爲而無爲,先觀徼而後觀妙”:《道德經》中的内丹法門

依上文所述,人得之於道的本性,隨著人生命的成長而日益消亡,有没有什麽辦法來扭轉這個本性消亡的過程?劉一明認爲修煉金液大丹就可以做到。所謂“把柄在手,能以轉乾坤,扭氣機,竊陰陽,奪造化,識神永滅,元神長存也”②。其實這兩個過程合在一起看,不就是内丹家所謂的“順則成人,逆則成仙”嗎?人本性的消亡是伴隨著生命之成長,這是“順則成人”,而内丹修煉就是要逆轉這個本性消亡的過程,這是“逆則成仙”。

(一)兩種修道途徑

劉一明認爲人人都有練成大丹的可能性,原因就在於人人都有得自於道的本性,他説:“人秉天地陰陽五行之氣而生身,身中即有陰陽五行之氣,即具陰陽五行之理。氣、其命也,理、其性也,理氣具於一身,性命凝於一體,人人具足,聖凡無異。”③他以理氣來解釋人的性命,理是性,氣是命。需要指出的是,這裏的性命,是直接得之於道的,尚未經過後天污染之性命,也就是説,這是先天之性命,因爲衹有如此,它纔能和理氣相對應。所以,劉一明有一個二重化的生命觀,即將人的性命分爲先天與後天,這在他其他著作中講述得更明白,許多學者也早就指出了這點。④ 他認爲這個先天之性命,人人固有,修道的目的,就是要恢復這個先天之性命。

雖然人人都有修道的可能性,但是不同人修道的途徑是不一樣的。第 38 章

① 劉一明:《道德經會義》,《老子集成》第十卷,第 182 頁。
② 劉一明:《道德經會義》,《老子集成》第十卷,第 163 頁。
③ 劉一明:《道德經會義》,《老子集成》第十卷,第 170 頁。
④ 劉寧:《劉一明丹道論中的性與命》,《宗教學研究》2007 年第 3 期。

“上德不德，是以有德。下德不失德，是以無德。上德無爲而無以爲，下德爲之而有以爲”的注文就清晰地表明了這一點，他說：

是道也，人人具足，個個圓成，誰無個道？但人爲氣質所拘，物欲所雜，材有高下，性有利頓，而修持亦各有不同。如上德者，生而知之者也。生知者德本性成，無心於德，而自有德，故曰上德不德，是以有德。下德者，學而知之者也。學知者，執守其德，由勉抵安，其德稍次於上德，不能如上德不德，故曰下德不失德，是以無德。無德者，非全無之謂，乃無自然之德，然不失德。功至於自然，與上德同歸一途，但多不失德一層功夫耳。蓋上德不德者，自然無爲也。無爲者，雖欲爲之而無以爲也。下德不失德者，勉强有爲也。有爲者，去假復真而有以爲也。①

他將“上德”“下德”解釋成兩種類型的修道之士，將“無爲”“有爲”解釋成修道所採取的兩種方式，上德之人和下德之人應當採取不同的修道途徑。上德者先天之性命還未喪失，因此無須更多的功夫，而衹需順其固有的自然之道即可，這叫“無爲”。而下德者先天之性命已經有所虧損，必須要先經歷一段“有爲”之功夫，方能“功至於自然”達到“無爲”，這段功夫，他稱之爲“不失德”。雖然下德者比上德者多了這一番“有爲”之功夫，但是其最終效果還是一樣的。不過，那針對“上德”者的“無爲”之法，恐怕世間能修此道者寥寥無幾。“天縱之聖，頓悟圓通，一了百當，不行而知，不見而名。其次中士，非是生知，必須學知，自有爲而無爲，先觀徼而後觀妙，方能成功。”②“上德”者乃天縱之聖，這樣的人不世出，否則就無須劉一明在這頗費口舌講述修道之法了，世間絶大多數人大概都衹能算是“下德”或“中士”。因此，儘管劉一明提出了兩種修道途徑和方法，但是，他主要論述的還是針對“下德”者，或者説“中士”的修道方法。

（二）性命雙修、觀徼觀妙

針對“下德”或“中士”的修道方法，劉一明借用《老子》一書“有爲”“無爲”“徼”“妙”等重要概念，從而形成了一個“自有爲而無爲，先觀徼而後觀妙”的總原則。在解釋第1章“故常無欲以觀其妙，常有欲以觀其徼”時，他說：

欲者，念之初，機之微也。觀者，非眼觀之觀，乃神明覺照之謂。妙者，

① 劉一明：《道德經會義》，《老子集成》第十卷，第164頁。
② 劉一明：《道德經會義》，《老子集成》第十卷，第171頁。

> 元妙,一氣之沖和。徼者,孔竅,陰陽之闔闢。道既無名而始天地,有名而母萬物,是有體有用,動靜不拘,陰陽不測。有志於道者,體無名之道,常無欲,清靜無爲,觀其一氣沖和之妙,順其自然,須臾而不離。體有名之道,常有欲,動靜隨時,觀其陰陽開合之徼,行其當然,絲毫而必謹。無欲即無名,有欲即有名。觀妙即觀始,觀徼即觀母。①

體道之士,也就是修道之人,應該體"無名之道"和"有名之道",體無名之道,就是觀妙、觀始,體有名之道,就是觀徼、觀母。而這個"始"與"母",在解釋此句的上一句"無名天地之始,有名萬物之母"時,他已經作了詳細的分析。所謂"始"者,就是道氣在生萬物之先的狀態,即"一氣之沖和",所謂"母"者,就是道氣經過動靜之運動産生陰陽二氣進而産生萬物的這麼一個過程,即"陰陽之闔闢"。觀妙者,其對象就是道生萬物之先,"一氣之沖和"的狀態,而觀徼,其對象則是道氣經過動静之運動産生萬物的過程,所以我們可以看到,妙與徼,始與母,其實就是老子所謂的"道"與"德"。對此,他解釋説:"道者德之體,德者道之用。因其方生物時,絶無行跡可見,故謂道。道即始也,妙也。及其物既生,即有形跡可窺,其畜之、長之育之、成之熟之、養之覆之,似皆是德。德即母也,徼也。"②

其中,道自然是無行跡可言的,那麼德呢?他認爲即使是德,"亦無行跡可見,其可見者亦不過因物之生長成熟而見之,其德之元處,仍不得而見焉"。既如此,那麼修道之人應當"志於道,據於德,以德輔道","彼世之盲漢,不知修德,即欲妄想成道,愚之甚矣"。③ 所以,在修道的兩個步驟中,是有先後順序的,應當先修德,由德入道,或者説由觀徼而觀妙,自有爲而無爲。

這個由觀徼而觀妙,自有爲而無爲的修道過程,其實就是一個性命雙修,先命後性的過程。觀徼者,有爲修命。觀妙者,無爲修性,由修命而修性。第 54 章的注文説道:"善建者,常有欲以觀其徼。善抱者,常無欲以觀其妙。善建者有爲之事,善抱者無爲之事。先建而有爲,後抱而無爲。有無一致,性命雙修,形神俱妙,與道合真。"④性命雙修、先命後性在《道德經會義》中的表述,就是由觀徼而觀妙,自有爲而無爲。

不過正如有論者指出的那樣,劉一明所謂的修命,跟通常内丹家所修之命有

---

① 劉一明:《道德經會義》,《老子集成》第十卷,第 141 頁。
② 劉一明:《道德經會義》,《老子集成》第十卷,第 173 頁。
③ 劉一明:《道德經會義》,《老子集成》第十卷,第 174 頁。
④ 劉一明:《道德經會義》,《老子集成》第十卷,第 175 頁。

所不同。[1] 通常丹家之修命,基本上是"煉精化氣、煉氣化神"之類,所修乃是肉體之生命。而劉一明因爲構建了一個先天後天的二重性命觀,不僅性分先天後天,命同樣也分先天後天,在劉一明的思想體系中,他是不太重視這個後天之命也就是肉體之身的,他所修乃是先天之命。這一點,在《道德經會義》中亦有明確表達:

> 與人言一人一身,人皆信之。與人言一人二身,人必不信。殊不知人實有二身,一真身,一幻身。真身者,一點真靈本性也。幻身者,即現在骨肉之身也。真身永久而不滅,幻身有生而有滅。……幻身一皮囊而已,九竅如孔隙而已,百骸如木枝而已,手舞足蹈如傀儡而已,觀到如是景象處,則知萬有皆空,惟有一真。以一真而觀百假,則假亦歸真。[2]

在他眼裏,人是有二身的,一真一幻,也就是所謂先天後天,幻身乃是後天之命,衹是一個皮囊傀儡罷了,修道者應當觀真身,修先天之命。所以,他雖然講先命後性,但是他的修命思想裏很少涉及人後天之肉體生命,也就沒有那些修煉肉體生命的法門,他要修先天之命。

四、餘論

《道德經》是道教的根本經典,自道教産生以來便一直受到道教徒的高度重視,如東漢末年的五斗米道,其教授信衆的辦法之一就是"主以老子五千文"(《三國志·張魯傳》注引《典略》)。在此後的道教發展歷程中,有很多道士紛紛爲《道德經》作注解,從而在道教内部形成了一個源遠流長的《道德經》詮釋傳統。隨著時代的發展和教義的變化,道教老學的内容也相應發生著改變。尤其值得注意的是,自宋代開始,内丹學取代了外丹學成爲道教的主要修煉手段,這一教義的改變在道教徒的《道德經》詮釋中有著十分明顯的體現。宋元以來便出現了一些以内丹心性學説詮釋《道德經》的著作,如白玉蟾《道德寶章》、鄧琦《道德真經三解》、李道純《道德會元》等等,他們將《道德經》解釋成一部性命雙修的内丹寶典。宋代開始形成的這一全新的《道德經》詮釋方法,其影響一直波及後代,並成爲明清兩代道教老學研究的主流。明清時期出現了大量以内丹學説詮

① 劉寧:《劉一明丹道論中的性與命》,《宗教學研究》2007 年第 3 期。
② 劉一明:《道德經會義》,《老子集成》第十卷,第 176 頁。

釋《道德經》的著作，如陸西星《老子道德經玄覽》、王一清《道德經釋詞》、程以寧《太上道德寶章翼》、潘靜觀《道德經妙門約》、宋常星《道德經講義》、馬自乾《太上道德經集解》、董德寧《老子道德經本義》、劉一明《道德經會義》、李西月《道德經注釋》以及黄裳《道德經講義》等等。這些著作或者注重從心性學説的角度闡發《道德經》的哲學意蘊，或者直接將《道德經》當作内丹修煉的丹經秘笈。

劉一明對《道德經》的詮釋毫無疑問繼承了宋代以來道教老學研究的傳統。他的《道德經會義》一書既有相當的學理性，同時也有十分濃厚的"術"的色彩。劉一明從内丹修煉的角度出發，將老子之"道"與内丹修煉中的"先天真一之氣"聯繫起來，並認爲道就是先天真一之氣。在此基礎之上，他進一步借用理學中的"人心""道心"等概念來闡發《道德經》的心性學説，並且將《道德經》中的重要概念"上德""下德"，"有爲""無爲"，"觀妙""觀徼"等解釋爲内丹修煉的若干步驟。這些都使其老學研究具有十分濃厚的内丹學色彩，《道德經會義》甚至可以作爲一部丹經來閱讀。

以上所言乃是劉一明老學研究在道教老學史上的位置。此外，我們還可以從更廣闊的視野來考察其學術意義。劉一明出生於乾隆皇帝即位的前一年，1734 年，他的一生基本上與乾隆、嘉慶時期重合。我們知道，中國學術史在進入乾隆、嘉慶兩朝之後，開始出現了一個重要的變化，那就是考據學的興起。考據學毫無避免地也影響到了乾嘉時期的老學研究，此時出現了一大批考證《道德經》版本、文字和音韻的著作。如紀昀的《老子道德經校訂》，就是他在《四庫全書》館修書時，以明代張之象本王弼《道德經注》爲底本，參校《永樂大典》等本而成。此外，還有不少學者利用碑刻資料考訂《道德經》文字，也取得了很大的成績，如王昶對《元宗御注道德經碑》《老君石像碑》(唐洛州濟源縣奉仙觀)以及周至縣《老子度關銘並四子贊碑》進行了相關考證，嚴可均以易州龍興觀景龍二年《道德經》碑爲底本寫成《〈老子〉唐本考異》等等。與這些考證性質的老學著作幾乎同時的《道德經會義》一書，多少顯得與時代風潮有些格格不入，當然這與劉一明的道教徒身份有很大關係。

我們究竟該如何看待劉一明老學研究在乾嘉時期的學術史意義呢？學界通常以考據學來指代乾嘉時期的學術。誠然，考據學是乾嘉學術的主要潮流，却遠遠不是全部。我們以《道德經》的研究爲例就很能説明這個問題。考證性質的老學著作固然是乾嘉時期老學研究的一大特色，但是，劉一明、李西月等道教徒的老學研究，時刻在提醒著我們，還存在著一個與考據學迥然不同的學術形式。這些著作繼承了宋代以來以内丹心性學説解老的學術傳統，而與主流的考據學保持了相當大的疏離。更進一步,如果説考據學是中國學術史發展到清代出現的新變化,那麽劉一明等人的學術思想則象徵著宋代形成的那個學術傳統在清代的延續。這一點對我們重新認識清代學術思想史至關重要,因爲以往的清代學術思想史研究,要麽過於關注清代對前代學術思想的突破,要麽衹注意到了清代對前代學術思想的繼承,以至於有學者呼籲要從宋元明清整體的角度"通觀"學術思想史的發展,既要看到學術思想的突破性,也要關照其連續性。[①] 而以劉一明爲代表的清代道家或道教之學,或可成爲清中期學術思想史研究的突破點之一。

(本文爲國家社科基金重大項目《中國老學通史》的階段性成果,項目批准號:14ZDB004。)

(責任編輯:胡常春)

① 參見吴根友:《關於宋元明清哲學研究的範式及其方法諸問題的思考》,《江漢論壇》2005 年第 10 期;《21 世紀宋元明清哲學綜合研究突破的可能性之探尋》,《武漢大學學報》2005 年第 4 期。

《全真道研究》徵稿啓示

《全真道研究》是由香港青松觀資助出版的學術性輯刊,主要發表與全真道有關的學術文章,尤其是運用了新材料、新方法且富有創見的文章,最受歡迎。本刊每年出版一輯,每輯有一個主題,稿件來源一般採取約稿的形式,但也接受部分投稿。稿件字數要求控制在1萬字至5萬字之間,特别優秀的稿件,字數還可以適當放寬。

爲了保證刊物品質,來稿一律實行匿名評審制度,評審通過即發用稿函,三個月内若未收到用稿函,請自行處理。刊物出版後半年内,按文章實際字數酌情支付稿酬。本刊衹接受第一次發表的文章,以任何形式(包括會議、網絡等形式)發表過的文章,請勿再投本刊。

爲適應國家信息化建設,擴大本刊及作者知識信息交流途徑,本刊已被《中國學術期刊網絡出版總庫》及CNKI系列資料庫收録,其作者文章著作權使用費與本刊稿酬一次性給付。如作者不同意文章被收録,請在來稿時向本刊聲明,本刊將做適當處理。

來稿請寄:山東師範大學齊魯文化研究院全真道研究所《全真道研究》編輯部。郵編:250014;電子信箱:qzdyj2011@163.com

附:刊稿格式

一、正文

正文須附300~500字的摘要、3~5個關鍵詞和作者簡介。作者簡介包括姓名、性别、生年、籍貫、工作單位、職稱職務、研究方向、代表性學術成果等内容。

另外,爲聯繫的方便,請作者於文後附詳細通信地址、聯繫電話、電子信箱等。

二、引文

引文分爲夾注和脚注兩種格式。(1)凡引用古籍,不需要注明版本和頁碼者,請於文中使用夾注。(2)無論直接引文,還是間接引文,也無論"資料性注釋”,還是“内容性注釋”,一律採用頁下注,注釋序號用①②③……,每頁重新編號。

三、注釋

注釋必須合乎通行的規範,具體情況如下。

1. 專著:作者/書名/卷册/出版地/出版者/出版年/頁碼。

第一次出現以上各項須一一注明,如:

張廣保:《金元全真教史新研究》,香港:青松出版社,2008 年,第 25 頁。

第二次出現簡化,衹注明作者、書名、頁碼,如:

張廣保:《金元全真教史新研究》,第 25 頁。

中譯本著作,譯者作爲第二責任者放在題名之後,如:

〔俄〕陶奇夫:《道教——歷史宗教的試述》,邱鳳俠譯,濟南:齊魯書社,2011 年,第 320 頁。

2. 析出文獻:作者/篇名/文集。如:

郭武:《明清時期全真道與淨明道關係略論》,見《問道崑嵛山——齊魯文化與崑嵛山道教國際學術研討會論文集》,濟南:齊魯書社,2009 年,第 262 頁。

3. 古籍:古籍既有傳統的刻本、抄本,也有具有現代出版形式的標點本、整理本、影印本,情況比較複雜,可根據古籍形式的不同選擇標注方式。

白永貞:《增續鐵刹山志》卷六,中國國家圖書館藏民國三十二年(1943)刊本。

(清)岳之嶺修,徐繼曾纂:《長清縣志》,清康熙十一年(1672)刻本。

4. 連續出版物(期刊、報紙等)

(1)期刊:作者/文章題名/期刊/出版年、卷期或出版日期。引用中國大陸以外出版的中文期刊時,應在期刊題名後括注出版地。如:

陳俊民:《略論全真道的思想源流》,《世界宗教研究》1983 年第 3 期。

蕭登福:《道教燈儀源起及其流變》,《弘道》(香港)2013 年第 2 期。

(2)報紙:作者/文章題名/報紙/出版日期或卷期/版次。如:

李學勤:《清華簡〈耆夜〉》,《光明日報》2009 年 8 月 3 日,國學版。

5. 外文文獻:引證外文文獻,原則上以該文種通行的引證標注方式爲準。如英文文獻:

Vincent Goossaert, “The Invention of an Order: Collective Identity in Thirteenth-Century Quanzhen Taoism”, *Journal of Chinese Religions* 29 (2001), pp. 122 ~ 123.

Lai, Chi-tim, "Hong Kong Daoism: A Study of Daoist Altars and Lü Dongbin Cults", *Social Compass* 50 (2003): 459 ~ 470.

6. 未刊文獻:作者/題名/屬性/編號/收藏單位/頁碼。如:

岑孝清:《李道純中和哲學思想及其丹道研究》,博士學位論文,中央民族大學,2009 年,第 67 頁。

7. 電子文獻:包括以數碼方式記録的所有文獻,其標注項目與順序:作者/題名/更新或修改日期/獲取和訪問路徑。如:

王宗昱:《吴興全真道史料》,2006 - 06 - 25,23:08:04,http://www.hongdao.net/hd_index.php? message = 101000&item = hd_zxwz&key = art_id&id = 493.

8. 轉引文獻:作者/原文獻題名/原文獻版本信息/原頁碼(或卷期)/轉引文獻責任者/轉引文獻題名/版本信息/頁碼。如:

《宋文獻公全集》卷十一《太上上清正一萬壽宫住持提點張公碑銘》,轉引自陳兵:《道教之道》,北京:今日中國出版社,1995 年,第 84 頁。

9. 間接引文:間接引文通常以"參見"引領詞引導標注項目,應標識出具體參考引證的起止頁碼或章節。標注項目、順序與格式同直接引文。如:

參見杜仁傑:《真静崔先生傳》,陳垣:《道家金石略》,北京:文物出版社,1988 年,第 495 ~ 496 頁。

10. 内容性注釋中的引文:内容性注釋是指對正文中的術語、概念、觀點和資料進行進一步的解釋、辨析或評論的文字。很多情況下,内容性注釋中又出現引文,無論是直接引文,還是間接引文,都需要標明資料出處,標注項目與順序與資料性注釋相同。如:

熊鐵基先生認爲,"全真"之義,至少包括"全三教之真""全老莊之真""全心性之真"三個方面。參見熊鐵基:《試論王重陽的"全真"思想》,《世界宗教研究》2008 年第 2 期。

圖書在版編目（CIP）數據

全真道研究. 第四輯/趙衛東主編. —濟南:齊魯書社,2015.12
ISBN 978-7-5333-3457-4

Ⅰ.①全… Ⅱ.①趙… Ⅲ.①全真道—文集 Ⅳ.①B956.3-53

中國版本圖書館 CIP 數據核字(2015)第 318605 號

全真道研究 第四輯
趙衛東 主編

主管單位 山東出版傳媒股份有限公司
出版發行 齊魯書社
社　　址 濟南市英雄山路 189 號
郵　　編 250002
網　　址 www.qlss.com.cn
電子郵箱 qilupress@126.com
營銷中心 (0531)82098521 82098519
印　　刷 山東德州新華印務有限責任公司
開　　本 720mm×1020mm 1/16
印　　張 19.5
插　　頁 3
字　　數 339 千
版　　次 2015 年 12 月第 1 版
印　　次 2015 年 12 月第 1 次印刷
標準書號 ISBN 978-7-5333-3457-4
定　　價 **58.00 圓**